KB023362

야코비와 독일 고전철학

인문정신의 탐구 28

# 야코비와 독일 고전철학

남기호 지음

도서출판 길

지은이 **남기호**(南基鎬)는 연세대 철학과를 졸업하고, 독일 보훔 대학에서 청년 헤겔의 인륜성 개념에 관한 논문으로 박사학위를 받았다. 제주대 철학과 교수와 연세대 인문학연구원 교수를 거쳐 현재 연세대 철학과 교수로 있다. 칸트, 야코비, 피히테, 셸링, 헤겔을 비롯해 독일 근현대 철학의 주요 인물들과 그 관계를 다루는 여러 편의 논문을 썼다. 또한 헤겔의 철학을 '학문과 세계의 발전에 발맞추어 끊임없이 개선되는 열린 체계'로 해석할 수 있는 다양한 가능성을 치밀하게 탐색해왔다. 주요 논문으로「헤겔 인정이론의 구조」,「형식논리와 헤겔의 변증법」,「세계시민의 영원한 평화를 위한 단서조항」,「자유로운 죽음의 방식: 헤겔의 자살론」, 「우주론적 신 현존 증명의 사변적 의미」,「칼 슈미트의 국가론에서의 리바이어던: 그 정치적 상징의 오용과 홉스의 정치철학적 의의」등이 있다.

저서로『철학자의 서재 2』(공저, 알렙, 2012),『다시 쓰는 서양 근대철학사』(공저, 오월의봄, 2012),『현대 정치철학의 테제들』(공저, 사월의책, 2014),『헤겔과 그 적들: 헤겔의 법철학, 프로이센을 뒤흔들다』(사월의책, 2019),『독일 고전철학의 자연법』(도서출판 길, 2020) 등이 있으며, 역서로는『헤겔: 생애와 사상』(한스 프리드리히 풀다, 용의숲, 2010),『코젤렉의 개념사 사전 6: 계몽』(호르스트 슈투케, 푸른역사, 2014) 등이 있다.

**인문정신의 탐구 28**

# 야코비와 독일 고전철학

2023년 9월 5일 제1판 제1쇄 인쇄
2023년 9월 15일 제1판 제1쇄 발행

지은이 | 남기호
펴낸이 | 박우정

기획 | 이승우
편집 | 이남숙
전산 | 한향림

펴낸곳 | 도서출판 길
주소 | 06032 서울 강남구 도산대로 25길 16 우리빌딩 201호
전화 | 02) 595-3153 팩스 | 02) 595-3165
등록 | 1997년 6월 17일 제113호

ⓒ 남기호, 2023. Printed in Seoul, Korea

ISBN 978-89-6445-270-7 93100

나의 삶의 여정에 밝은 빛을 비추어주신
고(故) 발터 예슈케 스승님께 이 책을 바칩니다.

## 지은이의 말

　현대인은 현대를 살아가고 있기 때문에 자연스레 지니는 선입견이 있다. 이를테면 눈만 뜨면 새로운 것이 등장하는 이 시대가 가장 진보적이고 발전된 시대라는 것이다. 그러나 기술이나 경제는 그럴지 몰라도 사상이나 문화는 결코 그렇지 않다. 태어날 때부터 로빈슨 크루소로 태어나는 사람이 없듯이, 사람은 누구나 항상 공동체의 구성원으로서 태어나는 것이라면, 인간이 하는 모든 일은 그 공동체의 역사적 성과물을 토대로 이루어지기 마련이다. 전대미문의 아주 새로운 것이란 없다.

　현대 철학을 공부하다 보면 쉽사리 빠지는 비슷한 선입견도 있다. 예컨대, 새롭게 제기되는 과거 사상에 대한 비판과 새로운 철학적 착상이 가장 나은 인간 미래를 약속해 줄지도 모른다는 기대 같은 것이다. 현재를 고민하는 우리가 가장 다가가기 쉽고 공감하기 쉬운 말들을 하기 때문이리라. 그러나 이 역시 인간의 역사적 축적물이 있기에 가능한 것이요, 특히 사상이란 수천 년간 차곡차곡 다져온 유산을 바탕으로 하는 것이기에 더욱 그렇다. 감히 이렇게 말해도 될 것이다. 인간이 인간**이기 때문에** 하는 고민거리를 다루는 학문, 즉 철학에 있어서는 하늘 아래 새로

7

운 것이란 없다. 과거 사상에 대한 독창적인 비판까지 포함해서 말이다.

현대 철학이 '현대적'이기 위해 자주 하는 비판이 시기적으로 가장 가까운 근대 철학에 대한 비판이다. 대표적인 비판이 근대 계몽사상에 대한 비판일 것이다. 그러나 이 비판마저도 전혀 새로운 것이 아니다. 어느 시대든 새로운 것이 등장하면 늘 이를 견제하는 움직임도 함께 있어왔기 때문이다. 근대의 계몽 또한 이미 반(反)계몽이나 계몽 비판을 수반했다는 것은 잘 알려진 사실이다. 그러나 반계몽은 그렇다 하더라도 계몽 시대의 계몽 비판에 대해서는 아직 많은 이가 주목하지 않고 있다는 것도 사실이다. 이 책에서 소개하려는 인물이 바로 이러한 비판 진영의 가장 대표적인 사상가라 할 수 있는 프리드리히 하인리히 야코비(Friedrich Heinrich Jacobi, 1743~1819)이다.

이성이 지배하던 시대에 신앙철학을 주장한 반(反)이성주의자 또는 반계몽주의자로 오해받았던 야코비는 얼마 전까지만 해도 그리 크게 주목받지 못했으며, 철학사 서술에서도 작은 울림 정도로 평가되기 일쑤였다. 그러나 적어도 30여 년 전부터 독일을 비롯한 유럽에서 그 울림은 **점점 더 큰** 메아리가 되고 있다. 가깝게는 20세기 실존철학이나 생철학(生哲學)에 그가 끼친 영향 때문이기도 하지만, 멀게는 당대의 독일 고전 철학과 낭만주의에 그가 수행한 막대한 **방향타** 역할 때문이기도 하다. 알 만한 이름을 대보면, 빌헬름 바이셰델(Wilhelm Weischedel, 1905~75), 오토 프리드리히 볼로프(Otto Friedrich Bollow, 1903~91), 빌헬름 딜타이(Wilhelm Dilthey, 1833~1911), 쇠렌 키르케고르(Søren Kierkegaard, 1813~55), 프리드리히 니체(Friedrich Nietzsche, 1844~1900), 아르투어 쇼펜하우어(Arthur Schopenhauer, 1788~1860) 등에서 야코비 논의를 심심찮게 찾아볼 수 있으며, 노발리스(Novalis, 1772~1801), 프리드리히 슐레겔(Friedrich Schlegel, 1772~1829), 요한 고틀리프 피히테(Johann Gottlieb Fichte, 1762~1814), 프리드리히 빌헬름 요제프 셸링(Friedrich Wilhelm Joseph Schelling, 1775~1854), 게오르크 빌헬름 프리드리히 헤겔(Georg Wilhelm Friedrich Hegel, 1770~1831) 등에서 야코비가 제기한 물음에 골

머리를 앓고 있는 모습을 자주 목격할 수도 있다. 그러나 오늘날 야코비가 다시 주목받는 이유는 무엇보다 그가 제기한 계몽의 비판적 자기반성 때문일 것이다. 이를 통해 계몽의 계몽, 즉 **후기** 계몽의 독일 고전철학이 시작된다는 것은 이미 정설로 자리 잡고 있다. 한마디로 독일 고전철학은 나름 치열하게 계몽의 자기비판을 거쳐온 사상인 것이다. 지금은 우리가 이를 후기 계몽사상이라 부를지 몰라도 정작 셸링이나 헤겔 같은 철학자가 계몽이란 말을 별로 좋아하지 않았으며, 자기 철학에 이런 말을 쓰는 걸 몹시 꺼렸다는 것도 나름의 이유가 있는 것이다. 과거 철학 전체를 진지하게 성찰하려는 현대 연구자라면 눈여겨볼 만한 대목이다.

이러한 큰 틀에서 이 책은 야코비가 당대 계몽 이성의 대표 사상가들과 벌인 굵직한 대결을 집중적으로 다룬다. 이 대결은 전통적으로 이성과 믿음, 지(知)와 신앙을 둘러싼 논쟁이라 할 수 있으며, 좀 더 작은 틀에서는 학문적인 철학에 대항해 야코비가 복원하고자 했던 비학문적(非學問的)인 앎의 영역으로서의 신앙의 복원 노력이라 할 수 있다. 그러나 야코비를 읽으면서 **항상** 염두에 두어야 할 주의사항이 있다. 그의 신앙철학(Glaubensphilosophie)은 **결코** 학문적 인식을 배제하는 반계몽(Obskurantismus)이나 이성의 폭력으로부터 도주한 신앙주의(Fideismus)가 **아니라는** 점이다. 앞으로 살펴보게 될 모제스 멘델스존(Moses Mendelssohn, 1729~86), 이마누엘 칸트(Immanuel Kant, 1724~1804), 피히테, 셸링, 헤겔과의 대결에서 드러나겠지만, 그는 학문적 이성의 한계와 경계를 냉철하게 직시한 철학자이지 결코 그 경계 밖에서 기도(祈禱)만 하던 비합리주의자는 아니었다. 그는 적어도 이미 학문적 논증에서 패배한 근대 신학의 형이상학적인 폐허나 "공허에 대한 두려움"(in fugam vacui)에서 내면의 종교 속에 갇혀 산 적이 없다(JLS1 128). 그렇지만 그는 크리스티안 볼프(Christian Wolff, 1679~1754)나 칸트 등에 의해 당시 새롭게 부상하던 강단철학자(Schulphilosoph)였던 것은 아니며, 특정 학파의 강단(講壇)을 통해 체계적으로 주류 철학을 섭렵한 사상가였던 것도 아니다.

야코비의 생애를 간단히 소개하면 다음과 같다. 양가 모두 상인 집안 출신이었던 그의 부모는 독일 뒤셀도르프에서 수공업 공장과 상업으로 성공을 거두었던 부유한 거상(巨商)이었다. 우리 나이로 네 살이 되던 해에 모친을 여읜 야코비는 형에 비해 매우 내성적이고 여린 심성으로 유년기를 보낸 것으로 알려져 있다. 이 때문인지 그는 목사였던 조부의 영향도 있었겠지만 어려서부터 남다른 종교적 열정을 보여 주었다. 그러나 그의 너무 소극적인 성격과 더딘 학습 능력 때문에 부친은 조기에 야코비를 가업 후계자로 지정한다. 특출한 재능을 보였던 그의 형은 부친이 나름 이름난 시인이 되도록 지원했던 것을 보면, 당시 상인 직업에 대한 자기의식은 오늘날과는 무척 달랐던 것 같다. 이미 열일곱 살에 야코비는 부친에 의해 도제 수업의 길에 오르게 된다. 우여곡절 끝에 그가 보내진 곳은 스위스 제네바였다. 그러나 이곳에서 보낸 3년은 야코비의 성격을 매우 사교적이고 신중한 성품으로 가꾸어주었다. 특히 프랑스 계몽철학자들을 직간접적으로 만난 것은 야코비의 관심을 경제학·회계학·수학 등에서 철학 쪽으로 기울게끔 만든다. 귀향 후 한때 의학을 공부하려고도 했지만 야코비는 부친의 바람대로 하는 수 없이, 그것도 스물두 살이라는 너무 이른 나이에 가업을 물려받는다. 이 시기에 그는 한편으로 철학에 대한 자신의 갈증을 당대 저명한 지성인들과 편지를 주고받으며 공부하는 식으로 풀었지만, 다른 한편으로는 사적인 삶에서 방황을 많이 한 것으로도 보인다. 이 때문이기도 했겠지만 그는 같은 해 집안끼리 정해진 결혼마저 하게 된다. 그러나 이 결혼은 이후 야코비를 정신적으로나 실천적으로 매우 품위 있게 성장시켜 주었다. 비록 가업은 8년 남짓 운영하다 접었지만 말이다. 철학을 공부하기 위해 가업을 접었다고 하는 연구자도 있지만, 사실상 사업에 실패했기 때문이라고 평하는 연구자도 있다. 아직 공장제 수공업 위주로 운영되던 후진적인 독일 상황에서 야코비는 너무 이르게 애덤 스미스(Adam Smith, 1723~90)의 경제적 자유주의 도입을 주장했으며, 이마저도 넘어서서 자본 순환을 위해서는 노동자 계층의 소비 능력 진작이 중요함을 역설했다고 한다. 자본 축적이 필요했던 시기에 너무 앞서간 생각이었다고 할 수 있다. 그럼에도 이러한 그의 능력은 영주에게 발탁되어 궁정 회계고문관으로 라인 지역 관세제도 개혁에 크게 공헌하며, 비록 아주 짧은 기간에 그치고 말았지만 바이에른 영주에게 초빙되어 그곳 농노제 철폐에 큰 역할을 했던 것으로 평가받는다.

야코비가 철학적으로 두각을 나타내기 시작한 것은 이로부터 20여 년이 훌쩍 지나서다. 그는 사업과 공직 생활로 넓어진 인맥을 주로 사상가와 예술가들을 초대하고 교제하는 데에 활용했으며, 여기에는 아내의 조력이 아주 크게 작용했다. 그러나 그러던 그가 대중에게 처음으로 이름을 알린 것은 철학자로서가 아니라 소설가로서였다. 이것은 1774년 『젊은 베르테르의 슬픔』 발표 이후에 벗들과 함께 여행 중이던 괴테의 방문으로 시작되었다. 이미 소설의 성공으로 우쭐해서인지 젊은이들의 혈기 왕성한 대화 때문에서인지 괴테는 야코비에게도 소설 창작을 권유했는데, 이렇게 해서 쓰인 소설 두 편이 우리에게는 잘 알려져 있지 않지만 바로 『에두아르트 알빌의 문서들』(Eduard Allwills Papiere)과 『볼데마르. 자연사의 희귀성』(Woldemar. Eine Seltenheit aus der Naturgeschichte)의 습작품들이다. 그러나 괴테는 첫 작품에 대해 겉으로는 중립적인 반응을, 두 번째 작품에 대해서는 대놓고 불평을 한 것으로 전해진다. 우선 남녀간의 교제를 다루면서 욕망과 사랑이 아니라 우정을 그린 것이 못마땅했고, 더구나 독일 최초의 철학소설로 알려지게 되는 『볼데마르』는 너무나 사변적이어서 싫었다고 한다. 야코비는 이후 수년에 걸쳐 이 두 작품을 완성하지만 소설가로서의 꿈은 접는다. 그의 문학적 경력은 괴테의 격려로 시작해 괴테의 평가로 끝난 셈이다.

이로부터 6년 정도 지난 후 야코비는 평소 편지를 통해 알고 지내던 독일 계몽철학의 선도자 고트홀트 에프라임 레싱(Gotthold Ephraim Lessing, 1729~81)을 그의 요양지로 찾아가게 된다. 방문 목적은 따로 있었지만, 이때 우연히 나눈 대화거리에서 몇 년 후 철학자 야코비가 비로소 등장하게 된다는 것은 너무나 유명한 일화이다. 이때 레싱은 자신이 스피노자주의자임을 고백하는데, 이는 당대의 분위기에 따른다면 상당히 묵직한 함의를 지니는 고백이었다. 당시에 스피노자 추종자라는 것은 무신론자라는 것과 같은 의미이자 정치사회적으로 너무 위험한 개혁 사상을 추구한다는 의미였기 때문이다. 사적인 대화로 남겨진 이 기억은 얼마 후에 세상을 떠난 레싱을 기념하려는 저서를 준비 중이던 멘델스존에 의해 다시 살아난다. 스피노자주의자가 된 레싱을 잘 알고 있는지를 묻는 야코비의 간접적인 질문으로 시작된 야코비와 멘델스존의 편지 교환은 이후 독일 근대 철학에서 무신론 논쟁으로 알려지는 크나큰 파장을 불러온다. 이때 야코비는 『모제스 멘델스존에게 보내는 편지들로 된 스피노자의 가르침에 대하여』(*Über die Lehre des Spinoza in Briefen an den Herrn Moses Mendelssohn*)를 출판하며, 철학자로서 드디어 처음으로 교양 대중의 이목을 받기에 이른다. 그러나 이 시기의 야코비는 아내와 아들을 잃은 깊은 슬픔과 과도한 논쟁의 여파로 힘든 시기를 보내면서 대외 활동을 극도로 자제한 것으로 알려진다.

그럼에도 그의 철학 연구는 평온한 열정 속에서 끊임없이 계속되었다. 1787년부터 야코비는 10여 년 이상 전념했던 칸트 철학을 비판하는 일련의 저술을 내놓으며, 나폴레옹 혁명군의 침공으로 피난 중이던 1799년에는 무신론 논쟁에 휘말린 피히테를 돕기 위해 공개적으로 편지를 발표하기도, 1803년에는 헤겔의 『믿음과 앎』(*Glauben und Wissen*)을 비판하는 글을 동료 학자의 책에 싣기도 한다. 이 힘든 시기에 또 다른 불행도 찾아온다. 전쟁 탓도 있었지만 환갑의 나이에 야코비는 처남을 통해 투자했던 자신의 재산이 거의 파산 지경에 이르는 경제적 위기에 처한 것이다. 그러나 이미 철학적 명성을 얻게 된 그는 다행히 바이에른 학술원에 초빙되어 이 학술원이 학자들의 사적인 학회 조직에서 국가 공식 기구로 전환하는 데에 핵심 역할을 담당하며, 1807년부터는 초대 원장직을 수행한다. 이 시기에 그는 근대 교육 및 학술 제도의 개혁에 누구보다 앞장선 것으로 평가받는다. 아울러 같은 해 셸링의 학술원 강연을 듣고는 야코비가 그와 벌인 무신론 논쟁은 독일 고전철학을 뒤흔든 그의 마지막 활동으로 기록되고 있다.

결국 야코비는 독일 고전철학을 그 시작부터 절정기에 이르기까지 격렬하게 뒤흔든 세 차례의 무신론 논쟁에 직간접적으로 관여한 것이다. 최근 연구자들은 바뤼흐 스피노자(Baruch Spinoza, 1632~77)의 범신론을 둘러싼 첫 번째 논쟁을 범신론 논쟁으로, 종교를 도덕으로 환원하는 신(神) 이해를 문제 삼는 두 번째 논쟁을 무신론 논쟁으로, 그리고 참된 유신론의 자연 이해를 둘러싼 마지막 논쟁을 유신론 논쟁으로 구분해 부르기도 한다. 물론, 이 세 차례의 논쟁 모두 참된 신을 드러내지 못한다면 무신론에 귀착한다는 논점을 주축으로 삼기에, 이 책에서는 이것들을 일단 무신론 논쟁으로 통일해 부르고자 한다. 여기서 **또 한 가지** 주의해야 할 사항이 있다. 당시 유신론이냐 무신론이냐 하는 문제는 단순한 종교적 차원의 신앙 문제가 아니었다는 것이다. 볼테르(Voltaire, 1694~1778)나 레싱 같은 계몽가가 역설한 종교적 관용은 현실에서는 비기독교를 제외한 종파 간의 관용, 즉 프로테스탄트와 가톨릭 사이의 관용에 그치는 경우가 많았다. 더욱이 오늘날 상상하기 어려울 정도로 종교는 근대에도 여전히 시민의 사회정치적 자유와 삶에 아주 밀접히 연관되어 있었다. 19세기 전반의 교회 투쟁과 후반의 문화 투쟁에서 드러나듯이, 당시 어느 종파의 특정 입장을 지닌다는 것은 곧 그 사람의 사회정치적 관점을 표명하는 것이나 다름 없었던 것이다. 무신론 논쟁이 사회정치적 개혁 가능성의 문제로까지 확대되고 학문적으로는 이성 인식의 경계 문제에까지 파고들게 된 것은 바로 이러한 분위기 때문이라 할 수 있다. 야코비의 신앙철학을 **결코** 종교적 신앙 개념에만 기반을 둔 철학으로 이해해서는 안 되는 이유가 바로 여기에 있다. 아울러 그의 신앙, 믿음, 계시, 동경 같은 개념은 무엇보다 칸트를 비판하는 인식론적인 맥락에서 출현한다는 것에도 주목할 필요가 있다.

이 책에서 다루는 내용을 간단히 소개하면 다음과 같다. 먼저 제1장에서는 앞서 언급한 스피노자 논쟁 혹은 무신론 논쟁을 주로 두 번째 국면에 집중해서 다룬다. 사실 이 논쟁의 핵심 사건은 야코비와 멘델스존이 편지를 통해 입장을 주고받은 바로 이 둘째 국면에서 일어났다고 해도 과언이 아니기 때문이다. 야코비가 레싱과 직접 대화하면서 벌인 논쟁의 첫째 국면에 대해서는 이미 국내에 훌륭한 연구 결과가 있다. 이를 참조하면서 이 장(章)을 같이 읽으면 좋을 것이다. 스피노자 철학에서의 무한자와 유한자의 관계, 이성의 필연적 체계와 자유의 가능성 등을 놓고 펼친 야코비와 레싱 또는 멘델스존과의 대화는 그 완성의 정점에 이른 이성적 학문마저도 신(神) 인식에 있어서는 한계를 지닐 수밖에 없다는 야코비의 기본 관점을 효과적으로 드러내는 계기가 되었다. 그러나 이 계기는 이후 이성과 믿음, 학문과 신앙의 화해 내지 합일 가능성의 문제로까지 첨예화되기도 했지만, 스피노자주의를 비판하려던 야코비의 의도와 달리 후기 계몽 세대에 스피노자 르네상스를 불러일으키는 결과를 낳기도 했다. 20대의 한창 나이였던 셸링과 헤겔이 스피노자에 심취했던 배경이 바로 여기에 있다. 엄청난 파급력으로 학자들 사이에 퍼진 후속 논쟁에 해당하는 세 번째 국면은 여기서 간단히 소개하는 정도로 그친다. 아울러 여기서 처음 설명되는, 근대 철학 전통에서 벗어나는 야코비 고유의 근거와 원인 개념에 대해서는 이후에도 자주 언급될 것이기에 주목할 필요가 있다.

이어서 제2장에서는 야코비의 칸트 비판을 다룬다.『순수이성비판』(1781)을 처음 접했을 때 야코비는 칸트를 사상가들 중의 "헤라클레스"요, "쾨니히스베르크의 세례자"(Königsberger Täufer)〔요한〕라고 지칭할 정도로 환호했으며, 잔뜩 기대감에 부풀어 있었다(JaF 196). 무엇보다 칸트가 제시하려는 이성의 한계와 자기비판 때문이었을 것이다. 그러던 야코비가 비판의 화살을 칸트에게로 돌린 것은 무엇보다 인식의 실재성 결핍 때문이라 할 수 있으며, 더 나아가 경험의 한계 내에 머물러야 할 이성 이념이 암암리에 오성(悟性) 개념의 결핍을 메우기 위해 사용되는 비일관성 때문이라 할 수도 있다. 이 장에서는 오늘날 일반적으로 알려진 칸트 철학의 결점들이 이미 야코비에 의해 거론되고 있는 것을 확인할 수 있을 것이다. 특히 그에 의해 니힐리즘(Nihilismus)이란 용어가 처음 철학에 도입되어 칸트 인식론 비판에 사용되고 있다는 점도 흥미로울 수 있다. 그러나 야코비 철학은 칸트의 이원론 틀을 극복했다기보다는 오히려 그 틀을 자기 나름대로 정교화한 것으로 평가되어야 한다. 학문적 이성 인식을 배제하지 않는 그의 신앙철학을 요즈음에는 이중철학(Doppelphilosophie)이라고 고쳐 부르는 것도 여기서 연유한다. 그러나 야코비에 대한 칸트의 영향은 여기서 간단히 가늠하는 정도로 마무리한다.

제3장은 쾨니히스베르크의 세례자를 통해 급부상한 "사변이성의 진정한 메시아" 피히테에 대한(JaF 194-198) 야코비의 비판을 다룬다. 이 비판은 처음부터 의도된 것이 아니었으며, 원래는 야코비가 제자의 논문을 비판적으로 변호하려다 무신론 논쟁에 휘말린 피히테를 돕기 위해 시작한 일이었다. 그러나 이렇게 좋은 의도로 시작된 일은 피히테 철학의 결점을 좀 더 선명하게 드러내는 식으로 결말을 맺는다. 이는 전도된 스피노자주의자 피히테의 자아(自我)철학이 지니는 문제 때문이기도 했지만, 피히테 자신의 과도한 처신 때문이기도 했다. 야코비의 논조가 급변하는 것을 이해하려면 논쟁의 이러한 사실적 추이도 함께 고려해야 하기에, 이 장에서는 역사적 사실을 필요할 때마다 병행해 서술할 수밖에 없었다. 야코비의 비판을 계기로 피히테가 자신의 후기 학문론(Wissenschaftslehre)을 구상한 것은 잘 알려진 사실이다. 그러나 여기서 이를 자세히 다루지는 않았으며, 주로 야코비의 생(生)의 열정주의와 피히테의 논리적 열정주의를 선명하게 대비하는 데 중점을 두었다.

제4장은 제5장에서도 중요하게 다루어지는 야코비의 저서 『신적인 것들과 그 계시에 대하여』(Von den göttlichen Dingen und ihrer Offenbarung, 1811)를 중심으로 주로 야코비의 인식론과 인식 능력의 구분에 대해 논의한다. 평소에 만남을 통해서든 편지를 통해서든 철학적인 대화를 즐겨 했던 야코비는 실로 논쟁을 통해 성장한 철학자라 할 수 있다. 그러나 이는 비판 상대의 한계를 예리하게 드러내는 장점도 있지만, 정작 야코비 자신의 철학소(哲學素)들을 체계적으로 보여 주기 어려운 단점도 있다. 물론, 이런 방식의 철학하기는 학문적 체계 자체를 꺼렸던 야코비

나름의 전략이라 할 수도 있다. 『신적인 것들과 그 계시에 대하여』는 셸링 철학을 비판하기 위해 저술한 것이지만, 이 책은 또한 존재의 실재론적 인식 능력에 대한 야코비의 성숙한 생각을 선명하게 보여 주기도 한다. 그렇기에 이 장은 우선 여기에 초점을 맞추어 말년에 이르기까지 계속 견지되는 감관, 감성, 오성, 이성, 정신의 능력에 대한 야코비의 설명을 그 한계와 더불어 자세히 논의할 것이다. 이 장은 제2장에서 야코비가 칸트를 비판하면서 거론했던 믿음, 신앙, 계시 개념 등과 비교해 읽으면 좋다.

제5장과 제6장은 야코비가 직접 먼저 시작한 셸링과의 논쟁을 다룬다. 앞선 논쟁에서는 멘델스존이나 피히테처럼 야코비의 공격에 제대로 응수하지 못했거나 칸트처럼 무대응으로 치부해 버린 경우가 대부분이었지만, 이 논쟁에는 매우 긴 제목의 글로 셸링의 효과적인 맞대응이 이어졌다. 논쟁의 직접적인 계기는 바이에른 학술원 산하 예술원 원장으로 취임한 셸링의 강연에 야코비가 참석하면서부터라고 할 수 있지만, 두 사람 사이의 골은 훨씬 이전부터 조성되어 있었다. 주요 논점은 셸링의 자연 개념이 참된 유신론에 수용 가능한지 하는 것이다. 야코비는 동일성 철학을 전개하던 셸링의 자연 개념이 학문적 유신론을 담보할 수 없다고 주장하며, 이에 대해 셸링은 자신의 학문적 유신론을 옹호하면서 오히려 느낌 내지 감정에 의해 무제약자를 전제하는 야코비의 이성 개념이 배타적 유신론에 귀착한다고 반박한다. 이 논쟁은 야코비와 셸링 각자의 철학적 공로와 동시에 그 한계를 좀 더 명확하게 드러내는 계기가 될 수 있을 것이다. 특히 셸링은 이 논쟁 이후 유신론 및 종교적 감정과 잘 어울릴 수 있는 새로운 자연 이해 방식을 모색하게 되며, 이는 그의 후기 계시 철학이나 신화학 연구로 이어지게 된다.

야코비가 평소 셸링을 좋지 않게 생각했던 것은 『철학 비판 저널』 (Kritisches Journal der Philosophie)에 저자 이름 없이 출판된 『믿음과 앎』 (Glauben und Wissen, 1802) 때문이기도 했다. 『철학 비판 저널』은 셸링과 헤겔이 공동 편집해 저자 이름을 밝히지 않고 자신들의 글을 실은 학술지였지만, 동시대인들은『믿음과 앎』을 아직 두각을 나타내지 못한 헤겔의 글이 아니라 이미 유명세를 누리고 있었던 셸링의 글로 읽곤 했다. 야코비 자신은 이 글의 투박한 문체 때문에 헤겔이 저자일 것이라고 추측했지만, 나중에 반박할 때에는 헤겔과 셸링을 모두 겨냥하는 글을 썼다. 이 논쟁을 다루는 것이 이 책의 마지막 부분인 제7장과 제8장에 해당된다. 사실 이 둘 사이의 논쟁은 야코비와 셸링 간의 논쟁보다 앞서 벌어진 일이다. 이를 이 책 마지막 부분에 배치한 것은 나 나름의 이유가 있다. 먼저 제7장은 헤겔이『믿음과 앎』에서 비판한 야코비 철학의 한계에 대해, 특히 절대적 유한성과 유한한 무한성의 문제를 중심으로 다룬다. 헤겔은 이를 통해 야코비의 신앙철학의 실천적 허약함을 부각하지만, 동시에 유한자 내 무한자와의 화해 가능성을 포착하고 긍정적으로 수용하기도 했다. 이어서 제8장은 동료 학자 프리드리히 쾨펜(Friedrich Köppen, 1775~1858)의 저서에 실린 야코비의 반박을 살펴본다. 여기서 야코비는 당시 셸링과 공유하고 있던 헤겔의 절대자 개념과 이성 개념의 한계를 지적하면서 유한한 인간 지평을 넘어서는 자신의 이성 내지 정신 개념을 주창한다. 이에 대해 헤겔은 이후 별다른 반박을 제기하지 않고 오히려 야코비와 개인적으로 친분을 맺는 식의 태도를 취한다. 말하자면 헤겔은 야코비가 논쟁을 벌였던 자들 가운데 유일하게 화해로 매듭지었던 철학자이다. 이에 대해서는 여러 이유가 있겠지만 다른 무엇보다도 헤겔 자신이 여전히 비판적 거리를 유지하면서도 적극적으로 야코비의 이성 내지 정신 개념을 수용했다는 점을 들 수 있겠다. 헤겔의 철학 원리로서의 정신 개념과 변증법에는 야코비의 영향이 깊게 드리워져 있는 것이다. 20세기에는 흔히 헤겔의 변증법을 주어진 직접성에 머무르지 않는 매개의 변증법 또는 관계의 변증법이라 평가하고는 했다. 중요한 통찰이기는 하나 아직 부족한 표현이다. 사변적 사유는 매개와 관계에만 머물러서는 안 되며 이를 다시 직접성의 형식으로 통일해야 하기 때문이다. 최근에는 헤겔의 변증법을 직접성이 매개되어 있는 고차적인 직접성, 다시 말해 **매개된 직접성**의 변증법이라 부르는 연구자들이 많아졌다. 나 또한 같은 입장이다. 그리고 일차적이든 고차적이든 이때의 직접성은 야코비에게서 비판적으로 수용된 것이라 할 수 있다. 나는 헤겔의 『철학백과 요강』(*Enzyklopädie der philosophischen Wissenschaften im Grundrisse*)과 관련해 이 점을 다룬 바 있다. 관심 있는 독자는 참조하기를 바란다.

야코비 철학은 자연스레 존재하는 직접적이고 단순한 것을 포착하려는 소박한 철학으로 이해되기 쉽다. 그러나 단순한 것을 이해하려는 순간 문제는 복잡해진다. 이해를 위해 개념으로 이름 붙이거나 지칭하는 순간, 우리 머릿속의 단순한 것은 더 이상 단순한 것이 아니기 때문이다. 우리는 이미 머릿속에서 개념의 일차 폭력을 행한 것이다. 더 나아가 우리는 심도 있는 이해를 위해 이 개념을 쪼개고 다른 개념과 비교하고 결합하는 등의 복잡한 지적인 작업을 한다. 단순한 것은 더 이상 흔적조차 없는 잔해 속을 파헤치면서 개념들의 퍼즐 작업을 유희하는 것이다. 야코비는 이러한 지적 폭력의 상황을 누구보다 냉정하게 직시하고 있었다. 머리를 통해서든 마음을 통해서든 다시 회복해야 할 것은 지적 이해를 위해 해체하기 이전의 바로 저 존재자의 참모습이라 역설하면서 말이다. 이에 주목하려는 야코비의 철학은 그저 소박한 게 아니라 오히려 모든 것의 있는 그대로의 모습에 한없이 진지해지려는 철학이라 할 수 있다. **이러한** 의미의 참된 **학문**이란 개념의 폭력으로부터 자기해방의 과정이 아닐까.

이 책은 그동안 내가 발표한 연구 성과물을 전체적으로 재편집하고 부분적으로 재서술해 구성한 결과물이다. 내가 야코비 텍스트를 본격적으로 읽기 시작한 것은 유학 시절부터였으니, 비록 단속적으로 야코비를 다루기는 했어도 그동안 대략 20여 년이 흐른 셈이다. 당시 헤겔 전집의 비판적 편집본을 작업하던 지도교수 발터 예슈케(Walter Jaeschke)가 동시에 야코비 전집 출판 작업도 진행 중이었기에 야코비와의 만남은 자연스럽고도, 어찌 보면 학생인 나로서는 필수적인 것이었다. 여러 언어가 난무하는 텍스트를 머리를 쥐어짜며 함께 강독했던 친구들과의 추억은 지금도 짙은 기억으로 남아 있다. 야코비 전집 출판은 독일 보훔 소재 루르(Ruhr)대학의 독일고전철학연구센터(Forschungszentrum für Klassische Deutsche Philosophie)에서 지금도 계속되고 있다. 이 책 중간중간에는 다루는 주제마다 독자의 이해를 돕기 위해 내가 주로 강의에서 사용하는 도표나 도해를 특별한 설명 없이 추가해 넣기도 했다. 특별한 설명이 없다 해도 야코비가 겨냥하는 부분을 가늠하기에 충분할 것이다. 책 뒷부분에는 많은 시간을 들여 조사한 야코비의 생애와 저술들을 정리해 두었다. 그러나 여러 자료를 비교·정리했음에도 역사적인 보고가 늘 그렇듯이 여기에는 오차가 있을 수 있다. 연구센터를 이끌고 있는 비르기트 잔트카울렌(Birgit Sandkaulen) 교수에 따르면, 최근 작업 중인 방대한 야코비 편지집이 완료되면 그 후에야 비로소 그의 생애와 저술에 대한 자세하고도 신뢰할 만한 정보가 정리되어 소개될 예정이라고 한다. 그녀가 보내 준 조언과 저서는 이 책의 완성도를 높이는 데 많은 도움이 되었다. 이 자리를 빌려 깊은 감사의 뜻을 전한다. 아울러 인문학에 대한 변함없는 열정으로 전문 학술서를 적극적으로 수용해 준 도서출판 길의 이승우 편집장과 온전한 책의 모습을 갖추기까지 교열을 거듭해 준 편집부에도 다시 한번 감사의 말씀을 드린다.

끝으로 나의 부족함으로 지금까지 소식만 주고받을 수밖에 없었던 예슈케 교수님에 대한 한없는 감사와 그리움을 잊을 수가 없다. 이제 그 그리움은 기억 속에만 간직할 수 있는 애도가 되었다.

2023년 5월
남기호

# 차례

# 야코비 저작 약어표

**JaF**  *Jacobi an Fichte* (1799), *Friedrich Heinrich Jacobi Werke*, Bd. 2. 1.

**JaK**  *Drei Briefe an Friedrich Köppen, Friedrich Heinrich Jacobi Werke*, Bd. 2. 1.

**JaL**  *Bruchstück eines Briefes an Johann Franz Laharpe Mitglied der französischen Akademie, Friedrich Heinrich Jacobi Werke*, Bd. 5. 1.

**JAll**  *Eduard Allwills Briefsammlung, Friedrich Heinrich Jacobi Werke*, Bd. 6. 1.

**JaR28**  "Jacobi an Reinhold, 28. Januar 1800", *Philosophisch-literarische Streitsachen*, Bd. 2. 1.

**JaR10**  "Jacobi an Reinhold, 10. August 1802", *Philosophisch-literarische Streitsachen*, Bd. 2. 1.

**JaR8**  "Jacobi an Reinhold, 8. Oktober 1817", *Philosophisch-literarische Streitsachen*, Bd. 3. 1.

**JBB**  *Einige Betrachtungen über den frommen Betrug und über eine Vernunft, welche nicht die Vernunft ist, Friedrich Heinrich Jacobi Werke*, Bd. 5. 1.

**JBND**  *Briefwechsel-Nachlaß-Dokumente*, Bd. 5.

**JBR**  *Berichtigung einer Rezension, Friedrich Heinrich Jacobi Werke*, Bd. 2. 1, Hamburg 2004.

**JBr1/2**  *Friedrich Heinrich Jacobi's auserlesener Briefwechsel*, Bd. 1/Bd. 2, Leipzig 1825/1827.

**JD**  *Die Denkbücher Friedrich Heinrich Jacobis*.

**JDO**  *Von den göttlichen Dingen und ihrer Offenbarung, Friedrich Heinrich Jacobi Werke*, Bd. 3.

**JE**  *Zufällige Ergiessungen eines einsamen Denkers in Briefen an vertrauten Freunde, Friedrich Heinrich Jacobi Werke*, Bd. 5. 1.

**JEK**  "Epistel über die Kantische Philosophie" (1791), *Friedrich Heinrich Jacobi Werke*, Bd. 2. 1.

**JEV**  "Entwurf zum Vorbericht zu der gegenwärtigen neuen Ausgabe", *Friedrich Heinrich Jacobi Werke*, Bd. 3.

**JH**  *David Hume über den Glauben oder Idealismus und Realismus. Ein Gespräch* (1787), *Friedrich Heinrich Jacobi Werke*, Bd. 2. 1.

**JHB**  *Friedrich Heinrich Jacobi's Werke*, Bd. 3, Abt. 3, *J. G. Hamann's Briefwechsel mit F. H. Jacobi*.

**JK**  *Der Kunstgarten. Ein philosophisches Gespräch, Friedrich Heinrich Jacobi Werke*, Bd. 7. 1.

**JLSh**  *Abschrift eines Briefes an den Herrn Hemsterhuis im Haag, Über die Lehre des Spinoza in Briefen an den Herrn Moses Mendelssohn, Friedrich Heinrich Jacobi Werke*, Bd. 1. 1.

**JLSm**  *An Herrn Moses Mendelssohn, über deßelben mir zugeschickte Erinnerungen, Über die Lehre des Spinoza in Briefen an den Herrn Moses Mendelssohn, Friedrich Heinrich Jacobi Werke*, Bd. 1. 1.

**JLSwm**  *Wider Mendelssohns Beschudigungen betreffend die Briefe über die Lehre des Spinoza* (1786), *Friedrich Heinrich Jacobi Werke*, Bd. 1. 1.

**JLS1**  *Über die Lehre des Spinoza in Briefen an den Herrn Moses Mendelssohn* (1785), *Friedrich Heinrich Jacobi Werke*, Bd. 1. 1.

**JLS2**  *Über die Lehre des Spinoza, Erweiterungen der zweiten Auflage* (1789), *Friedrich Heinrich Jacobi Werke*, Bd. 1. 1.

**JLS3**  *Über die Lehre des Spinoza. Erweiterung der dritten Auflage* (1819), *Friedrich Heinrich Jacobi Werke*, Bd. 1. 1.

**JM**  "Ueber und bei Gelegenheit des kürzlich erschienenen Werkes, Des lettres de cachet et des prisons d'état", *Friedrich Heinrich Jacobi Werke*, Bd. 4. 1.

**JN**  *F. H. Jacobi's Nachlaß. Ungedruckte Briefe von und an Jacobi und Andere*, Bd. 2.

**JSt**  *Friedrich Heinrich Jacobi, über drei von ihm bei Gelegenheit des Stolbergischen Übertritts zur Römisch-Katholischen Kirche geschriebenen Briefe, und die unverantwortlichen Gemeinmachung derselben in den neuen theologischen Annalen, Friedrich Heinrich Jacobi Werke*, Bd. 5. 1.

**JT**  *Überflüssiges Taschenbuch für das Jahr 1800. Vorrede, Friedrich Heinrich Jacobi Werke*, Bd. 2. 1.

**JUK**  *Über das Unternehmen des Kriticismus, die Vernunft zu Verstande bringen, und der Philosophie überhaupt eine neue Absicht zu geben* (1802), *Friedrich Heinrich Jacobi Werke*, Bd. 2. 1.

**JV**  "Vorrede zu Band III der Werke", *Friedrich Heinrich Jacobi Werke*, Bd. 3.

**JVE**  "Vorrede, zugleich Einleitung in des Verfassers sämtliche philosophische Schriften" (1815), *Friedrich Heinrich Jacobi Werke*, Bd. 2. 1.

**JVz**  "Vorbericht zur zweiten Ausgabe", *Friedrich Heinrich Jacobi Werke*, Bd. 3.

**JW**  *Woldemar.*

**JW1**  *Friedrich Heinrich Jacobi's Werke*, Bd. 1.

JLSh와 JLSm은 관련 세부 논쟁이 고찰되는 제1장에만 사용한다.

**일러두기**

1. 인명 및 지명 등의 고유명사는 국립국어원에 따른다.

2. 야코비 인용은 큰따옴표로, 그 외 모든 인용은 작은따옴표로 표시한다.

3. 본문 안 모든 진한 글씨는 지은이의 강조이다.

4. 본문 인용 부분 안의〔 〕내용은 지은이의 보충이다.

제1장

# 야코비의 멘델스존 비판

## 1. 논쟁 과정

나의 그 시(詩)가 우연히 도화선이 된 '폭발'(Explosion)은 '품격 있는 자들의 가장 비밀스러운 관계들을', '그들 자신에게는 의식되지 않은 채 그 밖의 고도로 계몽된 사회 속에 선잠을 자고 있었던 관계들을 들추어내었다.'[1] 대문호 요한 볼프강 폰 괴테(Johann Wolfgang von Goethe, 1749~1832)가 젊은 시절을 회상하면서 언급한 그 폭발은 당시 독일 학계와 교양 사회에 엄청난 파장을 불러일으킨 한 사건을 가리킨다. 이 사건은 바로 스피노자 논쟁, 범신론 논쟁 등으로 불리는 무신론 논쟁이다.

이 논쟁은 오늘날 시각에서처럼 개인의 단순한 신앙 문제로만 볼 수 있는 것이 **결코** 아니었다. 막 계몽의 전성기에 돌입한 독일이었지만 종교는 여전히 공적인 정치 영역이나 시민의 사회적 삶과 밀접하게 관련

---

1 Johann Wolfgang von Goethe, *Dichtung und Wahrheit. Illustrierte und kommentierte Ausgabe*, p. 442.

되어 있었기 때문이다.[2] 더구나 아직 철학적 신참자였던 야코비와 이미 계몽주의 문예가이자 철학자로서 명성이 자자했던 레싱 간의 우연한 대화에서 시작된 이 논쟁은 후기 계몽, 다시 말해 계몽의 자기 자신에 대한 비판적 반성이 시작되는 독일 고전철학의 시작과 맞물린다. 이후 야코비가 칸트, 피히테, 셸링 등과 벌이는 믿음과 앎(Glauben und Wissen)을 둘러싼 일련의 무신론 논쟁을 살펴본다면 더욱 그렇다. 그렇기에 다각도의 측면에서 이 논쟁에 대한 연구는 매우 필요하고도 중요한 과제라고 할 수 있다.

실로 하나의 폭발과 같았던 그 첫 논쟁은, 그러나 처음에는 잔잔하고 평화로운 대화에서 시작하여 일련의 복잡한 일이 실타래처럼 얽혀지며 터지게 된다. 이는 크게 세 국면으로 나누어볼 수 있을 것이다. **먼저** 평소 스피노자에 심취해 있던 야코비는 1780년 어느 화창한 여름날 브라운슈바이크 지역 루터교의 중심지 볼펜뷔텔(Wolfenbüttel)에 잠시 머물던 레싱을 방문한다. 이어지는 7월 6일 아침 만남에서 야코비는 아마도 의도적으로 자신의 친구 괴테의 미출판 시 「프로메테우스」[3]를 여흥

---

2 비기독교인이나 여성 등이 공적인 직업을 가질 수 없었던 상황을 고려하면 더욱 그렇다. 김희근, 「하인리히 하이네의 전통 개념: 하이네의 모세스 멘델스존 수용을 중심으로」, 『독일문학』 제85집, 53쪽. Peter Kriegel, "Eine Schwester tritt aus dem Schatten", *Hegel Studien*, Bd. 45, pp. 27~28.

3 두 사람의 만남은 원래 프리메이슨 회원이었던 야코비가 레싱의 가입 자격이나 성향을 살펴보려던 것이었다. 그 와중에 여담거리로 건넨 괴테의 이 시는 이신교(理神敎) 문제를 고민하던 야코비가 비슷한 고민을 하던 레싱과 잠시 철학적으로 대화하기 위해 선택한 범신론적인 내용의 시로 당시에는 매우 친밀한 지인들 사이에서만 읽히던 것이었다. Kurt Christ, *Jacobi und Mendelssohn*, pp. 48~56. 1773년 가을과 1775년 초 사이에 작성되어 1785년 야코비의 이 논쟁을 통해 처음 알려지게 된 이후, 1789년 괴테 작품집에 수록되어 출판된 이 시가 정말 범신론적 주제를 담고 있는지는 별도의 연구가 필요하다. 지금까지 국내 연구자들은 이 시를 '프랑스와 영국 계몽주의의 종교 비판과 신화 비판'을 재수용한 것으로, 혹은 '인간/예술가 찬가'나 '창조적 인간'의 부각으로 혹은 아버지-신에 대항하는 아들-인간의 형상화로 해석한다. 이영희, 「계몽의 세기와 괴테의 『프로메테우스』 신화 수용」, 『헤세연구』 제12집, 156~70쪽, 특히 156~57쪽; 박은경, 「프로메테우스 신화의 시적 변용」, 『독일어문학』 제47집,

거리 삼아 건네며 레싱은 아직 누가 쓴 것인지도 모르고 이 시를 평가하고 음미하다가 자신이 스피노자주의자임을 고백한다. 이렇게 시작된 철학적 대화는 둘만의 사적인 논쟁으로 마무리되며, 이후 몇 달 뒤(1781년 2월 15일) 예전에 앓았던 독감으로 허약해진 레싱이 세상을 떠나자 이 대화는 아쉽게도 더 이상 이어질 수 없게 된다. 몇 년 후 야코비는 레싱의 죽마고우이자 베를린 계몽의 하스칼라(Haskalah) 진영을 대표하던 모제스 멘델스존이 레싱을 기념하는 저서를 준비 중이라는 소식(1783년 3월 25일)을 접한다. 이 소식을 전해 주었던 엘리제 라이마루스(Elise Reimarus, 1735~1805)에게 야코비는 같은 해 7월 21일자 편지에서 그녀도 아는 사실이겠지만 "레싱이 말년에 단호한 스피노자주의자"였으며 그녀가 모른다면 우리끼리만 아는 것으로 하자고 말하면서 이렇게 덧붙인다. "아마 레싱이 나에게 한 것처럼 멘델스존에게도 말했을 수도, 아마 하지 않았을 수도 있겠지요. 레싱은 오랫동안 그와 대화하지도 않았고〔그에게〕편지 쓰는 것도 몹시 꺼렸거든요."(JLS1 8). 이 말은 그녀를 통해 곧바로 멘델스존에게 전해진다.

이제 이로부터 논쟁의 **두 번째** 국면이 복잡하게 시작된다. 자타공인 레싱의 사상적 유산 상속자이자 분배자임을 자부하던 멘델스존에게 이 소식은 큰 충격이었기에, 우선 그는 저술 계획을 멈추고 그 진위를 타진한다. 이후 엘리제의 중재로 계속되는 편지 교환에서 야코비는 레싱과

276~79쪽; 임우영, 「괴테의 초기 시에 나타난 신화적 인물 연구」, 『독일문학』 제80집, 10~17쪽; 이규영, 「독일문학에 나타난 〈프로메테우스〉」, 『독일어문학』 제11집, 106~09쪽 참조. 야코비는 1785년 출판한 『모제스 멘델스존에게 보내는 편지들로 된 스피노자의 가르침에 대하여』 앞부분에 이 시가 아니라 1783년 출판된 괴테의 또 다른, 그러나 상당히 '기독교 정통론'의 성향을 지닌 찬가 「신적인 것」(Das Göttliche)을 소개하고 있다. 즉 야코비는 같은 책의 앞부분과 레싱과의 대화 본문에서 '신앙인으로서의 괴테와 이교도로서의 괴테'를 동시에 소개하고 있는 셈이다. Kurt Christ, "Der Kopf von Goethe, der Leib von Spinoza und die Füße von Lavater,' Goethes Gedichte 'Das Göttliche' und 'Prometheus' im Kontext ihrer Erstveröffentlichung durch Jacobi", *Goethe Jahrbuch*, Bd. 109, p. 14.

의 저 대화를 복원한 글을 작성해 같은 해 11월 4일 멘델스존에게 보낸
다. 몇 차례의 간접적이고 단속적인 편지 교환 끝에 멘델스존은 1784년
8월 1일 「야코비 씨에게 보내는 기억들」(Erinnerungen an Herrn Jacobi)
이란 제목의 편지에서 야코비의 복원 대화에 몇 가지 의문을 제기하면
서 자신의 '기분'에 따라 '가장 낯선 이념도 짝지어' 말하는, 역설을 즐
겨 했던 레싱의 성격을 거론한다.[4] 당시 요양 중이던 야코비는 프란스 헴
스테르호이스(Frans Hemsterhuis)에게 보낸 스피노자와의 가상의 대화
글 「헤이그의 헴스테르호이스 씨에게 보내는 편지 사본」(Abschrift eines
Briefes an den Herrn Hemsterhuis im Haag)을 10월 26일 뒤늦게 답변으로
보낸다.[5] 이어 멘델스존은 엘리제를 통해 레싱 기념 저서를 잠시 중단하
고 우선 스피노자를 다루는 저서를 준비 중인데 야코비의 두 편지를 공
적으로 이용할 수 있는지 문의하며, 이에 야코비는 1785년 2월 18일 편
지를 통해 허락한다. 이후 평소 앓던 통풍의 악화로 인해 엘리제의 편지
중재는 장기간 중단된다. 영문을 모르던 야코비는 멘델스존 측으로부터
아무런 소식이 없자 급기야 1785년 4월 20일 44개의 테제로 정리한 「모
제스 멘델스존 씨에게, 나에게 보낸 기억들에 대하여」(An Herrn Moses
Mendelssohn, über deßelben mir zugeschickte Erinnerungen) 편지를 직접 작
성한다. 그럼에도 멘델스존의 무응답이 이어지자 야코비는 마침내 자신
이 복원한 레싱과의 대화 「스피노자의 가르침에 대하여」(Über die Lehre
des Spinoza)를 비롯해 자신이 보낸 앞의 두 편지에 추가글을 묶어 『모제
스 멘델스존에게 보내는 편지들로 된 스피노자의 가르침에 대하여』를
1785년 9월 30일 공개 출판하게 된다. 아직 사적으로 조율되지 않은 사

---

4 Moses Mendelssohn, Erinnerungen an Herrn Jacobi, p. 179.
5 야코비는 1784년 초 아내와 여섯째 아들의 죽음으로 힘겨운 나날을 보낸 후 요양 중
  에 멘델스존의 편지를 받았다. 요양지에는 자신이 활용할 수 있는 자료가 거의 없었
  기에 야코비는 마침 그곳에 머물던 갈리친(Gallitzin) 군주 부인이 지니고 있는 자신
  의 이 편지 사본을 답변 대신 전하고자 9월 5일 작성한다. 그러나 답장은 필경사의 미
  숙함으로 인해 10월 26일 뒤늦게야 발송된다. Kurt Christ, *Jacobi und Mendelssohn*,
  pp. 102, 108.

안을 출판한 것에 격분한 멘델스존은 10월 4일 출판한 자신의『아침 시
간들 또는 신 현존에 대한 강의들』(*Morgenstunden oder Vorlesungen über das
Daseyn Gottes*)에 이어 1786년 초에는『레싱의 친구들에게』(*An die Freunde
Lessings*)라는 공개 편지를 출판한다. 이 편지를 다급하게 집필함으로써
체력이 소모되고 출판사에 원고를 보내면서 걸린 독감으로 인해 멘델스
존은 1786년 1월 4일 급작스레 세상을 떠나게 되며, 서로 한번 직접 만
나 보지도 나눠보지도 못했던 둘 사이의 대화는 이렇게 종결된다.[6]

저명한 계몽철학자의 죽음으로 인해 결국 논쟁의 **세 번째** 국면은 엄
청난 폭발력으로 일파만파 전개되기 시작한다. 야코비에 대한 인신공
격을 포함해 학문적 입장이 두 편으로 갈리어 수년간 다양하게 표출되
었던 것이다. 여기서 세세히 소개할 수는 없지만,『예나 문예지』(*Jenaer
Literaturzeitung*),『독일 일반 문헌지』(*Die Allgemeine Deutsche Bibliothek*),『베
를린 월간지』(*Berlinische Monatsschrift*) 등에 수많은 학자가 참여하며, 요한
고트프리트 헤르더(Johann Gottfried Herder, 1744~1803), 괴테, 칸트, 요
한 카스파 라바터(Johann Caspar Lavater, 1741~1801) 등도 저마다 의견을
피력하게 된다.[7] 바로 이러한 복잡한 상황으로 인해 이와 관련된 연구는
저서 형태가 아니라면 그때마다 특정 국면이나 영향사적 연관에 주목해
개별적으로 접근할 수밖에 없는 실정이다.

이 장(章)에서는 이러한 논쟁적 배경을 토대로 주로 두 번째 국면에
시각을 집중해 야코비의 멘델스존 비판을 다루고자 한다. 비록 간접적
인 편지 교환의 형태가 주를 이루기는 했지만, 이 논쟁의 실질적인 사

---

6  Kurt Christ, *Jacobi und Mendelssohn*, pp. 76~124; Frederick C. Beiser, *The Fate of
   Reason*, pp. 61~75; Frederick C. Beiser, "The Limits of Enlightenment", *A New History
   of German Literature*, pp. 418~23. 이 논쟁 배경을 더욱 생동감 있게 소개하는 국내 연
   구도 있다. 안윤기,「18세기 범신론 논쟁: 야코비의 스피노자의 가르침에 관한 편지들
   (1785)」,『칸트연구』제30집, 21~33쪽 참조.
7  이에 대한 자세한 내용은 Heinrich Scholz, *Einleitung* zu *Die Hauptschriften zum
   Pantheismusstreit zwischen Jacobi und Mendelssohn*, LXXVIII~CXXVIII; Kurt Christ,
   *Jacobi und Mendelssohn*, pp. 125~50 참조.

건은 바로 이 국면에서 이루어졌다고 해도 과언이 아니기 때문이며, 더구나 야코비의 비판은 이후 독일 고전철학의 큰 화두로 자리 잡기 때문이다.[8] 이를 위해서는 앞서 소개한 문헌과 야코비가 『레싱의 친구들에게』를 작성한 멘델스존에게 자신의 입장을 밝힌 『스피노자의 가르침에 대한 편지와 관련된 멘델스존의 고발에 반하여』(Wider Mendelssohns Beschuldigungen betreffend die Briefe über die Lehre des Spinoza, 1786) 및 『스피노자의 가르침에 대하여』제2판(1789)과 제3판(1819)에 추가된 글들도 참조될 것이다. 그러나 대화록, 편지, 강의 기록 등 다양한 형식으로 저술된 모든 관련 문헌이 특정 논점을 정해 놓고 일관되게 이를 맴돌면서 작성된 것은 아니기에[9], 여기서는 몇 가지 논점을 선별해 관련 문헌을 가로지르는 방식으로 전개할 수밖에 없다. 이렇게 선별된 논점들은 스피노자의 실체와 유한자의 관계 문제, 그리고 멘델스존의 이성의 자유와 정화된 스피노자주의 및 야코비의 공중제비와 참된 철학의 대결 구도로 설정된다. 특히 이 구도는 크게 보면 계몽 대(對) 계몽비판의 대결 구도로 이해할 수 있으며, 그 중심에 스피노자 철학이 서 있는 셈이다.

## 2. 무한자와 유한자

무엇보다 먼저 던져야 할 물음은 이것이다. 당시에 자신이 스피노자주의자임을 고백한다는 것은 왜 비밀리에 사적으로만 행해질 수 있었던 것인가? 스피노자 철학은 그 시대에 어떤 의미였던 것인가? 생전에도 그

---

8  이미 첫째 국면에 대한 탁월한 국내 연구 성과로는 최신한, 「야코비와 스피노자 논쟁」, 『철학연구』제129집, 316~36쪽이 있다. 스피노자와 야코비의 영향사적 연구로는 이근세, 「야코비의 사유구조와 스피노자의 영향」, 『철학연구』제127집, 109~31쪽 참조.
9  특히 예전의 편지를 답장 대신 보낸 「헤이그의 헴스테르호이스 씨에게 보내는 편지 사본」이나 44개의 테제를 정리해 보낸 「모제스 멘델스존 씨에게, 나에게 보낸 기억들에 대하여」 등은 야코비가 멘델스존의 논점을 조목조목 따져가며 작성한 것이 아니기에 더욱 그렇다.

랬지만 사후 100여 년 이상 스피노자는 기독교 전통 사회에 범신론 내지 무신론을 대변하는 위험 인물이었다. 그러나 이뿐이 아니다. 그의 철학은 '보편종교'의 급진적 관점과 더불어 '관용, 언론의 자유', '교회와 국가의 분리' 등 수많은 정치적 혁신의 요소를 담고 있기도 했다.[10] 멘델스존의 걱정은, 레싱의 고백이 사실이라면 온건한 계몽을 표방하던 그의 명성에 큰 해가 될 수 있으리라는 데 있었다. 그렇기에 아무도 거들떠보지 않는 "죽은 개" 취급해야 마땅한 스피노자를 레싱이 추종하게 되었다는 고백은 사실일 리 없다(JLS1 27).

이에 멘델스존은 「야코비 씨에게 보내는 기억들」을 통해 야코비가 복원한 대화에서 자신이 이해할 수 없는 기억할 만한 쟁점을 다양하게 제기한다. 이들 쟁점은 우선 크게 세 가지로 선별해 논의할 수 있을 것이다. **먼저** "무한자 내 각각의 발생을 통해" "어떤 것 하나(ein Etwas)가 무(無)로부터 정립되어야" 할 것이기 때문에 스피노자는 유한자로 이행하는, "유출하는 무한자(Ensoph) 대신에 단지 내재적인 무한자만을, 내주(內住)하며 자기 내에선 영원히 불변하는 세계의 원인을 정립한" 것이라는(JLS1 18)[11] 야코비의 설명에 대해 멘델스존은 다음처럼 이의제기한다. **첫째,** 스피노자에게 '시작이 없는' 무한 계열이 가능하다면, 그리고 이로부터 사물들이 유출되는 것이라면, 이 유출된 발생은 꼭 '무로부터의 생성'(ein Werden aus Nichts)에 귀착될 필요는 없을 것이다. **둘째,** 이렇게 무로부터 생성된 사물들이 유한자라면 이것들의 '무한자 내 거주함'

---

10 Frederick C. Beiser, *The Fate of Reason*, pp. 49~50. 이 또한 사회계약과 공화주의를 옹호했던 야코비가 스피노자에 관심을 갖게 된 요인이기도 하다. Kurt Christ, *Jacobi und Mendelssohn*, p. 42. 그의 스피노자에 대한 관심은 문헌상 1773년에 이미 처음으로 나타난다. 또한 레싱과의 대화에서 그는 스피노자 철학뿐만 아니라 국가 헌정들에 대해서도 논의했다. Peter-Paul Schneider, *Die ‚Denkbücher' Friedrich Heinrich Jacobis*, pp. 30, 34.

11 야코비는 여기서 무한자를 뜻하는 Unendliches와 끝(soph)이 없음(en)을 뜻하는 카발라 용어 'Ensoph'를 혼용하고 있다. Heinrich Dieter, *Between Kant and Hegel: Lectures on German Idealism*, p. 92 참조.

(Inwohnen)은 무한자로부터의 유출보다 훨씬 더 이해하기 어렵다.[12] 게다가 "그 초월적(transcendental) 통일성"이나 "절대적 무한성"으로 인해 사유나 의지의 대상일 수 없는 무한한 원인은 "지성(Verstand)도 의지도 지니지 않을" 것이며, 유한한 개별적 사고나 규정이 있을 수 없는 이 원인은 "지성과 의지의 최초의 내적인 보편적 근원 소재(Urstoff)"일 뿐이라는(JLS1 19)[13] 야코비의 설명은 더욱이 납득되지 않는다. 스피노자에 따르면, 유일 실체는 그 주요 속성들 중 하나로 '사고들'(Gedanken)을 지니는데, 그러면서도 개별 사고들을 지니지도 지성을 지니지도 않는다는 말은 무슨 뜻인가? '어떤 보편이 개별 없이 개념 파악될 수 있는가?' 이는 개별적인 '형상 없는 질료보다도 더 이해하기 어려운' 것이다.[14]

어찌 보면 멘델스존이나 스피노자주의자에게 낯설게 보일 수 있는 이 실체 개념을 둘러싼 야코비의 설명은, 그러나 스피노자 철학에 대한 야코비 고유의 문제의식을 토대로 해서만 이해할 수 있다. 「헤이그의 헴스테르호이스 씨에게 보내는 편지 사본」에 따르면, 야코비에게 스피노자의 기하학적 "방법"은 단지 "자연적인 것(das Physische)에만 직접" 적용될 수 있을 뿐 이 방법이 그의 철학 "체계를 산출한 것은 아니다." 야코비가 주목하고자 하는 것은 스피노자의 철학 체계 전체를 **가능하게 한** 이 "철학의 영혼", 이 철학의 근본 "원칙"이 무엇인가 하는 것이다(JLSh 56-57). 이는 무엇보다 다른 모든 유한한 규정이 도출되는 실체 개념, 무한

---

12 Moses Mendelssohn, Erinnerungen an Herrn Jacobi, p. 171. 야코비에게 보내는 기억할 만한 쟁점을 담은 이 편지는 멘델스존이 1786년 『레싱의 친구들에게』라는 공개 편지 속에 포함되어 처음 출판되었으며, 이후 1789년 야코비의 『스피노자의 가르침에 대하여』 재판(再版) 첨가글(Beilage)에도 실렸다. 인용은 이 재판 첨가글을 따른다.

13 간혹 칸트의 『순수이성비판』을 언급하고 있음에도 불구하고 야코비가 여기서 사용하는 transzendental이나 Verstand는 '선험적'이라거나 '오성'으로 새기기보다는 합리론의 전통적 의미에서 '초월적'으로, 그리고 '지성'(intellectus)으로 읽는 것이 더 적절하다. 전통 형이상학에서 transcendere에서 파생된 transzendental과 transzendent는 같은 말이었다.

14 Moses Mendelssohn, Erinnerungen an Herrn Jacobi, pp. 172~73.

자 개념이 **어떻게** 마련되었는지 그리고 이 무한자의 유한자와의 관계가 **어떻게** 설정되는지에 달려 있다. 이「편지 사본」도입부에서도 다시 한 번 강조되지만, 멘델스존이 야코비가 복원한 대화에서 놓치고 있는 것은 바로 "무로부터는 아무것도 생기지 않는다"(a nihilo nihil fit)라는 원칙이다(JLS1 18). 스피노자가 암묵적으로 전제하는 이 카발라적 원칙은, 좀 더 부연하자면 "무로부터는 아무것도 산출되지 않으며 아무것도 무 속으로 되돌아갈 수 없다"(gigni de nihilo nihil, in nihilum nil potest reverti)라는 것이다(JLSh 57). 이로부터 멘델스존의 **첫째** 의문이 답해질 수 있을 것이다. 만약 어떤 것이 생성된 것이라면 이 생성된 존재는 그 이전에 이것이 없던 상태, 즉 비존재 내지 무로부터 생성된 것이어야 할 것이다. 이는 앞의 원칙에 위배된다. 유한한 존재가 무한자로부터 생성된 것이라면, 이는 영원불변한 무한자 내에 무언가를 산출하려는 변화를 가정해야 한다. 이러한 변화 또한 없던 것에서 무언가가 생기는 것이기에 위의 원칙에 반하는 것이다. 무한자가 자기 밖에서 무언가를 산출하는 것이라 해도 사정은 마찬가지이다. 근본 원칙에 충실하게 설명하려면 "모든 생성에는 생성되지 않은 하나의 존재가 근저에 놓여 있어야 할 것이다." 그러나 불변하는 "존재만큼이나 생성함(das Weden)〔자체도〕생성되거나 시작된 것일 수 없다."「모제스 멘델스존 씨에게, 나에게 보낸 기억들에 대하여」[15]에 따르면, "영원불변한 것"은 "자기 내에서든 자기 밖에서든 결코 어떠한 생성도 산출하지 않았을 것이다." 만약 그랬다면 이는 "무로부터의 발생을 전제"하는 것이기 때문이다. 유한자가 무한자에 의해 무로부터 산출되는 어떤 "힘이나 규정"이 있다 해도 이 힘이나 규정 자체 또한 이런 것이 아무것도 없었던 "무로부터 발생한 것"이어야 한다(JLSm 93-94). 야코비에 따르면, **바로 이 때문에** 스피노자는 "무한자

---

15 이 편지의 앞부분은, 『스피노자의 가르침에 대하여』 초판에는 야코비에 의해 의도적으로 삭제되었으나 멘델스존의 『레싱의 친구들에게』 속에 실려 처음 소개되었다. 이후 『스피노자의 가르침에 대하여』의 제2판 및 제3판에는 이 편지가 온전히 실린다.

의 유한자로의 모든 이행"을, 그것이 "잠정적 원인이든 부차적 원인이든 동떨어진 원인이든 간에" 모든 이행을 배제한 것이며, "유출하는 무한자 대신에 단지 내재적인 무한자만을" **정립**한 것이다. 무한자의 유출 또한 그 시작 내지 변화를 전제해야 하기 때문이다. 멘델스존은 스피노자에게서 무한자로부터 유한자로의 모든 이행이나 유출이 철저히 배제된다는 것을 잘 이해하지 못하고 있다. 이는 그가 무엇보다 스피노자의 근본 원칙을 놓쳤기 때문이다.

**더 나아가** 멘델스존은 스피노자의 내재적 무한자와 유한자의 관계를 잘못 이해하고 있다. 야코비에 따르면, 스피노자는 앞의 원칙에 따라 이행이나 변화를 상정할 수 없는 "자기 내 영원히 불변하는 세계 원인"을 "모든 그 귀결(Folgen)과 **함께 취해**" 정립했다(JLS1 18). 이때 이 유한한 귀결들은, 영원성으로부터 본다면 시작 없는 무한한 계열을 이룰 것이다. 그러나 그렇다고 이 무한한 계열이 무한자로부터 유출되는 것이라고 이해해서는 안 된다. 스피노자에게 무한한 계열을 이루는 '속성'이란 인간 '지성이 실체의 본질을 구성하는 것으로 **파악한**' 것이요, '실체의 변용들(affectiones)'로서의 '양태' 또한 '타자 내에 있으며' 타자를 통해 '파악되는 것'으로 **이해되기** 때문이다.[16] 앞서 언급한 「나에게 보낸 기억들에 대하여」에 따르면, 이 "가변적인 것은 불변적인 것에, 시간적인 것은 영원한 것에, 유한한 것은 무한한 것에 영원성으로부터 있었던 것"이며, 무한자가 무언가 시작하는 행위가 있다면 이 행위 또한 "영원성에 따라 시작된" 것일 수밖에 없다. 이렇게 "모든 유한한 사물의 총괄이 매순간 전체 영원성을, 과거의 것과 미래의 것을 동일한 방식으로 자기 내에 포함하는 것처럼 이 총괄은 무한한 사물 자체와 하나의 동일한 것이" 되게끔 "유한자는 무한자 내에 있는" 것이며, 이렇게 무한자를 형성하는 유한자들의 질서 정연한 구성을 서술한 것이 바로 스피노자의 체계인 것이다. 이때 이 체계의 부분들은 "전체 속에서 그리고 전체에 따라서만 있

---

16  Benedictus de Spinoza, *Ethica*, P. I. Def. IV, V, p. 37.

을 수 있으며, 전체 내에서만 그리고 전체에 따라서만 사유될 수" 있다 (JLSm 94-95). 이런 식으로 함께 정립되었기에 무한자가 유한자에 내재한다고 또는 유한자가 무한자에 내재한다고도 말할 수 있다.

결국 스피노자의 체계에는, 한편에는 자신의 존재 원인을 자기 안에 지니고 있는 무한한 실체인 신이 있으며, 다른 한편에는 이와 일치하는 유한한 귀결들의 무한한 계열이 있는 셈이다. 양자 사이에는 창조나 생성, 유출의 연관이 없으며 완벽한 상호 내재의 연관만이 존립한다. 그렇기에 엄밀히 말해 "귀결이니 지속이니" 하는 것들도 "우리의 표상에 따라서만" 구별되는 "한갓 망상"에 불과한 것이라 할 수 있다. 이와 같은 "실재적 결과"는 이 체계에서는 그것의 "완전한 실재적 원인", 즉 무한 실체와 "동시에" 있기 때문이며, 그렇기에 어떤 귀결이든 지속이든 간에 이것은 "그 진리에 따른다면 다양을 무한자 속에서 직관하는 어떤 방식"에 지나지 않는 것이기 때문이다(JLS1 20).[17] 그럼에도 여하튼 무한자와 유한자의 내재 연관에는 원인과 결과의 관계가 존립할 것이다. 「나에게 보낸 기억들에 대하여」에서 야코비는 이를 능산적 자연과 소산적 자연의 관계에서 본다. 즉 한편에는 무한 실체의 본질을 구성하는 속성으로서 무한한 연장과 무한한 사유가 있다. 실체는 결코 이 둘 중 어느 하나에 속하는 것일 수 없으며, 언제나 양자 모두에서 동등하게 "최초의 것"이자 "늘 현재하는 불변적이고 현실적인 것"으로서의 "근원 존재(Ur-Seyn)"이다(JLSm 98).[18] 이에 형상적 실재성(realitas formalis)을 지니

---

17 이근세는 야코비가 스피노자의 바로 이 귀결 내지 '계기(Folge)와 지속'을 오해했다고 보면서 야코비의 반박 논거가 '스피노자가 명백하게 긍정하는 내용과 같다'라고 여긴다. 이근세, 「야코비의 사유구조와 스피노자의 영향」, 『철학연구』 제127집, 111∼16쪽. 별도의 논의가 필요하겠지만 야코비의 반박 논거는 그러나 이 논문의 각주 12에서 불충분하게 인용된 문장에 바로 이어지는 종속절 **속에서** 읽어야 할 것이다. 115쪽과 JLS1, p. 251과 비교.

18 야코비에게 근원 존재는 무엇보다 인식과 반성 이전에 결코 본질이나 성질로 술어화될 수 **없기에** 직접적으로 직관되거나 느껴질 수밖에 없는 존재를 의미한다. Manfred Frank, "Selbstgefühl", *Internationales Jahrbuch des Deutschen Idealismus*, Bd. 11,

는 무한한 연장과 객관적 실재성(realitas objectiva)을 지니는 무한한 사유는 "오직 분리 불가능한 본질"인 실체만을 구성하며, 실체와 함께 능산적 자연의 위치에 자리 잡는다. 다른 한편에 이로부터 산출된 것으로서의 소산적 자연에는 실체와 속성들의 필연성으로부터 비롯되는 모든 양태가 설정되며, 여기에는 "무한 연장의 직접적 양태들"로서의 "운동과 정지", 그리고 "무한 사유의 직접적 양태들"로서 "의지와 지성"도 포함된다(JLSm 100-101). 야코비는 바로 이 후자에 주목한다. 스피노자에 따르면, 그것이 유한하든 무한하든 간에 지성과 의지는 '소산적 자연에 **속하는**' 것이기 때문이다.[19] 산출된 것은 산출하는 것일 수는 없다.

이로부터 멘델스존의 **셋째** 물음이 답변될 수 있다. "능산적 자연", 즉 "자유로운 원인으로 고찰되는 **한에서의**" 신은 그것이 무한하든 유한하든 "의지도 지성도 지니지 **않는다**"(JLSm 102).[20] 아무리 무한한 능력으로서의 의지와 지성이라 해도 말이다. 더구나 "유일하고 참다운 실재적 존재"로서의 이 신은 "규정되지 않은 무한한 본질"이기에 개별 사물들이나 사고 규정들이 속하는 것일 수도 **없다**. 왜냐하면 "규정은 부정이요, 규정은 그 존재의 측면에서 사물에 속하는 것이 아니라"(Determinatio est

---

p. 200 참조.

19 Benedictus de Spinoza, *Ethica*, P. I. Prop. XXXI, p. 61, 또한 Prop. XXIX, Schol. 참조.

20 Benedictus de Spinoza, *Ethica*, P. I. Prop. XVII, Schol., pp. 52~54. '신의 본성에는 지성도 의지도 속하지 않는다'(ad Dei naturam neque intellectum neque voluntatem pertinere). 물론, 소산적 자연의 측면에서 스피노자는 '신의 무한한 지성'에 대해서도 말한다. '이로부터 귀결되는바, 신은 무한한 지성 아래에 놓일 수 있는 모든 사물의 작용인이다'(Hinc sequiter, Deum omnium rerum, quae sub intellectum infinitum cadere possunt, esse causam efficientem). 그리고 '현실적으로 유한하든 현실적으로 무한하든 지성은 신의 속성과 변용만을 포함해야 한다'(Intellectus, actu finitus aut actu infinitus, Dei attributa Deique affectiones comprehendere debet, et nihil aliud). 이를 파악하는 '인간 정신은 신의 무한한 정신의 한 부분'(Mentem humanam partem esse infiniti intellectus Dei)이며, 인간 정신이 파악한 모든 양태는 '동시에 신의 영원하고 무한한 정신을 형성한다'(ita ut omnes simul Dei aeternum et infinitum intellectum constituant). P. I. Prop. XVI. Cor. I, p. 51; Prop. XXX, p. 61; P. II. Prop. XI. Cor. p. 82; P. V, Prop. XL, Schol., 271.

negatio, seu determinatio ad rem juxta suum esse non pertinet) 오히려 그 규정된 방식 이외에는 존재할 수 없는 사물의 "비존재"(non-entia)를 나타내는 것이기 때문이다(JLSm 99-100).[21] 개별 사물들이나 이에 관한 개별 관념들 내지 개념들은 능산적 자연으로서의 신의 본질의 "직접적인 변용들이나 성상(性狀)들에 의해" 단지 "간접적으로만"(mittelbar) 신으로부터 기원하는 것이다. 이 직접적인 자극들이나 성상들(Beschaffenheiten)은 "신과 함께 동시에 영원하고 무한하게" 있기에 개별 사물들이나 그 개념들이 "단지 영원하고 무한한 방식**으로만** 직접적으로 신으로부터 기원"한다고 말**할 수도** 있을 것이다(JLSm 108-109). 그러나 그렇다고 어떤 개별 사물과 그 개념이 **그 자체로** 무한한 신 속에 직접 현존할 수는 **없다.** 오히려 한 사물이 다른 사물을 전제하고 이와 관계 맺으며 이렇게 무한한 계열을 이루는 한에서만, 마찬가지로 한 사물의 개념이 '다른 사물의 개념에 의해 자극받고(affectus)' 이렇게 무한한 계열을 이루는 한에서만 이 양자가 신의 본질에 속하는 것이라고 할 수 있다.[22] 상호 일치하는 이 두 양태의 무한 계열이 바로 "초월적 존재"의 "본질적 표현들"이다. 또는 바꾸어 말하면, 무한 원인으로서의 신은 지성과 의지가 무한한 필연적 계열로서 파악하는 개별 사물들과 그 개념들의 최초의 내적인 근원 소재이다. 멘델스존은 속성에 해당하는 무한한 사유와 이 개별 사물의 개념을 구별하지 못하고 그저 '사고'의 보편과 개별의 차원으로만 혼동했기에 스피노자의 무한자와 유한자의 관계 또한 이해하지 못한 것이다.

---

21 또한 JLS1, p. 22 참조. 야코비는 여기서 스피노자의 문장을 원본대로 인용하고 있지 않다. Benedictus de Spinoza, *Epistola L*, p. 240과 비교. 1674년 6월 2일 야리크 옐스(Jarig Jelles)에게 보낸 편지. 흔히 헤겔의 스피노자 전유로 알려져 있는 이 명제(모든 규정은 부정이다)의 해석적 기원은 **본래** 야코비이다.

22 Benedictus de Spinoza, *Ethica*, P. II. Prop. IX, p. 79.

## 3. 이성의 자유와 공중제비(Salto mortale)

다시 멘델스존의 편지로 되돌아가 보자. 사유의 속성을 지니는 스피노자의 실체가 또한 지성도 지니고 있다고 생각하는 멘델스존은 곧이어 **두 번째로** 스피노자에게서 자유의지를 문제 삼는 야코비의 논의를 겨냥한다. 멘델스존이 이해하기에 스피노자는 자유의지를 **한편으로는** '완전히 등가적인(Gleichgültig) 것의 무규정적이고 몰의도적인(absichtlos) 선택' 속에 설정했다. 그러나 이러한 선택은 유한자가 표상하는 한에서 '신성(神性)의 변형(Modifikation)'에 속하는 것이며, 유한자에게만 어떤 규정이나 의도도 없이 행해지는 것처럼 보인다. 반면 무한한 신성 자체에 참과 거짓, 선과 악에 대한 인식은 이미 '가장 확정된 필연성'을 지닌 그의 '지성의 성질에 속하는' 것이기에 '몰의도적인 자의' 같은 것이 있을 수 없다. 그렇다면 야코비 '**당신은** 결정론자들의 체계를 **가정하면서**', 그리고 인간에게는 '실천적인 **최종적 숙고**'에 따른 선택만 허용하면서 왜 무한 원인에는 '영원히 미리 규정된 선택'을 거부하는 것인가?[23] 이 참/거짓, 선악의 인식은 가장 완전한 무한 원인의 관점에서 보면, 그 모든 귀결과 함께 존립하는 것이다. 그렇기에 가장 완전한 이 원인은 '선에서 만족을, 악에서 불만을' 지니는 것이며, 이런 의미에서 '의도를 지니는' 것이기도 하고 이러한 의도에 따라 '**작용하는**' 것이기도 하다. 바로 이러한 의미에서 스피노자의 자유는 **다른 한편에** 긍정적으로 존립할 수 있다. 이에 반해 멘델스존이 '단적으로 이해할 수 없는 것'은 "사유가 …… 실체의 원천이 아니라 실체가 사유의 원천이기에" 스피노자에게는 "사유에 앞서 사유하지 않는 어떤 것이 최초의 것으로 가정되어야" 한다는 야코비의 설명이다(JLS1 26). 야코비는 **결국** '어떠한 사고일 수도

---

23 Moses Mendelssohn, Erinnerungen an Herrn Jacobi, pp. 173~74. 이 물음은 복원한 대화에서 스피노자와 유사한 고트프리트 빌헬름 라이프니츠(Gottfried Wilhelm Leibniz, 1646~1716)의 예정조화 부분을 지적한 것이기도 하다. JLS1, pp. 22~24와 비교.

없는(kein Gedanke) 무언가를 생각하려는 것처럼' 보인다. 우리의 '이성이 따라갈 수 없는 공허 속으로' 비약하려는 것처럼 말이다.[24] 멘델스존이 보기에 필연성에 지배되는 자연에 대한 구제책으로 야코비가 제시한 "공중제비"(Salto mortale)는(JLS1 20, 30) 레싱이 말한 대로 '모든 개념을 뛰어넘을 뿐만 아니라 완전히 개념 밖에 놓여 있는' 무언가를 생각해 보려는 것으로서 '자기 자신 위로 넘어서려는 도약'(Sprung über sich selbst hinaus) 이외에 다른 것일 수 없다. 그러나 '참된 것으로 생각할 수 없는 것이 나를 …… 불안하게 만들지는 않는다.' 나는 '더 넓은 시야를 확보하기 위해 나 자신의 어깨 위를 오르려는' 짓을 하진 않겠다.[25] '나의 종교'는 어떠한 의구심이든 오직 '이성 근거들을 통해서만' 극복하라는 것이며, 단순히 '영원 진리들에 대한 신앙'을 명령하는 것이 아니기 때문이다.[26]

자유의 문제는 아마도 야코비가 가장 잘 이해해 주길 바랐지만, 멘델스존이 가장 이해하지 못한 문제일 것이다. 무한자와 유한자, 능산적 자연과 소산적 자연 사이에 어떠한 창조나 생성, 유출의 연관이 설명되지 않는다는 것, 무한 실체 자체가 어떠한 지성이나 의지도 지니지 않는다는 것, 그리고 바로 이 때문에 무한 실체와 그 속성들에 속하는 모든 것이 작용인의 필연적 계열로서만 설명될 수밖에 없다는 것, 바로 이러한 점들이 잘 이해되지 않았기 때문에 멘델스존은 스피노자의 자유를 이성적 인식에 따른 필연적 선택으로만 이해한 것이다. 우선 멘델스존이 정확한 출처를 언급하진 않지만, 유한자가 아무 규정이나 의도도 없이 선택하는 완전히 등가적인 것이란 스피노자에게서 그 기원에 대한 이성적 인식을 수반하지 않는 기쁨이나 슬픔 등의 정동(affectus) 혹은 이에 따른 행위를 의미하는 것처럼 보인다. 스피노자에 따르면, 이러한 '정동이

---

24 Moses Mendelssohn, Erinnerungen an Herrn Jacobi, pp. 177~78.

25 Moses Mendelssohn, Erinnerungen an Herrn Jacobi, pp. 175~76.

26 Moses Mendelssohn, Erinnerungen an Herrn Jacobi, p. 180.

나 사념(opinio)에 인도되어' 자신이 자유롭게 행위한다고 생각하는 자는 그 원인을 알지 못한 채 스스로를 기만하는 '노예' 상태에 머물러 있는 것이며, 진정으로 자유로운 자는 자신의 정동이나 행위의 필연적 원인을 통찰하는 '이성에 의해 인도되는 사람'(homini. qui Ratione ducitur)이다.[27] 그러나 야코비가 문제 삼는 것은 이러한 측면에서의 자유가 아니다. 야코비도 스피노자에게 모든 것이 이성적 "통찰"(Einsicht)에 달려 있다는 것을 안다(JLS1 22).[28] 문제는 이렇게 이성적 통찰(ex Ratione intelligere)에 기초해 행위한다고 해도, 아니 단순히 "분노나 사랑"에서 행위한다고 해도 "우리를 움직이는 것은 근본적으로 보면 이 모든 것에 대해 아무것도 알지 못하는 어떤 것", 그러한 한 이러한 "감각이나 사고로부터 **단적으로 벗어나** 있는" 어떤 것이라는 점이다. 어떤 선택이나 행위를 설명하기 위해 이러한 것들을 작용인으로 가정하는 자의 생각을 이론적으로 반박할 수는 없을 것이다. 그러나 이성적 통찰이든 감각이든 간에, 왜 그것이 하필 그때 그 행위의 결정 요인으로 작용했는지 이해할 수 없는 자는, 그래서 그러한 작용인들을 가정할 수 없는 자는 "스피노자의 대척점"에 설 수밖에 없을 것이다(JLS1 21). "나는 내가 행하는 것을 〔이성적으로〕 사유해야 했으리라는" 것을 안다. 그러나 이보다 "더 생동한 확신은 내가 생각하고" 고민하고 느낀 것을 **어느 순간부터** "내가 행한다는" 사실이다. 이때 내가 바로 그렇게 생각하고 행위하게 된 "원천"은 "나에게 철저히 설명 불가능한" 것으로 남는다(JLS1 28).

「편지 사본」에서 펼쳐지는 **가상**의 대화의 중심 주제는 바로 이 자유의 원천에 관한 것이라 할 수 있다. 여기서 야코비가 재현하는 스피노자는 "사유"를 본질적으로 "자신을 느끼는 존재"(das Seyn, das sich fühlt) 또는 "존재감"(le sentiment de l'être)으로 정의하고, 이 사유가 개별 사물과

---

27  Benedictus de Spinoza, *Ethica*, P. II, Prop. XXXV, Schol., p. 102; P. IV. Prop. VIII, p. 190; Prop. XXXV, p. 205; Prop. LXVI, Schol., p. 232 참조.

28  Benedictus de Spinoza, *Ethica*, P. IV. Prop. XXVI, p. 200 참조. 'Quicquid ex Ratione conamur, nihil aliud est quam intelligere.'

의 연관 속에서 개체적으로 규정될 경우에는 "관념"(Idee)으로, 이 관념에 따라 개별 존재로서 특정하게 행위하는 존재감일 경우에는 "의지"로 설명하면서 이렇게 단지 파생적인 의지가 자유의 원천일 수는 없다고 주장한다(JLSh 64-65). 이에 따르면, 의지든 관념이든 무한한 사유로부터 필연적으로 도출되는 자신의 존재 내지 "본질의 법칙에 따라 행위하는" 인간의 자유만이 "완전한 자유"라는 것이다(JLSh 78-79). 이에 야코비는 응수한다. 자유로운 행위가 법칙에 따라 작용하는 사유와 연장의 변형들의 필연적 연쇄로서만 설명된다면, 이때 영혼은 "단지 바라봄"(das Zusehen)의 역할에 머물 것이다. 영혼이 할 수 있는 일이라고는 단지 만유인력을 발견한 아이작 뉴턴(Isaac Newton, 1642~1727)의 육체와 이 육체를 움직인 관념과 이 관념을 야기한 또 다른 관념이나 사물 등등에 주목하는 것뿐이겠다(JLSh 80). "시계 발명가도 근본적으로 보면 시계를 발명한 것이 아니라" 시계라는 사물과 그 관념이 속성의 다른 변형들로부터 필연적으로 "발생"하는 것을 주시했을 뿐일 것이다(JLS1 21). 그러나 자유로운 행위의 핵심은 그러한 결과 또는 "작용(Wirkung)의 최초 원인과 특정한 순간"이 어디에서 시작되었는지 하는 것이다(JLSh 81). 나는 내 사유의 **어느 순간에든** 사물에 "작용할 수 있는 능력"을 지니고 있다. 이렇게 모든 방향을 취할 수 있기에 그 자체로 "무규정적인" 이 "최초의 힘"이 바로 참된 의미에서의 "의지의 능력"이자 "자유"라 할 수 있다(JLSh 67).

결국 야코비가 염두에 두고 있는 인간의 자유란 어느 순간에든 자신의 감각이나 사고 또는 의지 규정의 필연적 연쇄를 **단번에 뛰어넘는** 결단의 능력이라고 할 수 있다. 「나에게 보낸 기억들에 대하여」에 덧붙인 글에 따르면, 나는 이렇게 **"자기 자신을 규정하는 원인"**으로서의 "의지의 본성"이나 "법칙"을 알지 못한다. "나는 나 자신에 의해 있는 것이 아니기 때문이다." 그럼에도 "나는 내 현존의 가장 내적인 삶(生)으로서 그러한 힘을 느끼며" 이 힘을 통해 "나의 근원을 예감하고" 이 힘을 사용하면서 내 "육체와 피가 계시할 수 없었던 것을 배운다"(JLS1 144).[29] 그렇다면 **둘째로** 이 자기규정적인 원인으로서의 의지 또는 힘이란 무엇인가? 그 본성이나 법칙을 알 수는 없다 하더라도 어쩌면 적어도 그 구조 정도는 설명될 수 있을지 모른다. 야코비가 보기에 그 구조는 바로 "자신을 느끼는 존재" 또는 "존재감"에서 비롯된다고 할 수 있다(JLSh 65). 스피노자의 자기원인적 실체에 대한 야코비의 독특한 해석이라 할 수 있는[30] 이 존재감은 실체 자체에 있어서의 사유, 이른바 실체 자체의 **절대적** 사유를 말한다. 스피노자에게 있어서는 실체가 속성으로서의 사유의 원천이기에 실체 자체는 이러한 사유에 앞서는, 그렇기에 사유하지 않는, 또는 좀 더 정확히 말해 일반적 의미의 사유라 부를 수 **없는** 어떤 것이어야 할 것이다. 「나에게 보낸 기억들에 대하여」에서 야코비는 이제 이를 "절대적 사유"라 부르고자 한다. 물론, 이 "절대적 사유"는 속성 중 하나인 무한한 사유와 같은 것이 아니다. 실체에서 무한한 사유는 무한한 연장과 일치하는 것이기에 이렇게 일치된 합일의 형태**로서** 존립하는 절대적 사유는 "실체 내에서의", 다시 말해 "그 탁월한 의미의 존재(Seyn κατ' εξοχην) 내에서의" "순수하고 직접적인 절대적 의식"을 의미한다. 아니 독일어의 "의식"(Bewußtseyn)이란 말은 어떤 대상에 대한 "표상이나 반성"을 함의할 수 있기에 야코비는 자신의 존재를 **절대적으로 직접** 느끼고 있다는 의미의 프랑스어식 표현인 "존재감"(le sentiment de l'être)을 더 선호한다(JLSm 105).[31] 실체는 자기 자신을 절대적으로 직접 느끼고

---

29 이 덧붙인 글은 『스피노자의 가르침에 대하여』 속에 추가되어 처음 출판되었기에 JLS1로 표기한다.

30 스피노자주의의 신이 '자기 자신에서가 아니라 자신의 피조물', 즉 '자기 자신의 타자 속에서 자신을 의식하는' 존재라면 더욱 그렇다. Hermann Timm, "Die Bedeutung der Spinozabriefe Jacobis für die Entwicklung der idealistischen Religionsphilosophie", *Friedrich Heinrich Jacobi*, p. 48.

31 장-자크 루소(Jean-Jacques Rousseau, 1712~78)의 '나의 실존에 관한 고유한 감정'(un sentiment propre de mon existence)에서 차용한 이 용어는 선(先)인식적·선(先)반성적으로 현존하는 나에 대한 직접적 의식이자 추(追)실행된 인식과 반성 내용에 독립적인 상태로서의 나에 대한 통일적 의식이라는 의미에서 자기의식으로 설명되기도 한다. Manfred Frank, "Selbstgefühl", *Internationales Jahrbuch des*

있는 존재이며, 자신의 존재에 대한 이 직접적인 느낌이 바로 실체의 절대적 사유이다. 일반적 의미의 사유란 보통 그 대상과의 연관을 전제하는 것이지만 실체의 절대적 사유는 그런 것이 아니기에, 야코비는 이를 의식이나 감정과 같은 용어로 풀어내고 있는 셈이다. 이때 무엇보다 중요한 것은 실체의 이 절대적 사유 내지 존재감이 자신의 무한한 속성을 **넘어** 이에 선행해 존재하는 자신을 그 자체로 의식하는 절대적 '자기의식'의 구조를 지닌다는 점이다.[32] 그렇다면 실체는 언젠가 영원한 순간에 자기 자신에 대한 이러한 존재감으로부터 상호 일치하는 무한한 연장과 무한한 사유의 수많은 양태를 단번에 생성케 했다고 할 수 있을 것이다. 또한 그렇기에 더 나아가 유한한 세계의 "연장 속에서 일어나는 모든 일은 또한 의식 속에서도" 이와 일치하는 개념의 형식으로 "일어나게" 되어 있다. 즉 유한자에게서 "한 사태에 대한 의식"은 표상 같은 것을 수반할 필요 없이 바로 그 사태에 대한 "직접적 개념"이라 할 수 있다 (JLSm 105).[33] "현실적으로 현존하는 개별 사물에 대한 직접적 개념"이 바로 그 사물에 대한 "정신이요 영혼"이다. 그런데 인간 정신은 또한 이러한 직접적 개념을 알고 있다는 직접적 개념을 지니고 있기도 하다. 이렇게 외부 사물 내지 "신체의 직접적 개념에 관한 직접적 개념"이 바로 인간 정신의 "의식"을, 좀 더 정확히 말해 그러한 개념의 개념을 지니고 있는 자신에 대한 의식, 즉 자기의식을 형성한다(JLSm 106-107).[34] 유한

---

*Deutschen Idealismus*, Bd. 11, pp. 197~210, 특히 pp. 205, 208, 210 참조. 또한 Birgit Sandkaulen, „Ich bin und es sind Dinge außer mir'", *Internationales Jahrbuch des Deutschen Idealismus*, Bd. 11, pp. 170~72 참조.

32 Hermann Timm, "Die Bedeutung der Spinozabriefe Jacobis für die Entwicklung der idealistischen Religionsphilosophie", *Friedrich Heinrich Jacobi*, p. 62; Klaus Hammacher, *Die Philosophie Friedrich Heinrich Jacobis*, p. 86.

33 야코비는 여기서 대상과 개념이 합일된 "의식의 통일"을 칸트의 "선험적 통각"과 동일시하고 있다. 관념과 사물 간의 질서 및 결합의 동일성을 언급하는 Benedictus de Spinoza, *Ethica*, P. II, Prop. VII, p. 77 참조.

34 이는 스피노자가 '관념의 형식'(forma ideae)으로 설명한 '관념의 관념'(idea ideae)에 대한 야코비 나름의 해석이다. Benedictus de Spinoza, *Ethica*, P. II, Prop. XXI과

한 인간 또한 유한한 방식으로나마 실체와 유사한 존재감을 지니고 있다. 인간 정신은 개념과 그 대상의 일치를 직접적으로 확신하는 존재감을 지니고 있다.[35] 이 존재감은 그 속에서 일치하는 개념과 대상을 단번에 **넘어서는** 합일로서의 느낌이다. 무한자든 유한자든 간에, 진정한 자유는 바로 여기에서 발휘되는 것이다. 자유롭게 선택하는 의도 내지 자기규정적인 의지라는 것이 있다면, 이것은 무엇보다 사유와 연장을 형성하는 작용인의 필연적 연쇄를 단번에 넘어서는 이 합일된 자기 존재에 대한 느낌의 표출에 있는 것이다. 외부 사물을 인식하면서 동시에 자신의 이러한 존재감 내지 "자신의 현존을 느끼지 못하는 자"는, 그리고 무언가 행위하고 욕구하면서 동시에 그러한 느낌을 표출하고 "의지하는 능력을 감각하지 못하는 자"는 "인간과는 다른 그 무엇"일 것이다(JLSh 72).[36]

물론, 우리는 이러한 존재감이 어떻게 표출되는지 그 본성이나 법칙을 알 수 없다. 이것은 온전한 합일의 느낌으로서 연구자가 "풀어낼 수

---

Schol., pp. 94~95 참조. 또한 남기호, 「헤겔 『논리의 학』에서의 개념의 개념」, 『헤겔 연구』 제31호, 138~45쪽, 특히 141쪽과 비교.

35 Benedictus de Spinoza, *De Intellectus Emendatione Tractatus*, p. 24의 다음 문장과 비교. '정신 속에서는 의심되는 사물 자체에 의해 의심이 일어나는 것은 아니다. 즉 만약 정신 안에 단 하나의 관념만 있다면, 이것이 참이든 거짓이든 간에 어떠한 의심도 일어나지 않을 것이며 확실성도 생기지 않을 것이고 오히려 그만큼의 그러한 느낌(sensatio)만 있을 것이다. 왜냐하면 그 관념은 그 자체로 그러한 느낌 이외의 다른 어떠한 것도 아니기 때문이다'(Dubitatio itaque in anima nulla datur per rem ipsam, de qua dubitatur, hoc est, si tantum unica sit idea in anima, sive ea sit vera sive falsa, nulla dabitur dubitatio, neque etiam certitudo: sed tantum talis sensatio. Est enim in se nihil aliud nisi talis sensatio). 클라우스 함마허(Klaus Hammacher)가 야코비의 전거로 제시하는 이 부분은, 그러나 정신 내 관념=느낌이 의심뿐만 아니라 **확실성도** 수반하지 않는다는 점에서 야코비의 존재감과 차이가 있다. Klaus Hammacher, *Die Philosophie Friedrich Heinrich Jaobis*, p. 65 참조. sensatio(느낌)의 번역 근거에 대해서는 김은주, 「옮긴이의 주석」, 『지성교정론』, 154쪽 참조.

36 따라서 야코비에게 자기의식은 인식론적으로 근거지어질 수 없고 '단지 실천적으로만' 근거지어질 수 있다. Valerio Verra, "Lebensgefühl, Naturbegriff und Naturauslegung bei F. H. Jacobi", *Friedrich Heinrich Jacobi*, p. 268.

없는, 직접적이고 단순한 것"이기 때문이다. "**현존**을 드러내고 밝혀내는 (offenbaren)" 것이 "연구자의 최대 공로"일 수는 있을 것이다. 그러나 학문적 "설명"이란 언제나 일어난 일들에서 "공통적인 것"만 찾아내고 "결합하는" 작업에만 몰두한다. 이러한 작업은 **최근** 목표에 이를 수 있을지 모르지만 "결코 **최종** 목적"에 도달하지는 못한다. 유한한 것들의 모든 필연적 연쇄와 단적으로 상이한 초월적 존재에 대한 느낌 말이다. 설명 가능한 공통적 규정들의 필연적 연결에 만족하는 자는 이 모든 것을 넘어서는 "신과 자기 자신을 포착했던 영혼의 눈을 감는" 자이다. 이에 대해 야코비는 요구한다. 그 필연적 연쇄의 어느 곳이든 조금이라도 "탄력 있는 곳"이라면 바로 그 자리에서 목숨을 건 도약, "공중제비"를 감행해 보라(JLS1 29-30).[37] "지성적이고 인격적인 세계 원인"에 조금이라도 가 닿기 위해서라면 말이다(JLS1 20).[38] 사실 야코비는 스피노자의 이성적 통찰에도 그러한 도약의 계기가 있다는 것을 간파했다. 스피노자는 그렇게 통찰하는 유한자에게 마치 "두 개의 영혼"을 부여한 것처럼 보이기 때문이다. 즉 이때 유한자에게는 다른 사물과의 필연적 연쇄 연관 속에 있는 "현재하는 개별 사물에만 관계하는 영혼"과 이 모든 연관을 넘어 단적으로 "전체와 관계하는 영혼"이 있는 것처럼 보인다. 그리고 야코비가 보기에 바로 이 후자의 영혼이 행하는 통찰이야말로 "모든 유한한 본성이 자신의 유한한 것을 넘어서 나아가는" 최선의 능력이라 할 수 있

---

37 1783년 6월 16일 요한 게오르크 하만(Johann Georg Hamann, 1730~88)에게 보낸 야코비의 편지에서 처음으로 언급한 '현존을 드러내는'(Dasein zu enthüllen) 연구자의 과제는 본래 1792년판 소설 『에두아르트 알빌의 편지 모음』(*Eduard Allwills Briefsammlung*) 서문에서 그의 문학적 서술의 기본 방향으로 설정되었던 것이다. Klaus Hammacher, "Jacobis Romantheorie", *Philosophisch-literarische Streitsachen*, Bd. 1, pp. 177~78. 이를 특히 헤겔 자신이 설정한 철학의 과제와 비교해 보라. '있는 것을 개념 파악하는 것이 철학의 과제이다. 왜냐하면 있는 것은 이성이기 때문이다.' Georg Wilhelm Friedrich Hegel, *Grundlinien der Philosophie des Rechts*, p. 15.

38 그렇기에 이 논쟁에 인격신 물음이 전면에 등장하지 않는다고 할 수 없다. Klaus Hammacher, *Die Philosophie Friedrich Heinrich Jacobis*, p. 50과 비교.

다. 또한 스피노자의 유일 실체가 **만약** "모든 개별 사물 **밖에서**" 자신의 통일성으로 고유한 개체성을 지닌다면, 이는 "인격성과 생"에 다름 아닐 것이며, 이러한 "인격적인 세계 외적 신성"에도 개별자들을 단적으로 넘어서는 그러한 통찰이 최선의 부분일 것이다(JLS1 22-23).[39] 어떠한 유한자도 필연적 연쇄를 넘어 전체를 미리 보는 지성 없이, 이렇게 제일원인과 연결되어 있는 "자기감정" 없이 무언가를 의지할 수 없다(JLSh 63). 나는 분명 나 자신의 존재의 원인이 아니다. 그럼에도 내가 **온전**한 나로서 전체를 바라볼 수 있는 것은 내가 바로 저 초월적인 신으로부터 태어나고 늘 그러한 신과 연결되어 있기 때문이다. 이 "인간 속의 신의 형상"(Gottes Bild im Menschen)이 바로 "모든 통찰"과 "모든 사랑"의 "유일한 원천"인 것이다(JLS1 136). 유한한 연관을 단적으로 넘어서는 이 원천은 개념들의 필연적 연결로써 증명되거나 논증될 수 없다. 그럼에도 이 원천은 우리가 통찰하고 의지하고 욕구할 때 **항상** 우리가 도달하고자 하는 목적인(Endursache)으로, 우리의 존재감의 궁극적인 목적으로서 느껴진다. 이러한 존재감 없이, 이 존재감을 통해 자신의 유한성을 넘어서는 전체와의 연관의 감정 없이, 한마디로 초월적 신에 대한 예감 없이 생각하고 행위하는 인간은 없다. 이 감정이나 예감은 "믿음의 관점"이라 불러도 좋을 것이다(JLSh 86).[40] 「나에게 보낸 기억들에 대하여」에 덧붙인 글에서 야코비의 **세 번째** 답변은 이렇다. "친애하는 멘델스존이여, 우리 모두는 믿음 속에서 태어나며 믿음 속에 머물러야 합니다. 우리 모두가 사회 속에서 태어나고 사회 속에 머물러야 하는 것처럼 말입니다." 부분에 앞서는 전체는 이미 우리에게 주어져 있고 알려져 있기에 우리는 언

---

39 제3판에 추가된 각주에는 이런 언급이 나온다. 신의 "어떤 **특정한**(bestimmte) 성질들의 현존도 다른 〔특정〕 성질들의 비현존도 증명이 **불가능한** 곳에서 스피노자는 신을 선차적으로(a priori) 정의하고 논증했기에" 신에게 "무한한 성질이 무규정적인 (unbestimmte) 방식으로" 부여된 것이다. JLS1, pp. 103~04.

40 주의해야 할 것은 단적으로 직접적으로 발휘된다 해도 야코비에게 감정은 언제나 '이성과 매개된 감정'이며, 이성은 언제나 '감정, 사랑, 마음과 매개된 이성'이라는 점이다. Walter Jaeschke, "Kant in Jacobis Kladde", *Jacobi und Kant*, pp. 188~89.

제나 그 전체로 향하는 개별적인 활동을 할 수 있는 것이다. 이 "기적 같은 참다운 계시"를 포착하는 자에게 공중제비란 꼭 목숨이 위태로운 비약일 필요는 없을 것이다. 자신의 삶을 온전히 전체로서 살아가는 인간이라면 말이다. 이제 멘델스존의 이성의 종교에 대해 야코비는 다음처럼 응수한다. "나의 종교의 정신"은, "인간은 **신적인 삶을 통해** 신을 알게 된다는 것입니다. 모든 이성보다 더 고차적인 신의 평화가 있으며", 이 속에 우리가 향유하고 직관하는 "이해 불가능한 사랑"이 있습니다. 이 "사랑은 삶입니다. 사랑은 삶 자체입니다"(JLS1 115-117).[41]

## 4. 정화된 스피노자주의와 참된 철학

멘델스존은, 「야코비 씨에게 보내는 기억들」 곳곳에서 스스로 고백하고 있듯이, '스피노자 자신의 말들만큼이나' 야코비의 '설명도 거의 이해하지 못한' 것으로 보인다.[42] 그럼에도 무엇보다 그에게 가장 중요했던 것은 레싱의 명예를 상처 입히지 않고 보존하는 것이었다. 수십 년간 레싱의 두터운 벗이었다고 자부하는 멘델스존은 이제 **세 번째로** 그의 성격을 거론하며 변론을 펼친다. 그에 따르면, **우선** 야코비는 그때마다

---

41 헤겔의 『기독교 정신과 그 운명』(1798~1800)의 다음 문장과 비교하면 좋다. '사랑 속에서 분리된 것은 여전히 있지만', '더 이상 분리된 것으로서가 아니라 일치된 것으로서 있으며 살아 있는 자는 살아 있는 자를 느낀다.' Georg Wilhelm Friedrich Hegel, *Hegels Theologische Jugendschriften*, p. 379.

42 Moses Mendelssohn, Erinnerungen an Herrn Jacobi, p. 172. 또한 pp. 176, 178, 181. 『스피노자의 가르침에 대한 편지와 관련된 멘델스존의 고발에 반하여』에 포함된 멘델스존의 1784년 8월 1일자 편지 및 『스피노자의 가르침에 대하여』 초판에 포함된 그의 1785년 7월 21일자 편지 참조. *Moses Mendelssohn's gesammelte Schriften*, Bd. 5, pp. 708, 720; JLSwm, p. 288; JLS1, p. 127. 이는 인간의 교제가 '생동한 대화'보다는 '문자인(文字人, litterati)'의 '죽은 철자'로 이루어지는 당시 편지 문화에 대한 멘델스존의 반감 때문일 수도 있겠다. Moses Mendelssohn, *Jerusalem oder religiöse Macht und Judentum*, p. 181.

의 '기분'에 따라 대화 상대자가 겨냥하는 논적의 입장을 취하곤 하는, 그래서 때로는 '가장 낯선 이념들도 짝지어' 말하며 이것이 '장난인지 철학인지' 분간하기 힘들 정도로 역설을 즐겨했던 레싱을 잘 모르고 있다.[43] 결코 '나와 나의 것'(Ich und Mein)을 내세우지 않으며,[44] 대화 상대자가 자신에 대해 오해하고 있는 입장을 마치 자신의 진짜 입장인 듯 취함으로써 단순히 진리를 '변호하도록' 하기보다 대화 상대자의 논거를 강화하는 데 조력하곤 했던 레싱의 인품을 말이다. 공개 편지『레싱의 친구들에게』에서 멘델스존은 야코비가 레싱의 바로 이 '어린아이 같은 장난'을 너무 진지하게 액면 그대로 받아들였기에 그를 스피노자주의자로 오해하고 있다고 공언한다.[45] **그다음으로** 간과하지 말아야 할 것은 행여나 레싱이 스피노자주의를 받아들였다 하더라도 세상에는 해로운 스피노자주의와 함께 기존의 '도덕 및 종교'와 양립 가능한 '정화된 스피노자주의'(geläuterte(r) Spinozismus)도 있다는 사실이다.『아침 시간들』후반부에서 레싱은 바로 이 후자의 입장을 대변하는 인물로 묘사되며,『레싱의 친구들에게』에서 그는 애초에 젊은 시절부터 기존 종교 체계와 합일 가능한 '순화된 범신론' 성향을 지니고 있었기에 '정화된 스피노자주의'에 다다를 수 있었던 것으로 설명되기도 한다.[46] 즉 레싱의 범신론은 '세계 외부의 신'(einen außerweltlichen Gott)을 인정하면서도 '신 외부의 세계'(eine außergöttliche Welt)는 거부함으로써 '신을 흡사' 모든 것이 그 안에서 그 자신으로 수렴되는 '무한한 유아론자(Egoist)'로 만들어놓

---

43 Moses Mendelssohn, Erinnerungen an Herrn Jacobi, pp. 175, 179.

44 Moses Mendelssohn, *Morgenstunden oder Vorlesungen über das Daseyn Gottes*, p. 333.

45 Moses Mendelssohn, *An die Freunde Lessings*, pp. 347, 350.『아침 시간들』에는 이런 역할을 떠맡는 레싱이 가상으로 등장한다. *Morgenstunden oder Vorlesungen über das Daseyn Gottes*, pp. 292, 300, 303 참조.

46 Moses Mendelssohn, *Morgenstunden oder Vorlesungen über das Daseyn Gottes*, pp. 299, 305. 다시 올바른 길로 들어설 레싱의 이 순화된 범신론으로부터 야코비는 어떻게든 억지로 나쁜 스피노자주의를 '이끌어내는 짓'(Consequenzerei)을 한다는 것이다. p. 308; *An die Freunde Lessings*, p. 345.

왔다. 그러나 이때 레싱이 인정한 세계 외부의 신은 무한한 지성과 의지를 갖춘 **정신적** 존재 자체이기에 우리의 삶과 행복에 영향을 줄 수 있는 존재이기도 하다. 따라서 레싱의 범신론은 이러한 존재와의 조화 속에서 살아갈 것을 요구하는 '실정 종교'와 그 '도덕론'에 아무런 해도 끼치지 않는다.[47] 오히려 **더 나아가** 유한한 세계 속에서 늘 신의 질서를 보려는 레싱의 '자연종교'는 '어떠한 계시종교'도 수용하지 않고 모든 것을 오로지 '이성의 빛'으로부터 이해하려는 '이성의 종교'를 향하고 있다.[48] 『레싱의 친구들에게』에 따르면, 그의 종교는 충분한 이성 근거 없이 계시나 신앙을 요구하는 기독교 '정통 교리'보다 오히려 '유대교'와 더 가까울 수 있다. 유대교는 결코 계시종교가 아니며, 오히려 '계시된 율법'을 '이성 근거를 통해 확신'할 것을 요구하기 때문이다.[49] 반면 전통적으로 유대교가, 그리고 최근의 기독교가 향하고 있는 이 이성 종교에 대항해 야코비는 자신의 무한자를 도무지 이해할 수 없는 '추상적인 무엇'(Abstractum quid)으로 제시하면서 이에 대한 믿음을 요구한다.[50] 이는 '모든 철학에 등을 돌리고 머리를 신앙의 깊이 아래로 고꾸라뜨릴 것'을 요구하는 것과 다름없다.[51] 가뜩이나 '입이 무거운 이성'을 신앙에 '복종시키기' 위해서 말이다.[52]

---

47 Moses Mendelssohn, *Morgenstunden oder Vorlesungen über das Daseyn Gottes*, pp. 293~95, 308. 간단히 말해 정화된 범신론의 신은 자유의지를 지니며, 연장을 속성으로 하지 않는 정신적 존재라는 것이다. Frederick C. Beiser, *The Fate of Reason*, p. 104 참조.

48 Moses Mendelssohn, *Morgenstunden oder Vorlesungen über das Daseyn Gottes*, p. 300.

49 Moses Mendelssohn, *An die Freunde Lessings*, pp. 345, 351. 또한 계시된 진리에 따르는 인간의 예배와 봉사를 필요로 하지 않는 유대교의 신에 대해서는 *Jerusalem oder religiöse Macht und Judentum*, pp. 132~62, 특히 pp. 151, 155, 177 참조. 멘델스존은 계시된 율법의 진리성을 결코 회의하지 않으며, 그 진리성의 역사적·이성적 탐구만 인정한다. 홍우람, 「멘델스존의 유대 계몽주의」, 『철학탐구』 제55집, 86~96쪽, 특히 94쪽 참조.

50 Moses Mendelssohn, *An die Freunde Lessings*, p. 363.

51 Moses Mendelssohn, *An die Freunde Lessings*, p. 359.

52 Moses Mendelssohn, *An die Freunde Lessings*, p. 366.

레싱의 성격과 개인적 친분에 기초한 멘델스존의 **첫째** 비판은 모든 대인논증(argumentum ad hominem)이 그렇듯이 객관적인 평가가 어렵다. 여하튼 멘델스존의 죽음으로 자신에게 쏟아지는 비난에 대처할 필요성을 느낀 야코비는 서둘러 작성한『스피노자의 가르침에 대한 편지와 관련된 멘델스존의 고발에 반하여』[53]를 통해 이를 다른 비판과 함께 조목조목 반박하기에 이른다. 이와 관련된 야코비의 답변을 몇 가지만 소개하면 다음과 같다. **우선** 레싱의 고백은 그렇게 은밀한 대화가 아니었으며, 당시 자신의 누이와 볼케(Wolke)라는 사람도 함께 있었다. 역설적인 장난을 좋아하던 그가 "가면을 쓴" 것이라 해도, 이는 "자신을 몰라보게 하기 위한 것이 아니라 단지 자신을 보호하기 위한" 것일 뿐이었다. **더구나** 멘델스존, 당신은 (1784년 8월 1일) 나에게 보낸 편지에서 "철학적 가면"에 너무 익숙해질 경우 사람의 진짜 얼굴을 "가면으로 여기는 위험"에 대해 말하지 않았는가? **셋째로** 추정컨대 이미 레싱의 스피노자주의에 대해 몇몇 사람이 알고 있다. 그렇다고 해서 나는 당신처럼 "그를 부끄러워하거나" "정화된 범신론" 같은 것으로 그를 치유하려거나 하지 않을 것이며, 늘 그랬듯 그의 충직한 친구로 남겠다. **끝으로** 레싱은 당시 대화에서 나에게 이렇게 말한 바 있다. 멘델스존은 "밝고 올바르며 탁월한 두뇌"를 가지기는 했지만 "형이상학적인 머리"를 지니진 못했기에 자신이 필요로 하는 철학을 늘 "자기 시대의 지배적인 이론" 속에서만 찾는다(JLSwm 278, 280, 288, 296). 아마도 바로 이 때문에 레싱이 자신의 철학적 입장을 당신에게 말하지 않았을 것이다.

이미 고인이 된 사람에게 가한 야코비의 이러한 혹평은 분노마저 느껴지게 한다. 나중에 밝히겠지만 여기에는 나름의 이유가 있다. 그러나 철학적 관점에서 주목해야 할 것은 누가 더 친구인가 하는 이러한 언쟁

---

53 『레싱의 친구들에게』를 1786년 2월 중순에 입수해 읽고 『아침 시간들』의 논점과 함께 멘델스존의 고발을 크게 다섯 가지로 정리해, 이를 수십 개의 소소한 이유를 들며 반박한 야코비의 이 글은 4월 말에 출간된다. Klaus Hammacher und Irmgard-Maria Piske, *Anhang zu Schriften zum Spinozastreit*, pp. 376~78 참조.

보다는 **둘째로** 멘델스존이 대안으로 내세운, 이른바 정화된 스피노자주의일 것이다. 이것은 사실 멘델스존이 『아침 시간들』에서 레싱의 글이나 대화를 전거(典據)로 주장한 것이 아니라 레싱과의 가상의 대화를 통해 그의 입장이라고 창작해 낸, 그렇기에 멘델스존 자신의 입장이 투영된 그러한 것에[54] 지나지 않는다. 멘델스존은 필요할 경우에 레싱의 입장이라 해도 좋을 만한, 어지간히 "참을 만한 스피노자주의"(leidliche〔r〕 Spinozismus)와 어지간히 "참을 만한 범신론"이 필요했던 셈이다(JLSwm 279). 그러나 "레싱은 탁한 물이 맑은 물로부터 정화될 수 없듯이, 범신론이 스피노자주의로부터 정화될 수 없다는 것을 잘 알고 있었다"(JLSwm 290). 스피노자주의야말로 가장 정화된 범신론이요, 정화되기 이전의 "정화되지 않은 스피노자주의" 같은 것은 없거나, 있다 해도 무의미할 것이기 때문이다(JLSwm 304). 야코비가 일일이 지적하고 있지는 않지만, 그 논거는 『스피노자의 가르침에 대하여』 곳곳에서 확인할 수 있다. 즉 **우선** 레싱과 야코비에게 "스피노자의 철학"만큼 완전한 철학은 없다. 그의 "『에티카』(Ethica)에서 〔단〕 한 줄이라도" 제대로 이해하지 못한 바가 있는 사람이라면, 스피노자 전체를 이해하지도 "이 **위대한** 사람이 어떻게 자신의 철학에 대해 〔그토록〕 확고한 내적인 확신을 가질 수 있었는지" 헤아리지도 못할 것이다(JLS1 18, 27). **또한** 카발라적 범신론의 영향을 받은 스피노자도, 자신의 카발라주의를 적잖이 즐거워했던 레싱도 결코 "세계와 구별되는 원인을 믿지 않았으며", 그렇기에 진정 "레싱은 스피노자주의자"였다(JLS1 41, 또한 18, 31 참조). 비록 레싱이 "세계영혼" 같은 것을 상정하기는 했지만, 그럼에도 그는 언제나 "모든 것을 **자연적으로** 간청해 얻고자" 했기에 말이다(JLS1 31-32).[55] 「나에게 보

---

54 야코비는 사실 멘델스존이 레싱의 기념 저서를 준비하기 훨씬 이전부터 그를 잘 알고 있었다. 특히 1755년 『철학적 대화』에서 멘델스존은 라이프니츠의 예정조화론에 반하지 **않는** 스피노자의 해석 및 보완 가능성을 제시한 바 있다. Moses Mendelssohn, *Philosophische Gespräche*, pp. 17~19; Kurt Christ, *Jacobi und Mendelssohn*, pp. 21~29, 특히 p. 21; Frederick C. Beiser, *The Fate of Reason*, pp. 52~54.

낸 기억들에 대하여」의 덧붙인 글에서 "카발라 철학" 같은 범신론은 단적으로 "미발전된 혹은 혼동된 스피노자주의"에 지나지 않는 것으로 정의된다(JLS1 121-122). 따라서 멘델스존이 세계 외부의 신을 위해 어떻게든 "신적인 본성에 지성과 의지, 그리고 피조물과 구별되는 현존을 부여"하려는 것 또한 스피노자를 이해하지 못했거나 자신의 "유대교 정통론"을 투영한 것일 뿐이다(JLSwm 305).[56]

멘델스존이 이해하지 못한 매우 중요한 야코비의 입장이 **하나 더** 있다. 그것은 "스피노자**의** 스피노자주의가 무신론"일 수밖에 없다는 것이다(JLSwm 305-307). "스피노자의 신은 모든 현실적인 것 **내의** 현실성의, 모든 현존 **내의** 존재의 순전한 원리이며, 철저히 개체성 없이 단적으로 무한한" 본질이다. 따라서 신의 통일성은 현실을 구성하는 사유와 연장의 "동일성"에 의거하며, 신의 인식은 바로 이 동일성의 인식에 기초한다(JLS1 39). 신은 소산적 자연인 이 현실 내의 "작용인"으로서 "자신으로부터 〔모든〕 사물의 경로를 규정한다." 피조물인 인간의 자유 또한 이 규정에 따라 "자신의 본질의 법칙"에 맞게 행위하는 것 이외의 다른 것이어서는 안 된다(JLSh 70, 78-79). 그렇다면 인간의 자유를 포함해 현실 내 사유와 연장의 모든 변용은 저 작용인의 필연적 규정에 따른 결과로서만 파악할 수 있다. 이때 현실은 "결정론"의 세계가 될 것이며, 이에 복종해야 하는 자유는 "숙명론" 이상의 의미를 지닐 수 없을 것이다(JLS1 24, 또한 JLSh 78-80 참조). **후에** 야코비는 『스피노자의 가르침에 대하여』의 재판(再版) 첨가글 VII에서 작용인에 대한 인식이 원인 개념과 근거

---

55 여기서 레싱은 세계영혼을 "단지 효과(Effekt)"로서만 간주한다. 또한 JLS1, p. 113 참조.

56 『아침 시간들』의 전반적인 내용은 사실 라이프니츠-볼프의 신을 변호하기 위해 '영혼의 능력'을 '인식함', '동의함'(das Billigen, der Beyfall), '욕구함'으로 나누고 '최선의 것을 통찰하고 동의하며 선택하는' '참된 자유'의 능력을 '현실성에 도달하는' '신의 사고들'에 부여하려는 것이다. Moses Mendelssohn, *Morgenstunden oder Vorlesungen über das Daseyn Gottes*, pp. 256~61, 280~82, 284~85 참조. 동의 내지 용인 능력(Billigunsvermögen)은 쾌와 불쾌를 느끼는 감각 능력(Empfindungsvermägen)과 같다. 임성훈, 「모세스 멘델스존의 미학」, 『미학』 제18권 제3호, 208쪽.

개념을 구별하지 않은 채 오히려 이것들을 혼동하거나 전자를 후자 **속으로** 혼합해 시도되고 있다고 비판한다. 야코비에게 원인과 결과는 시간 속에서 구체적으로 다양하게 작용하는 현실 존재자들의 '실재적 의존 연관'을 의미한다. 그런데 사변적 인식을 도모하는 자는 이렇게 작용하는 "원인의 개념"을 "한갓 논리적인 본질로" 변형해 그 결과를 이 본질에 의해 근거지어진 '귀결'로 이해한다. 이렇게 인과율과 근거율을 통합한 원칙이 바로 충족 이유율 내지 충분 근거율 등에서 나타나는바 "모든 피제약자는 제약을 지녀야 한다"라는 것이다(JLS2 255-256).[57] 이때 피제약자와 제약 또는 조건지어진 것과 조건의 의존 관계에서 중요한 것은 무엇보다 논리적 근거 관계라 할 수 있다. 근거와 근거지어진 것의 의존 연관은 오직 '이론적' 측면의 논리적 유사성을 매개로 해서만 파악할 수 있다. 즉 '실천적 행위'에서 빈번하게 일어나는 유사성에서 이탈하는 특이성이나 유사성을 넘어서는 개체성은 사변적 인식에서 철저히 제외된다. 이러한 배타적 유사성에 기초해 필연적 근거 관계를 밝히려는 모든 학문적 "논증의 길"은 따라서 "숙명론에 이를" 수밖에 없다(JLS1 123, 또한 115-116, JLS2 156, 247).[58] 여기에 모든 제약을 넘어서 있어야 할 무제약자도 예외일 수 없다. 학문적 논증에서 무제약자는 피제약자들을 근

---

57 Birgit Sandkaulen, *Jacobis Philosophie*, pp. 28~29. 비르기트 잔트카울렌은 이 첨가글 VII을 야코비의 '내밀한 주요 저작'(das heimliche Hauptwerk)으로 간주한다. pp. 16, 60 참조. *Grund und Ursache. Die Vernunftkritik Jacobis*, pp. 70~71.

58 1811년 셸링 비판서에 나오는 야코비의 다음 문장 참조. 학문적 오성은 **이미 존재론적으로** 규정되어 있는 개별자의 구체적 다양을 분해함으로써, 다시 말해 "무-규정하고(un-bestimmen) 탈개별화하며(enteinzeln) 탈본질화하고(entwesen) 탈현실화함(entwirklichen)"으로써 더욱더 유사하고 보편적인 개념 아래로 포섭한다. JDO, p. 24. 인과율과 근거율의 혼동은 각종 변수를 수반하는 실천적 행위에 있어 원인의 구체적인 역할을 도외시하게 된다. Konstanze Sommer, *Zwischen Metaphysik und Metaphysikkritik*, pp. 361~63. 반면 인과율을 오직 '경험주의적으로만', 그리고 근거율을 오직 '논리적' 측면에서만 이해하려는 것은 야코비의 오해일 뿐이라는 비판도 있다. Wolfgang Bonsiepen, *Der Begriff der Negativität in den Jenaer Schriften Hegels*, pp. 59~63 참조. 야코비의 인식 능력 구분에 대해서는 이 책 제4장 참조.

거짓는 제약들의 궁극 조건으로 파악되거나 아니면 이 모든 제약과 연결되지 않은 어떤 것으로 파악할 수밖에 없을 것이다. 그러나 전자의 경우 최초의 조건으로서의 신은 결국 "제약된 조건들"의 필연적 사슬에 **의존해서만** 파악하는 신일 것이며, 후자의 경우 모든 제약과 연결되지 않은 무제약자란 어떠한 현실의 근거일 수도 없는 "**가능성** 개념"에 머무를 것이다. 이러한 학문적 논증에서 모든 제약 내지 근거 관계를 단적으로 넘어서 "그 자신 [고유의] 방식으로 무제약적인" 신은 결코 포착될 수 없다(JLS2 258, 260-261).[59] 특히 전자의 측면에 치중해 진정한 신을 포착하지 못하는 "스피노자주의는 무신론이다"(JLS1 120).[60] 그리고 바로 이러한 의미에서 야코비는 레싱의 물음에 답한 것이다. "당신은 스피노자주의자가 아니군요, 야코비! …… 예, [아닙니다], 명예를 걸고"(JLS1 27).

하지만 "저는 스피노자를 사랑합니다." 멘델스존의 **셋째** 비판을 교정하기 위해 주목해야 할 것은 야코비의 바로 이 측면이다. 야코비가 보기에 스피노자야말로 학문적 완성의 **정점에서** "철저히 설명 불가능한" 어떤 것들이 있다는 것을 보여 주었기 때문이다. 인간은 그것들이 "시작되는 경계만", "**이미** 정립되어 있는" 그 경계가 있다는 것만 알 수 있지, 자신의 힘으로 새로운 경계를 정립하거나 규정할 수 있는 것이 아니다(JLS1 28-29).[61] 왜냐하면 앞서 언급한 첨가글 VII에 따르면, 인간의 "이성이 분해하고 결합하고 판단하고 추론하고 다시 개념 파악함으로써 산

---

59 "초자연적인 것"은 "그것이 있다는 사태(Tatsache)"로서 "우리에게 주어져 있는" 것이다. 이로부터 논증적 오성(Ratio)을 제약하면서 동시에 이를 넘어서는 '초합리적'(transrationale) '무제약자의 철학'이 구상될 수 있다. Dirk Fetzer, *Jacobis Philosophie des Unbedingten*, pp. 35~42 참조.

60 이는 '결과가 도출될 수 있는 원인 내의 징표(Merkmal)'를 '근거'로 정의하고 '모든 결과는 그 원인 안에 근거지어져 있다'라고 보는 멘델스존을 겨냥한 것일 수 있다. Moses Mendelssohn, *Morgenstunden oder Vorlesungen über das Daseyn Gottes*, p. 228.

61 따라서 야코비에게 설명 가능한 것과 설명 불가능한 것의 경계는 결코 연구자의 능력에 따라 좌우되는 '상대적인 것'이 아니며, 어떠한 설명 수단으로도 설명될 수 없는 것이 있다는 것이다. Eberhard Zirngiebl, *Der Jacobi-Mendelssohn'sche Streit über Lessing's Spinozismus*, p. 7과 비교.

출할 수 있는 것이란 순전한 자연 사물들일" 뿐이며, 이 자연 전체가 현실적으로 시작되는 곳이나 "그 객관적 현존의 실재적 원리" 자체는, 다시 말해 이 모든 자연적인 것을 있게 한 "초자연적인 것" 자체는 결코 이런 식으로 드러나지 않기 때문이다(JLS2 258-259).[62] 이미 설명했듯이, 스피노자는 유한자가 자신을 넘어 "전체와 관계하는 영혼"에서 이를 감지한 것으로 보인다(JLS1 22). 인간은 "감성적 충동"이나 "욕구"의 유한한 대상을 향하기도 하고, "지성적 충동"이나 "순수한 사랑"의 "영원한 것"을 향하기도 한다(JLS2 168). 이때 초자연적이고 영원한 것은 야코비가 자주 자기규정적인 원인 또는 목적인이라 부르는 것이기도 하다. 예컨대, 의자라는 사물의 기능이나 작용에 대한 필연적 규정은 인식적으로 무한히 진행될 수 있다. 그러나 내가 필요로 하는 어떤 의자를 만들려고 의지할 때, 나는 **임의의** 어느 순간 지금까지의 이 모든 필연적 규정 **전체를 뛰어넘어** 이 전체가 의자라는 목적 실현을 **향하도록** 정립하고 행위해야 한다. 이때 그 목적을 지닌 나는 그 필연적 규정들 전체를 지닌 나를 실현하도록 **다시** 규정한다. 이렇게 자유로운 지향적 '시작 능력'으로서의 원인이, 이에 따라 자기규정적인 목적인이 왜 **하필 그 순간 그런 식으로** 발동할 수 있었는지, 그리고 어떻게 필연성 전체를 아우르면서 그렇게 실행되었는지 하는 것은 결코 이론적으로 규정될 수 없다. 유일하게 가능한 설명은 나라는 사람이 그냥 그때 그것을 원했고 행위했기에 나의 존재감을 채우는 무언가가 불완전하나마 현실적으로 이루어졌다는 '인격적' '자기 활동성의 의식'뿐이다. 그럼에도 여기에는 단적인 시원의 '형이상학적 차원'이 있다.[63] 야코비는 「창세기」 제1장 제4절 이하

---

62 야코비는 "목적인 체계"와 "작용인 체계" 사이에 "인간에게 이해될 만한 중간 체계"는 불가능한 것으로 본다. JLS2, p. 228.

63 Birgit Sandkaulen, *Jacobis Philosophie*, pp. 50~51, 73~74. 이런 의미에서 야코비의 인격은 '어떤 누구의 자유로운 동일성'(die freie Identität eines Wer)이자 이 동일성 의식을 자유롭게 발휘하는 능력이다. "Daß, was oder wer? Jacobi im Diskurs über Personen", *Friedrich Heinrich Jacobi*, pp. 229, 231.

를 인용한다. "하느님께서 말씀하시기를 생겨라 하니 〔생겼으며〕 모든 것이 좋았다"(JLS1 145). 원했기에 이루어지도록 한 전능자의 이 "절대적 자기 활동성은 어떠한 매개도 허용하지 않고" 곧바로 발휘되는 진정한 의미의 "자유"라고 할 수 있다(JLS2 163-164). 인간은 그 형상에 따라 전능자의 바로 이 "숨결"(Othem)을, 바로 이러한 정신적 능력을 갖추고 창조되었기에 또한 그렇게 알고 의지하며 행위할 수 있는 것이다. 바로 이것이 "모든 철학의 경계"이다(JLS1 137, 145, 또한 JLS2 166).[64] 야코비에 따르면, 이 경계는 또한 신앙이 시작되는 지점이기도 하다. 필연적 인식의 사슬 속에서는 설명될 수 없는 초월적 신에 대한 믿음 말이다. 이때의 신은 모든 개념적 매개를 넘어섰기에 추상적인 그 무엇이 아니라 오히려 바로 그 때문에 온전한 모습으로 언제든 구체적으로 사랑하고 창조하는 인격적 신일 수밖에 없다. 우리는 매번 우리 자신의 자기활동적인 인격적 삶을 통해 이러한 신이 있다는 것을 경험한다. 이러한 의미에서 근거와 구별되는 야코비의 원인 개념은 철두철미하게 "경험 개념"이다 (JLS2 256). 다시 한번 말하면, "인간은 신적인 삶을 통해 신을 아는 것이다"(JLS1 117).

야코비가 보기에 스피노자주의 **이전의** 스피노자 또한 그 경계를 감지했으며, 비록 필연적인 영원 법칙에 따른 자연의 질서이기는 했지만 스피노자주의적인 체계 내에서도 **섭리**(Vorsehung)를 숭배했다"(JLSwm 310).[65] 말년의 스피노자는 이렇게 말한 바 있다. "나는 최선의 철학을 발

---

64 "자유의 실행들"(Thaten der Freyheit) 속에 **현재하는** 정신은 "지성이 그 자체만으로 (für sich allein) 작용"할 수 있는 "우리에게 참으로 알려진" 최고의 힘이라는 확신" 이기에, 또한 "무엇보다 최고의, 최초의 지성"이자 "하나의 정신"인 신에 대한 "신앙도 **직접적으로** 가르쳐 준다." JLS2, p. 167 참조. Birgit Sandkaulen, *Jacobis Philosophie*, pp. 23~26 참조.

65 야코비가 인용하고 있는 Benedictus de Spinoza, *Tractatus Theologico-Politicus*, p. 68의 다음 문장 참조. '성서의 몇몇 사례로부터 나는 성서 자체도 신의 교의와 의지를, 그리고 이에 따라 **섭리**를 신의 영원한 법칙으로부터 필연적으로 귀결되는 자연 질서 자체 이외의 다른 것으로 이해하고 있지 않다는 것을 보여 줄 것이다'(ex aliquot Scripturae

명했다고 예상하진 않습니다. 그러나 〔적어도〕 참된 철학을 통찰하고 있다는 것을 압니다"(JLS1 27).[66] 스피노자가 통찰한 참된 철학의 정신은 어떻게든 "신과 관계"를 맺고 있기에 인간이라면 누구나 모든 것을 이 "현존하는 유일자"와 연관시키고 이 "무한자의 인식"을 "최선"으로 여겨야 한다는 것이다. 비록 이성적 체계를 노리는 철학적인 "말들에서(in Worten) 길을 잃기는 했지만" 진리는 분명 스피노자의 "영혼 안에도 있었다." 유신론조차도 필연적 규정들의 어떤 "공식적인"(förmlich) "체계"가 된다면, 이는 곧 모든 전통적 종교보다 "더 광신적으로" 치달을 수 있다(JLSwm 310, 313, 323).[67] 그리고 레싱 또한 이 참된 철학의 정신을 알았기에 오늘은 목사로서, 내일은 사서로서, 한번은 기독교적으로, 다음은 비기독교적으로 진리를 담을 철학적 언어를 모색했던 것이다. 그는 결코 "모든 계시종교에 대립된" "자연종교"를 추구한 것이 아니라 오히려 한편으로는 그 계시의 "정신"을 타진해 보고, **동시에** 다른 한편으로는 "아집과 오만"에 이르는 모든 종교의 "체계"를 문제 삼으려 한 것이다(JLSwm 307-308, 310).[68] 야코비는 힘주어 말한다. 나는 우리의 친구

---

exemplis ostendam ipsam Scripturam per Dei decreta et volitiones et consequenter providentiam nihil aliud intelligere quam ipsum naturae ordinem, qui ex ejus aeternis legibus necessario sequitur).

66 Benedictus de Spinoza, *Epistola LXXVI*, p. 320. 1675년 12월 알프레트 버그(Alfred Burgh)에게 보낸 편지. 'non praesumo, me optimam invenisse philosophiam; sed veram me intelligere scio.'

67 야코비는 스피노자에게서 항상 범신론 체계로 이해되는 '자연신'(Naturgott)과 이러한 체계를 추동하는 '신에 대한 지적인 사랑(amor intellectualis Dei)에서 신비하게 경험되는 사랑의 신'을 구분한다. Kurt Christ, *Jacobi und Mendelssohn*, p. 105. 이로부터 스피노자의 『에티카』를 '앞에서부터' 체계적으로 읽는 길과 '뒤에서부터' 그 정신에 따라 읽는 길이 구분될 수 있다. Hermann Timm, "Die Bedeutung der Spinozabriefe Jacobis für die Entwicklung der idealistischen Religionsphilosophie", *Friedrich Heinrich Jacobi*, pp. 58~59.

68 바로 이러한 측면에서 레싱은 경직된 전통 교리에 스피노자주의를 맞세웠을 뿐 스피노자주의자는 아니었다는 해석도 가능하다. Eberhard Zirngiebl, *Der Jacobi-Mendelssohn'sche Streit über Lessing's Spinozismus*, pp. 8~12 참조. 그러나 에베르하르

가 "후세에서도 예전과 다르지 않게 보이면" 좋겠다(JLSwm 300). 멘델스존은 스피노자는 물론이고 이러한 레싱조차 이해하지 못했다. 그는 아무 전거도 없이 그저 "권위에 의한 논증(αυτος εφα)"에 따라 자기 경계를 모르는 이성의 종교를 구상하고 있을 뿐이다(JLSwm 290). 그렇기에 그가 "나의 스피노자와 반(反)스피노자" 모두를 오해한 것도 어찌 보면 당연한 귀결일 것이다(JLSwm 274). 그러나 나는 결코 반스피노자의 관점에서 "이성을 모독한 적이 없다." 나는 단지 인간의 학문적 이성이 "신의 현존을 드러내지도" 신의 비(非)현존을 "반박할 수도 없다는 것을" 주장했을 뿐이다(JLSwm 319-320).[69] 야코비의 마지막 항변은 이렇다. 온 세계에 이성의 빛의 확산을 도모하는 자들이 오히려 그 "이성을 좁은 사원의 벽으로 둘러놓고는 그 대제사장에게 복종토록" 하는 것은 오히려 그들의 이성이 "우상"이기 때문은 아닌가?(JLSwm 327) 그러한 이성을 넘어서는 신적인 것이 있다는 객관적 진리를 외면한 채 말이다. 그러면서 대제사장 역할을 자처하는 멘델스존이야말로 "진리의 세찬 바람에" "감기 걸리지 않으려 경건한 기만의 외투"를 뒤집어쓰고 있는 것이다(JLSwm 278).[70]

---

트 치른기블(Eberhard Zirngiebl)은 정화된 스피노자주의를 스피노자 전문가라 할 수 없는 멘델스존이 '단지 사고 속에서 잡아 뜯어 놓은 스피노자주의'(ein in Gedanken zerzerrter Spinozismus)라고 평가한다. pp. 19~22, 특히 p. 21 참조. 셸링도 후에 야코비와의 논쟁에서 레싱이 '스피노자주의를 훨씬 넘어선' 것으로 평가한다. Friedrich Wilhelm Joseph von Schelling, *F. W. J. Schellings Denkmal der Schrift von den göttlichen Dingen etc. des Herrn Friedrich Heinrich Jacobi und der ihm in derselben gemachten Beschuldigung eines absichtlich täuschenden, Lüge redenden Atheismus*, p. 46. 레싱은 한편으로 '인류의 교육 수단'으로서의 계시종교는 긍정하면서도 다른 한편으로는 미래 삶을 예견하는 계시종교에는 상당히 비판적이었던 것으로 평가된다. 프란츠 메링, 『레싱 전설』, 482~84쪽; 폴 아자르, 『18세기 유럽의 사상』, 573~96쪽 참조.

69 야코비는 『스피노자의 가르침에 대하여』 재판 첨가글에서 인간이 지니는 논증적·도구적 이성과 "인간의 생동한 전체 본성"을 형성하는 정신으로서의 이성을 구분한다. JLS2, pp. 259~60 참조.

70 후에 「경건한 기만과 이성 아닌 이성에 대한 몇 가지 고찰」(Einige Betrachtungen über den frommen Betrug und über eine Vernunft, welche nicht die Vernunft ist,

## 5. 숨겨진 내막과 인격신

'멘델스존은 가장 고결한 방식으로 죽었다. …… 그는 자신의 〔친구〕 레싱에 대한 우정의 희생자가 되었으며, 광신주의와 미신에 대항해 이성의 억압된 권리'를 변호하는 '순교자로서 죽었다. 라바터의 집요한 요구가 그의 생에 일격을 가했다면, 야코비는 그 작업을 완성했다.'[71] '마른 하늘에 날벼락'[72] 같았던 이 논쟁 결과에 대해 당시 주류였던 계몽 진영의 여론은 이러했다. 그러나 앞서 언급한 『스피노자의 가르침에 대한 편지와 관련된 멘델스존의 고발에 반하여』에서의 격한 어조에서도 감지할 수 있듯이, 야코비 쪽에서도 억울한 측면이 없지 않았다. 이를 몇 가지만 언급해 보자.

**우선** 「야코비 씨에게 보내는 기억들」에서 멘델스존은 야코비가 '결정론자들의 체계를 **가정**'하는 것으로,[73] 따라서 스피노자의 입장을 대변하는 것으로 전제한다. 이 편지를 읽자마자 야코비는 자신에게 "악마의 변호인"(advocatus diaboli) 역할을 떠맡게 하려는 멘델스존의 속셈을 즉각 간파했다(JLS1 128).[74] 이는 "숙명론으로부터 직접 숙명론에 대항해" 논의하려는, 다시 말해 필연적 연관만 이론적으로 논증하는 "사변철학에 대항하기 위해 사변철학에 대해" 말하려는 야코비의 의도를 전적으로

---

1788)에서 야코비는 경건을 가장하는 기만적 이성을 "이신론"의 "왜곡된 이성"(perversa ratio)으로 본다. JBB, pp. 111~12 참조. 또한 사변에 빠진 "타락한(verkommene) 이성"에 대해 비판하는 JLS1, p. 118 참조.

71 *Königlich-previlegirte Berlinische Zeitung von Staats- und gelehrten Sachen*, 1786년 1월 24일자 기사. Kurt Christ, *Jacobi und Mendelssohn*, p. 141에서 재인용.

72 Georg Wilhelm Friedrich Hegel, *Vorlesungen über die Geschichte der Philosophie III*, pp. 316~17.

73 Moses Mendelssohn, Erinnerungen an Herrn Jacobi, p. 173.

74 '악마의 변호인'은 1587년부터 만전을 기하기 위해 시성식(諡聖式)에서 고인의 성인(聖人) 자격을 일부러 반대하는 역할을 맡았던 가톨릭교회의 직책으로서 공식 명칭은 '신빙성 검사자'(Promotor fidei)였다. https://de.wikipedia.org/wiki/Advocatus_Diaboli 참조.

오해한 것이다(JLS1 20, 128).「편지 사본」과 엘리제를 통한 간접적인 의사 전달을 통해서도 이러한 오해는 불식되지 않았으며, **곧이어** 멘델스존은 태도를 바꿔 레싱을 기념하는 저서 이전에 일단 먼저 스피노자 철학을 전반적으로 평가하는 저술 작업을 하겠노라 밝히면서 야코비 편지의 공적 사용을 문의한다. 이 저술 내용에 관해 사전에 야코비와 논의하고 출판하겠다는 약속과 함께 말이다. 그러나 멘델스존은 이 약속을 의도적으로 어겼으며, 야코비 몰래 엘리제의 오빠 요한 라이마루스(Johann Reimarus, 1729~1814)와 함께 여전히 야코비를 스피노자 대변자로 묘사하는 방향으로 저술 작업을 추진했다. 더구나 야코비의 승낙 편지에도 멘델스존은 아무 답장을 하지 않았다.「나에게 보낸 기억들에 대하여」를 직접 보낸 후에도 그랬다.[75] 다른 지인을 통해 멘델스존이 "신과 창조에 대한, 또는 신의 현존과 성질에 대한 아침 생각들(Morgengedanken)"**이란** 제목의 책을 출간 준비 중이란 소식을 접했을 때, 야코비는 상당한 배신감을 느낄 수밖에 없었을 것이다(JLS1 126).[76] 엘리제를 통해 사실을 확인한 야코비는 일방적으로 자신의 입장이 먼저 폄하되는 것을 막기 위

---

75 Kurt Christ, *Jacobi und Mendelssohn*, pp. 89~124 참조. 여기에는 평소 중재 역할을 잘 해오던 엘리제의 두 가지 실수도 한몫했다. 즉 첫째, 야코비 편지의 공적 사용 허가는 그녀가 먼저 성급하게 멘델스존에게 전달한 후 나중에 자초지종을 이야기해 야코비에게 받아낸 것이었다. 둘째, 야코비가 답장을 못 받은 이유 중 하나는 극심한 통풍으로 그녀가 아무 양해 없이 중재 역할을 중단한 것 때문이기도 하다. pp. 111~12 참조.

76 이 논쟁의 시작은 이미 오래전부터 스피노자의 새로운 해석 가능성을 피력한 바 있는 멘델스존을 잘 알고 있었던, 그리고 멘델스존의『파이돈』(*Phädon oder über die Unsterblichkeit der Seele*)의 프랑스어 번역을 시도한 적도 있었던 야코비가 논쟁하기 위해 파놓은 '함정'이었으며, 멘델스존 자신도 이를 바로 포착했기에 회피하기 위해 이렇게 반응한 것이라는 해석도 있다. Frederick C. Beiser, *The Fate of Reason*, pp. 61~64. 안윤기,「18세기 범신론 논쟁: 야코비의 스피노자의 가르침에 관한 편지들(1785)」,『칸트연구』제30집, 22쪽 참조. 그러나 멘델스존은 야코비를 전혀 모르는 상태였던 것으로 보이며, 레싱의 종교 비판적 관점을 다룬 야코비의 소논문「레싱이 말한 어떤 것」(1782)을 읽은 시점도 야코비의 접근 이후인 것으로 보인다. Moses Mendelssohn, *Moses Mendelssohn's gesammelte Schriften*, Bd. 5, p. 700. 1783년 11월 18일자 라이마루스 남매에게 보낸 편지. JLSwm, p. 291 참조.

해 서둘러 『스피노자의 가르침에 대하여』 초판을 준비한다. 다행인지 불행인지 원래 일정상 『아침 시간들』보다 늦게 출판할 예정이었던 이 저서는 출판사 사정으로 지연된 『아침 시간들』보다 며칠 앞서 출판된다. 독자들의 눈에는 야코비의 공격이 먼저 시작된 것으로 보였을 것이다. 더구나 야코비의 격분을 더욱 고조시킨 것은 바로 『아침 시간들』의 서술 방식이었다. 이 저서는 멘델스존이 자신의 아들과 사위 등에게 사적인 강의를 통해 가르침을 주는 식으로 전개된다.[77] 결국 멘델스존은 암암리에 야코비를 교육받아야 할 "자신의 아이들과" 동급으로 취급한 셈이다 (JLSwm 280). 자신이 창작한 정화된 스피노자주의와 자신이 생각하는 레싱의 성격을 변호하면서 말이다. 이러한 비신사적인 태도는 이미 기독교 개종을 집요하게 요구하던 라바터와의 논쟁(1769~70)[78]으로 인해 기력이 쇠약해질 대로 쇠약해진 멘델스존의 조바심 때문이었는지도 모른다. 혹은 언젠가 지인과의 대화에서 고백했듯이, '라이프니츠-볼프 철학 속에서' 성장한 그이기에 야코비 같은 이가 말하는 '새로운 언어'로는 '한 발자국도 전진할 수 없었던' 멘델스존의 편향된 사유 방식 때문이었는지도 모른다.[79] 여하튼 그 '균열은 너무 커서' 외적으로 보기에 우

---

77 Moses Mendelssohn, *Morgenstunden oder Vorlesungen über das Daseyn Gottes*, p. 219 참조.

78 계시 원리를 도입하지 않고 영혼 불멸성을 입증하려던 멘델스존의 『파이돈』으로 점화된 골상학자 라바터와의 논쟁에 대해서는 미리엄 레너드, 『소크라테스와 유대인』, 79~86쪽; 김희근, 「레싱과 멘델스존의 유대인 문제해결 모색」, 『괴테연구』 제15호, 184~89쪽 참조.

79 *Beyträge zum gelehrten Artikel des Hamburgischen Unparteyischen Correspondenten*. Zweytes Stück에 실린 말로, Kurt Christ, *Jacobi und Mendelssohn*, p. 147에서 재인용. 그에게 야코비의 『스피노자의 가르침에 대하여』는 '괴테의 머리와 스피노자의 몸통과 라바터의 발'을 지닌 괴물 같은 책이었다. Moses Mendelssohn, *Briefwechsel* III, p. 310. 1785년 8월 8일자 요한 게오르크 치머만(Johann Georg Zimmermann, 1728~95)에게 보낸 편지. pp. 312~13 참조. Immanuel Kant, *Kant's Briefwechsel*, Bd. 1, pp. 413~14. 1785년 8월 16일자 칸트에게 보낸 편지. 이 편지에서 멘델스존은 상대방의 동의도 구하지 않고 사적인 편지를 출판한 야코비를 비난하면서 레싱이 30년 지기인 자신에게 그의 속내를 밝히지 않았을 리 없다고 항변한다.

리는 '가장 품위 있는 자들 중 한 사람인 멘델스존'을 잃게 된 것이다.[80]

이후 1789년 프랑스혁명의 여파로 논쟁의 열기가 사그라들기까지 독일 지성은 양편으로 갈라져 치열한 후속 논쟁을 이어갔다. 물론, 당시 계몽을 대변하던 여러 학술지와 니콜라이, 헤르더 같은 학자들은 멘델스존 편을 들었다. 이편에는 칸트도 1786년 소논문을 통해 한몫하게 된다.[81] 이에 반해 숨겨진 내막을 잘 알고 있었던 라이마루스와 요한 게오르크 하만, 그리고 토마스 비첸만(Thomas Wizenmann, 1759~87) 등은 야코비 편에 섰다. 무엇보다 한때 자신의 소설 『볼데마르』에 대해 혹평을 넘어 조롱까지 했던 괴테가 비록 비판적 거리를 유지하기는 했지만 그의 사정을 변호해 준 것은 야코비에게 큰 위안이 되기도 했다. 그러나 누가 더 스피노자를 잘 이해했는지, 그리고 누가 더 레싱의 진정한 정신적 대화 상대자였는지 하는 물음을 넘어, 다시 말해 단순히 논쟁의 승패를 가늠하는 평가를 넘어[82] 무엇보다 주목해야 할 것은 이 논쟁을 통해 부각된 철학적 근본 문제들의 영향사적 파급력일 것이다. 이후 독일 고전철학자들과의 대결을 통해서도 야코비가 지속적으로 제기한 근본 문제를 몇 가지만 정리해 부연하면 다음과 같다.

스피노자 논쟁을 근본적으로 돌이켜보면, **첫째** 야코비는 항상 학문적 논증 방식을 선호하는 계몽 이성의 이신론적인 신을 겨냥하려 한다. 학

---

80  Johan Wolfgang von Goethe, *Dichtung und Wahrheit. Illustrierte und kommentierte Ausgabe*, p. 442.

81  1786년 10월, 『베를린 월간지』에 기고한 「사유함에서 방향 잡기란 무엇인가?」(Was heißt: sich im Denken orientieren?)를 말한다. 자세한 논의는 이 책의 제2장 제2절 참조. Hermann Timm, "Die Bedeutung der Spinozabriefe Jacobis für die Entwicklung der idealistischen Religionsphilosophie", *Friedrich Heinrich Jacobi*, pp. 67~68 참조.

82  예컨대, 하인리히 숄츠(Heinrich Scholz)는 멘델스존의 승리로, 크리스트는 야코비의 승리로 평가한다. Heinrich Scholz, *Einleitung zu Die Hauptschriften zum Pantheismusstreit zwischen Jacobi und Mendelssohn*, pp. LXXV~CXXVIII, 특히 p. LXXVI; Kurt Christ, *Jacobi und Mendelssohn*, pp. 125~79, 특히 pp. 151~58 참조. 후에 헤겔도 야코비를 옹호하는 평가를 한다. Georg Wilhelm Friedrich Hegel, *Vorlesungen über die Geschichte der Philosophie*, Teil 4, p. 165 참조.

문적으로 논증된 신은 야코비가 보기에 결코 규정의 필연적 사슬을 초월하는 진정으로 자유로운 신일 수 없다. 이러한 신은 믿어질 수만 있는 것이며, "초자연적인 것의 자연철학이란 있을 수 없"다(JLS1 31). "기하학"이란 "단지 자연적인 것(das Physische)에만 적용" 가능하며, "신성의 수학적 증명"이란 신을 자연 사물에나 통용되는 필연적 근거 연관에 의존케 하는 것 그 이상일 수 없다. 우리는 이 모든 사슬을 넘어 "때때로 좀 더 좋은 것, 미래의 것"을 향해 도약하는 자유로운 "영혼의 열망"을 놓쳐서는 안 된다(JLSh 56, 85). 이를 통해 단번에 모든 부분을 뛰어넘어 이것들에 앞서는 조화로운 전체를 창조한 전일적(全一的) 개체(In-dividuum)로서의 생동한 신을 만나려면 말이다. 인간의 자유의 능력이야말로 매 순간 직접 신을 체험할 수 있는 유한자 내의 "초자연적인 것의 유비물(Analogon)"이다(JLS2 262).[83] 그렇다고 논증적 이성이나 학문적 추론 능력을 배제하거나 도외시하라는 말은 아니다. 자연을 탐구하는 학문적 영역 속에서는 결코 살아 있는 신을 알 수 없기에, 여기서 이성은 '방법적 무신론의 원리'[84]로 머물러야 한다는 것이다. 이러한 자기 한계를 모르는 이성은 **자신의** 교리 체계로 조탁(彫琢)된 신을 내세우면서 모든 것을 **홀로** 지배하는 "독재"(Alleinherrschaft)의 계몽 이성이 될 것이다(JH 95).[85]

---

83 인간의 '형이상학적 자유'에 대한 야코비의 자세한 논의는 Stefan Schick, *Die Legitimität der Aufklärung*, pp. 250~63 참조.

84 Karl Homann, *F. H. Jacobis Philosophie der Freiheit*, p. 144.

85 야코비의 계몽 비판은 결코 반계몽이 아니며, 오히려 '계몽의 계몽'이다. 모든 것을 자기 내에서만 근거지으려는 근대의 이성은 결국 홀로 지배하는 독재 또는 니힐리즘에, 따라서 비이성에 귀착할 수밖에 없다는 점에서 그렇다. Carmen Götz, *Friedrich Heinrich Jacobi im Kontext der Aufklärung*, pp. 468~71. 아울러 과도한 계몽 이성의 정치적·종교적 배타성이나 역사적 진보 낙관주의에 대해 비판적이었던 멘델스존에게서 '계몽에 대한 계몽'의 측면을 보는 논의도 있다. 김수배, 「모세스 멘델스존과 균형의 계몽주의」, 『철학』 제58집, 154~70쪽 참조. 또한 멘델스존의 계몽 개념의 비역사적 측면을 칸트의 논의와 대조하는 Karol Bal, "Aufklärung und Religion bei Mendelssohn, Kant und dem jungen Hegel", *Deutsche Zeitschrift für Philosophie* 27/10,

이로써 **둘째로** 야코비에게 학문적 앎은 인간의 모든 지성적·실천적 행위의 근원이자 목적으로서의 신에 대한 믿음과 철저히 구분된다. 이로부터 전통적으로 이어져 온 서구 형이상학의 근본 문제, 즉 믿음과 앎, 신앙과 학문의 연관 문제가 다시 첨예해지는 셈이다. 철저한 이원론자로서 야코비는 이후 『신앙에 대한 또는 관념론과 실재론에 대한 데이비드 흄. 한 편의 대화』(*David Hume über den Glauben oder Idealismus und Realismus. Ein Gespräch*, 1787)에서 실천적 행위뿐만 아니라 인간이 획득하는 실재론적 인식의 기원마저 믿음에 기초지으려 시도한다. 왜냐하면 "모든 입증은 이미 입증된 어떤 것을 전제"할 수밖에 없기 때문이다. 다른 것에 의존하지 않고 **그 자체로** 이미 입증된 것은 "계시"에 의해 알려진 것일 수밖에 없다(JLS1 124). 즉 현실적으로 **있는** 우리 외부의 대상 자체가 감관을 통해 직접 "우리에게 열려져 드러나기(sich offenbaren)" 때문에, 현실적인 대상의 바로 이러한 '근원적 개방성'(ursprüngliche Erschlossenheit) 내지 계시(Offenbarung) 때문에 우리는 이 대상에 관한 인식적 확실성을 획득하는 것이지, 다른 어떤 이유에서 그런 것은 결코 아니다. 그러나 내가 나 자신을 아는 것과 똑같은 확실성으로 내 외부의 현실 사물을 이렇게 알 수 있다는 것은 철학적으로 "엄밀하게 증명될 수 없으며" "단지 믿어질 수만" 있다(JH 21, 31).[86] 내가 엄밀히 분석되거

---

pp. 1248~53, 특히 p. 1250과 비교.

86 또한 JLS1, pp. 115~16, 125의 다음 문장들 참조. "우리는 어떻게 확실성을 얻으려 노력**할 수** 있는가? 우리에게 확실성이 **사전에 이미** 알려져 있지 않다면 말이다. 그리고 확실성은 우리가 이미 확실성을 갖고 인식하는 어떤 것을 통해서가 아니라면 어떻게 우리에게 알려진 것일 수 있는가?" 이러한 "직접적 확실성"은 "어떠한 근거도 필요로 하지 않을 뿐만 아니라 단적으로 모든 근거를 배제"하는 것이다. "인간의 모든 인식과 영향력의 요소는 신앙이다." Hermann Timm, "Die Bedeutung der Spinozabriefe Jacobis für die Entwicklung der idealistischen Religionsphilosophie", *Friedrich Heinrich Jacobi*, p. 42. 이러한 의미에서 야코비의 계시 개념은 경험주의적이거나 계시 신학적이라기보다 '존재 신학적인' 개념이다. 또한 Valentin Pluder, *Die Vermittlung von Idealismus und Realismus in der Klassischen Deutschen Philosophie*, pp. 47~89, 특히 pp. 75~78, 85~87 참조.

나 증명될 수 없는 자기 존재감으로부터 단지 믿어질 수만 있는 신을 향해 자유롭게 나의 유한성을 넘어서는 행위를 할 수 있듯이 말이다. 야코비에 따르면, 우리는 세계 인식의 매순간 그리고 자유로운 행위의 매순간 신을 만난다. 따라서 진정으로 참된 "살아 있는 철학"은 매순간 구체적으로 알고 행위하는 인간의 이야기, 즉 "역사"(Geschichte) 이외의 다른 것일 수 없다. 인간의 행위와 "그 역사로부터" 철학이 기원한 것이지, 철학으로부터 역사가 발전한 것은 아니다. 그러니 새 시대에 새로운 철학을 원하거든 '자유가 결핍된' 자신의 "역사"와 "삶의 방식"을 먼저 개선하라(JLS1 132-133).[87]

**끝으로** 이렇게 실천적 삶을 우선적으로 지향하는 야코비에게서 평생 가장 중요한 화두는 무엇보다 구체적인 삶을 통해 만날 수 있는 **인격적** 신이었다. 말년에 자신의 전집을 편집하면서 그는 『스피노자의 가르침에 대하여』에 새롭게 덧붙인 예비보고(Vorbericht)에서 이렇게 말한다. "나의 철학은 신이 누구인지를(wer ist Gott) 묻는 것이지, 신이 무엇인지를(was ist er) 묻는 것이 아니다." 신이 무엇을 한 것인지는 창조된 세계에 대한 학문적 인식을 통해 얼마든지 탐구할 수 있다. 그러나 "모든 무엇(Alles Was)은 자연에 속한다." 그렇다고 이러한 탐구의 궁극적 시원으로 설정되는 "어떤 절대적인 것"(ein Absolutes)이 살아 있는 신의 참모습을 드러내는 것일 수는 없다. 학문적 탐구는 알고자 하는 것을 해부하고 나누어놓은 후에 고립된 규정의 연관 사슬을 재구성하는 작업이기 때문이다. 이러한 사슬들 전체로서의 자연 질서가 곧 신이라 할 수도 없다. 이미 살펴보았듯이, 이를 통해서는 법칙적 필연성 전체를 초월하는 자유로운 신이 온전히 드러날 수 없기 때문이다. 이러한 신을 만나려면 "이론적인 길이 아니라 실천적인 길"을 걸어야 한다. 학문적 인식의 한계를 끊임없이 자각하면서 말이다. 자신의 한계를 아는 학문은 자신이 알 수 없는 무지를 아는 학문, 즉 "무지의 학문"(Wissenschaft des Nichtwissens)이면

---

87  Karl Homann, *F. H. Jacobis Philosophie der Freiheit*, p. 149.

서 무엇이든 겸손하게 "아는 무지"(ein wissendes Nichtwissen)이다. 이러한 앎을 기초로 인간은 무엇보다 믿음이 발전해 온 "종교의 역사"와 실천적 교육을 통해 자신의 인격성을 키워야 한다. 이렇게 해야만 저마다 대체 불가능한 '개체적 각자성'(individuelle Jemeinigkeit)을 지니는, 온전히 구체적인 한 개인으로서의 인격은 그 "인격성의 창조자"를 만날 수 있다(JLS3 341-342, 349).[88] 야코비의 이러한 인격 개념은 근대 이후 협소해진, 더욱이 독일 고전철학 시기에 두드러지게 강조되는 규범적·법적 귀책 능력으로서의 인격 개념도, 오늘날 지나친 인간 존엄성에 대한 반발로서 제기된 자연적 존재의 연속 내지 체계의 기능적 부분으로서의 인격 개념도 아니다.[89] 오히려 이것은 저마다 개성을 지닌 온전한 한 인간이 다른 인간을 구체적으로 만나는 것이자 온전한 "내"(Ich)가 "그대"(Du) 신을 생생하게 만나는 것이기도 하다(JLS1 116). 이렇게 개념화할 수 없는 살아 있는 인격신의 지평에서, 다시 말해 신에 대한 정감적 사랑(amor dei emotionalis)의 지평에서 야코비는 이후에도 줄곧 학문적으로 논증된 신론(神論)의 무신론적 뿌리를 들추어내고자 한다. 이후 격렬하게 전개되는 그의 칸트, 피히테, 셸링, 헤겔과의 대결은 모두 여기에서 비롯된다고 해도 과언은 아닐 것이다.

---

88  Birgit Sandkaulen, "„Ich bin und es sind Dinge außer mir"", *Internationales Jahrbuch des Deutschen Idealismus*, Bd. 11, p. 193.

89  근대 이후 인격 개념에 대해서는 임미원, 「〈인격성〉의 개념사적 고찰」, 『법철학연구』 제8권 제2호, 176~86쪽 참조. 별도의 연구가 필요하겠지만 **매우 놀랍게도** 야코비의 인격 개념은 실천적 행위 결정의 자율성이나 자기의식뿐만 아니라 무엇(was)만이 아닌 누구(wer)로서의 교체 불가능성(incommunicabilitas), 자기 초월성 및 신과의 관계성 측면에서 토마스 아퀴나스의 인격 개념과 매우 유사하다. 박승찬, 「인격 개념의 근원과 발전에 대한 탐구: 토마스 아퀴나스의 텍스트를 중심으로」, 『중세철학』 제13호, 228~68쪽, 특히 234~35쪽, 238~48쪽, 251~52쪽, 262~66쪽 참조. 야코비는 실제로 토마스 아퀴나스를 공부한 바 있다. Stephan Otto, "Spinoza ante Spinozam? Jacobis Lektüre des Giordano Bruno im Kontext einer Begründung von Metaphysik", *Friedrich Heinrich Jacobi*, p. 113. 또한 JLS2, pp. 151~52 참조.

| 야코비(1743~1819) | | 멘델스존(1729~86) | |
|---|---|---|---|
| 1780.7. | 레싱과 대화 | | |
| 1783.11. | 대화 복원글 | 1783 | 레싱 기념 저서 준비 |
| | | 1784.8.1. | 「야코비 씨에게 보내는 기억들」 |
| 1784.9.5. (10.26.) | 「헤이그의 헴스테르호이스 씨에게 보내는 편지 사본」 | | |
| 1785.2.18. | 두 편지 공적 사용 허락 | | |
| 1785.4.20. (21.) | 「모제스 멘델스존 씨에게, 나에게 보낸 기억들에 대하여」 | | |
| 1785.9.30. | 『모제스 멘델스존에게 보내는 편지들로 된 스피노자의 가르침에 대하여』 | | |
| | | 1785.10.4. | 『아침 시간들 또는 신 현존에 대한 강의들』 |
| | | 1786.1.4. | 사망 |
| | | 1786.1. | 『레싱의 친구들에게』 |
| 1786.4. | 『스피노자의 가르침에 대한 편지와 관련된 멘델스존의 고발에 반하여』 | | |
| 1789 | 『스피노자의 가르침에 대하여』 제2판 | | |
| 1819 | 『스피노자의 가르침에 대하여』 제3판 | | |

# 제2장

# 야코비의 칸트 비판

## 1. 계몽의 이성

'알고자 하는 용기를 가져라!'(sapere aude!) 여기에는 '똑같은 원천에서 경탄하지 **마라**(Noli admirari)!가 속한다네. 가장 계몽된 주인님 정치가여(clarissime Domine politice)!'[1] 이 말은 요한 게오르크 하만이 자신의 친구에게 보내는 한 편지에서 칸트의 계몽 논문(1784)을 비꼬면서 한 표현이다. 계몽의 이성이 우리에게 앎을 향한 용기를 줄지언정 경탄 내지 숭배(admiratio)의 대상이 되어서는 안 된다는 취지의 표현이다. 그럼에도 계몽의 이성은 지적 미성년자들의 숭배받은 주인님이고자 한다.

"그대들의 고찰과 경배의 대상은 신(神)이 아니라 그대들의 **보편적** 인간 이성과 같은 한갓된 그림 단어(Bildwort)일" 뿐이다. 그대들은 이 이성

---

1 Johann Georg Hamann, *Johann Georg Hamann's Schriften und Briefe in vier Theilen*, vierter Theil, p. 215. 1784년 12월 18일자 크리스티안 야코프 크라우스(Christian Jakob Kraus, 1753~1807)에게 보낸 편지.

을 "현실적 인격으로 신격화"한다. 야코비는 이렇게 하만을 인용하면서 "위대하고 성스러운 인간"의 가르침이라 "고백"하기까지 한다(JLSwm 324). 아마도 야코비만큼 계몽 이성을 겨냥한 하만의 비판 정신을 계승하고 실행에 옮긴 철학자도 없을 것이다. 그것도 이미 최고 반열에 오른 칸트 철학과 대결하면서 말이다. 더구나 그의 대결 속에는 오늘날 계몽 이성의 변증법적 비판 같은 것이 선취되고 있다. 그에 의해 계몽 이성이 정치적 지배 논리를 품고 있다고 진단되는 한 그렇다. 이 대결을 통해 야코비는 감각, 감정, 신앙, 개별자, 구체적 인격과 자유 등을 구제하고자 한다. 그러나 오해하지 말아야 할 것이 있다. 그렇다고 야코비가 계몽 이성의 전적인 부정과 배제를 의도하지는 않았다는 것이다. 오히려 그의 대결을 통해 독일 고전철학의 역사에 계몽 이성의 **자기** 계몽이라는 의미에서 바로 후기 계몽 시기가 시작된다. '계몽의 노력'은 무엇보다 먼저 그 자신이 '자신의 수행 능력의 한계에 대해' 계몽되어야 한다는 비판적 자기 각성 말이다.[2] 야코비의 이러한 영향 아래 이후 감성과 이성, 지(知)와 신앙, 지배와 자유 등을 조화시키려는 문제의식이 청년 헤겔과 셸링의 출발점이 된다.

이 장(章)에서는 야코비와 칸트의 대결을 조명해 보고자 한다. 이것은 당시 강력한 칸트 비판자로서의 야코비의 면모를 확인하려는 시도이자 상당한 영향력을 지녔던 그의 실재론적 이론 구상을 평가하려는 작업이기도 하다. 야코비는 그의 철학적 논쟁사가 곧 그의 철학의 발전사라 할

---

2 Hubertus Busche, *"Das Leben der Lebendigen"*, *Hegel Studien Beiheft* 31, p. 33. 반면 야코비의 계몽 이성 비판에서 오직 반계몽주의적·반가톨릭적·반유대적-'인종주의적' '신정정치'(Theopolitics)를 보려는 제프리 S. 리브렛(Jeffrey S. Librett)의 시각은 문헌적으로나 이론적으로 상당한 문제가 있다. Jeffrey S. Librett, *Humanist Antiformalism as a Theopolitics of Race: F. H. Jacobi on Friend and Enemy*, pp. 233ff. 오히려 '계몽(啓明)결사원'(Illuminat)으로서 '이성 아닌 이성'에 대한 '이데올로기 비판'을 수행했으며, 프랑스혁명의 '추상적 표상'의 한계를 직시하면서 조건적으로만 지지했던 야코비의 정치적 입장은 '실질 정치적 행위'를 철학적으로 숙고한 것으로 평가받는다. Klaus Hammacher und Kurt Christ, *Friedrich Heinrich Jacobi (1743-1819)*, pp. 77~79.

정도로 논쟁을 자주 했던 인물이다. 게다가 스피노자 철학에 대한 멘델스존과의 논쟁이나 무신론 혐의를 둘러싼 피히테와의 논쟁, 그리고 신적인 계시 문제에서 비롯된 셸링과의 논쟁은 그 시기 독일 고전철학의 흐름을 바꾸어놓았다 해도 과언이 아니다. 그러나 그의 칸트와의 대결은 논쟁으로까지 점화되지는 못했다. 때문에 여기서는 우선 야코비의 시각부터 다룰 수밖에 없다. 아울러 또 다른 어려움도 있다. 야코비는 언젠가 자신의 철학 방법을 하만의 표현을 빌려 "메뚜기 양식"(Heuschreckenstyl)이라 이름 붙인 적이 있다. 문장에서 문장으로, 지면(紙面)에서 지면으로 넘나드는 자신의 "격언적"(aphoristisch) 진술이 꼭 '반듯하게'(gerade) 뛰어 넘나드는 메뚜기와 같다는 것이다(JVE 425; JLS1 136). 하만은 이와 달리 '확실성 때문에' 모든 문장을 이리저리 '연결하며' 배배 꼬이게 진행하는 방식을 '구부러지게'(krumm) 나아가는 '발 없는 도마뱀'(Blindschleiche)에 비유했다.[3] 이 후자의 방식이 일관된 엄밀성을 중시하는 칸트의 논의 방식이라면, 야코비의 칸트 서술은 잘 어울리지 않을 수 있다. 야코비는 논점을 중심으로 칸트 텍스트 이곳저곳을 뛰어다니기에 그렇다. 그렇기에 야코비의 논점을 그때마다 칸트의 논의와 비교하려면 상당한 지면이 필요하다. 따라서 여기서는 우선 칸트 철학에 대한 기본 이해를 전제로 야코비가 제기한 주요 쟁점만을 다룬다. 칸트주의자의 시각에서는 다소 불편한 야코비의 격언적 문장들이 등장할 것이다. 물론, 칸트 비판자에게는 정반대의 기쁨일지 **모른다**. 여기서 다루어지는 주요 쟁점은 두 철학자의 인식론과 신앙 및 자유의 가능성이다. 그러나 본격적인 고찰에 앞서 두 인물 간의 암묵적인 거리감을 역사적으로 짚어볼 필요가 있다.

---

3  Immanuel Kant, *Kant's Briefwechsel*, Bd. 1, p. 14. 1759년 7월 27일자 하만에게 받은 편지.

## 2. 비평과 부족한 만남

야코비의 철학적 등단은 비교적 뒤늦게 이루어졌다. 그 이전에 그는 문학가이고자 했으며, 이미 이른 나이에 물려받은 가업을 운영하는 사업가이기도 했다. 사업가로서 그는 늘 당대 저명한 교양인들과 교제하는 데에 시간을 아끼지 않았으며, 이러한 분위기 속에서 괴테와의 뜻밖의 만남이 야코비로 하여금 소설 『에두아르트 알빌의 문서들』(1781)과 『볼데마르. 자연사의 희귀성』(1779)을 창작하게 했다는 것은 잘 알려진 사실이다. 그러나 이 철학 소설들은, 괴테의 기대와는 달리 오히려 질풍 노도 시대의 문학적 이상과의 대결을 보여 주는 작품들이라 할 수 있다. 아울러 이 소설들이 작성된 **편지** 형식이나 **대화** 형식은 '모든 개념 파악 **이전의** 사건들에 원칙적으로 주목'하려는 야코비의 기본 입장이 반영된 것으로 이후 그의 거의 모든 철학서의 기본 형식이 되기도 한다.[4] 바로 이렇게 대화와 편지들이 모아져 출판된 야코비의 최초의 철학서가 바로 『모제스 멘델스존에게 보내는 편지들로 된 스피노자의 가르침에 대하여』이다.

주지하다시피 불혹을 몇 년 넘긴 뒤에야 출판된 이 저서는 자신이 스피노자주의자임을 털어놓은 레싱과 이를 에둘러 변호하려는 멘델스존에게[5] 스피노자주의를 비롯한 모든 학문의 논증적 이성이 신앙의 불가능성을 함축하는 숙명론에 이를 수밖에 없다는 점을 피력한 글이다. 왜냐하면 논증이란 피제약자의 제약자로의 "필연적 의존 관계" 내지 자유

---

4 야코비의 소설이나 철학 저술들의 대화 및 편지 형식은 '모든 개념 파악 이전의 사건에 원칙적으로 주목'하려는 '기술'(Deskription)의 방법이라 할 수 있다. Leo Strauss, *Das Erkenntnisproblem in der philosophischen Lehre Fr. H. Jacobis*, pp. 251~52; Hans Schwartz, *Friedrich Heinrich Jacobis „Allwill"*, pp. 6~12; Heinz Nicolai, *Nachwort zu Woldemar*, p. 4 참조.

5 자세한 논의는 이 책의 제1장 제1절과 제5절 참조. Klaus Hammacher und Irmgard-Maria Piske, *Anhang* zu *Schriften zum Spinozastreit*, pp. 367~68, 376~77; JLSwm, pp. 279~80; 최신한, 「해설」, 야코비, 『스피노자 학설』, 7~13쪽 참조.

로울 수 **없는** 제약 조건의 "사슬"로서만 추진될 수 있으며, 이러한 기계론적 숙명론에서는 자유로운 신에 대한 신앙이 가능하지 않기 때문이다. 이 저서는 야코비의 의도와 달리 오히려 당시 학자들에게 스피노자 르네상스를 초래했으며,[6] 칸트의 주목을 끌기까지 했다. 이 저서와 함께 야코비의『스피노자의 가르침에 대한 편지와 관련된 멘델스존의 고발에 반하여』(1786)를 접한 칸트는 1786년『베를린 월간지』에 기고한 논문「사유함에서 방향 잡기란 무엇인가?」를 통해 이미 고인이 된 멘델스존을 다소 우호적으로 평가하고자 한다.[7] 여기서 이들 모두의 쟁점이 논의될 수는 없다. 그러나 무엇보다 칸트의 논지는 '평범한, 그럼에도 건전한 이성' 능력을 갖춘 인간이 어떻게 올바로 '순수이성 신앙'에로 안내될 수 있는지 소개하려는 데 있다.

칸트의 출발점은 '이성에 고유한 욕구의 감정'이다. 이 감정은 '알려진 경험 대상들로부터 시작해 경험의 모든 한계를 넘어 확장하려는' 순수이성의 욕구가 좌초되었을 때, 그럼에도 주관적으로 남겨지는 감정이다. 이때 이성은 '아무런 직관의 객체도 발견하지 못하기에' '인식의 객관적 근거들에 따라서가 아니라 오직 주관적 구별 근거에 따라서만' 자신의 판단을 방향 잡아야 한다. 이렇게 직관 대상 없는 개념을 사유할 경우에 방향 잡는 준칙은 다음과 같다. 즉 일단 그 개념이 무모순적인지, 그다음 그 개념 '대상의 경험 대상들과의 연관'이 '순수오성 개념들 **아래로**' 포섭될 수 있는지, 아울러 이를 통해 그 개념이 감성화(感性化)되지 않은 채 적어도 이성의 경험적 사용에 '**유용한** 초감성적인 어떤 것을 사유'할 수 있게 해주는지 '검사해' 보는 것이다. 이 검사를 통과한다면,

---

6  예를 들어 Horst Folkers, *Spinozarezeption bei Jacobi und ihre Nachfolge beim frühen Schelling und beim Jenenser Hegel*, pp. 386~96 참조.

7  임승필은 칸트의 이 논문 제목이 멘델스존의『아침 시간들』에서 빌려온 것이라고 보았다. 임승필,「「사유의 오리엔테이션이란 무엇을 뜻하는가」에 나타난 범신론 논쟁에 대한 칸트의 태도」,『철학연구』제100집, 86~87쪽. Moses Mendelssohn, *Morgenstunden*, p. 271과 비교.

인간은 '객관적 근거를 통해 안다고 참칭해서는 안 되는' '초감성적인 것'일지라도 '전제하고 가정할' 수 있다. 칸트는 이것을 '이성의 욕구의 권리'(das Recht des Bedürfnisses der Vernunft)라고까지 말한다. 이 권리는 '이성의 객관적 원리들이 불충분할 때' 검사를 수행하는 '이성의 주관적 원리에 따라' '충분히 참으로 여기는 것'(Fürwahrhalten)이다. 이렇게 인간 이성은 월권을 범하지 않고도 초감성적인 것을 사유하고 참으로 간주할 수 있다.

칸트는 참으로 간주할 수 있는 대표적인 것으로 '최상의 지성이자 동시에 최고의 선'인 '최초의 근원 본질(Urwesen)', 바로 '무제한자'를 예로 든다. 왜냐하면 '우리 이성은 이미 모든 제한된 것의 개념 근저에 무제한자 개념을' '설정하려는 욕구를 지니고 있으며', 이 무제한자의 '현존을 전제'하지 않는다면 우연한 세계 안에서 벌어지는 경이로운 '합목적성과 질서'에 대해 '만족할 만한 근거'를 제시할 수도 없기 때문이다. 이를 통해 바로 이성의 필연적 욕구에 의해 요청되는 신에 대한 '이성 신앙'(Vernunftglaube)이 성립한다. 그러나 주의해야 할 것이 있다. 이성 신앙은 '주관적으로 충분히 참으로 여김'일 뿐이지 '객관적으로도 충분한' '앎' 내지 '인식'은 아니라는 점이다. 이성 신앙을 이 후자의 앎으로 전환하는 것은 이성의 월권을 범하는 것이다. 칸트가 보기에 멘델스존은 '객관적 근거가 결핍'되어도 '판단해야' 할 경우에 '건전한 이성'의 '참으로 여김'을 통해 논증을 추진했다는 점에서 옳았지만, '논증의 길'에서 이 이성에게 사변을 인도할 정도로 너무 많은 능력을 신뢰했다는 점에서는 실수를 저질렀다.[8] 그러나 이것은 '좀 더 오래' 살았더라면 그가

---

8 임승필, 「「사유의 오리엔테이션이란 무엇을 뜻하는가」에 나타난 범신론 논쟁에 대한 칸트의 태도」, 『철학연구』 제100집, 94쪽. 하인리히 숄츠에 따르면, 이 점에서 칸트는 야코비와 일치하지만, 칸트의 이성 신앙은 야코비의 '초비판적 비합리주의'의 '계시신앙'보다는 오히려 멘델스존의 과도하지만 '사변적인 이성 인식'에 더 가깝다. Heinrich Scholz, *Einleitung zu Die Hauptschriften zum Pantheismusstreit zwischen Jacobi und Mendelssohn*, pp. CXI~CXVI. 멘델스존과 칸트의 계몽 개념의 유사성에 관한 논의도 있다. 김용대, 「계몽이란 무엇인가?: 멘델스존과 칸트의 계몽 개념」, 『독일어문

능히 극복했을 실수일 것이다. 이에 반해 칸트는 야코비를 고유명사가 아니라 책 이름이나 논쟁 당사자로만 세 차례 언급하고 만다. 그러면서도 그는 신의 '현존을 단지 전제할 뿐 논증하지 **않는**' 이성의 욕구 측면에서만 야코비를 부분적으로 인정하는 듯하다. 물론, 칸트는 동시에 '초감성적 대상들'을 사유할 때에는 결코 인식일 수 없는 '순수이성 신앙'이 그럼에도 '이론적·실천적 관점에서' '이정표이자 나침반'이어야 하며, '모든 계시' 신앙의 **근저**에 설정되어야 한다고 선을 긋는다. 모든 신앙에는 이성에 '먼저 말할 권리'가 부여되어야 한다고 말이다. 아울러 그는 자신의 『순수이성비판』(*Kritik der reinen Vernunft*, 1781)이 초감성적 대상의 논증적 인식을 꾀하는 '독단론의 날개를 잘라버렸기에' 스피노자주의가 들어설 여지가 없다고 방어막을 세운다.[9]

　야코비는 1789년 자신의 『스피노자의 가르침에 대하여』 재판을 칸트에게 선물한다. 이미 『신앙에 대한 또는 관념론과 실재론에 대한 데이비드 흄. 한 편의 대화』(1787)를 통해 칸트 철학을 본격적으로 비판한 바 있는 야코비가 추가된 첨가글에만, 그것도 칸트 철학을 배우면서[10] 메모하는 형식으로 인용한 이 재판을 선물했다는 것은 다소 의아스럽다. 이에 대한 화답의 편지에서 칸트는 여전히 「사유함에서 방향 잡기란 무엇인가?」에서 자신이 거론한 '이성의 나침반' 이야기를 꺼낸다. 여기서 그는 '사변을 거쳐 추가되는', '그럼에도 이성 안에 놓여 있는' 어떤 것, 그리고 우리가 '자유'의 '초감성적 능력'으로 명명하지만 개념 파악하지 못하는 어떤 것을 '이성의 필연적 보충물'로 판단할 때에 이성의 나침반이 요구된다는 것을 야코비 또한 부인하지 않을 것이라고 말한다. 그러

---

　학』 제37집, 21~39쪽 참조.

9　Immanuel Kant, "Was heißt: sich im Denken orientieren?", A305, pp. 309~24.

10　야코비는 1763년 베를린 학술원 현상 논문 과제(형이상학적 학문은 수학적 학문처럼 명증성의 능력이 있는가?)에 각각 수석과 차석을 차지한 멘델스존과 칸트의 논문을 잘 알고 있었다. 그러나 칸트의 논문이 더 만족스러운 '암시와 해명'을 제공한다고 평가했기에 야코비는 적어도 이미 이 시기부터 칸트를 공부했을 것으로 판단된다. Karl Homann, *F. H. Jacobis Philosophie der Freiheit*, p. 148.

면서 이성이 '역사'를 통해, 아니면 '초자연적' 작용을 통해 '유신론 개념'에 도달하는 것인지는 이성 '이념' 자체의 관점에서는 '부차적 물음'일 뿐이며, 복음이 가르치지 못한 순수 형태의 '보편적 도덕법칙들'은 오직 '단순한 이성'을 통해 확신될 수 있을 뿐이라 강조한다. 편지의 마지막 내용은 야코비의 스피노자주의 비판에 대한 찬사이며, 자신은 이미 앞서의 논문을 통해 스피노자주의 혐의를 벗었다는 다짐의 인사이다.[11] 이 대(大)철학자에게서도 야코비의 스피노자 논쟁의 파급력을 느낄 수 있는 대목이다. 그러나 야코비는 답신에서 칸트가 앞서 말한 보편적 도덕법칙들을 이성 "이념"으로 읽으면서 자신의 신앙은 이러한 이념에 근거하지 **않는다**고 설명한다. 말하자면 자신의 "유신론"은 "인간 지성의 늘 현존하는 사실(facto)로부터, 이성과 자유의 현존으로부터 도출"된 것이지 이 현존 사실과 분리된 이념에서 사유된 것이 아니라는 것이다. 왜냐하면 그가 보기에 "감성적인 것과 초감성적인 것의, 자연적인 것과 초자연적인 것의 불가해하면서도 명증한 결합"이 있기 때문이다. 이 결합 때문에 "제약된 것은 최초의 무제약자"와 관계 맺으며, "모든 감각은" "삶을 자기 자신 **안에** 지니는" "순수이성"과 관계 맺게 되고, "물리적 필연성 법칙에 따라 귀결되는 모든 것은 귀결되지 않고 근원적으로 행위하며 자유로운 어떤 것"과 관계 맺게 된다. 야코비에 따르면, 이러한 인식의 기원은 바로 이성적 인간의 "직접적 직관"이다. 여기서 야코비는 분명 칸트와는 전혀 다른 의미로 이성과 직관을 언급하고 있다. 야코비는 "인간 이성의 형식을 사물들의 보편적 형식 속에서 찾고자" 한 반면, 칸트에게서 직관된 사물들은 반대로 인간의 표상 능력 형식을 취하기 때문이다. 마지막으로 야코비는 "우리의 무지의 지"(das Wissens unseres Nichtwissens)가 예외일 수 없을 정도로 **우리의** 앎이 부족하지만 결과는 일치할 거라 낙관하면서 자신을 "좋게 기억해" 주기를 바라는 인사로 편

---

11 Immanuel Kant, *Kant's Briefwechsel*, Bd. 2, pp. 75~77. 1789년 8월 30일자 야코비에게 보낸 편지.

지를 마무리한다.[12]

그러나 이것이 칸트와 야코비 만남의 전부이다. 칸트는 그 후 야코비에게 단 한 통의 편지도 보내지 않은 것으로 알려진다.[13] 게다가 그는 자신의 저서 어느 곳에서도 더 이상 야코비를 거론하지 않는다. 야코비가 원했을지 모르는 논쟁의 시도는 칸트의 침묵으로 인해 불발로 그친 셈이다. 그와 매우 대조적으로 야코비는 『신앙에 대한 또는 관념론과 실재론에 대한 데이비드 흄. 한 편의 대화』를 비롯해 『칸트 철학에 대한 편지』(*Epistel über die Kantische Philosophie*, 1791), 『이성을 오성으로 가져가려는, 그리고 철학 일반에 새로운 의도를 제공하려는 비판주의의 기도』(*Über das Unternehmen des Kriticismus, die Vernunft zu Verstande bringen, und der Philosophie überhaupt eine neue Absicht zu geben*, 1802), 「서문, 동시에 저자의 전체 철학적 저술들의 서론」(Vorrede, zugleich Einleitung in des Verfassers sämtliche philosophische Schriften, 1815) 등 일련의 칸트 비판 저술들을 쏟아낸다. 따라서 이제부터는 이 저술들에 고찰이 집중될 수밖에 없다. 그러나 이를 통해 **오히려** 야코비에게서도 칸트적 영향 내지 균열의 흔적이 탐지될 수도 있다. 야코비는 자신의 비판을 통해 무엇보다 신앙과 실재론적 인식, 그리고 인간의 자유를 복원하고자 한다. 그렇게 한창 작업 중 언젠가 그는 자신이 "현기증"과 "편두통"을 앓으면서 "18년 동안이나" 칸트 철학을 연구했지만 "점점 더 이해할 수 없게 되었다"고 심경을 토로한 적이 있다(JUK 263, 289; JEK 123). 그렇지만 이 심경을 이해하는 자라면 야코비에게서 칸트에 대한 몰이해를 확인하기보다는 오히려 신앙을 향한 끊임없는 실재론적 몸부림을 목격할 것이다. 신을 향한 위험한 비약을 통해 위태롭게 된 현실의 열망 말이다.

---

12 Immanuel Kant, *Kant's Briefwechsel*, Bd. 2, pp. 103~05. 1789년 11월 16일자 야코비에게 받은 편지.

13 1789년 12월 14일에 칸트는 야코비의 '간접적' 부탁을 받아 자신이 잘못 인용된 '경구'(警句)를 교정해 주는 각서 형식의 무미건조한 편지를 쓴 적이 있으나 수신자는 분명치 않다. Immanuel Kant, *Kant's Briefwechsel*, Bd. 2, p. 112.

## 3. 신앙과 실재론적 인식

야코비의 『스피노자의 가르침에 대하여』가 철학적 숙명론으로부터 신앙을 구제하려는 작업이었다면, 그 '속편'으로 저술된 『신앙에 대한 또는 관념론과 실재론에 대한 데이비드 흄. 한 편의 대화』는 부제가 암시하듯이 관념론과 실재론의 대결을 통해 '신앙'의 근거와 '정당화'를 제시하려는 시도라 할 수 있다.[14] 특히 이 작업을 통해 야코비는 한 편지에서 자신의 철학이 "칸트 철학과 결정적으로 결별하게" 되었다고 전한다(JBr1 410).[15] 그러나 이 저서의 제목은 『신앙에 대한 또는 관념론과 실재론에 대한 데이비드 흄. 한 편의 대화』이다. 야코비의 "예비보고" (Vorbericht)에 따르면, 이 책은 원래 각각 "신앙에 대한 데이비드 흄"과 "관념론과 실재론", 그리고 "라이프니츠 또는 이성에 대하여"를 대화식으로 전개한 총 3부로 구상된 것을 하나로 합친 것이다(JH 9).[16] 여기서 제1부와 제3부는 흄과 라이프니츠를 통해 야코비 자신의 철학적 입장을 부각하려는 시도이고, 제2부는 칸트와의 직접적인 대결에 해당된다고 할 수 있으나,[17] 그의 칸트 언급은 저서 곳곳에서 나타난다. 그럼에도 책 전체 제목을 데이비드 흄으로 정한 것은 나름의 이유가 있다. 야코비는 바로 칸트를 '독단의 선잠에서 깨웠던'[18] 흄의 믿음(Glauben) 개념에서 실재론적 인식의 가능성을 보기 때문이다.

---

14 Walter Jaeschke, Irmgard-Maria Piske und Catia Goretzki, *Anhang* zu *Friedrich Heinrich Jacobi Werke*, Bd. 2, 2, p. 446.

15 1786년 9월 15일자 라바터에게 보낸 편지.

16 대화는 "나"(Ich)와 "그"(Er) 사이에 진행된다. 이때 "나"는 '야코비 자신'을 가리키며, "그"는 단순한 논적이 아니라 야코비가 스피노자나 칸트와 대결할 때 조력해 준 '비체만'(Th. Vizemann)이나 '하만' 또는 실제로 비슷한 대화를 했던 '쇤보른'(G. F. E. Schönborn) 같은 대화 상대자를 포괄한다. Walter Jaeschke, Irmgard-Maria Piske und Catia Goretzki, *Anhang* zu *Friedrich Heinrich Jacobi Werke*, Bd. 2. 2, pp. 500~03.

17 Klaus Hammacher und Kurt Christ, *Friedrich Heinrich Jacobi (1743-1819)*, p. 94.

18 Immanuel Kant, *Prolegomena*, p. 260.

야코비는 칸트가 『모든 미래 형이상학을 위한 서론』(*Prolegomena zu einer jeden künftigen Metaphysik*, 1783) 서문에서 다룬 흄을 언급하면서 대화를 시작한다. 이에 따르면, 흄은 이성적 확실성이 불가능한 "신앙에 반하는" 철학을 가르친 것이 아니라 오히려 "신앙을 위한" 철학을 가르쳤다. 흄의 뛰어난 통찰은 바로 감각적 인식에는 언제나 믿음이 수반될 수밖에 없다는 것이다. 당신 앞에 앉아 대화하고 있는 나는 "당신에게 하나의 감각(Empfindung)인가?" 아니다, 나는 당신의 감각 **자체가 아니라** 그 감각의 "외적인 원인"이다. 당신은 나를 감각하면서 동시에 그 감각의 원인으로서의 나를 표상한다. 그러나 이 표상, 즉 "원인으로서의 원인의 감각", "당신의 감각 외부의 현실적 대상의 감각, 한 사물 자체(ein Ding an sich)의 감각"은 어떻게 알 수 있는가? "칸트학파의 철학자"처럼 "감성적 명증성 때문"이라 말한다면, 이는 "한갓 경험적 실재론자"의 답변에 지나지 않는다. "내가 나 자신을 알 수 있는 것과 똑같은 확실성으로 다른 현실적 사물들을 알 수 있다는 것"은 철학적으로 "엄격하게 증명될 수 없으며" "단지 믿어질 수만 있다." 그렇다면 "본래적 실재론자"이고자 하는 야코비의 관점은 믿음에 근거하는 셈이다. 그러나 이때의 믿음은 단순한 "상상력"(Einbildungskraft)과는 구별된다. 우리는 상상력을 통해 "인간의 머리를 말의 몸통과 합일시킬 수 있지만" "그런 짐승이 정말 현존했다고 믿는 것은 우리의 힘 속에 있는 것이 아니기" 때문이다(JH 13, 20-21, 27-28). 흄은 『인간 본성에 관한 논고』(*A Treatise of Human Nature*, 1739/40)에서 믿음 또는 '신념'(belief)을 '현전하는 인상과 관계되거나 연합되어 있는 생동한 관념'으로 정의한 바 있다.[19] 현전하는 인상이 정신에 생생하게 남아 있는 것이 믿음이다. 야코비는 인상을 감각으로 읽으면서 흄의 『인간 지성에 관한 탐구』(*An Enquiry concerning Human Understanding*, 1748)에서 이 감각에서 비롯된 믿음이 '습관(custom)의 힘에 의해' 지속적으로 작용하는 것을 '감정'(sentiment

---

19 David Hume, *A Treatise of Human Nature*, pp. 96~97.

or feeling)이라 일컫는 대목을 길게 인용한다. 취침을 위해 내가 아침에 일어나 나온 침실에 들어서면 똑같은 침대가 놓여 있을 것이라는 감정, '이러한 감정의 참되고 적절한 이름'이 바로 '**믿음**'이다. '믿음은 한 대상에 관한 좀 더 생생하고 생동하며 강력하고 확고하며 **지속적인** 파악'이다.[20] 믿음이 언제나 어김없이 내 앞에(vor) 실재하는 대상을 세워줄 (stellen) 때, 이 대상을 표상할(vorstellen) 수 있게 해주는 믿음은 곧 신앙 (Glaube)이 된다. 아리스토텔레스의 용어를 빌리면, 믿음(belief)의 항상적인 성품(性品, hexis)이 바로 신앙(faith)이다. 그러나 야코비는 그러한 "감정의 참된 본래적 이름"을 곧바로 "**신앙**"으로 명명한다. 일회적인 감각이라 할지라도 그 감각의 원인의 "현재"를 수반하지 않는 감각은 없기 때문이다. 믿음을 산출하는 우리 신체의 감각은 언제나 허구적인 것보다 더 강력하게 현재하는 실재 대상을 표상하게 해준다.[21] 그래서 "신앙"은 "일상의 삶 속에서" 누구에게나 "영혼에 의해 느껴진 어떤 것"으로서 "현실적인 것의 긍정과 그 표상"을 가능하게 해준다. 이러한 신앙이야말로 "모든 인식"과 활동적 "작용성(Wirksamkeit)의 요소"이며, 이러한 "신

---

20 David Hume, *An Enquiry concerning Human Understanding*, p. 49.

21 우리의 신체는 이미 인식 주체와 인식 객체의 실재적 연관을 의미한다. 이 신체에서 획득되는 확실한 감정이 바로 인식 주체를 초월해 있는 자연적 실재성에 대한 '직접적 확실성'으로서의 야코비의 '믿음'이다. Leo Strauss, *Das Erkenntnisproblem in der philosophischen Lehre Fr. H. Jacobis*, pp. 268~70. 김윤상은 이를 '더 이상 쪼갤 수 없는 것, 더 이상 근거를 들추어낼 수 없는 것, 그 이상 넘어갈 수 없는 것'이 그 속에서 '현상'하는 일종의 느낌의 능력으로 보았다. 김윤상, 「독일 관념론의 중력장 내에서 헤겔과 셸링의 눈에 비친 라인홀트와 야코비」, 『헤겔연구』 제13호, 184쪽. 반면 함마허는 '야코비의 실재론'을 '오직' '나-너'의 '만남의 구조에 근거하는 것'으로 고찰한다. '만남 구조의 직접성에서' 접근방식은 '감정'으로 나타나며, 이 근본감정이 '현실성을 제공할 때' '믿음'으로서 드러난다는 것이다. 그러나 이러한 분석은 주체-객체의 인식론적 기본 구조를 주체-주체의 '대화적' 관계로 이전한다는 문제가 있다. Klaus Hammacher, *Die Philosophie Heinrich Jacobis*, pp. 38~48. 오히려 야코비의 '감정'은 디터 헨리히(Dieter Henrich, 1927~2022)의 해석처럼 '**사물들**과 다른 인간들의 현존에 관한 앎'으로서 '계시'와 '마찬가지로 논증될 수 없는 것'으로 이해되어야 한다. Dieter Henrich, *Der Ursprung der Doppelphilosophie*, p. 21.

앙이 없다면 우리는 문 앞으로 걸어가지도, 탁자나 침대 쪽으로 가지도 못할 것이다."

야코비는 감각적 확실성을 주관적으로 신앙으로 부르면서 곧이어 객관적인 측면에서 "계시"(Offenbarung)라는 용어를 도입한다. 흄은 믿음의 요소를 잘 포착했으면서도 우리가 정말 외부 현실 사물을 지각하는지, 아니면 사물을 "한갓 우리 밖에 있는 것으로서 지각하는지", 이에 대해 우유부단하게 머묾으로써 "회의적 관념론"의 길을 여는 데 그쳤다(JH 29-30). 사실, 흄은 '감관만이 유일하게 이 형상들(images)이 수용되는 입구'이지만 '정신과 대상 간의 직접적인 상호 교류를 산출할 수는 없기에' 무엇에 의해 지각이 야기된 것인지 회의적인 태도로 머물고 만다.[22] 그러나 우리가 생생한 감각을 통해 믿음을 가질 수 있는 것은 바로 "대상들이 감관들(Sinne)을 통해 우리에게 열려져 드러나기(sich offenbaren)" 때문이다. "단호한 실재론자"는 "자신의 감관을 증거로 의아해하지 않고 외적인 사물들을 가정한다." "사물들 자체(Dingen an sich)로서의 외적 대상들에 관한 확실성"의 근거는 다른 어느 곳에 있는 것이 아니라 바로 "그 사태(Sache) 자체"에, "사물들이 자신 앞에 현실적으로 있다는 사실(Factum)" 자체에 있는 것이다. '현실적'(wirklich)이라는 것은 이미 '작용한다'(wirken)는 것이다.[23] 이 현실적 사실이야말로 "참으로 경이로운" "계시"이다. "우리는 정말 우리 밖의 그러한 사물의 현존 자체에 대해 이 사물 자체의 현존 이외에 다른 어떠한 증명도 지니지 못한다." 이 현존에 대한 "근본 경험으로부터" "선차적"[24] 개념들을 포함해 "모든 개념이" 도출되어야 한다. 그래서 사물에 대한 우리의 의식 내

---

22  David Hume, *An Enquiry concerning Human Understanding*, p. 161.

23  Wilhelm Metz, "Die Objektivität des Wissens. Jacobis Kritik an Kants theoretischer Philosophie", *Friedrich Heinrich Jacobi*, p. 14.

24  a priori는 '선차적으로' 옮기며, 칸트가 말한 transzendental은 '선험적'으로, 이와 대비되는 transzendent는 '초월적'으로 옮긴다. 이에 대한 설명은 남기호, 『독일 고전철학의 자연법』, 10~11쪽 참조.

용이 "우리의 고유한 자기(Selbst)의 규정들"일 뿐이라고 주장하는 자는 "관념론"의 길에 접어든 것이다. 여기에 칸트의 비판 철학도 예외는 아니다. 모든 경험에 앞서 "일차적인 것으로 주어져야만 하는" "보편적 내지 필연적 개념들"의 "선차적 인식"이란 "어떠한 참된 객관적 의미도 지니지 않는다." 이 개념들이 경험된 개별 사물들의 공통 본질로부터 도출된 것이라면 최고의 보편성을 획득하겠지만, 이것들이 "감관"으로부터 아무것도 배우지 못하는 "오성"의 "철저히 주관적인 형식"일 뿐이라면, 나는 이것들을 가지고 살 수는 있을지언정 내 감성과 오성에 무엇을 지니는지 알지 못하고 있는 것이다. "나는 전부이며 내 밖에는 본래적인 의미에서 아무것도 없다." 이는 외부 무언가의 자극으로 자기 안에 기이한 형체들을 만들어내는 "굴"(Auster)의 삶과 같다. 나는 외부 "어떤 것의 공허한 신기루(Blendwerk), 형식의 형식, 바로 그렇기에 하나의 유령"이다. 칸트의 "**순수**이성비판"이란 "있지도 않은 것의 비판"이며, 순수오성 개념들은 "하만"의 말처럼 "사변의 사생아들"이다(JH 31-33, 60-62).

야코비는 신앙이나 계시를 마치 '논증되거나' '설명될 수 없는' '직접적인' 사실처럼 묘사하고 있다.[25] 이에 혹자는 감각의 왜곡 가능성을 지적할지 모른다. 우리는 "시각적 기만"을 통해 수많은 "착각"을 하곤 하기 때문이다. 그러나 감각의 왜곡된 내용이 있으려면 역시 그 이전에 감각이 선행되어야 한다. 예를 들어 "구체"(球體)와 "기둥"의 감각을 통해 우리는 이것들에 대한 표상을 획득한다. 우리는 간혹 이 표상들을 혼동하거나 뒤섞을 수 있을 것이다. 그럼에도 구체의 표상은 이 대상과 나와의 관계의 결과이지, 내 상상력의 순수한 작품일 수는 없다. 기둥 또한 마찬가지이다. 게다가 내가 지각하는 이 두 대상 간의 구별은 근원적으

---

25 Dieter Henrich, "Der Ursprung der Doppelphilosophie, Friedrich Heinrich Jacobis Bedeutung für das nachkantische Denken", *Friedrich Heinrich Jacobi Präsident der Akademie, Philosoph, Theoretiker der Sprache*, pp. 20~22. 그럼에도 야코비의 입장을 '유심론적 경험주의'(spiritualistic empiricism)로 볼 수는 없다. Alexander W. Crawford, *The Philosophy of F. H. Jacobi*, p. 17과 비교.

로 "바로 이 대상들 자체에 놓여 있는 것"이지 나의 표상 능력의 작위적인 비교에 의한 것이 아니다. "사물들과 이것들에 관한 우리의 표상 사이의 참다운 유비"가 존재하는 한 "대상들 자체의 연관은 우리의 그 표상들의 연관 속에" 정확히 주어질 것이다. 그러나 내가 지금 **직접적** 감각을 통해 획득한 표상의 내용이 바로 내 밖의 저 대상이라는 것을 확신하기 위해서는 다시금 나의 이 표상으로부터 저 대상으로의 **추론**이 필요한 것 아닌가? 물론, 이 경우에는 표상이 선행되어야 하고 "현실성, 존재"는 "단지 덧붙여지는 술어뿐"일 것이다. 그러나 그 전에 이러한 표상을 갖고 있다는 "의식은 우리의 보탬 없이 주어진" 것이다. 말하자면 그 "의식이 대상의 지각에 기여하는 바로 그만큼 대상도 의식의 지각에 기여한다. 분리 불가능한 동일한 순간에 나는 내가 있다는 사실과 내 밖에 어떤 것이 있다는 사실을 경험한다." 야코비는 이를 "이중적 계시"라고 부른다.[26] 내 밖의 "현실적인 것의 지각"과 내 안의 "현실적인 것의 지각" 사이에는 어떠한 표상이나 추론의 매개도 끼어들 수 없으며, 의식과 대상은 분리될 수 없는 "동일한 찰나(Nu)"에 내 안에 즉각적으로 현존하기 때문이다(JH 34-38). 헤겔처럼 표현하면, 내 밖의 대상(의) 의식과 내 안의 의식(된) 대상은 감각적 확실성의 측면에서 같다는 것이다. 정말 그런가? 내가 오늘 지각하는 '지금 여기 이' 대상은 내일 지각할 지금 여기 이 대상과 같은가? 대상은 끊임없이 변화한다. 지금 여기 이것은 특정 시점이나 장소 또는 대상에 특정될 수 있는 것이 아니다.[27] 물론, 야코비는 감각의 매**순간**마다 일어나는 지각된 대상과 외부 대상의 일치를 말한 것이라 주장할 수도 있다. 그러나 돌멩이의 지각은 결코 돌멩이가 내 머리 안에 들어온다는 것일 수는 없다. 이것은 기껏해야 돌멩이가 내 감

---

26 바로 이로부터 잔트카울렌은 야코비에게 '직관의 인식적 실재론'과 '인과성의 실천적 실재론'이 본질적으로 연관된 것으로 본다. Birgit Sandkaulen, "„Ich bin und es sind Dinge außer mir"", *Internationales Jahrbuch des Deutschen Idealismus*, Bd. 11, pp. 178~91.

27 Georg Wilhelm Friedrich Hegel, *Phänomenologie des Geistes*, pp. 63~70 참조.

관에 남긴 인상, 형상, 감각 등의 **관념적** 재현일 뿐이다. 이것이 어떻게 저 외부의 형상적 **물체**인 돌멩이와 같다는 말인가? 개념적 사유 내지 표상을 수반하지 않고 순수한 감각적 지각에만 머무는 인간의 정신이 있는가?

이러한 물음을 간과한 채 야코비는 여전히 지각과 현실적 대상의 즉각적 일치를 고집한다. 그러면서 표상은 "직접적으로" "지각된 현실적 사물의 **복사**(Copieen)"이기에 "현실적인 것이 그 **자체로** 묘사될 수 없다"고 말할 뿐이다. "현실적인 것의 지각과 진리의 감정, 의식과 삶(生)은 하나의 동일한 사태이다." 지각의 "잠은 죽음의 형제이며, 꿈은 단지 삶의 그림자일 뿐이다." 이를 통해 야코비는 표상에 있어서의 오류를 일상의 꿈과 비유하고 있다. "자신의 표상들을 넘어, 자신의 표상들의 표상들을 넘어 사물들 자체를 지각하길 멈춘 자는 꿈꾸기 시작한 것이다." 그러나 야코비는『신앙에 대한 또는 관념론과 실재론에 대한 데이비드 흄. 한 편의 대화』에서 올바른 표상 능력의 사용이 어떻게 가능한지, 물체와 그 지각을 재현하는 사유가 어떻게 실행될 수 있는지 상론하지 않는다. 다만 라이프니츠를 따라 공통 성질이 없는 "사유하는 본질"과 "육체적 본질" 간의 "예정조화"(harmonia praestabilita)를 언급할 뿐이다(JH 69-71, 78). 이것은『신앙에 대한 또는 관념론과 실재론에 대한 데이비드 흄. 한 편의 대화』의 재판(1815)에 붙인 각주에서의 고백처럼 야코비 이론이 아직 인식 능력들을 세분해 "타인들에게 전달 가능한 철학"으로까지 성숙하지 못했기 때문이다. 재판 서문에서 그는 특히 "오성과 이성"을 섬세하게 구별하지 못했다고 말한다(JH 64; JVE 377).[28] 여기서는 간단히 초판의 이성 개념을 정리해 두자. 먼저 예비보고에서 야코비는 "이성"을 "연관들을 판명하게 지각하는, 다시 말해 동일률을 편성하고 이에 따라 판단하는 단순한 능력"으로 제한해 사용하겠다고 밝힌다. 그래서 이성은

---

28 또한 JN, 1812년 8월 12일자 크리스티안 바이스(Ch. Weiß)에게 보낸 편지 92쪽 참조.

"감성적 확실성에 부과되어서는 안 될 필증적(apodictische) 확실성"을 보장해 준다(JH 8). 이러한 이성은 야코비가 『스피노자의 가르침에 대하여』에서 신랄하게 비판한 "이성 아닌 이성", "숙명론"으로 귀착할 수밖에 없는 "논증"적 이성, 그래서 "타락한 이성"에 해당한다고 할 수 있다(JLS1 118, 123-124). 『신앙에 대한 또는 관념론과 실재론에 대한 데이비드 흄. 한 편의 대화』에서 이 이성은 볼프의 제자이자 성서 비판가인 헤르만 사무엘 라이마루스(Hermann Samuel Reimarus, 1694~1768)의 "이성론"으로 소개되거나[29] 실재로(realiter) "객관적 발생"을 반영하지 못하는 "이성 개념"으로서의 "인과 개념"으로, "한갓된 추상물"로서의 칸트의 "순수이성"으로 또는 사물들 자체로 나아가지 않고 "망상"(Wahn) 속에서 꿈꾸기 시작하는 이성으로 묘사되고 있다(JH 48, 51, 63, 68).[30] 이로써 야코비는 칸트가 「사유함에서 방향 잡기란 무엇인가?」에서 언급한 비논증적 이성의 욕구를 도외시하거나 사실상 오성 개념들을 활용하는 논증적 이성으로 폄하하고 있다. 이에 반해 『스피노자의 가르침에 대하여』에서 야코비가 대결시킨 자신의 이성은 '인간을 **지니는**' '정신으로서의 이성'이라 할 수 있다.[31] 이 "이성을 통해 인간은 존립"하며, "인간은 이 이성이 취한 하나의 형식"이다(JLS2 259-260).[32] 그러나 다소 형이상학적인 이 이성은, 『신앙에 대한 또는 관념론과 실재론에 대한 데이비드 흄. 한 편의 대화』에서는 예비보고의 언급과 달리 바로 "감성에서 유래한

---

29  Bruno Jahn, "Reimarus, Hermann Samuel", *Biographische Enzyklopädie deutsch-sprachiger Philosophen*, p. 339 참조.

30  야코비는 "절대적으로 순수한 이성"(die absolut reine Vernunft)이 "신에게만" 귀속될 수 있다고 보면서 "절대적으로 순수한 인격성을 전제"하지만, 칸트의 순수이성은 절대적일 수 없다고 본다. JH, p. 63.

31  이 책의 제7장 제4절; 제8장 제3절 참조.

32  "이성을 단지 판명한 개념들을 지니는" "한에서 인간의 영혼으로 이해한다면", "이성은 인간의 성질"이며 "도구"이다. 그러나 "인식 일반의 원리" 또는 "원천"으로서 "직접적으로 자기 자신을 정립하며 즉자대자적으로 존재하는 것"으로 이해된 "이성은 인간의 생동한 전체 본성이 형성되는 정신"이다. 같은 곳. 또한 JaF, pp. 232~33.

이성" 내지 "감관"으로 다시 도입되며, 그 원리는 "삶의 원리"와 동일시된다(JH 65-67).[33] "나의 이성"은 보고 반응하면서 활동할 수 있게 하는 "하나의 눈"(ein Auge)이다. 그러면서도 다소 애매한 것은 야코비가 자신의 이성에 감각의 정도 차를 부여하는 듯이 보인다는 점이다. 그는 또한 "인상을 수용하는" 완전한 능력으로부터 "인격성"과 결합된 "상상력과 기억의 성질"을 이성이라 부르기도 하며, "더 완전한 지각과 이와 연결된 더 높은 정도의 의식"에 바로 "이성"의 "본질적인 것"이 놓여 있다고도 말하기 때문이다. 아주 "예리하고 훨씬 포괄적인" "감관"은 "우리를 이성적인 피조물로 만드는 고귀한 소질"이며, "가장 순수하고 풍부한 감각은 가장 순수하고 풍부한 이성을 결과로 지닌다"(JH 86-92).

## 4. 칸트 비판과 이성의 독재

야코비는 자신의 칸트 비판이 부족하다 여겨서인지 "선험적 관념론에 대하여" 평가하는 첨가글을 추가해 『신앙에 대한 또는 관념론과 실재론에 대한 데이비드 흄. 한 편의 대화』를 1787년 4월에 출판했다. 『순수이성비판』의 재판은 같은 해 6월에 출판된다. 따라서 이 첨가글은 여전히 『순수이성비판』의 초판을 겨냥하는 것으로 보아야 한다.[34] 여기서 야코

---

33 사실, 야코비가 말하는 Sinn은 '감관'으로만 번역되기 어렵다. 그는 "그 의미의 전(全) 범위에 걸쳐" 이 말을 사용한다고 밝히고 있기 때문이다. JH, pp. 67, 90. Sinn은 신체적·지적·도덕적 측면에서 '감관', '감각', '감수성', '의미', '분별', '사려' 등을 아우르는 말이다. 여기서는 인식의 실재론적 기원을 살려 '감관'으로 번역하지만, '감관의 미'로 그 뜻을 새기면 좋겠다. '감성, 오성, 이성의 인식 능력들'에 대한 구별은 야코비에게서 비교적 후에 정교화되며, 『신앙에 대한 또는 관념론과 실재론에 대한 데이비드 흄. 한 편의 대화』에서는 아직 '이성'이 그 자체로 **의미**도 함축하는 '감관'(Sinn)과 동일하게 사용된다. Leo Strauss, *Das Erkenntnisproblem in der philosophischen Lehre Fr. H. Jacobis*, pp. 242, 262~63.

34 야코비는 같은 해 10월에야 『순수이성비판』 재판을 통독했다고 전한다. 또한 이 첨가글은 이미 '1786년 10월 이전에' 기획된 것이다. Walter Jaeschke, Irmgard-Maria Piske

86

비는 칸트에서 "공간"과 "시간"이 "우리 **안에**" 있는 감각의 순수 형식이라는 점을 꼬집는다. 이로 인해 우리 외부의 현실적 대상을 인식하기도 전에 이 순수 형식에 상응하는 "선험적 대상"을 설정할 수밖에 없었다는 것이다. "우리 실재론자들이" "우리의 표상들로부터 독립적인" "현실적 대상"이라 부르는 것은 "선험적 관념론자들에게는" 우리 외부에 있는 "사물"에 대해 "전혀 아무것도" "서술하지 않고" 현실적 객관성이 내용적으로 삭제된 "한갓 주관적 규정들만" 서술하는 "내적인 본질"에 지나지 않는다(JH 104-107). 칸트는 경험 가능성의 조건을 설명하면서 경험 이전에, 다시 말해 순수오성 개념을 통해 그것이 무엇인지 규정되기 **이전에** 우리에게 현상하며 표상을 가능케 하는 그 어떤 무엇을 '선험적 대상=X'로 도입한 바 있다. 현상들은 우리에게 직관의 다양으로만 나타나기에 '사물들 자체'일 수는 없고, 이 현상들의 경험적 인식의 출처로서 '객관적 실재성'을 마련해 주는 '비경험적인' 어떤 것이 있어야 한다. 이 선험적 대상은 그때마다 주어지는 직관의 다양이 어떤 '하나의 대상'에 관한 것이라는 사실을 보증해 준다. 그래서 선험적 대상은 어떤 한 대상과 관련되어 규정되는 다양의 대상적 '통일'을 의미한다.[35] 야코비는 선험적 대상이라는 바로 이 전제 때문에 여러 해에 걸쳐 『순수이성비판』을 언제나 처음부터 다시 읽어야 했다고 한탄한다. 왜냐하면 그는 "그러한 전제 없이 그 체계 안으로 들어갈 수 없었고 그러한 전제를 갖고 그〔체계〕 속에 머물 수도 없었기" 때문이다.

야코비의 유명한 이 명제는 두 측면에서 규명할 수 있다. **먼저** 경험 가능성의 조건을 설명하려는 "선험적 관념론"은 "선험적 의미에서 우리 **밖에서**" "우리와 관계"를 맺는 사물들이 "**현존**한다는" 사실을 "결코 결

und Catia Goretzki, *Anhang zu Friedrich Heinrich Jacobi Werke*, Bd. 2. 2, pp. 580~81. 따라서 이 첨가글이 함마허의 예전 보고처럼 마치 『순수이성비판』 재판에 대한 추가 비판으로 간주되어서는 안 된다. Klaus Hammacher und Kurt Christ, *Friedrich Heinrich Jacobi (1743-1819)*, p. 94.

35 Immanuel Kant, *Kritik der reinen Vernunft*, A109.

보기만으로(wahrscheinlich)" 이해해서는 안 된다. 만약 그렇다면 경험적 인식의 출처가 불분명해지고 칸트가 설명하려는 모든 것이 공허해질 것이기 때문이다. 그의 설명이 타당하려면 동시에 "선험적 의미에서 우리 밖에 현존"하는 "사물"이 생각되어야 한다. 이러한 선험적 대상의 전제가 없다면, 칸트 체계는 시작조차 할 수 없게 된다. 그런데 **다음으로** 문제는 칸트에게서 공간과 시간은 물론이고 대상의 범주적 규정들조차 "자연 자체의" 규정들이 아니라 단지 오성의 "주관적 조건들"로서만 설명된다는 것이다. "객관적으로 현실적인" 규정들은 "우리 안에서도, 우리 밖에서도 증명"되지 않는다. 선험적 대상은 단지 우리의 "감각에 인상을 남기고" "감각을 자극하며" "표상을 산출하는" 직관의 다양의 출처로서 범주들에 기초해 경험적으로 규정된 후에야 무엇인지 알 수 있는 어떤 것이다. "내 **안의**" 이러저러한 감성적 표상들은 이 선험적 대상과 "결코 **아무런** 관계"도 지니지 않는다. 그 "다양을 하나의 의식 속에서 결합"함으로써 이 대상을 "현상에 덧붙이는" 것은, 칸트에 따르면 바로 "오성"이다. 바꾸어 말해 직관의 다양을 하나의 대상에 관한 것으로 인식하는 것은 우리가 바로 그 "직관의 다양 속에서 종합적 통일을 산출했기" 때문이다. 이때의 "통일의 개념은 대상=X의 표상이다." 그러나 이 "X는 선험적 대상이 아니다. 우리는 이 선험적 대상에 관해 결코 **그만큼도** 알 수 없기 때문이다." 선험적 대상은 그저 "현상의 예지적(intelligible) 원인"으로 가정된 것일 뿐, 우리는 이것에 대상적 통일이 이미 있는 것인지조차 알 수 없다. 만약 이 선험적 대상에 통일의 속성을 부여한다면, 경험 이전의 우리 외부의 사물에 대해 범주적으로 적극적 진술을 한 것이며, 칸트는 "자신의 체계의 정신을 전적으로 떠난" 것이다. 따라서 선험적 대상의 "이 전제를 갖고" 칸트 체계 속에 "머무는 것은 단적으로 불가능하다." 일관적이고자 하는 "선험적 관념론자"는 차라리 "가장 강력한 관념론"을 "주장하고 사변적 유아론(Egoismus)이라는 비난조차 두려워하지 않을 용기를 가져야 한다"(JH 108-109, 111-112).[36]

이미『순수이성비판』의 재판뿐만 아니라『실천이성비판』(Kritik der praktischen Vernunft, 1788), 그리고『판단력비판』(Kritik der Urteilskraft, 1790)까지 섭렵한 야코비는 1791년『칸트 철학에 대한 편지』를 발표한다. 한 지인에게 보내는 편지를 토대로 재구성된 이 저서는 '칸트의 실천이성 개념에 대한 비판'과 '순수 실천이성으로부터 삶 연관들'을 형성하려는 프랑스의 혁명적 입법 구상에 대한 비판을 동시에 노린다.[37] 그러나 의도와 달리, 이 저서 대부분은 다시금『순수이성비판』의 공간, 시간, 지각, 범주들, 도식론, 특히 인과성과 지각의 예료에 대한 이해와 평가에 할애되고 있다. 여기서 비판의 핵심을 이루는 것 또한 선험적 대상이다. 야코비에 따르면, "모든 대상은 일반적으로 X이다. 왜냐하면 대상이란 현상의 다양 속에서 동종적인 것을 결합하는 행위의 통일 이외의 다른 것으로 이해될 수 없기 때문이다." 그래서 "하나의 동일한 대상"도 내가 그 현상을 그때마다 포섭하는 개념에 따라 "열 가지 종류의 대상일 수 있다." 같은 한 그루 소나무라도 식물학적으로나 기하학적으로 또는 회화적으로 고찰할 수 있기에 그렇다. "대상들은 전체로나 분리해서도 그 결합에 전념하는 경험적 또는 선험적 의식과 다른 것이 아니다." 그러나 항상 잊지 말아야 할 것은 의식 활동에 의해 통일되는 이 X가 바로 "모든 현상이 관계해야 하는 선험적 대상, 사물 자체"라는 점이다. "우

---

36 여기서 Egoismus는 Solipsismus로 새기는 것이 좋다. 야코비의 이 충고를 받아들인 자는 무엇보다 절대적 관념론을 전개한 피히테로, 그의 **초기** 학문론일 것이다. 그는 야코비 문장을 반쪽만 거론한다. 즉 사물들 자체와 질료적 조건들을 갖고 칸트의 선험적 관념론에 머물 수 없기에, 그는 자신의 '절대적 주관성' 원리를 부각하면서 '칸트 이론과의 완전한 일치'를 주장한다. Johann Gottlieb Fichte, *Zweite Einleitung in die Wissenschaftslehre*, 1797, pp. 468~69, 481~83, 508~09 참조. 그러나 그의 **후기** 학문론이 점점 '실재론에 더욱 밀착한다'는 사실을 간과해서는 안 된다. 이에 대해서는 권기환, 「피히테에 있어서 관념론과 실재론의 논쟁」,『헤겔연구』제36호, 184~210쪽 참조.

37 편지의 수신자는 마티아스 클라우디우스(Matthias Claudius, 1740~1815)이다. Walter Jaeschke, Irmgard-Maria Piske und Catia Goretzki, *Anhang* zu *Friedrich Heinrich Jacobi Werke*, Bd. 2. 2, pp. 457, 460~61.

리는 단지 눈을 갖고서만 보고 귀를 갖고서만 듣지만" 관념론자들은 이로부터 "우리가 오직 우리 자신의 눈만을 보는 것으로 우리 자신의 귀만을 듣는" 것으로 잘못 추론한다. 칸트는 "사유의 모든 형식"이 "단지 현상의 그만큼의 형식들"임을 보여 주었지만, "사물 자체와의 모든 가능한 소통을 순수하게 절단해" 버렸다(JEK 152-153).[38]

여기서 야코비는 분명 칸트의 선험적 대상과 사물 자체를 동일시하고 있다. 칸트 또한 양자를 분명히 구별하고 있지는 않으나 간접적으로 그 차이를 알 수 없는 것은 아니다. 예를 들어 『순수이성비판』의 오류추리론에 따르면, 선험적 대상은 '내적 및 외적 직관과 관련해 흡사(gleich) 알려지지 않은 것'으로서 '질료도 사유하는 본질 자체도 아니며' 단적으로 '우리에게 알려지지 **않은** 현상의 근거'일 뿐이다.[39] 이 근거는 대상에 대한 '경험적 개념'을 제공한다. 다시 말해 식물학적으로 연구하든 기하학적으로 측정하든, 아니면 그림을 그리든 그때마다 다양하게 인식되는 경험적 대상이 저 소나무라는 하나의 동일한 대상이라는 것을 보장하는 것은 바로 저 소나무라는 경험적 규정 이전의 무언가 X로서의 선험적 대상이다. 바꾸어 말해 선험적 대상은 '경험적 대상과 원리적으로만 다른 것'으로서 선험적 조건들에 기반을 둔 경험적 인식 이후에 그때마다 경험적인 무엇임(Wassein)으로 규정되는 동일한 대상, 그러나 경험적 인식 내용을 삭제하면 '결코 앞서 소여된 것일 수 없고' '통각의 통일'의 대상적 '상관자'로서 선차적으로 그 자체가 무엇인지는 알 수 **없는** 그런 대상이다.[40] 이에 비해 『순수이성비판』의 재판 서문에서 칸트는 사물 자체를 전혀 '인식할 수 없음에도 불구하고' 존재적으로 있는 것으로 '사

---

38 이러한 측면에서 칸트 이론은 니힐리즘 대신 "보편관념론"(Universal-Idealismus)으로 특징지을 수 있다. 야코비에게 칸트의 공적은 논증적 이성으로 포착될 수 없는 인식 대상, 즉 사물들 자체를 발견했다는 데 있다. 그러나 칸트는 이 사물들 자체가 그렇다고 전혀 인식 불가능한 것은 아니라는 사실을 깨닫지 못했다. Leo Strauss, *Das Erkenntnisproblem in der philosophischen Lehre Fr. H. Jacobis*, pp. 250, 260~62.

39 Immanuel Kant, *Kritik der reinen Vernunft*, A373, pp. 379~80.

40 Gerold Prauss, *Kant und das Problem der Dinge an sich*, pp. 107~09, 111.

유할 수 있어야만 하는' 어떤 것으로 설명한다. '현상하는 어떤 것이 없는 현상'이란 불합리할 것이기 때문이다. 이 또한 '현상들'의 '근거'라 불릴 수 있겠으나,[41] 사물 자체는 '모든 경험 가능성으로부터 독립해' 자체적으로 존립하는 '절대적 실재성'의 보장으로서 '초감성적' '존재 방식'에 중점을 두는 개념이라 할 수 있다.[42] 그럼에도 양자의 차이점과 유사점에 대해서는 많은 이견이 있을 수 있다.[43]

사실, 야코비에게는 양자의 구별이 크게 의미 있는 것일 수 없다. 그의 요점은 우리가 대상을 통일적으로 인식하는 바로 그 순간에 경험적이든 선험적이든 우리의 의식이 우리 외부에 객관적으로 현존하는 사물과 관계한다는 것이기 때문이다. 흥미로운 것은 야코비가 여기서 칸트의 사물 자체 개념으로부터 "무제약자" 개념을 도출하고 있다는 것이다. 『순수이성비판』의 "주요 의도는 오성에" "범주들의 확장"을 통해 "오성 규

---

41 Immanuel Kant, *Kritik der reinen Vernunft*, BXXVI-XXVII, A49. 칸트가 사물 자체와 현상 간의 상응을 가정할 수밖에 없었던 것은 여전히 철학하기 이전의 '상식'의 관점이 근저에 있었기 때문일 것이다. Walter Jaeschke, "Kant in Jacobis Kladde", *Jacobi und Kant*, pp. 178~79.

42 Rudolf Eisler, *Kant Lexikon*, p. 93; Wilhelm Metz, "Die Objektivität des Wissens", *Friedrich Heinrich Jacobi*, p. 4. 잔트카울렌에 따르면, 야코비의 비판적 핵심은 사물 자체와 현상 간의 '인과관계'를 설정한 '이른바 칸트의 오류'에 있는 것이 아니라 현상 영역을 넘어서는 인과관계를 배제하는 만큼 더욱더 칸트는 우리의 실재론적 확신을 '경험적 실재론에만 제한'해야 했다는 데 있다. 이로부터 칸트에게는 현상의 합법칙성뿐만 아니라 '사물들 자체의 연관'까지 포괄하는 실천적 인과성이 불가능해졌다는 것이다. Birgit Sandkaulen, ",Ich bin und es sind Dinge außer mir‴, *Internationales Jahrbuch des Deutschen Idealismus*, Bd. 11, pp. 182, 188~89.

43 칸트는 현상체와 가상체를 구별하면서 '내가 현상 일반을 관계시키는 대상은 선험적 대상, 다시 말해 어떤 것 일반의 전적으로 무규정적인 사고'로서 이 대상은 '가상체(Noumenon)라 불릴 수 없다'라고 말한다. Immanuel Kant, *Kritik der reinen Vernunft*, A253. 그러나 게롤트 프라우스(Gerold Prauss)는 선험적 대상과 사물 자체를 원리적으로 구별하려는 칸트의 논증을 실패한 것으로 본다. Gerold Prauss, *Kant und das Problem der Dinge an sich*, pp. 115~47, 특히 pp. 126~28 참조. 자세한 논의는 남기호, 「칸트의 사물 자체(Ding an sich) 개념과 실체 및 선험적 대상」, 『가톨릭철학』 제28호, 73~91쪽 참조.

칙들의 통일" 내지 "이념들"을 산출하려는 "본래적인 순수이성"을 "경고하려는" 것이다. 이 이념들이 경험의 한계 내에서만 규제적으로 쓰이도록 말이다. 야코비가 보기에 신을 포함해 "본래적으로 실재적인 것"(οντως οντα)인 이 이념들은 칸트에게서는 오성의 통일 작업에 구멍을 메우는 "충전물"(Lückenbüsser)에 지나지 않는다. 따라서 이념들의 능력인 순수이성은 "신앙과 아무 상관이 없으며" "신앙적이지도 불(不)신앙적이지도 않다." 이는 "실천이성에도 마찬가지이다." 실천이성의 "정언명령"이 발동하기 위해서는 "우리의 행복의 촉진"이 이성 이념들인 "신과 영혼 불멸성을 매개로" 미래에 일치할 것이라는 점이 요청되어야 하기 때문이다. 이런 식으로 신과 영혼 불멸성을 가정하는 것은 "이성 신앙"이라 불리며, 다른 식으로 가정하는 것은 "이성의 바보짓"이라 불린다. 그럼에도 미래의 일치를 위해서는 자유롭게 행위하는 "피제약자 속에, 피제약자와 함께, 그리고 피제약자와 나란히 무제약자가 동시에 현존하고 **작용해야**" 한다. 그런데 칸트에게 작용하는 것들은 언제나 현상들일 뿐이다. 따라서 이 "현상들의 근거"인 "사물 자체"는 이제 현상들의 "실재적인 주체"로서도, 다시 말해 특정 결과를 산출할 수 있는, 현상들의 "선험적 **원인**"으로서도 취해져야 한다. 이 선험적 원인으로서의 사물 자체는 "무제약적 자발성"이라는 "우주론적 자유"의 "예지적 특성"을 지닌다. 이로부터 자기 원인성으로서의 인간의 도덕적 자유는 예지적 성격을 부여받을 것이다. 그러나 전자의 자유, 즉 신적 "인격"과 아무 상관이 없는 **사물** 자체의 예지적 자유는 "무감각한 임의"(arbitrium brutum)일 수 있다. 야코비는 칸트가 생각한 본래적인 자유를 후자, 즉 인간의 자기 입법적 이성의 도덕적 자유로 파악한다. 그러나 그 "이성이 최고의 지배력을 지닌다면, 다시 말해 참으로 자유롭다면", "우리의 이성이 이해할 수 있는 어떠한 조건 아래에서도" 도처에 "이성과 모순되는 법칙이 발생하지 않을 것"이다. 그 이성에는 논쟁의 여지가 없으며, 오직 "지배"(Herrschaft)만이 주어질 것이다(JEK 155-156, 158-161).

야코비는 미완에 그친 이 저서를 준비하면서 빌헬름 훔볼트(Wilhelm

Humboldt)에게 보낸 한 편지에서 "칸트의 도덕철학과 신학이 의거하고 있는" "조야한 착각"을 폭로하겠노라 밝힌 바 있다(JBr2 41).[44] 이는 삶(生)에 적대적인 "이성을 정말 이성적으로 만들"겠다는 『신앙에 대한 또는 관념론과 실재론에 대한 데이비드 흄. 한 편의 대화』의 기획과도 일치한다. 야코비에게 진짜 이성은 감성과의 조화를 보장하는 이성이다. 아무나 가질 수 없는 "햇불"의 "빛"과 같은 "시력"으로서가 아니라 건강하게 살아가는 누구나 지니고 있는 "눈"으로서의 "이성" 말이다(JH 87-88). 그 기획의 비판적 완결판은 1802년 출판된 『이성을 오성으로 가져가려는, 그리고 철학 일반에 새로운 의도를 제공하려는 비판주의의 기도』라 할 수 있다. 우선 야코비는 인식 주체와 객체의 "철학적 분리"에서 출발하는 칸트 철학이 결국 "그 자체로(an sich) 현실적인" 객체를 인식 불가능한 "공허 속에" "명예퇴직"(otium cum dignitate)시켰다고 다시 한번 지적한다. 그러면서 그는 자신의 과제로 선차적 종합 판단의 불가능성을 증명하고 "최초의 종합적 매듭"을 "우리 눈앞에" 온전히 "감아" 놓겠다고 밝힌다. 이를 위해 그는 우선 칸트가 『순수이성비판』 재판에 덧붙인 관념론 논박을 "초관념론"(Hyperidealismus)에 기초한 것이라 비판한다(JUK 267-268, 271, 289). 여기서 칸트는 '질료적 관념론'을 우리 외부 대상의 현존을 불가능하다고 보는 '버클리의 독단적 관념론'과 회의적이라 보는 '데카르트의 개연적 관념론'으로 나누면서 전자의 관념론을 '공간을 사물 자체에 속하는' 것으로 간주하는 데서 비롯된 것이라 반박하며, 후자의 관념론을 지속적인 '나 자신의 현존의 의식'이 '내 외부의' 대상에 대한 '외적 경험 일반'에 의해서만 가능하다는 것을 간과한 데서 발생한 것이라 비판한다.[45] 그러나 야코비는 후에 『신앙에 대한 또는 관념론과 실재론에 대한 데이비드 흄. 한 편의 대화』의 재판에서도 밝히고 있듯이, 칸트의 이 논박을 얻는 것보다 오히려 잃을 것이 더 많은 것으로

---

44  1790년 9월 9일자 편지.

45  Immanuel Kant, *Kritik der reinen Vernunft*, B274-279.

본다(JH 103). 선험적 분석론에서 칸트는 분명 "오성이 감성으로 하여 금" "현상들에만" 제한하고 사물들 자체로까지 나아가려 참칭하지 않도록 경고"하면서 그 **스스로는** 그 "현상들의 원인"으로서 "전적으로 알려지지 않은" "선험적 객체"를 **"사유"**한다고 말하기 때문이다. 이 선험적 객체는 "우리 안에서" 만날 수 있는 것인지, 아니면 "우리 밖에" 있는지, "감성과 동시에 지양되는 것인지, 아니면 감성을 제거해도 여전히 남겨질 것인지" 전혀 알 수 없는 객체이다(JUK 276).[46] 야코비에 따르면 이 사물 자체, 즉 객체=X 외에도 칸트에게는 또 다른 사물 자체, 즉 주체=X가 더 있다. 알 수 없는 선험적 객체에서 비롯된 현상들의 외적 경험 일반을 가능하게 하는 나의 현존 의식, 다시 말해 선험적 통각이 바로 그것이다.

칸트의 인식론은 이성이 대상이 아니라 "오성 사용"**에만** 관계 맺을 것을 가르친다. 오성은 감성을 통해 수용된 다양을 개념 아래로 통일하는 능력이다. 이 통일의 능력이 발휘되기 위해 오성과 구상력(Einbildungskraft)은 물론 판단력과 이성까지 동원되지만, 이들 자체가 인식을 제공하는 것은 아니다. 이것들은 단지 순수오성 "개념들을 갖고" 다양을 "개념 파악한다." 그래서 오로지 "통일을 산출"할 수 있는 궁극적인 능력을 설명하기 위해 칸트는 '자기의식의 선험적 통일'을 의미하는 "선험적 통각"을 도입했다. 그에 따르면, 모든 표상에 수반될 수 있어야 하는 이 '통각의 종합적인 선험적 통일 속에서 나는 나에게 현상하는 바로서나, 나 자신에게(an mir selbst) 있는 바로서 나 자신을 의식하는 것이 아니라 오히려 단지 내가 있다는 사실(daß)만을 의식한다. 이

---

46 Immanuel Kant, *Kritik der reinen Vernunft*, A288/B344-345와 비교. 따라서 20세기 전후 한스 바이잉거(Hans Vaihinger)와 빌헬름 빈델반트(Wilhelm Windelband)가 지적한 칸트 인식론에서의 감성-대상의 촉발 문제를 **처음으로** 포착한 것은 바로 야코비이다. 그의 니힐리즘은 바로 이 촉발하는 대상이 '이론에 낯선 빈 공간(Hohlraum)'에 놓이는 데서 비롯된다. Birgit Sandkaulen, "Das »leidige Ding an sich«. Kant - Jacobi - Fichte", *System der Freiheit. Kant und der Frühidealismus*, pp. 177~96, 특히 p. 188 참조.

러한 표상은 하나의 사유함이지 직관함이 아니다.'[47] 야코비는 의아해
한다. 칸트의 관념론 논박과의 모순을 도외시한다 해도 "단순한 사유
함을 통해 산출된" 이 나의 존재 사실의 표상, 이 순수한 종합이 어떻
게 아무 직관 없이 도달 가능하단 말인가?[48] 직관 없는 종합이 불가능하
다면 한갓 사유된 것에 지나지 않는 선험적 통각은 "현실적 직관의 묘
지석(Leichenstein)"일 뿐이다. 모든 통일의 원리로까지 고양된 이 선험
적 통각을 야코비는 차라리 칸트 "체계의 주피터"라 부른다. 다양을 개
념 아래 통일하는 인식 매듭에 속하지도 않은 채 그런 통일 능력을 발
휘 가능하게 하는 최고의 통일 능력이기 때문이다. 다시 말해 선험적 통
각은 "개념 파악되어야 할 모든 것에 앞서 개념 파악함의 개념 파악함
을 위해" 개념의 근원적 통일로서 사유된 어떤 것이다. 그러나 "반정립"
(Antithesis)이 없는 "종합"이 어떻게 가능한가? 이 능력들은 모두 감성의
수용이 없다면 "보는 눈을 가진 장님이다"(mit sehenden Augen blind).[49]
반면 감성은 "보지 못하는 눈을 갖고 보고 있는 것"(mit blinden Augen

---

47 Immanuel Kant, *Kritik der reinen Vernunft*, B132, p. 157.

48 군나르 힌리히스(Gunnar Hinrichs)는 야코비의 칸트 니힐리즘 비판을 '칸트의 스피
   노자화'(Spinozianisierung Kants)의 결과로 읽으며, 이에 반해 바로 선험적 통각(Ich
   denke) 내에 포함된, '모든 경험에 앞서 무규정적 지각'을 지닌 나의 존재(Ich bin)
   에서 칸트의 실재론적 측면을 보려 한다. Gunnar Hinrichs, "Nihilismus", *Jacobi und
   Kant*, pp. 141~56, 특히 pp. 146, 152~56 참조.

49 야코비의 시각에서 칸트의 선험적 통각은 차라리 모든 의식 경험 속에 **동시에** 작용하
   는 것으로서 존재에 대한 확실하고 '직접적인' '본질성의 감정'으로 이해되어야 했을
   것이다. Leo Strauss, *Das Erkenntnisproblem in der philosophischen Lehre Fr. H. Jacobis*,
   p. 257. 또한 Wilhelm Metz, "Die Objektivität des Wissens", *Friedrich Heinrich Jacobi*,
   p. 10 참조. 주의해야 할 것은 야코비가 칸트의 선험적 통각을 경험적 의식에 수반되
   지 않는 것으로 오해하지 않았다는 것이다. 함마허는 야코비가 이렇게 오해했다고 본
   다. Klaus Hammacher, *Die Philosophie Heinrich Jacobis*, pp. 151~52. 그러나 여기서
   야코비의 비판적 핵심은 선험적 통각의 순수성에 있다. 인식은 언제나 복합적인 대상
   개체에 대한 인식이다. 따라서 이 인식에 수반되는 선험적 통각도 그 자체가 이미 질
   적인 종합이어야 한다는 것이다. 이에 대한 야코비 자신의 용어가 바로 대상에 대한
   직접적 확실성의 감정이다.

sehend)처럼 말이다. 결국 칸트에게서 "감성은 자기 배후에" 통일 능력으로서 "오성을 지니지만" "자기 앞에는" "빛 속에서 주시하면서도 자기 자신 이외에 아무것도(nichts) 지니지 않는다." 선험적 객체=X는 볼 수 있는 것이 아니기 때문이다. 마찬가지로 "오성은 자기 앞에 감성을 지니지만" "자기 배후나" "자기 안에는 아무것도(nichts) 지니지 않는다." 통각의 선험적 주체=X 또한 보거나 감성의 질료를 그 아래 가져갈 수 있는 것이 아니기 때문이다. 미지의 이 두 X 사이에서 오성과 감성의 벌레처럼 "꿈틀대는 운동"(motum peristalticum)을 통해 경험이 이루어진다. 그래서 "한 철학이 그 근본에 있어 경험주의라면, 그 모든 **선차적 후광**(aller **apriorische** Heiligschein)은 동시에 니힐리즘(Nihilismus)[50]이다"(JUK 275, 281, 285-288, 320). 이것이 아니라면 칸트의 모든 선험적 논의는 실제로는 경험 이후에나 도출되는 인식 개념들을 미리 앞당겨 말하는 "역순어법"(逆順語法, Hysteron Proteron)에 지나지 않는다(JEK 148).[51]

그렇다면 이성은 어떻게 되는가? 야코비는 이미 『신앙에 대한 또는 관념론과 실재론에 대한 데이비드 흄. 한 편의 대화』에서 이에 대해 강력하게 비판적 암시를 한 바 있다. 즉 "인간 이성의 그때마다의 성질을 규정하는 것은 바로 세계 과정인데", 지금을 "황금시대"로 찬양하는 "철학적 복음(Evangelio)"은 "우리의 이성" "자체"(an sich)에 "의해서만" 우리 사회 및 국가와 자연이 "통치"된다고 "주인" 행세를 한다는 것이다. 그

---

50 철학사에 처음 등장하는 니힐리즘이라는 이 용어는 야코비가 당시 신지학자 야코프 헤르만 오버라이트(Jacob Hermann Obereit)에게서 차용한 것으로서 18세기 말 관념론적 사유의 특징으로 자주 사용되었다. Hermann Timm, "Die Bedeutung der Spinozabriefe Jacobis für die Entwicklung der idealistischen Religionsphilosophie", *Friedrich Heinrich Jacobi*, pp. 80~81; Wolfgang Bonsiepen, *Der Begriff der Negativität in den Jenaer Schriften Hegels,* p. 47.

51 칸트의 모든 인식 개념 내지 인식 행위 개념은 '그의 체계에서는' 이미 '연역된 개념'이지 근원적 인식 행위 자체를 기술하는 개념이 아니다. Klaus Hammacher, *Die Philosophie Heinrich Jacobis*, p. 139. 그 밖에 칸트의 감성, 시간과 공간, 인식 능력의 자발성과 수용성, 구상력 등을 비판하는 야코비의 논의에 대해서는 Wilhelm Metz, "Die Objektivität des Wissens", *Friedrich Heinrich Jacobi*, pp. 4~11 참조.

래서 "자신 고유의 **충동들**과 이것들의 **가능한 일치** 법칙들에 따라" "자신의 행위들에서 자신과 일치"하는[52] 인간 자신의 "자아"는 바로 그의 "이성"이라 불리며, 마치 "오로지 유일하게 자신의 이성에 의해 통치되는" 것처럼 행위한다. "신적인 것들과 미래 세계로부터 전적으로 벗어나 자신을 통치"한다고 여기는 이 이성의 자기 지배는 『신앙에 대한 또는 관념론과 실재론에 대한 데이비드 흄. 한 편의 대화』의 재판 각주에서는 이성의 단독 지배, 즉 "독재"(Alleinherrschaft)라 불린다. 이 이성은 감성과 대상 연관으로부터 독립해야 하는 것이기에 야코비가 보기에는 오히려 "제한되고"(eingeschränkt) 절단된 "불구"(Verstümmelungen)의 이성이다. 이런 이성을 가진 자는 우리의 "**주관적 이성**"이 궤도 이탈하지 않도록 하는 "불변적인 **객관적 이성**"의 "기적의 작품들", "계시들"을 보지 못하기 때문이다. "신과 다른 세계를 보고자" 노력하면 할수록 이 이성은 "결국 아무것도 보지 못한다"(JH 93-96).[53] 『이성을 오성으로 가져가려는, 그리고 철학 일반에 새로운 의도를 제공하려는 비판주의의 기도』에 따르면, 이 이성은 칸트의 이성이라 할 수 있다.[54] 칸트에게서 이성은

---

52 헤겔도 자연법 논문(1802)에서 이러한 통찰을 보여 주고 있다. 충동의 '제약된 내용' 밑에 이것으로부터 전적으로 독립적인 실천이성 '형식의 절대성을 끼워 넣을' 수 있기에 실천이성의 원리는 '반인륜성(Unsittlichkeit)의 원리로〔도〕 인식되어야 한다.' Georg Wilhelm Friedrich Hegel, *Über die wissenschaftlichen Behandlungsarten des Naturrechts, seine Stelle in der praktischen Philosophie, und sein Verhältniß zu den positiven Rechtswissenschaften*, pp. 437∼39 참조.

53 "불변적인 객관적 이성"은 앞서 소개한 피히테와의 편지 논쟁에서 야코비가 『스피노자의 가르침에 대하여』의 재판을 자기 인용하면서 추가한, 직접적으로 자기 정립적이며 "즉자대자적으로 존재하는" 이성에 해당한다. JaF, p. 232.

54 1783년 야코비는 오노레 미라보(Honoré Mirabeau)에 대한 비평 논문 「최근 출판된 작품 봉인장(封印狀)과 국사범 감옥에 대하여」(Ueber und bei Gelegenheit des kürzlich erschienenen Werkes, Des lettres de cachet et des prisons d'état)에서 이렇게 말한 바 있다. "양파가 무엇인지 매우 잘 알았기에 세계의 발생을 개념 파악하려 생각한" 어리석은 자들이 "우리를 직관함으로부터" "떼어놓고 상징적 인식을 살아 있는 인식 위로 고양하는" 길을 걸었다. 그렇게 건전한 이성을 대가로 치르고 오성을 계발하는 방식이, 머리를 비움으로써 머리를 맑게 하는 방식이, 자신으로부터 모든 것을

한편으로 오성의 통일 작업에만 조력하며, 다른 한편으로는 오성 개념들의 보편성에 의거해 도덕적 행위를 지도한다. 인식적으로 이성 이념들은 감성 대상에 직접 적용되어서는 안 되지만, 오성은 그 이념들을 "매개로" 해서만 개념적 통일 작업을 경험적으로 수행할 수 있다. "이성은 오성에" 이념들을 "부정하는 것(Verneinen)을 금지한다. 반면 오성은 이성에" 감성 대상에서 이념들을 "긍정하는 것(Bejahen)을 금지한다." 이렇게 칸트의 의도는 오성에 이념들을 통해 경험의 한계를 넘어서려는 이성의 유혹을 경고하려는 데 있다. 그러나 이 경고는 이성이 이념들을 갖고 희롱하면서 오성을 "흡사 손으로 잡을" 수 있는 것처럼 이루어지고 있다. 물론, "이성은 오성을 존경해야 한다." 그러나 오성은 자신의 영역의 이론적·실천적 확장을 위해 "자신의 오성성(Verständigkeit)을 포기하지 않은 채 이성 이념들을 사용한다. 이성은 상원에 자리 잡고, 오성은 하원에 자리 잡는다." "본래적 주권"인 "감성을 대변"한다고 하면서 말이다. "감성의 재가(裁可)가 없다면 아무것도 타당성을 지닐 수 없"음에도, 이렇게 이성을 오성에까지 가져가려는 비판주의는 이를 통해 감성마저 지배하려는 "새로운 의도"를 숨기고 있다(JUK 275-276, 또한 JEK 155과 비교).[55]

내던지고 더 이상 본래의 대상들에 주목하지 않은 채 거만하게도 자신이 더 이상 보지 않는 것을 부인함으로써 모든 것을 설명하는 방식이 있게 된 것이다". JM, p. 369.

55 발레리오 베라(Valerio Verra)에 따르면, 이성 이념들의 직접적 계시들을 상실하지 않고자 한 '인간'으로서의 칸트와 이 계시된 앎을 오성 '증명들'의 '비자립적 앎'으로 전환하려는 '철학 교사'로서의 칸트의 균열은 야코비에게 오히려 '아주 정직한 인간'을 통해 철학적 작업이 극복할 수 없는 곤경을 생생히 보여 준다는 점에서 칸트의 '가장 큰 공로'였다. Valerio Verra, "Jacobis Kritik am deutschen Idealismus", *Hegel Studien*, Bd. 5, pp. 210~17. 발터 예슈케는 여기서 '계몽 변증법의 발견자'로서의 야코비를 본다. Walter Jaeschke, "Eine Vernunft, welche nicht die Vernunft ist", *Friedrich Heinrich Jacobi*, p. 210.

## 5. 인식과 자유로부터의 비약과 실재론의 붕괴

때로는 신랄한 어조로, 때로는 세련된 표현으로 진행된 야코비의 칸트 비판은 칸트주의적 시각에서 많은 논란을 불러일으킬 수 있다. 그럼에도 이에 대해 칸트가 (1804년) 죽기 전에 제대로 된 반론 한번 펼치지 않았다는 것은 무척 아쉽다.[56] 반면 야코비는 이러한 비판을 발판으로 자신 고유의 인식론을 발전시킨다. 그 최종적인 저술은 1815년 자신의 전집을 출판하며 붙인 「서문, 동시에 저자의 전체 철학적 저술들의 서론」이라 할 수 있다. 이 글은 야코비가 '이성과 오성의 구별'에 있어 자신의 불분명함을 보완해 출판하려던 『신앙에 대한 또는 관념론과 실재론에 대한 데이비드 흄. 한 편의 대화』의 재판이 지연됨에 따라 은퇴 후 기획된 전집의 서론이자 『신앙에 대한 또는 관념론과 실재론에 대한 데이비드 흄. 한 편의 대화』의 서문으로 통합해 작성한 것이다.[57] 그러나 그의 인식론의 완성은 그가 일찍이 『스피노자의 가르침에 대하여』에서 자신의 철학으로 구상했던 인식과 자유의 "사태로부터의 공중제비"(Salto mortale

---

56 칸트는 언젠가 라인홀트에게 보낸 한 편지에서 '야코비'를 '괴팍스러운' 인물로 언급한 적이 있다. Immanuel Kant, *Kant's Briefwechsel*, Bd. 1, p. 532. 1788년 3월 7일자 편지. 또 다른 편지에서 그는 스피노자주의에 대한 야코비의 '근심'(Grille)을 '진지하게 반박할 가치가 없는' '천재적 열광' 정도로 여겼다. p. 442. 1786년 4월 7일자 헤르츠(M. Herz)에게 보낸 편지. 「사유함에서 방향 잡기란 무엇인가?」에서 그는 야코비를 '논적'이 **노출한** 약점을 잘 활용하는 '대인논증'(argumentum ad hominem)에 능한 사람으로 묘사한다. "Was heißt: sich im Denken orientieren?", A305–306. 그러나 가장 큰 이유는 아마도 칸트가 스피노자를 철저히 연구하지 않은 데에 있거나 또는 볼프 비판자로서 야코비와 유사하게 모순율로 환원 불가능한 '지각'의 중요성과 '비합리적인 것에 대한 상징적 인식의 가능성'을 제기한 크루지우스(Ch. A. Crusius, 1715~75)와의 대결을 통해 이미 지각의 유한한 인식과 사물 자체의 사유 가능성을 모두 살려냈다고 여겼기 때문일 것이다. Heinrich Scholz, *Einleitung* zu *Die Hauptschriften zum Pantheismusstreit zwischen Jacobi und Mendelssohn*, p. CXIV; 최소인, 「칸트와 크루지우스」, 『칸트연구』 제5권, 41~84쪽, 특히 60~79쪽 참조.

57 Walter Jaeschke, Irmgard-Maria Piske und Catia Goretzki, *Anhang* zu *Friedrich Heinrich Jacobi Werke*, Bd. 2. 2, pp. 449ff. 참조.

aus der Sache)를 확인하게 해준다(JLS1 20, 30).

　여기서 야코비는 우선 "인간의 의식에서 감성적인 것의 지각
(Wahrnehmung)"과 "초감성적인 것의 청취(Vernehmungen)"의 명료한 구
별과 함께 "철학이 시작"된 것으로 본다. 이를 통해 자연을 향하던 학문
은 "미신을 근절"했지만, 동시에 자연과 함께 간직할 수 있었던 "진정한
신앙"은 "더 높은" 곳에 설정되어 상실될 위험에 처하게 되었다. 즉 "자
연 개념"과 "자유 개념"의 위계적 분리 속에 전자에 몰두하던 학문에는
"신, 자유, 덕, 불멸성에 대한 신앙"이 불가능하게 되었다는 것이다. 그러
나 "기적"을 행할 수 있는 존재에 대한 **"학문의** 극복할 수 없는 신앙"이
야말로 인간의 "종적(種的)인" "징표"이다. 야코비는 이 신앙을 학문적
인식 **속에서** 다시 입증하고자 한다. 그 인식의 구도는 칸트와 유사하게
감성적 직관, 오성, 이성이지만, 이제 그 기능들은 현저한 차이를 보인다.
먼저 "감성적 직관"은 "감관을 통한 직관"으로서 『신앙에 대한 또는 관
념론과 실재론에 대한 데이비드 흄. 한 편의 대화』에서의 직접적 감각 내
지 지각이라 할 수 있다. 이 감성적 직관은 예전처럼 또한 현실적 대상
의 즉각적 인식으로 설정되고 있다. 감성적 인식이야말로 "자연 인식"의
"처음이자 마지막이요, 무조건적으로 타당한 것, 절대적인 것"이라 불리
기 때문이다. 이에 비해 오성은 철학에 "형식"을 제공하는 "개념들의 능
력 일반"이다. 이 개념들을 통해 비로소 감성적 직관 내용의 "재의식",
"인식들의 의식", "구별, 비교, 분리, 결합"이나 "음미, 평가" 등이 가능해
진다. 야코비는 거의 부정적으로만 평가하던 예전과 달리, 이 오성 능력
에 의해 비로소 "어떤 한 진리의 **현실적** 점유(Besitzergreifung)"가 이루어
지는 것으로 설명한다. 물론, 이 능력은 복사된 정신적 표상의 개념적 재
현으로서 언제나 오류 가능성을 내포할 것이다(JVE 400-403, 422). 그럼
에도 이 능력이 진리의 현실적 소유인 것은 이전부터 야코비가 이 능력
을 삶의 원리에 **따라** "벌레의 꿈틀거림"에도 들어 있는 것으로 보았기
때문이다(JLS1 248 이하 참조. 또한 JVE 426-427). "동물"을 비롯해 "모든
살아 있는 본질은" "어느 정도" "오성을 소유해야" 한다. 왜냐하면 "오

성의 뿌리인 결합하는 의식이 없다면 어떠한 살아 있는 개체도" 있을 수 없기 때문이다. 그러나 야코비에게서 오성 능력은 진리의 **소유** 능력이지, 진리 자체의 인식 능력이 아니다. 진리 "인식의 본래적 원천"은 언제나 감성적 직관이다. 야코비는 이와 더불어 인식의 또 다른 본래적 원천으로 이성을 언급한다. 이때 이성은 한편으로 "감성이 도달 불가능한", "감성으로부터 독립적인 인식의 능력"이자 다른 한편으로는 그럼에도 "어떠한 개념"이나 "판단"도 "체계"도 축조하지 **않고** "외적 감관과 똑같이 단순히 계시하고 긍정적으로 알리는" "**합리적**(rationale) 직관"의 능력이다. 이 이성이 바로 "철학에 고유한 내용을 제공"한다. 무슨 말인가? 비개념적 합리성이란 형용모순일 수 있다. 그럼에도 야코비는 이 이성 개념을 "감정의 능력"과 동일한 것으로 간주한다. 합리적 "이성 직관"은 "넘칠 듯한 감정 속에서 감관에는 도달 불가능한" "참으로 객관적인 것"을 "오성에 인식하도록" 한다는 것이다. 말하자면 감성적 직관과 합리적 직관은 어느 한쪽으로부터 다른 쪽을 연역할 수 없는 인식의 두 원천들로서 오성의 "논증"에 대해 "같은 연관"을 맺고 있다. 모든 논증의 개념은 이 개념을 입증하는 감성적 직관으로 환원되기에 감성적 직관에 반하는 논증은 타당하지 않다. 마찬가지로 어떤 논증이 "우리에게 자연의 **피안에** 있는 대상들을 인식하도록 해주는 이성 직관"에 반한다면 그 논증 또한 타당할 수 없다. 간단히 말해 가운데에는 직관 내용을 개념적으로 재구성하는, 그래서 진리일 수도 오류일 수도, 잘 살 수도 못 살 수도 있는 오성 능력이 있다. 그리고 그 양편에는 각각 감성적으로 직관하는 "감관의 감각"과 합리적으로 직관하는 "정신의 감정"이 있다. 참된 인식은 이 양편에서 동시에 이루어지며 '오성은 모든 자립적인 인식 의미를 상실'한다.[58] 현실적인 어떤 것이 감각됨과 동시에 이성은 이것을

---

58 레오 슈트라우스(Leo Strauss, 1899~1973)는 야코비에 있어 감성의 대상을 '자연'으로, 이성의 대상을 '신'으로 간주하고 이 양자를 '존재의 초월적 실재성'에 대한 '신앙'을 통해 얻어지는 인식으로 본다. Leo Strauss, *Das Erkenntnisproblem in der philosophischen Lehre Fr. H. Jacobis*, pp. 253~77, 특히 pp. 258, 263, 273. 또한 Otto

참으로 객관적인 모습으로 인식한다. 오성은 이 직관 내용에 따라 개념들을 재구성하고 표출할 뿐이다. "감관이 감각 속에서 오성에 지시하듯이, 이성은 감정 속에서 오성에 지시한다." 그리고 야코비는 오직 이 이성 직관의 "감정 속에서만 지시된 것의 표상들"을 "이념들"이라 부른다(JVE 402-403). 이로써 그는 "현실적인 것의 지각과 진리의 감정"을 "동일한 사태"로 보았던 『신앙에 대한 또는 관념론과 실재론에 대한 데이비드 흄. 한 편의 대화』의 논의를 섬세하게 반복하고 있다(JH 70).

그러나 여전히 불분명함은 남는다. **먼저** 감성적 직관의 현실적 대상 인식의 문제가 있다. 앞서 『신앙에 대한 또는 관념론과 실재론에 대한 데이비드 흄. 한 편의 대화』에서 야코비는 지각된 현실적 사물의 복사라는 특성을 표상에만 부여했다. 그러나 지각 또는 감각이 그 자체 현실적 대상과 같을 수 있는가? 내 피부가 돌멩이의 까칠함을 감각하는 것은 돌멩이의 외피가 내 피부가 되었기 때문인가, 아니면 내 머릿속에 들어왔기 때문인가? 둘 다 아니다. 그 감각은 상식적으로 돌멩이의 그 까칠한 성질의 내 피부에서의 육체적 자극이자 관념적 재현일 뿐이다. 그렇다면 감각 또한 그 자체로 하나의 복사라 할 수 있다. 표상은 이 복사의 복사이다. 그리고 복사란 늘 원본과의 불일치 가능성을 지니기 마련이다. 이 감각 내용의 참을 보증하는 것은 무엇인가? 감성적 직관의 확실성을 믿

---

Friedrich Bollnow, *Die Lebensphilosophie F. H. Jacobis*, p. 193의 도식 참조. 반면 귄터 바움(Günther Baum)은 야코비에게서 감성과 이성의 '직관 확실성' 외에도 진리의 '자기 인식'과 '상호 주관적 전달'을 위해 '추론적 사유'의 '인식 확실성'을 보장하는 오성의 적극적 역할이 있는 것으로 오해한다. 야코비 철학에서 '직관적 인식과 추론적 인식의 **변증법**'을 보는 것은 본인도 부분적으로 인정하듯이 외부에서 끼워 넣은 바움 자신의 해석일 뿐이다. Günther Baum, "Über das Verhältnis von Erkenntnisgewißheit und Anschauungsgewißheit in F. H. Jacobis Interpretation der Vernunft", *Friedrich Heinrich Jacobi*, pp. 7~26. 특히 pp. 10~12, 14~19. 이는 아직 오성과 이성을 명확히 구분하지 못했던 시기의 야코비의 오성 개념에 '추론적 사유' 능력 외에 자기 자신의 '직관적 포착' 능력까지 부여해 이해하고자 하는 도식적 해석 때문으로 보인다. Günther Baum, *Vernunft und Erkenntnis*, pp. 113~29. 특히 pp. 114~15, 121 참조.

는 야코비에게 이러한 질문은 제기되지 않는다. **다음으로** 오성 능력의 수동성 문제이다. 이때의 오성은 칸트의 이성을 포함해 야코비가 예전부터 논증적 이성이라 비판하던 것이다. 그의 인식론에서 이 오성은 감성적이든 이성적이든 직관이 제공한 내용을 개념적으로 재구성하는 수동적 역할에 머문다. 그렇다고 오성에서 참된 인식이 이루어지는 것은 아니다. 오성은 구별, 분리, 결합, 평가 등 오류일 수도 있는 직관 내용의 재인식 활동에 국한되기 때문이다. 그러나 개념적 규정 없는 순수 감각이란 가능한가? 돌멩이의 까칠함을 감각하면서 인간은 까칠하다는 규정 없이 순수하게 그 자극으로만 머물 수 있는가? 칸트처럼 표현하면, 개념 없는 직관을 인식이라 할 수 있을까? 이것이 인식이라면 이 인식은 너무 비매개적이다. **셋째로** 야코비는 감성적 직관이 늘 참인 것은 이성적 직관 대상들이 언제나 참이기 때문인 것처럼 설명하고 있다. 이성 또는 감정 속에서 지시된 "이념들"은 신, 정신, 자유, 불멸성, 덕 등으로 언급되지만, 이 이념들의 인식은 어떤 개념적 종합의 매개를 거친 산물이 아니다. 감성적 직관으로부터 **비약해** 도달하는 이 이념들은 "단지 믿어질" 수만 있다. 이로써 신앙은 오성의 개념적 재구성을 지도하는 비개념적 앎으로서의 인식이다. 이 신앙 대상들, 즉 이념들이 직접적으로 참이기 때문에 이 이념들에 따라 창조된 자연 대상들의 감각 또한 그때마다 확실하게 이루어지는 것일지 모른다. 야코비는 이에 대해 여전히 불분명하게 머물지만, 그에게서 이성이 근원적으로 신으로부터 비롯되어 창조된 대상 세계에 내재된 것으로 설명되는 한 그렇다. 그렇다면 이는 참된 신을 가정하는 데카르트적 해결책의 반복 아닌가?[59] 더구나 야코비의 이성 이념들은 칸트와 유사한 위계질서 속에 놓여 있다. 그는 "감성적 직관 속의 앎"을 "근거짓는 감각이 신앙 속의 앎을 근거짓는 감정보다 위

---

59  실제로 야코비는 『신앙에 대한 또는 관념론과 실재론에 대한 데이비드 흄. 한 편의 대화』에서 스피노자 식의 이신론적 표상들을 제외하고 데카르트의 신 존재 증명을 긍정적으로 평가한다. JH, pp. 43~45 참조.

에 있을 수 없는 것은 동물류(動物類)가 인간류(人間類)보다" "자연이 그 창시자보다 위에 있을 수 없는 것과 마찬가지"라 말하기 때문이다(JVE 400, 403). 야코비는 정신의 감정 내지 이성의 직관 차원에서 신앙을 인식이라 부르지만, 이때의 인식은 여전히 개념적 매개에 기초하는 철학적 인식과는 거리가 멀다. 오히려 그에게 철학함이란 직관적 인식에 상응하는 오성적 '언어 발명의 계속적인 탐구'에만 존립할 뿐이다.[60]

또한 무엇보다 큰 문제는 야코비가 칸트적 이성의 독재로부터 구제하고자 하는 인간의 자유에 있다. 앞서 야코비는 칸트의 이성이 자신의 "충동"과 일치할 수 있는 "법칙들"에 따른 행위 능력이라 비판했다(JH 96). 이때 이성은 감성적이지 않은, 그러나 비도덕적인 충동을 위해 언제든 자신의 주관적 준칙을 보편화할 수 있을 것이다. 악은 "도덕법칙의 정언명령보다도 더 강력하다"(JUK 328).[61] 야코비는 1799년 피히테와의 공개 편지 논쟁에 덧붙인 짧은 한 첨가글에서 칸트의 정언명령이 단지 목적으로서의 행위 결과 내지 객체를 고려하지 않는 "주관적 준칙"의 "보편성"을 "평가"하는 공식에 지나지 않는다고 지적한다. 그러나 "도덕성의 원천"으로서의 "이성성"(Vernünftigkeit)이 "대상들에 의해 촉발되지" 않고 "자기 자신을 촉발하는" 능력이라면, 이성적 존재는 "자체 존재하는 것"(Selbstseyend)으로서 "동시에 객체이면서 주체", 즉 칸트가 말한 "목적 자체"(Zweck an sich)가 된다. 이 목적 자체로서 이성적 존재가 여

---

60 Heinz Gockel, "„...ein weiteres Ergründen der Spracherfindung." Etwas zu Friedrich Heinrich Jacobis Sprachphilosophie", *Friedrich Heinrich Jacobi Präsident der Akademie, Philosoph, Theoretiker der Sprache*, p. 40. 야코비에게 철학이란 모든 논증 '결과의 내적 모순과 불충분성'을 폭로함으로써 '동시에 직접성을 간접적으로 지시하고' 신으로의 비약의 길을 마련하는 일종의 '부정 신학'이라 할 수 있다. Valerio Verra, "Jacobis Kritik am deutschen Idealismus", *Hegel Studien*, Bd. 5, pp. 218~21.

61 가감 없이 표출된 메모(Kladde)에서 야코비는 이렇게 적어놓았다. "이 똥마차의 잡소리가 어찌 천상의 수레에 어울릴까? ...... 존경감(Achtungsgefühl)이라는 이 전적인 공장 제조품(Fabrikation)은 가장 치욕스러운 궤변의 직조물들 중 하나이다." Walter Jaeschke, "Kant in Jacobis Kladde", *Jacobi und Kant*, p. 176에서 재인용.

럿이 **모여** 살기에 각자가 서로를 그 인격에 있어 결코 수단으로서가 아니라 동시에 목적으로 대우하라는 "공동체적 법칙"(ein gemeinschaftliches Gesetz)이 생기는 것이다. 야코비에 따르면 이 공동체적 법칙이 먼저이며, 이로부터 "목적들의 왕국의 이념"을 비롯해 주관적 준칙의 공통체적 보편성 확보가 가능해진다. 그런데 공동체적 법칙의 원천은 목적 자체로서의 인간의 "자기 존경"(Selbstachtung)이라 할 수 있다. 따라서 자기 존경이야말로 "모든 도덕성의 처음이자 마지막 근거"이며, 인간의 "인격성과 자립성 그리고 자유"를 이루는 것이다(JaF 257-258). 그렇다면 더 물을 수 있다. 자기 자신을 촉발하는 인간 이성의 이 자기 활동성, 다시 말해 자유의 근원은 무엇인가? 칸트는 감성적 충동으로부터 독립해 자발적으로 도덕법칙을 의지하는 '자기 원인성'으로서의 자유를 결국 단순히 '이성의 사실(Faktum)'로 설명하는 데 그쳤다.[62] 야코비는 이 이성의 사실을 부분적으로만 받아들인다. 1789년 『스피노자의 가르침에 대하여』의 재판에 추가되었으며 피히테와의 공개 편지 논쟁에도 수록된 또 다른 첨가글에 따르면, "절대적 자기 활동성"은 내적으로나 그 가능성에 있어 판명하게 인식될 수 **없다**. 인식 가능한 것은 단지 "이성"이라 불리는 "인간의 의식 속에 직접적으로 서술되고 실행(That)을 통해 증명되는 그것의 현실성"일 뿐이다. 말하자면 자유는 이성적 인간 의식 내에서 발휘되는 절대적 활동성의 현실적 사실이다.[63] 이때 모든 "욕

---

62 Immanuel Kant, *Kritik der praktischen Vernunft*, A56, p. 72; *Grundlegung zur Metaphysik der Sitten*, BA97-98, pp. 101~02와 비교. 마티아스 카우프만(Matthias Kaufmann)은 칸트가 언급한 이성**의** 사실을 '이성을 통해 발생하는 사실'을 의미하는 '주격 2격'(genitivus subjectivus)의 문구로 이해할 것을 제안한다. 이에 따르면, 칸트의 도덕론은 '실천적 원칙들의 학문적 인식이 아니라' 도덕적 담론이 발생할 경우에 '실천이성을 본성적으로 획득된 능력으로' 지니는 일상적 인간의 심정 속에 '순수 실천이성의 법칙들'이 **진입할** 수 있는 방식을 다룬 것이다. 이로써 합리적 도덕담론의 '공적인 설계'가 마련되지만, 도덕법칙의 자발적 입법 및 준수의 동기는 '여전히 설명되지 않는다.' Matthias Kaufmann, "Autonomie und das Faktum der Vernunft", *Kant in der Gegenwart*, pp. 237~44.

63 야코비의 자유는 무엇보다 '생활세계적 실천의 선(先)철학적인 실존적 영역'에서

망(Begierde)으로부터" 독립한 이성의 "순수 활동성"은 "의지"로 정의된다. 이 이성 또는 의지의 원리를 야코비는 "욕망의 원리"와 전혀 상관없이 공동체적 법칙을 고려하는 "명예(Ehre)의 원리" 또는 그 "감정"으로 설정한다. 그럼에도 물음은 반복된다. 이성적 의지 활동의 현실성을 이루는 절대적 자기 활동성이란 도대체 무엇이란 말인가? 야코비의 궁극적인 답변은 이렇다. 그것은 바로 인간 정신 속의 "영혼의 삶"을 살게 하는 "또 다른 정신", 즉 "신의 숨결"(Othem Gottes)이다. "자유의 실행 속의 자신의 현재를 통해 이 정신"은 "최초이자 가장 최고의 지성", 다시 말해 "신에 대한 신앙"을 가르쳐준다. 이러한 신앙이 "인간 마음 안에 순수 사랑의 능력을 발전시키면" 이 신앙은 "종교"가 된다(JaF 247-250, 또한 JLS2 163-167). 『이성을 오성으로 가져가려는, 그리고 철학 일반에 새로운 의도를 제공하려는 비판주의의 기도』에서는 "신이 창조한 인간 정신" 속의 그 신적인 정신 때문에 진, 선, 미, 숭고 등의 "신적인 본질의 계시"로서 "자유의 능력"이 인간에게 "세상이 주지 못하는" "쾌락"(Lust)과 "행복"을 가져다준다고 묘사된다. 야코비는 이를 "신적인 섭리"라 일컫지만 이때의 쾌락과 행복이 구체적으로 무엇인지 말하지 않는다. 그는 다만 칸트에게서 쾌락과 행복은 "**미래의** 비감성적 세계에서의" "편안한 감각"이며, "신적인 통치자"의 전제를 통해 "덕의 보답"으로 보장될 뿐이라고 비판하고 있다. 반면 쾌락과 행복을 고려하지 않은 채, 그리고 신적인 정신의 작용을 도입하지 않은 채 형식적 명령만 구성하는 칸트의 실천이성은 도덕 객체들에 대한 믿음, 한마디로 신에 대한 신앙이 불가능한 또 하나의 "니힐리즘" 또는 "쾌락과 삶이 없는 차가운 미라"일 뿐이다(JUK 325, 329-330).[64]

---

발휘되는 '생활세계적 사실'이라 할 수 있다. Birgit Sandkaulen, "Philosophie und Common Sense: Eine Frage der Freiheit", *Jacobi und Kant*, p. 202.

64 야코비는 칸트의 '실천 이론의 배후에' '초감성적인 것의 지각 요구'가 포함된 것이라 긍정적으로 인정하지만, 이에 대한 현재적 열망 속에 존립하고 향유되어야 하는 도덕성이 실천이성의 '법칙에 따른 행위 능력'으로 뒤바뀌고 있는 것에 대해서는 격

「서문, 동시에 저자의 전체 철학적 저술들의 서론」에서 야코비는 인간의 자유를 이전과 유사하게 정신의 감정 내지 이성의 직관 차원에서 성립하는 것으로 여긴다. 인간의 자유를 진, 선, 미의 이성적 인식에 대립해 "반자연적으로"(widernatürlich), 다시 말해 "자유의지적으로" 그 인식에 "낯설게"(entfremdet) 행위하는 것으로 가정하는 것은, 그에 따르면 인간을 "동물 이하로" 격하하는 것이다. 그러한 인식을 가진 자는 분명 명예롭게 행위할 것이기 때문이다. 이 명예 감정 내지 이성적 의지 원리의 출처는 자발적 도덕 행위의 사실 속에서 찾아질 수 없다. 자기 활동성의 출처를 알기 위해서는 다시금 이 사실로부터 **도약해** 우리에게 초월적 정신의 입김을 불어넣는 신에게까지 도달해야 한다. 결국 인식이나 자유의 근원은 야코비에게서 인식하고 자유롭게 행위하는 사태로부터의 **비약**을 통해서만 설명될 수 있다. 이 인식과 자유의 사태가 그의 실재론의 핵심이라면, 이제 그의 실재론은 단지 믿어질 수만 있는 비개념적인 존재자에 근거하는 셈이다. 야코비의 마지막 "고백"은 이렇다. "어떤 형태로" "자기 내 확실한 정신이 인간에게 현재하며" 진, 선, 미에 대해 오성적인 "모든 증명을 넘어서는 독립적인 앎"의 "의식을 갖게" 하는지, "무엇보다 어떤 형태로 우리 안에, 그리고 우리 위에 주재하는 자유와 섭리에 대한" "그러한 앎"의 의식을 갖게 하는지, "이것을 설명할 수 없다고 우리는 고백한다." 우리는 단지 그러한 이념들의 이성적 직관에 따른 자유로운 행위가 섭리에 의해 선한 결과를 산출한다는 "사실들만" "확신"할 수 있을 뿐이다(JVE 404, 424).[65] 야코비는 1817년 한 친구에게 보낸

---

려히 비판한다. Klaus Hammacher, *Die Philosophie Heinrich Jacobis*, pp. 152~58. 야코비에게 자유의 '근원적 법칙'은 '피조물 내에서의 신적 의지의 표현'이다. Jürgen Stolzenberg, "Was ist Freiheit? Jacobis Kritik der Moralphilosophie Kants", *Friedrich Heinrich Jacobi*, p. 27.

65 이 사실들은 이미 '이성이 작용하고 있는' 인륜적 전통들이며, 이에 대한 '복종에서부터' '윤리적 통찰이 비롯되는' 것이지 그 반대는 아니다. 여기서 레오 슈트라우스는 '자율주의 원리를 거부'하는 야코비의 강력한 '전통주의'를 본다. Leo Strauss, *Das Erkenntnisproblem in der philosophischen Lehre Fr. H. Jacobis*, pp. 277~83.

편지에서 자신의 "공중제비"가 "절벽에서 심연으로 고꾸라지는" 것이
아니라 "평평한 지반으로부터 절벽과 심연을 뛰어넘는 것, 그리고 피안
에서 다시금 확고하고 건강하게 두 발로 서는 것"이라고 언급한다(JBr2
466).[66] 그러나 평평한 지반 위에 서는 것과 피안에 서는 것은 큰 차이가
있다. 한쪽에는 인식과 자유의 개념적 활동성이, 다른 한쪽에는 그 활동
성의 근원이자 목적으로서 신에 대한 비개념적 신앙이 자리 잡고 있기
때문이다. 결론적으로 야코비의 문제점들은 하나의 물음으로 귀착할 수
있다. 신에 대한 **개념적** 인식은 가능한가? 이것이 불가능하다면 인간이
지닌 몇 조각 앎의 불충분성 때문에 무지(無知)에로 뛰어오르는 야코비
의 공중제비는 불가피할지 모른다.[67]

## 6. 실재론의 가능성

서두에 소개한 편지에서 하만이 조롱조로(pejorativ) 부른 가장 계몽
된 주인 정치가(clarissimus Dominus politicus)는 그 편지의 수신자인 크
리스티안 야코프 크라우스일 수도, 칸트일 수도, 또는 프리드리히 대왕
(Friedrich der Große)일 수도 있다.[68] 생소한 인물 크라우스는 칸트의 쾨
니히스베르크 대학 재정학 동료 교수이자 프로이센의 잘나가던 폴리페
서였다.[69] 하만이 보기에 이들의 공통점은 계몽 이성의 배후에 지배 논

---

66 1817년 5월 30일자 요한 네프(Johann Neeb)에게 보낸 편지.
67 "무지의 학문은 인간의 모든 앎이 단지 미완성작(Stückwerk)이며, 필연적으로 미완
성작으로 머묾에 틀림없다는 인식에 존립한다. 〔따라서〕 무지의 학문은 아는 무지(ein
wissendes Nichtwissen)이다. 이 미완성작을 넘어 그 위로는 단지 우리에게 이성과 함
께 부여된 계시에 대한 신앙만이 〔우리를〕 이끌어준다." JLS3, p. 349.
68 Brian Jakobs, "Self-incurrence, Incapacity, and Guilt: Kant and Hamann on
Enlightenment Guardianship", *Lessing Yearbook*, XXVIII, pp. 151, 155.
69 Bruno Jahn, "Kraus, Christian Jakob", *Biographische Enzyklopädie deutschsprachiger
Philosophen*, p. 228 참조.

리를 품고 있다는 것이다. 자신의 계몽 논문에서 칸트는 계몽을 '스스로에게 책임이 있는 미성년' 상태나 '후견' 상태로부터 '타인의 지도 없이 자신의 오성을 사용할 수 있는' 상태로의 이행으로 정의한 바 있다. 이러한 이행을 위해서는 스스로 '굴레를 벗어던지는' '자유'만으로도 충분하다. 그러나 칸트는 한편으로 이러한 자유를 통해 '대중이 자기 스스로를 계몽하는 것이 가능'하다 말하면서도, 다른 한편으로는 이 자유를 '모든 부류에 있어서의 이성의 공적인 사용으로 간주하면서 그 역할을 '전체 공동체'나 '세계시민사회'의 '구성원'으로 자신을 보편화할 수 있는 '학자'에게 맡긴다.[70] 하만이 보기에 우선 '미성년'의 '무능력' 그 자체는 스스로 책임져야 할 '아무런 죄도 아니'며,[71] 또한 이성의 공적 사용 능력을 갖춘 학자가 될 수 없는 자는 결코 후견 상태에서 벗어나지 못할 것이다. 그러나 미성년으로부터의 해방을 자칭하면서 자신의 이성을 공적으로 미화하고 '신성화'하는 자들 또한 얼마나 많은가?[72] 알기 위해서는 용기가 필요하지만, 신앙으로부터 독립해 안다고 외치는 이성을 숭배해서는 안 된다(Noli admirari). 여기에 하만을 위대하고 성스러운 인간이라 추앙한 야코비도 예외는 아니다. 하만은 야코비에게 이러한 호칭을 사양하는 편지를 쓰기도 했다(JHB 214-215 참조).[73]

야코비는 『신앙에 대한 또는 관념론과 실재론에 대한 데이비드 흄. 한편의 대화』를 시작하며 자신의 철학을 "현실적 현존의 이중적(zwiefache) 인식"으로서가 아니라 "감각을 통한 단순한(einfache) 인식"으로 계획한 바 있다. 그리고 감각할 수 있는 "감관"을 이성과 동일시하고 이 감성적 감각의 완전성에 비례해 그 자체로 보면 공허한 오성과 이성의 내용이

---

70 Immanuel Kant, *Beantwortung der Frage: Was ist Aufklärung?*, A481-485.

71 잘못은 '맹목적이거나 비가시적인' '후견인'의 '지도에 자신을 내맡기는' 데 있다. Johann Georg Hamann, *Johann Georg Hamann's Schriften und Briefe in vier Theilen*, vierter Theil, pp. 216~17.

72 호르스트 슈투케, 『계몽』, 129~33쪽.

73 1786년 4월 30일자 하만에게 받은 편지.

점점 더 숭고해지는 것으로 본다. 우리는 "단지 오성과 이성을 갖고(mit) 경험하는 것이지" "결코 오성과 이성을 통해(durch) 경험하는 것이 아니다." 그러나 우리 외부의 현실적 사물들이 계시되는 감각을 통해 이성은 이 사물들과 구별되는 인간의 "인격성"을 밀도 있게 형성하고 마침내 "신의 예감"(Gottesahndung)을 획득한다. 이렇게 야코비의 신앙은 인식의 현장에서 경이로운 세계의 **현실**을 펼친다. 풀 한 포기, 돌멩이 하나라도 자신이 만든 것이 아니라는 사실을 깨닫는 자는 야코비의 인식론이 그렇게 낯설지 않을 것이다. 사물을 인식하면서 우리는 동시에 세계에서 "자신의 삶을 자기 안에 지니는" 자를 예감한다. 이것은 삶을 자기 안에 지니는 "자유"의 입김이다(JH 9, 90, 98-99). 그러나 야코비가 칸트 비판을 거쳐 인식 능력을 상세하게 규명하려는 순간, 그의 일원적 인식론은 오히려 삼중적으로 쪼개진다. 아래위로는 비개념적 직관의 감성과 이성이 직접적 확실성을 보장하고 그 가운데에는 개념의 능력을 지닌 오성이 "계사"(ist)에 의한 개념들의 반복적 연결을 통해 직관 내용을 재현하기 때문이다(JUK 295-296). 야코비에게 감성과 이성은 가장 명증한 진리의 장소일지 모른다. 그러나 개념 없는 직관은 인식의 심연이다. 이 심연에 오성은 삶을 잉태할 수 없는 차가운 달빛으로만 머문다.

더구나 야코비에게 이성은 인간이 소유하는 것이 아니라 "창조적 정신"으로부터 부여받은 신적인 이성이다(JVE 427-428). **"철학하는** 이성의 철자"가 가르칠 수 없는 "도덕법칙"의 "열매", 즉 "행복"을 인간 속의 "신이 창조한 정신"은 이성적으로 직관하고 향유할 수 있다는 것이다 (JUK 330). 그러나 신의 비개념적 이성에 모든 행복을 맡기는 것을 칸트적 이성의 독재로부터의 해방이라 할 수 있는가? 그가 신이라 한들 개념적으로 알 수 없는 지배자에게 모든 것을 귀의하도록 하는 것은 가능한가? 칸트 또한 「사유함에서 방향 잡기란 무엇인가?」에서 '사변적 이성의 독재'를 언급한 적이 있다. 그에 따르면, 이 독재는 '자유'를 갈망하는 '인간 이성'이 모든 '족쇄를 깨뜨리고' 자신의 '객관적 근거들과 독단적 확신에 의해 정당화될 수 있는 것만 가정하려는' '이성의 무신앙'

(Vernunftunglaube)이다. 이 상태에서는 인간의 '**마음**'에 대한 도덕법칙의 모든 '추동력'과 '권위'가 상실된다. 이에 대해 칸트는 '언제나 스스로 사유하고' '스스로 묻는' '자기 사유'(Selbstdenken)를 '계몽'이라 정의하며, 언제나 초감성적인 '어떤 것을 가정하는 근거가 유용한지', 이 어떤 것으로부터 비롯되는 '규칙'이 '이성 사용의 보편적 원칙'일 수 있는지 자문하도록 요구한다. 그러나 이러한 자기 사유의 능력에 도달하려면 '개별 주체들'에게는 '교육'이 필요하다.[74] 여기서도 강조점은 또한 교육적인 학자의 사명에 있는 셈이다. 그러나 그는 여전히 지성인에게서 이성의 공적 사용이 왜곡될 가능성을 보지 못한다. 그래서 최악의 경우에 칸트의 이성이 아는 독재자라면, 야코비의 이성은 알 수 없는 독재자일 수 있다.

그럼에도 이론적 사유가 쉽게 놓치곤 하는 직접적 실재를 향한 야코비의 열정은 결코 도외시될 수 없을 것이다.[75] 실재의 참모습, 즉 현실을 직시하는 자는 겸손한 이성을 발휘할 것이기 때문이다. 모든 문제는 현실의 참된 인식에 있다. 그리고 이 현실이 창조된 것이라면, 이 현실을 통해 드러나는 신의 인식에 있다. 따라서 야코비의 실재론이 구제될 수 있으려면 야코비를 넘어 이렇게 물어야 할 것이다. 현실의 개념적 인식은 가능한가? 아울러 신 또한 개념적으로 알 수 있는가? 매우 거만하게 들릴지 모르지만, 훗날 청년 헤겔은 그렇다고 답한다. 어떤 것을 알기 위해서는 그 대상에 대한 믿음이 있어야 한다. 이 믿음은 대상의 진리 인식을 통해 그때마다 참된 것으로 밝혀질 것이다. 이때 대상의 진리는 대상의 실재와 그 개념의 일치에 있다. 대상의 실재적 현존을 참되게 실현하는 그 대상의 개념은 바로 우리의 인식 능력들에 의해 이해될 수 있는 것이다. 물론, 헤겔에게서 감성, 오성, 이성, 정신 등의 인식 능력들은 직접적

---

74 Immanuel Kant, "Was heißt: sich im Denken orientieren?", A327-329.

75 Valerio Verra, "Jacobis Kritik am deutschen Idealismus", *Hegel Studien*, Bd. 5, pp. 221~23.

확실성에 따라 분리된 것들이 아니라 모두 매개적으로 협력하는 것들이다. 그러나 너무 기대하지 말아야 할 것이 있다. 진리의 현실화나 인식은 단번에 이루어지는 것이 아니라는 점이다. 유한자의 존재와 인식 속에서 그 유한자를 넘어서는 무한한 본질적 계기들을 개념적으로 포착하는 것, 이것은 과정적으로만 도달할 수 있다. 그리고 본질적 개념에 따른 존재와 인식의 변증법적 전체 과정은 신의 존재와 인식에 다름 아니다.[76] 그 과정은 매우 지루할 수 있지만 현기증 나는 공중제비가 필요하진 않을 것이다.

76 이에 대해서는 남기호, 「헤겔의 인식론: 헤겔은 과연 관념론자인가」, 『헤겔연구』 제24호, 25~38쪽; 남기호, 「우주론적 신 현존 증명의 사변적 의미」, 『가톨릭철학』 제19호, 64~71쪽; Volker Rühle, "Jacobi und Hegel. Zum Darstellungs-und Mitteilungsproblem einer Philosophie des Absoluten", *Hegel Studien*, Bd. 24, pp. 159~ 82, 특히 pp. 166, 174, 177~79 참조.

# 순수이성비판 도해

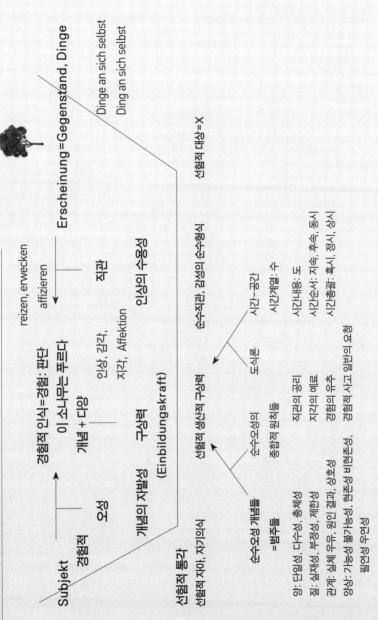

**Subjekt**

경험적 인식=경험: 판단    reizen, erwecken

경험적    이 소나무는 푸르다    affizieren

오성    개념 + 직관

**Erscheinung=Gegenstand, Dinge**

Dinge an sich selbst

Ding an sich selbst

직관

인상, 감각, 지각, Affektion

개념의 자발성    구상력 (Einbildungskraft)    인상의 수용성

선험적 통각

선험적 자아, 자기의식    선험적 생산적 구상력

선험적 대상=X

순수오성의 종합적 원칙들    도식론    순수직관, 감성의 순수형식

시간-공간

순수오성 개념들 =범주들

직관의 공리

지각의 예료

경험의 유추

경험적 사고 일반의 요청

시간-공간

시간계열: 수

시간내용: 도

시간순서: 지속, 후속, 동시

시간총괄: 독시, 정시, 상시

양: 단일성, 다수성, 총체성

질: 실재성, 부정성, 제한성

관계: 실체 유무, 원인 결과, 상호성

양상: 가능성 불가능성, 현존성 비현존성, 필연성 우연성

제3장

# 야코비의 피히테 비판

## 1. 종교의 시대

"빛은 내 마음속에 있습니다. 그러나 내가 그 빛을 오성 속으로 가져가려 하자마자 그 빛은 꺼져버리지요. 이 두 가지 명료성 중 어느 것이 참된 것일까요?" "인간의 정신 속에 이 두 명료성이 하나의 빛으로 합일되지 않는다면, 인간 정신은 진리를 포착할 수 있을까요?"(JW1 367)[1] 『실천이성비판』(1788)의 유명한 문장[2]을 흉내 낸 것처럼 보이는 이 말은 그러나 사실 1783년 6월 16일 야코비가 하만에게 보낸 한 편지에서 감정과 유리된 그 시대 계몽철학을 비판하면서 맺은 말이다.

물론, 계몽 비판적이라 해서 반드시 반(反)계몽적인 것은 아니다. 오

---

1 Johann Georg Hamann, *Johann Georg Hamann's Schriften und Briefe in vier Theilen*, dritter Theil, pp. 162~63. 야코비는 이 편지를 다른 몇몇 편지와 함께 자신의 소설 『에두아르트 알빌의 편지 모음』이 실린 전집 제1권(1812)에 함께 수록했다.

2 '내 위의 별빛 하늘과 내 안의 도덕법칙.' Immanuel Kant, *Kritik der praktischen Vernunft*, A289.

히려 야코비의 문제의식은 늘 마음이나 감정만이 줄 수 있는 종교의 빛을 어떻게 계몽 이성의 빛과 조화시킬 수 있는가에 있었다.[3] 바로 이 때문에 야코비는 신앙의 대상을 학문적 논증의 형식으로 설명하려는 철학의 무신론적 측면을 폭로하고자 한다. 야코비는 당대에 큰 파장을 불러일으킨 세 차례의 무신론 논쟁에 직간접적으로 참여한 바 있다. 특히 야코비가 비록 간접적으로만 관여했지만, 교수직 박탈로까지 이어진 피히테의 무신론 논쟁은 나름의 특별한 의미를 지니는 사건이라 할 수 있다. 왜냐하면『모제스 멘델스존에게 보내는 편지들로 된 스피노자의 가르침에 대하여』에서 야코비는 다시 부활하려는 과거 철학의 무신론과 대결하고 있는 반면, 그가 피히테에게 가한 비판은 칸트 철학의 완성이라 평가되던 주류 사상가의 무신론적 귀결을 **처음으로** 문제 삼고 있기 때문이다. 이를 발판으로 야코비는 그 후 셸링의 자연주의에서 유신론적 요소를 부정하는 마지막 논쟁을『신적인 것들과 그 계시에 대하여』에서 전개한다.

일찍이 (1517년) 종교개혁을 성취한 독일 근대에 무신론 논쟁이 그토록 주목을 끌었던 이유는 계몽의 시대가 **여전히** 종교의 시대이기도 했기 때문이다. 1555년 아우크스부르크종교화의 이후 독일에서는 가톨릭교와 루터교만 인정했으며, 1648년 베스트팔렌조약 이후 칼뱅의 개신교가 추가되었다. 그러나 '한 영주의 지배 영역에는 하나의 교파만이 공식적으로 인정되었고'(cuius regio, eius religio), 다른 교파나 소수 종파는 '이주권'(Auswanderungsrecht)이나 '통치자의 관용'에 의해 종교의 자유를 제한적으로만 향유할 수 있었다. 더욱이 이마저도 1794년 프로이센 일반법전(das Allgemeine Landrecht)에서야 처음으로 완전히 보장을 받았으며, 예나 대학이 속해 있던 튀링겐 지역은 1800년까지는 이러한 보장을 누리지 못했다. 무엇보다 주목해야 할 것은 이 종교의 자유가 결코 '무신

---

3 Carmen Götz, *Friedrich Heinrich Jacobi im Kontext der Aufklärung*, pp. 14~16, 107~10, 454~73 참조.

론자들에 대한 관용'을 의미하지는 않았다는 점이다. 이는 전통 종교의 폐쇄성 때문이기도 했지만, 사회적 책임의 최종 근거가 '신에 대한 신앙을 통해서만 보증'된다는 로크적 계몽사상 때문이기도 했다. 즉 무신론자는 '사회 파괴적'이기에 관용의 대상이 **아니었던** 것이다.[4] 이와 같은 분위기에서 야코비는 신앙과 철학을 모두 보존하고자 하는 그 시대의 **가장** 전형적인 인물이라 할 수 있다. 그의 계몽철학과의 대결은 단순히 신앙적 요소의 구제 문제인 것만이 아니라 또한 그 해당 철학의 사회정치적 통합력에 대한 이의제기이기도 하다. 바로 이러한 측면에서 도덕적 세계질서 자체를 신으로 간주한 피히테의 무신론 논쟁은 첨예하게 부각될 수 있다. 더구나 이 논쟁은 신앙의 기반 없는 인간 사회의 정초 가능성 물음을 후대에 남겨 놓는다.[5]

이 장(章)에서는 야코비의 피히테 무신론 비판을 집중적으로 조명하고자 한다. 그러나 야코비는 처음부터 피히테의 직접적 논쟁 상대자가 아니었기에 이 논쟁과 관련된 모든 저술이 논의될 수는 없다. 어찌 보면 이후 피히테의 거의 모든 저술이 이와 관련된 것이라 할 수 있다. 논쟁 이후 피히테는 자신의 학문론(Wissenschaftslehre)을 새롭게 서술하려 할 뿐만 아니라 도덕, 종교, 자연법, 국가정치 등에 관해서도 끊임없이 새로운 구상을 시도하기 때문이다. 그렇지만 야코비 철학 발전의 '마지막 정점'으로 평가되기도 하는[6] 1799년의 공개 편지인 『야코비가 피히테에게』(*Jacobi an Fichte*)에서 그가 주로 염두에 두고 있는 피히테의 저술은 『신적인 세계지배에 대한 우리의 신앙의 근거에 대하여』(*Ueber den Grund*

---

4 Peter Landau, "Der rechtsgeschichtliche Kontext des Atheismusstreits", *Fichtes Entlassung*, pp. 18~19. 독일에서 무신론까지 허용하는 완전한 의미의 종교적 자유는 1849년에서야 처음으로 보장된다. p. 25.

5 대표적인 것으로 헤겔이 『법철학 개요』(1820) §270에서 논한 국가와 종교의 관계를 들 수 있다. 남기호, 「프로이센 왕정복고와 헤겔의 정치 신학적 입장: 슈바르트와의 논쟁 및 슈탈의 비판을 중심으로」, 『헤겔연구』 제34호, 62~84쪽 참조.

6 Susanna Kahlefeld, "Standpunkt des Lebens und Standpunkt der Philosophie. Jacobis Brief an Fichte aus dem Jahr 1799", *Fichte Studien*, Bd. 21, p. 130.

*unseres Glaubens an eine göttliche Weltregierung*, 1798)와『작센 선제후의 몰수 칙령에 의해 자신에게 전가된 무신론적 표명들에 대한 대중에의 호소』(*Appellation an das Publicum über die durch ein Churf. Sächs. Confiscationsrescript ihm beigemessenen atheistischen Aeusserungen*, 1799), 그리고 학문론과 관련된 초기의 몇몇 글이다. 이 공개 편지를 저술할 무렵, 야코비는 피히테의 『무신론 고발에 대한 법정 답변』(*Gerichtliche Verantwortung gegen die Anklage des Atheismus*, 1799)이나『철학 저널』(*Philosophisches Journal*)에 실린「사적인 편지로부터」(*Aus einem Privatschreiben*, 1800) 등을 시기상 읽을 수 없었으며, 따라서 여기서도 고찰에서 제외한다. 아울러 피히테의 방대한 학문론 저술도 지면상 일일이 살펴볼 수는 없으며, 사전 이해된 것으로 전제한다. 무엇보다 우선 섬세하게 주의해야 할 점이 두 가지 있다. 야코비의 공개 편지는 출판되었는데, 이 공개 편지란 이름이 붙기 이전에는 오히려 피히테의 부탁으로 그를 변호하기 위한 목적에서 쓰인 사적인 편지라는 것이다. 그러나 원본은 남아 있지 않기에 출판본과의 꼼꼼한 대조는 불가능하다. 이 편지를 받고도 한창 경황이 없던 피히테는 한 답신에서 '평온이 찾아지면'(nach erlangter Ruhe) 논쟁점을 '상세히' 연구하고 답변할 테니 기다려 달라고 부탁한다.[7] 그렇지만 상세한 답변은 직접적으로 이루어지지 않았는데, 자세한 내막은 아래에서 밝힌다. 또한 피히테의 교수직 해임은 이론적 이유보다는 오히려 정치적 선택이 많이 작용했다는 점도 유의해야 한다. 그럼에도 야코비의 비판은 피히테의 철학 자체를 곧바로 겨냥하고 있다. 이러한 복잡한 상황은 논쟁의 정치적 처리 과정에 기인한 것이기에, 국내에는 아직 잘 알려지지 않은 이 사건의 내막과 추이를 **병행해** 소개할 필요가 있다. 우선 야코비가 거론하는 피히테의 두 논쟁과 관련된 저술들을 살펴보자.

---

7  Johann Gottlieb Fichte, "Fichte an Jacobi, 22. April 1799", *Philosophisch-literarische Streitsachen*, Bd. 2. 1, p. 58.

## 2. 피히테의 도덕적 세계질서

무신론 논쟁의 직접적 계기는 잘 알려져 있듯이 프리드리히 카를 포르베르크(Friedrich Karl Forberg, 1770~1848)라는 한 젊은 학자가 기고한 논문 「종교 개념의 발전」(Entwickelung des Begriffs der Religion, 1798)이다. 포르베르크는 피히테가 1794년 카를 레온하르트 라인홀트(Karl Leonhard Reinhold)의 후임으로 예나 대학에 초빙되기 이전에 라인홀트의 제자였다. 또한 1792년부터 1796년까지 예나 대학의 철학과 강사를 지냈으며, 비슷한 시기(1794~96)에 생계 보조를 위해 부업으로 한 서적상에서 피히테의 저술을 출판하는 일을 도운 인물이다. 이 논문을 피히테와 프리드리히 이마누엘 니트함머(Friedrich Immanuel Niethammer)가 공동 편집인으로 있던 『철학 저널』에 기고할 무렵, 그는 잘펠트(Saalfeld) 김나지움 교장으로 있었다.[8]

여기서 상론할 수는 없겠으나, 이 논문을 통해 그는 종교의 기원을 '도덕적으로 선한 인간'의 '마음'에서 찾는다. 신앙의 원천은 '경험, 사변, 양심'의 세 가지가 있는데, 이 가운데 악이 자주 선을 이기는 것을 보여 주는 경험이나 신 존재를 학문적으로 증명할 수 없는 사변은 확실한 원천이 될 수 없다. 그럼에도 학문적으로 '사유하는 인간'은 **'마치** 오류가 언젠가는 전적으로 사멸하고 진리의 유일지배(Alleinherrschaft)'가 이루어질 **것처럼**, 그래서 미래에 '모든 판단에서 모든 인간'이 '일치'하는 '두뇌를 위한 황금 시대'가 도래할 것처럼 처신한다. 이와 마찬가지로 아무리 착한 일을 해도 악이 번성하고 선한 자가 억압받는 세상사를 보여 주는 '경험의 목소리'에 정의로운 자의 '선한 마음'은 굴복하지 않는다. 그는 그럼에도 '세상에서 선이 악보다 우위를 차지할 것이라'고 소망하는 것이다. 종교는 '오로지 이 소망으로부터만' 생겨난다. 선한 자라

8  Bruno Jahn, "Forberg Friedrich Karl", *Biographische Enzyklopädie deutschsprachiger Philosophen*, p. 119.

면 온갖 불의에도 불구하고 **마치** 선에 있어 모든 인간이 일치하는 '마음을 위한 황금 시대'가 도래할 것처럼 소망할 것이다. 그러나 '선의 유일 지배'는 단지 소망만으로 이루어질 수 없다. 비록 그 가능성도 불가능성도 이론적으로 증명될 수 없다 해도, 선한 자라면 그 소망에 따라 실천적으로도 행위해야 할 것이다. 선한 인간에게는 도덕적 세계지배 내지 그 지배자로서의 신의 실존을 '믿는 것이 의무가 아니라' **마치** 그것을 믿는 **것처럼** 행위하는 것이 의무이다.' 따라서 종교는 '도덕적 세계지배에 대한 실천적 신앙' 또는 언젠가 '도래할 신의 왕국에 대한 살아 있는 신앙'이다. 종교를 도덕으로 환원하는 이러한 결론은, 포르베르크의 설명에 따르면, 무신론자도 도덕을 위해 종교를 가질 수 있음을 함축한다. 또한 선한 경지에 오른 자는 신을 믿지 않고도 정의로울 수 있을 것이다. 더구나 그는 실천적 실행으로 뒷받침되지 않는 순수 '이론적 신앙'을 사변이 증명할 수 없는 것을 믿는 '미신'으로 간주한다.[9]

피히테에게 이 기고 논문은 만족스럽지 않았다. 이론적 세계관과 실천적 세계관이 분열된 것이 그러했고 무엇보다 무신론의 가능성이 그러했다. 편집자로서 피히테는 논문 철회까지 요구했으나 저자의 출판 의지가 워낙 완강했기에 차라리 자신의 편에서 논평과 주석을 보완해 같이 게재하기로 한다.[10] 이 보완 작업은 하나의 논문 형태로 발전했는데, 이것이 바로 1798년 10월 24일 포르베르크의 것과 함께 출판한 『신적인 세계지배에 대한 우리의 신앙의 근거에 대하여』이다. 이 논문을 통해 피히테는 기독교 실정 종교에 어울리도록 포르베르크의 철학적 결점을 나름대로 보충하고자 한다. 이 보충 작업은 출판물, 특히 종교 저술의 검열이 일반적으로 통용되던 시대에 자신이 편집하던 『철학 저널』을 위한 피히테의 **'자기 검열'** 작업이기도 했다. '1790년 황제 레오폴트

---

9  Friedrich Karl Forberg, "Entwickelung des Begriffs der Religion", *Appellation an das Publikum*, pp. 23~38. 반면 악의 궁극적 지배를 원하는 인간은 없으며, 경험에 의거해 선의 실현에 '절망'하는 자는 '무종교(Irreligion)의 준칙'을 따르는 자이다.

10  Martin Ohst, "Vorspann: Fichtes Entlassung", *Fichtes Entlassung*, p. 11.

(Leopold) 2세'의 공약에 따라 담당 관청이 공인된 종교 원칙과의 부합 여부를 사전 검열하게 했던 법률이 당시 바이마르에서는 편집자의 자체 검열 형태로 느슨하게 적용되고 있었기 때문이다. 완전한 '사상의 자유' (Meinungsfreiheit)는 종교의 자유와 마찬가지로 1848년 혁명 이후에야 법 조항에 나타나기 시작한다.[11]

피히테는 '많은 관점에서' '자신의 이름으로 말해도' 될 정도라 포르베르크를 칭찬하면서 앞의 논문을 시작한다. 그러나 피히테가 보기에 포르베르크는 '신적인 세계지배의' '도덕적' '증명'을 신앙 대상에 대한 '본래적인 증명'으로 잘못 간주하며, 그러면서도 '단지 그 개요'만 보여 준다. 이러한 혼동은 '철학이 단지 사실들(Facta)만 설명할 수 있으며' 이 사실들로부터 무언가를 연역할 수만 있지, 결코 어떤 사실 자체를 '산출할 수 없음'을 깨닫지 못한 데서 연유한다. 말하자면 신적인 세계지배는 도덕의 필연성 등을 근거로 산출되거나 증명되는 대상이 아니라 철학이 전제해야 할 사실이라는 것이다. 철학은 이 사실로부터 '신앙인의 확신'을 '연역'할 수 있을 뿐이다. 논문 제목이 말해 주듯이, 신적인 세계지배에 대한 우리 '신앙의 필연적 근거'는 바로 세계라는 사실 자체에 있다.

이어서 피히테는 우리의 관점에 따라 두 종류의 세계가 있다고 설명한다. **먼저** '순수 자연학'의 '관점'에서 세계는 '감성계'의 '절대적 존재' 자체이다. 모든 현상의 근거를 자신의 '내재적 법칙 안에 포함하는' 세계는 '자기 자신을 근거짓는' 완결되고 폐쇄된 전체로서 절대적으로 있음에 다름 아니다. 따라서 이 세계의 '실존이나 속성으로부터' 이 세계 전체를 넘어 어떤 '이성적 창시자에로 추론'할 수 없으며, 이 세계 밖의 어떤 '지성(Intelligenz)의 목적들' 때문이라며 세계 현상을 설명하는 것도 '완전 난센스'(totaler Unsinn)이다. 그러나 **그다음으로** '감성계를

---

11 Peter Landau, "Der rechtsgeschichtliche Kontext des Atheismusstreits", *Fichtes Entlassung*, pp. 20~22, 25. 로타르 엘레이(Lothar Eley)는 반대로 설명한다. 로타 엘라이, 『피히테, 쉘링, 헤겔』, 124쪽과 비교.

선험적 관점'에서 바라보면, 이 세계는 '자립적으로'(für sich) 존립하는 것이 아니라 '우리 고유의 내적 활동성의 반영(Wiederschein)'으로만 있게 된다.[12] 피히테는 여기서 자신이 『전체 학문론의 토대』(Grundlage der gesamten Wissenschaftslehre, 1794)에서 전개한 자아에 의한 비아(非我)의 반정립 단계를 전제하고 있다.[13] 이를 통해 세계는 이제 더 이상 감성적인 것이 아니라 '지성의 규정들', 즉 '개념들'이 실현되는 초감성적 사실로 나타나게 된다. 이러한 '초감성적 세계 개념'은 '있다.' 왜냐하면 **첫째로** '감성계의 모든 영향으로부터 자유로운' '나 자신'과 나 스스로 정립한 '필연적 목적'이 이미 초감성적인 것이기 때문이다. '오직 나 자신만이 의지를 통해 나에게 한계를 정립할 수 있으며', 어떠한 외부 영향이나 권위도 그렇게 할 수 없다. 그리고 나의 목적이나 한계 정립은 내 안의 '내적 목소리'(innere Stimme)로부터, 나의 **마음**을 구속하기에 정신도 구속하는' 내면의 '도덕적 정조(情操, Stimmung)'로부터 비롯된다. 피히테에 따르면, 나는 나의 내면을 파괴하지 않고 이러한 정조를 회의할 수 없다. 그리고 이러한 정조로부터 출현하는 '우리의 도덕적 사명(Bestimmung)에 대한 확신'이 바로 '신앙'이다. 말하자면 '도덕성'은 나의 내면의 사실로서 '단적으로 자기 자신을 통해서만' '구성'될 수 있으며, 이로부터 목적을 정립하고 실행을 확신하는 나의 '모든 확실성의 요소'가 바로

---

12 Johann Gottlieb Fichte, *Ueber den Grund unseres Glaubens an eine göttliche Weltregierung*, pp. 177~80.

13 Johann Gottlieb Fichte, *Grundlage der gesammten Wissenschaftslehre*, pp. 101~05, 246~53 참조. 피히테는 지금 논문의 한 각주에서 자신의 학문론이 출발하는 '자아 자체의 근거'는 '증명 불가능한 것'이며, '단지 직접적으로 직관'될 수만 있다고 말한다. Johann Gottlieb Fichte, *Ueber den Grund unseres Glaubens an eine göttliche Weltregierung*, pp. 180~81. 칸트가 '정언명령을 청취할 수 있기 위해' '예지계로의 **직접적** 진입'을 전제한 것은 에마누엘 스베덴보리(Emanuel Swedenborg, 1688~1772)의 영향 때문이라는 흥미로운 연구도 있다. 피히테의 '지적 직관'과 '피안'에서의 '각 개별 정신'의 '장소' 배정도 그 영향을 받았다고 한다. Gottlieb Florschütz, "Mystik und Aufklärung: Kant, Swedenborg und Fichte", *Fichte Studien*, Bd. 21, pp. 89~107, 특히 pp. 99, 103~06 참조.

'신앙'이라 할 수 있다.

　나의 목적은 무엇보다 내 내면의 도덕성 자체이다. 이것을 목적으로 정립하고 실행하기로 '결단'하자마자 '나의 전체 실존과 모든 도덕적 존재(Wesen)의 실존과 감성계'는 모두 이 '도덕성과 관계'하며, 특히 감성계와 그 내재적 법칙은 죄다 나의 '의무의 감성화된 재료(Materiale)'가 된다. 이제 이 재료만이 나에게 세계의 '본래적으로 실재적인(reell) 것'이며, 내 목적 실현의 '참된 근본 소재'이다. 감성계가 이렇게 도덕적 목적의 근본 소재일 수 있는 이유는 **아마도** 감성계 자체가 이미 도덕적 세계질서의 현상적 결과물이기 때문일 것이다. 바로 이 때문에 나는 나의 도덕적 목적을 감성계 속에 실현할 수 있는 것이라 하겠다. 그러나 피히테는 이에 대한 섬세한 논증을 생략한다.[14] 그는 다만 '감성계의 실재성'을 '도덕적 세계질서의 결과로 간주'할 때, 이에 대한 '신앙의 원리'를 '계시'라 부를 뿐이다. 말하자면 피히테에게 초감성적 세계는, **둘째로** 소재로 쓰일 수 있는 감성적 실재 내에서 계시되는 도덕적 질서 자체라 할 수 있다. 이미 감성계 속에 '도덕적 질서'가 있기에 이 세계를 올바르게 조성하고 개선하려는 '우리의 의무'가 '계시되는' 것이다. 피히테에 따르면, 그렇게 생생하게 작용하는 '도덕적' '세계질서'는 '신적인 것'일 뿐만 아니라 **자체가** 신'이다. 이 세계질서는 '모든 객관적 인식의 절대 최초의 것'이며, 우리의 모든 행위는 이를 '전제로' 해서만 수행된다. 이

---

14　이에 대한 보충 논리는 칸트주의자 피히테의 『모든 계시 비판의 시도』(1792) §§2-3 에서 찾을 수 있을 것이다. '단지 도덕적 존재의 의지 형식에만' '적용 가능'한 '도덕 법칙'에는 그 실현을 위해 '감성계 내 현상과 관계'를 맺을 가능성이 있어야 한다. 즉 '도덕법칙은 자연에 대해 명령할 뿐만 아니라 지배도 해야 한다.' 이는 '자연을 철저히 자기 활동적으로 규정하는 그러한 존재에게서만', '우리가 신이라 부르는' 그러한 존재에게서만 가능하다. Johann Gottlieb Fichte, *Versuch einer Kritik aller Offenbarung*, §§2-3, 특히 pp. 38, 40. 『학문론 원리에 따른 도덕론(Sittenlehre)의 체계』(1798)에서 '감성계'는 도덕 '감정 속에 본질적으로 매개되어' 있는 것으로만 나타난다. 이에 대해서는 권기환, 「피히테에 있어서 도덕 감정과 양심」, 『칸트연구』 제26집, 158~63쪽 참조.

는 '모든 주관적 인식의 절대 최초의 것'이 우리의 '자유와 도덕적 사명'
인 것과 마찬가지이다. 따라서 '참된 신앙'은 '옳게 행함(Rechtthun)'을
통해 도덕적 세계질서에 조응하겠다는 고백에 있으며, '참된 무신론'은
'양심의 목소리'를 외면하고 이 '신의 조언보다' 이익을 도모하는 '자신
의 조언을' 앞세움으로써 '자기 자신을 신으로 만드는' 데 존립한다.[15]

　피히테가 포르베르크를 얼마나 잘 보완했는지에 대해서는 여전히 논
란의 여지가 있다.[16] 분명한 것은 도덕적 자아와 도덕적 질서 자체를 초

---

15 Johann Gottlieb Fichte, *Ueber den Grund unseres Glaubens an eine göttliche Weltregierung*, pp. 180~86. 1796년 칸트는 야코비와 친분이 두터웠던 요한 게오르크 슐로서(Johann Georg Schlosser)의 번역 논평서 『시라쿠스 국가 혁명에 대한 플라톤의 편지들』(1795)을 비판적으로 논평한 바 있다. 『월간 베를린』 5월호에 게재된 이 논평서 「철학에서 최근에 제기된 점잔빼는 소리에 대하여」에서 칸트는 '세계지배자를 도덕적·실천적으로 믿는다는 것은 이론적으로 그의 현실성을 참으로 간주하는 것이 아니라' 도덕적 '목적의 이상에 따라 마치 그러한 **세계지배**가 현실적일 것처럼 그렇게 행위하는 것'을 의미한다고 말한다. 즉 '신의 개념'은 '사물 자체의 본성 이론으로부터가 아니라' '도덕법칙으로부터' 도출된다. Immanuel Kant, *Von einem neuerdings erhobenen vornehmen Ton in der Philosophie*, pp. 397, 401. 또한 '감정 철학'을 비판하는 pp. 401~06 참조. Heinrich Maier, *Anmerkungen zu Kant's gesammeelte Schriften*, Bd. 8, pp. 512~13, 515.

16 피히테의 설명을 축약하면, 신앙인이 자신의 확신을 연역할 수 있는 최종 사실 근거는 자신의 도덕적 이성 목적이 감성계에 실현되도록 영향을 끼칠 수 있는 초감성적인 세계질서이다. 이때 후자의 감성계에 대한 '영향'은 도덕적 이성 목적의 실현을 **위해** '절대적으로 요청되는' 것이지 개념 파악될 수 있는 것이 아니다. 이 때문에 피히테는 섬세한 논증을 생략했을 것이다. 그러나 또한 바로 이 때문에 클라우스 디어크마이어(Claus Dierksmeier)는 피히테가 포르베르크의 오류를 반복하는 것으로 본다. 그 결과 피히테는 도덕적인 세계와 사실 세계를 '무비판적'으로 분리하며, '비(非)이성적인 것'이 꼭 '반(反)이성적'이지는 않다는 점을 감성계에서 놓치게 된다. Claus Dierksmeier, "Kant-Forberg-Fichte", *Fichtes Entlassung*, pp. 90~91. 포르베르크가 굳이 '유일신교일 필요가 없'는 종교를 무신론자도 가질 수 있다고 주장함으로써, 그리고 피히테가 '인격성이나 의식' 같은 것이 배제된 도덕적 세계질서 자체를 신으로 주장함으로써 무신론 혐의의 빌미를 주었으나, 이들의 주장은 '무신론적이기보다는 도리어 실천의 종교, 살아 있는 신앙의 수행'으로 이해해야 한다는 해석에 대해서는 안윤기, 「초월철학과 무신론 문제: 피히테와 포르베르크의 1798년도 논문 연구」, 『신학논단』 제96집, 167~92쪽. 특히 172, 176~77, 186~87, 192쪽 참조.

감성적 사실로 전제하고 후자를 신으로 설정함으로써 피히테는 신앙을 도덕의 주관적 필요에 의존하지 않으려 했다는 점이며, 도덕적 무신론자와 무신론적 도덕가의 가능성을 배제하고자 했다는 점이다. 이 둘의 논문이 게재된 『철학 저널』이 나오고 5일 후(1798년 10월 29일)에 드레스덴 대종교국(大宗敎局)은 작센 선제후에게 '포르베르크의 표현이 무신론에 조력'하고 있으니 시중의 책들을 모두 몰수해 달라는 의뢰서를, 그렇지 않으면 작센 지역 아이들의 예나 대학 진학을 금지할 수도 있다는 위협과 함께 보낸다. 오늘날 작센과 작센-안할트, 그리고 튀링겐주(州)로 나뉘어져 있는 독일의 이 지역은 당시에는 베틴 가문(das Haus Wettin)의 한 지파(支派)인 알브레히트(Albrecht) 집안이 선제후 지위를 누리면서 몇몇 지역을 통치하고 있었으며, 그 지배 아래 또 다른 지파인 에른스트(Ernst) 집안이 네 개의 공국(公國)으로, 그 밖의 지역을 분할 통치하고 있었다. 이 지역들은 매우 가난했기에 예나 대학은 이 네 공국에 의해 함께 운영되고 있었으며, 이들 중 한 공국의 공작(公爵)이 대학 총장직을, 그리고 실무를 담당하는 대학 내의 교수 한 명이 총장 대리직(Prorektor)을 맡았다. 대종교국의 의뢰에 선제후는 몰수를 단행했으며, 다른 가문에 속하는 하노버 브라운슈바이크도 이를 따랐다. 그러나 '에른스트 공국들은 프로이센과 마찬가지로 처음에는 응대하지 않았다.' 이 시기에 익명의 저자가 「피히테와 포르베르크의 무신론에 대해 공부하는 자신의 아들에게 보내는 한 아버지의 편지」(Schreiben eines Vaters an seinen studierenden Sohn über den Fichteschen und Forbergischen Atheismus)를 발표한다. 여론의 지지를 얻은 드레스덴 대종교국은 1798년 12월 18/19일, 이번에는 직접 네 공국에 편지를 보내 포르베르크와 피히테, 니트함머에게 책임을 물을 것을 요구한다. 이에 교수 한 명 때문에 체면을 구기길 원치 않았던 정부는 —또 무신론이 형법 대상도 아니었기에— 가벼운 징계 정도로 마무리하고자 했다. 하지만 자신이 '무고하게 모욕당했다'고 여긴 피히테는 징계를 받아들이려 하지 않았다. 그러자 총장 대리직에 있던 하인리히 에버하르트 고틀로프 파울루스(Heinrich Eberhard

Gottlob Paulus)는 이듬해 1월 10일에 피히테와 니트함머를 불러 '정부에 서면으로' 경위서를 작성하라는 한 공작의 명령서를 개봉한다. 바로 이때 피히테의 격분은 공격의 양상으로까지 치닫는다. 그는 『무신론 고발에 대한 법정 답변』을 작성하는 동시에 대중에 호소하는 글을 발표하기까지 한 것이다.[17] 이 글이 바로 『작센 선제후의 몰수 칙령에 의해 자신에게 전가된 무신론적 표명들에 대한 대중에의 호소』이다. 이로써 무신론 논쟁이 본격화된다.[18]

이 글에서 피히테는 '관보'(官報, Nationalzeitung)에 공포된 몰수 칙령을 1면에 그대로 게재하면서 자신에 대한 일종의 음모론을 제기한다. 그는 수개월 전부터 자신의 '시민적 실존'을 위협하려는 몇몇 '신학자'와 '다른 이들'의 신중한 '계획'을 알고 있었다는 것이다. '몰수하기 전에 우선 읽어주길 부탁하는 저서'라는 부제를 달고 있는 이 책의 목적은, 따라서 몰수 조치를 직접 겨냥해 그 '근거'로서 언급되는 '무신론자' 혐의의 부당함을 입증하려는 데 있다. 여기서 피히테는 '신앙의 자유와 양심의 자유', 그리고 '정신의 자유' 등에 호소한다. 이들 중에서 특히 피히테가 강조하고 있는 정신의 자유는 '국가의 안정'을 해치지 않는 '연구'와 '자기 사유'(Selbstdenken)의 '자유'를 의미한다.[19] '학문 및 교수(敎授)

---

17 Martin Ohst, "Vorspann: Fichtes Entlassung", *Fichtes Entlassung*, pp. 10~12. 마르틴 오스트(Martin Ohst)에 따르면, 당시 네 공국은 통치 지역의 이름에 따라 작센-고타-알텐부르크(Sachsen-Gotha-Altenburg), 작센-코부르크(Sachsen-Coburg), 작센-마이닝겐(Sachsen-Meiningen), 그리고 작센-바이마르-아이제나흐(Sachsen-Weimar-Eisenach)로 나뉘었으며, 예나 대학에 속해 있던 이 후자의 공작이 총장직을 맡았지만 의결권은 동등했다. 파울루스가 개봉한 명령서의 주인도 당시 작센-바이마르-아이제나흐의 공작 카를 아우구스트(Karl August)이다. 알브레히트와 에른스트 가계(家系)에 대해서는 위키피디아의 Albertiner와 Ernestinische Herzogtümer 항목 참조.

18 얼마나 다양한 사람이 이에 대해 의견을 나누었는지는 관련 문헌의 목차만 보아도 충분하다. Werner Röhr, (Hg.) *Appellation an das Publikum. Dokumente zum Atheismusstreit um Fichte, Forberg, Niethammer. Jena 1798/99*, pp. 6~7.

19 Johann Gottlieb Fichte, *Appellation an das Publicum*, pp. 193~98. 관보의 몰수 칙령 공포 날짜는 1798년 11월 19일이다. 피히테는 서론 부분에서 이 책을 칙령 공포 이후 '20여 일'에 걸쳐 작성했다고 밝히고 있다. 따라서 이 책의 집필 시기는 1798년 11월

의 자유'라 할 수 있는 이 자유 또한 사실상 종교 및 사상의 자유와 마찬가지로 1848년 이전까지는 완전히 보장되지 않았다.[20] 비록 제한적 의미이기는 하지만, 피히테 역시 이 자유에 의거해 자신은 단지 '종교에 대한 원칙들을 암시했을 뿐'이라 말한다.[21] 이 원칙들은 『신적인 세계지배에 대한 우리의 신앙의 근거에 대하여』에서 그가 개진한 입장과 동일선상에 있다.

도덕적 세계질서 자체를 신으로 설명한 이 논문에서 피히테는 이러한 질서의 '원인'으로서 '인격성과 의식'을 지닌 신 존재를 부정한 바 있다. 그에 따르면, 인격성과 의식은 '**유한한**' 인간의 개념의 능력이기에 이것으로 무한자를 파악할 수는 없다. 분명하게 알 수 있는 사실은 오직 도덕적 세계질서가 있다는 것이며, '이성적 개인 각자에게 이 질서 속의 자신의 특정한 자리'가 주어져 있다는 것이다. 이 사실을 유한한 개념적 능력에 의존하면 신앙의 확고한 기반이 무너진다. 따라서 원인 같은 '특수한 실체로서의 신 개념은 불가능하다.'[22] 따라서 피히테의 신은 도덕적 세계질서 및 그 도덕법칙의 '무조건적 타당성의 사고(Gedanke)' 자체로서 '초감성적인 것의 술어' 그 이상이 아니라 할 수 있다.[23] 앞서 소개한 익명의 「피히테와 포르베르크의 무신론에 대해 공부하는 자신의 아들에게 보내는 한 아버지의 편지」는 바로 이 점을 문제 삼는다. 그렇다면 피히테의 신은 감성적 세계의 창조자일 수 없을 뿐만 아니라 초감성적 세계의 창조자일 수도 없을 것이다. 즉 초감성적인 도덕적 세계질서 자체가 신

하순에서 12월 중순 이전까지라고 할 수 있다. 파울루스의 명령서 개봉 이전에 이 책은 어느 정도 완성된 상태였다. p. 199.

20  Peter Landau, "Der rechtsgeschichtliche Kontext des Atheismusstreits", *Fichtes Entlassung*, pp. 23~25.

21  Johann Gottlieb Fichte, *Appellation an das Publicum*, p. 199.

22  Johann Gottlieb Fichte, *Ueber den Grund unseres Glaubens an eine göttliche Weltregierung*, pp. 187~88.

23  Jürgen Stolzenberg, "Religionsphilosophie im Kontext der Sittenlehre", *Fichtes Entlassung*, p. 52.

이라면, 이 질서 밖에 있을 수 없는 신은 결코 인격적 창조신일 수 없다. 그러면 누가 인간에게 이 질서 내 각자의 소명과 자리를 마련해 주는가? 이러한 '질서 자체인가? 아니면 우연인가? 아니면 맹목적 필연성인가? 아니면 스스로 인류의 감독을 참칭하려는 피히테' 자신인가?[24] 그럼에도 『작센 선제후의 몰수 칙령에 의해 자신에게 전가된 무신론적 표명들에 대한 대중에의 호소』에서 피히테는 자신의 입장을 굽히지 않는다. 그 이유는 크게 세 가지로 요약할 수 있다. **먼저** 그는 용어상 '실체'를 '공간과 시간 내 감성적으로 실존하는 본질(Wesen)'로 정의한다. 이러한 용어가 신을 묘사하기 위해 쓰일 수는 없다. **둘째로** 이론적 측면에서 '감성계의 현존으로부터' 이 현존의 원인으로서 '신의 현존'을 '증명'하는 것은 불가능하다. 이것은 초감성적인 신을 감성계에 의존하게끔 만드는 것이기 때문이다. **마지막으로** 실천적 관점에서 만약 원인으로서 이러한 신이 감성계를 창조한 것이라면, 이 신은 감성계 전체를 자신의 행위 결과로 '향유'하려는 '세계의 군주' 그 이상일 수 없다. 감성적인 어떤 것을 결과로 원하는 것은 그것을 향유하려는 '마음'이 작용했기 때문이다. 이러한 마음 때문에 감성계의 원인으로서의 신이 도입되었을 것이다. 이런 마음이 원하는 '모든 향유의 제공자'로서 말이다. 피히테가 보기에 이렇게 신 현존을 증명하려는 자신의 논적은 실천적 '도덕론에서는 행복주의자들'이요, 이론적 '사변에 있어서는 독단론자들'이다. 이들에게 피히테 자신은 정말 '선언된 무신론자'(erklärter Atheist)일 것이다. 그러나 피히테에게 감성적 향유의 '우상'과 독단적 오류 추론만을 일삼는 이들이야말로 '참된 무신론자들'이다.[25] 이에 반해 순수하게 도덕적 결단을 내리는 자에게 감성계(Sinnenwelt)는 '도덕적 의미세계(Sinnwelt)'가 된다. 피히테의 신 개념은 바로 이러한 의미세계의 표현인 것이다.[26] 피히테는

---

24 Anonym, "Schreiben eines Vaters an seinen studierenden Sohn über den Fichteschen und Forbergischen Atheismus", *Appellation an das Publikum*, pp. 48~53, 특히 pp. 49, 51.

25 Johann Gottlieb Fichte, *Appellation an das Publicum*, pp. 216~20.

26 Folkart Wittekind, "Die „Retorsion des Atheismus". Der Atheismusstreit im Kontext

자신의 입장을 '도덕주의(Moralismus)와 관념론'으로 설명한다.[27]

피히테는 여기서 실체, 현존, 원인 등의 용어를 철저히 칸트적인 범주의 의미로 사용하고 있다. 감성적 인식을 가능케 하는 이러한 개념들이 초감성적 대상을 설명하기 위해 쓰일 수는 없다. 더 나아가 그는 자신의 관념론을 '가능한 경험 일반의 선차적(a priori) 조건이 동시에 경험 대상의 가능성 조건'이라는 칸트의 결론 위에 근거지운다.[28] 말하자면 '우리의 전체 경험'은 '우리의 표상함(Vorstellen)의 산물' 이외의 다른 것이 아니다. 경험에 앞서 감성적 대상에 구애받지 않는 이러한 자유로운 표상 활동을 구속할 수 있는 것은 한 가지만 빼고는 아무것도 없다. 이 한 가지는 바로 '초감성적인 것'이다. 사실, 우리의 자유로운 표상 활동 자체가 이미 초감성적인 것이라 할 수 있다. 그리고 초감성적인 것만이 초감성적인 것을 구속할 수 있다. 전자의 초감성적인 것이 후자의 초감성적 표상 활동을 구속해 우리 안에 반영(Wiederschein)된 것이 '우리의 감성계'이다. 이 과정에서 우리의 감성계는 또한 '실재성'도 부여받는다. 피히테는 전자의 초감성적인 것을 '모든 현상의 근저에 놓여 있는 참된 즉자(das wahre Ansich)'라고 부른다. 이 즉자에 따라 우리는 우리의 선험적 표상 활동을 조율하고, 그 결과 감성적 대상에 대한 다양한 학문적 인식을 획득하거나 자신의 목적 실현을 의도하거나 한다. 피히테는 여기서 논의를 축약하고 있지만, 근본적으로 보면 대상을 어떻게 인

---

von Fichtes früher Religionstheorie", *Fichtes Entlassung*, p. 71. 폴카르트 비테킨트(Folkart Wittekind)는 조용히 신앙고백하고 말 일을 피히테가 이렇게 무신론의 화살을 돌리면서 대중에게까지 호소한 이유를, 이 논쟁이 동시에 '이기주의적·감성적' '계몽' 비판과 '도덕혁명'을 통한 '근대 사회' 발전의 토대 문제로 인식되었기 때문이라고 보았다. pp. 62~79, 특히 pp. 65, 77~78.

27 Johann Gottlieb Fichte, *Appellation an das Publicum*, p. 217.

28 Immanuel Kant, *Kritik der reinen Vernunft*, A111. 피히테에 따르면, '자아의 자기 자신 내로 복귀하는 순수 활동성은 가능한 객체와의 관계에서' '무한한 노력(Streben)'이며, 이것이 '모든 객체의 가능성 조건이다.' Johann Gottlieb Fichte, *Grundlage der gesammten Wissenschaftslehre*, pp. 261~62, 267. 자아의 이 순수 활동성이 여기서는 '표상함'으로 쉽게 설명되고 있는 셈이다.

식할 것인지조차도 초감성적인 즉자의 구속을 받는다고 할 수 있다. 실천적인 것의 이와 같은 우선성에 따라 내가 어떻게 인식하고 목적 활동을 할 것인지 지침을 제시해 주는 것은 무엇인가? 물론, 초감성적인 즉자이겠다. 그러나 이를 어떻게 알 수 있는가? 피히테는 '다른 도덕적 존재들'과 '나의 **연관**'에 대한 '내 양심의 **직접적** 진술'이라 답변한다. 이 진술의 확실성은 오직 '도덕적 확실성'일 뿐이다. 이 확실성은 결코 가변적이고 불완전한 감성적 확실성에서 나오지 않으며, 이전 논문에서처럼 '의무 자체를 위해 의무를 이행'하려는 '양심의 내적 목소리', 바로 그것이 책무이기에 책무를 행하려는 '정조', 감성으로부터 전적으로 해방하려는 '경이로운 동경(Sehnen)' 등에서 비롯된다. 이것을 깨닫는 것은 감성도 아니요, 감성에 의존적인 오성도 아니며, 바로 그 자체 절대적으로 자유로운 '이성'이다. 이성의 양심에 귀 기울임을 통해 '우리의 세계는 우리 의무의 감성화된 질료'가 된다. 이 질료를 수단으로 우리의 의무를 실현할 수 있는 것은 이 질료의 근저에 초감성적 즉자로서 도덕적 세계질서가 있기 때문이다. 도덕적 세계질서의 확실성은 의무 자체를 위해 의무를 행하는 도덕적 주체에게 '직접적으로 주어진 것'이다. 도덕적 주체는 이것을 우선 **감정**'으로 느끼고 양심으로부터 말하며, 이성을 통해 듣는다. 그러나 인간은 '오성의 유한성' 때문에 감정 속에 직접 주어지는 도덕적 주체와 도덕적 세계질서의 **관계** 자체를 분리해 후자를 '신'이라는 개념으로 부른다. 이성적 존재의 비감성적인 '절대적 자족'(Selbstgenügsamkeit)이라 할 수 있는 '지복'(Seligkeit)이 성취될 수 있다면 무엇이라고 부르든 상관이 없다. 이를 위해 양심에 따라 의무를 이행하는 자는 필연적으로 '도덕적 세계질서에 대한 신앙'을 갖기 마련이다. '신과 불멸성에 대한 신앙'은 늘 의무를 이행하려는 이러한 '성품'(Gesinnung)에 의거한다. 다시 말해 '도덕성과 종교는 절대적으로 하나다.' 이로써 피히테는 종교의 원리를 '순수 도덕주의'의 원리와 같은 것으로 선언한다.[29]

같은 해 3월에 자비(自費)로 출판까지 하는 『무신론 고발에 대한 법정 답변』이 '원칙적으로 검열제도를 인정'하는 기반 위에서 자신의 검열의 미숙함을 변호하는[30] 글이었다면, 이『작센 선제후의 몰수 칙령에 의해 자신에게 전가된 무신론적 표명들에 대한 대중에의 호소』는 검열을 포함한 국가 당국 위의 법적 판결자로 대중을 설정한다는 점에서 전대미문의 저서라 할 수 있다.[31] 그것도 학문적 탐구의 자유에 의거하면서 말이다. 여기서 피히테는 교회위원회를 자신의 논적으로 삼지 않겠노라고 말한다. 그러니 서로 간섭하지 말고 '10년간' 각자 설득해 대중이 직접 판단하도록 하자고 제안한다. 이를 위해서는 일단 무신론 고발을 '철회'하고 문헌 판단의 오류 가능성을 참작해야 할 것이다.[32] 그러나 피히테는 사적으로 정반대의 일을 저지르고 말았다. 1799년 3월 22일, 그는 바이마르 추밀고문관이었던 크리스티안 고틀로프 폰 포이크트(Christian Gottlob von Voigt)에게 편지를 써서 필요하다면 이를 공적으로 사용해도 된다는 언급과 함께 다음 두 가지 사항을 주장한 것이다. 첫째, 최고 성직자인 헤르더의 철학도 '무신론과 유사한데' 왜 자기만 그렇게 비난하는가? 둘째, 정부의 징계를 받아들일 수 없다. 이를 받아들이는 것은 유죄를 자백하는 셈이기 때문이다. 이런 식으로 '학문적 교수의 자유'를 계속 제한한다면 사표를 쓸 것이고, 다른 동료들도 나를 따를 것이다. 예나 대학 부임 이후에 피히테는 중복을 피하기 위해 자신의 강의를 일요일 오전에 개설함으로써 바이마르 대종교국(大宗敎局) 의장이던 헤르더와 크게 갈등을 빚은 적이 있었다. 게다가 사전에 파울루스에게 보여 준 후 발송한 이 편지에서 그는 징계 철회 불응 시에 이 편지를 출판해 만천하에 공개하겠노라 겁박하고 있다. 포이크트는 이 편지를 공문서화해

---

29 Johann Gottlieb Fichte, *Appellation an das Publicum*, pp. 204~06, 208~12, 214, 235.

29 Johann Gottlieb Fichte, *Appellation an das Publicum*, pp. 204~06, 208~12, 214, 235.

30 Johann Gottlieb Fichte, *Gerichtliche Verantwortung gegen die Anklage des Atheismus*, pp. 249~50 참조.

31 Peter Landau, "Der rechtsgeschichtliche Kontext des Atheismusstreits", *Fichtes Entlassung*, p. 29.

32 Johann Gottlieb Fichte, *Appellation an das Publicum*, pp. 232~34.

작센-바이마르-아이제나흐의 공작에게 전했다. 1799년 3월 29일 공작은 대학에 명령서를 보낸다. 『철학 저널』편집자들에게 '무신론 때문이 아니라' '매우 신중하지 못한' 일 처리에 책임을 물어 '극도로 가벼운 징계'를 내릴 것을 요구하면서 여기에 추신 하나를 덧붙였다. 이 징계를 통해 3월 22일 신청한 피히테의 사직 조건은 충족되었으며, 사직 신청은 수락되었다는 것이다. 그러나 피히테가 내건 조건은 교수의 자유의 제한이었지 일회성 징계 처분이 아니었다. 파울루스의 권유로 그는 다시 포이크트에게 이런 취지의 편지를 썼지만 반응이 없었다. 결국 다른 세 공작의 동의를 거쳐 1799년 4월 18일에 피히테의 해임은 결정된다. 그리고 그를 따르는 동료 교수들은 아무도 없었다.[33]

## 3. 야코비의 살아 있는 신

피히테는 매우 억울했을 것이다. 오히려 유신론을 부각하려는 자신의 논지에 대한 공격도 그렇고 부당한 징계나 해직 절차도 그렇다. 그렇지만 정부는 권위의 손상이 거의 없을 정도로 진중한 반면 피히테는 너무 격정적으로 대응했다. 게다가 지나친 우월의식 탓에 화를 자초한 측면도 크다.[34] 하필 주일(主日)예배 시간과 겹치게 강의를 개설한 것이 그

---

33  Martin Ohst, "Vorspann: Fichtes Entlassung", *Fichtes Entlassung*, pp. 12~14. 마르틴 오스트에 따르면, 『작센 선제후의 몰수 칙령에 의해 자신에게 전가된 무신론적 표명들에 대한 대중에의 호소』 출판 이후에 이미 작센-고타-알텐부르크의 공작은 '피히테 제거'를 결심한 것으로 보인다. 피히테도 이미 1799년 4월 6일자로 칸트주의자 알베르트 슈타퍼(Albert Stapfer)에게 보낸 편지에서 베른으로의 이주 가능성을 타진하고 있었다. 피히테의 베를린 이주는 차선책이었던 셈이다. Klaus Vieweg, "»Wir bringen unser Jena nach dem Vaterland«. Fichte und das >freie Helvetien<. Ein Brief von Johann Gottlieb Fichte an Philipp Albert Stapfer vom 6. April 1799", *Fichte Studien*, Bd. 22, pp. 295~301, 특히 pp. 299, 301.
34  Martin Ohst, "Vorspann: Fichtes Entlassung", *Fichtes Entlassung*, p. 11; Walter Jaeschke, *Der Messias der spekulativen Vernunft*, *Fichtes Entlassung*, p. 145.

렇다. 『작센 선제후의 몰수 칙령에 의해 자신에게 전가된 무신론적 표명들에 대한 대중에의 호소』에서도 피히테는 교회 당국을 논적으로 삼지 않겠노라 하면서도 정작 서론 부분에서는 신학자들을 거론하며 무신론자는 '짐승 그 이상이 아니지만', 무고한 자신을 그렇게 고발하는 자를 이제 자신이 '한갓 짐승으로' 만들겠노라 선언하고 있다. 그들의 무신론 고발은 '단지 핑계'일 뿐이며 진짜 의도는 자신의 **전체** 철학'과 '최근의 모든 철학'이 '순수한 무신론에 귀착'된다고 왜곡하려는 데 있다는 것이다. 그러니 『철학 저널』 '전체'를 '금지'하려면 차라리 자신을 '인간 사회에서 추방'하라. '예로부터 진리의 순교자들의 폐허에서 진리를 위한 더 고차적인 자유와 안정이 싹을 틔웠다.' 선지자를 죽인 예수의 동시대인들까지 예로 들며[35] 피히테의 흥분은 극에 달한다. 더욱이 피히테는 『작센 선제후의 몰수 칙령에 의해 자신에게 전가된 무신론적 표명들에 대한 대중에의 호소』 출판 시 이 책을 1799년 1월 중순을 전후해 '150~200여 명의 학자'에게 인쇄된 편지 한 통을 넣어 직접 발송했다. 이 가운데 바로 야코비가 포함되어 있었다. 특별히 피히테는 책 속에 자필로 쪽지 편지까지 써넣는다.[36] 이 글을 쓰면서 자신은 종종 생생하게 한 사람을 떠올리며 그의 마음에 들었으면 했다는 것이다. 그 사람은 바로 '당신이었습니다. 존경스러운 분이여, 저는 당신에게서 동정이나 협조나 그런 것을 바라지 않습니다. 오히려 저는 우정을 더 원합니다.'

야코비는 난처했다. 그럼에도 그는 곧 답장을 쓰기로 결심한다. 야코비는 이미 1794년 5월 23일에 괴테가 보내 준 피히테의 『학문론 또는 이른바 철학의 개념에 대하여』(*Ueber den Begriff der Wissenschaftslehre oder der sogenannten Philosophie*)를 읽고 (6월 7일자 답신에서) 호감을 나타낸 바 있었다. 추정컨대, 여기서 '우리의 인식'이 '감정을 통해 간접적으로 사물

---

35 Johann Gottlieb Fichte, *Appellation an das Publicum*, pp. 196~97, 200~01, 233.

36 Walter Jaeschke, Irmgard-Maria Piske und Catia Goretzki, *Anhang* zu *Friedrich Heinrich Jacobi Werke*, Bd. 2. 2, p. 471.

자체(Ding an sich)와 연결'된다는[37] 피히테의 해석이 야코비 자신의 '영향'을 '수용한' 결과로 여겨졌기 때문일 것이다.[38] 그해 1794년 9월부터 그는 피히테와 직접 편지 교환을 시작했으며, 이듬해 3월 1일자 괴테에게 보낸 편지에서는 『전체 학문론의 토대』 첫 부분을 읽고 있다고 말하기도 한다. 그러나 야코비의 본격적인 피히테 연구는 서로 선물로 자신의 『볼데마르』와 피히테의 『자연법의 토대』(Grundlage des Naturrechts)를 주고받던 1796년 4월 이후로 알려진다. 이때부터 그는 "메모. 야코비가 피히테에게"(Kladde Jacobi an Fichte)를 작성하기 시작했다. 이 메모장에는 1799년까지 피히테의 앞의 세 저술뿐 아니라 『학문론의 첫째 서론』(Erste Einleitung in die Wissenschaftslehre, 1797)과 『학문론의 둘째 서론』(Zweite Einleitung in die Wissenschaftslehre, 1797), 『학문론의 새로운 서술 시도』(Versuch einer neuen Darstellung der Wissenschaftslehre, 1797), 『학문론 원리에 따른 도덕론의 체계』(Das System der Sittenlehre nach den Principien der Wissenschaftslehre, 1798) 등이 언급되고 있으며, 1800년 이후에도 『인간의 사명』(Die Bestimmung des Menschen, 1800), 『현시대의 근본 경향』(Die Grundzüge des gegenwärtigen Zeitalters, 1804), 『지복한 삶을 위한 지침』(Die Anweisung zum seligen Leben, 1806) 등이 기록되어 있다.[39] 따라서 『작센 선제후의 몰수 칙령에 의해 자신에게 전가된 무신론적 표명들에 대한 대중에의 호소』에 대한 답변을 구상할 때, 야코비의 머릿속에는 피히테의 전체 철학이 그려지고 있었다. 그래서 그는 무신론 논쟁뿐만 아니라 피히테 철학 **전체**에 대한 자신의 생각을 1799년 3월 3일, 6일, 21일에 걸쳐 편지로 전한다. 이에 피히테는 4월 22일에 '자연스러운 처음 생각으

---

37 Johann Gottlieb Fichte, *Ueber den Begriff der Wissenschaftslehre oder der sogenannten Philosophie*, p. 29.

38 Klaus Hammacher, "Jacobis Brief »An Fichte« (1799)", *Philosophisch-literarische Streitsachen*, Bd. 2, pp. 73~74. 클라우스 함마허에 따르면, 몇몇 편지를 통해 피히테 또한 이를 인정한 것으로 전해진다.

39 Peter-Paul Schneider, *Die ,Denkbücher' Friedrich Heinrich Jacobis*, pp. 229~34.

로는 '**거의** 전적으로 무조건' 야코비에 동의한다는 감사의 편지를 몇 몇 논점을 적은 '단편'(Fragment)과 함께 보냈다.[40] 야코비의 이 세 편지 의 출판은 라인홀트의 격려 때문이었다. 피히테는 5월 22일 라인홀트에 게 야코비가 자신의 철학을 '무신론적이라 명명하는' 부분을 '빼고' 이 미 보낸 적이 있는 자신의 '단편'을 추가하면 출판해도 좋다는 동의서를 보낸다.[41] 이에 따라 야코비는 전체 내용의 3분의 1에 해당하는 결말 부 분을 새롭게 썼지만, 피히테의 단편은 수록하지 않은 채 자신의 첨가글 (Beilagen) 세 편과 부록(Anhang) 다섯 편만을 추가하고 따로 작성한 예비 보고(Vorbericht)와 묶어 공개 편지 형식으로 출판한다.[42]

야코비의 이러한 태도 변화는 비신사적일 수 있으나 아주 갑작스러운 것은 아니었다. 이미 5월 13일 라인홀트에게 보낸 편지에서 그는 앞서 언급한 포이크트에게 보낸 피히테의 3월 22일자 편지 내용의 위협과 헤 르더에 대한 비난을 "정신 나간" 짓이라 질책하고 있다. 여기서 그는 "피 히테를 돕기 위해 손을 내밀 수는 있지만" 그를 "가슴으로 안기 위해 팔 을 벌릴 수는 없다"라고 말한다.[43] 게다가 공개 편지의 출판 무렵, 피히

---

40  Johann Gottlieb Fichte, "Fichte an Jacobi, 22. April 1799", *Philosophisch-literarische Streitsachen*, Bd. 2, 1, pp. 57, 59~61.

41  Karl Leonhard Reinhold, *Karl Leonhard Reinhold's Leben und litterarisches Wirken nebst einer Auswahl von Briefen Kant's, Fichte's, Jacobi's und andrer philosophirender Zeitgenossen an ihn*, p. 206.

42  Walter Jaeschke, Irmgard-Maria Piske und Catia Goretzki, *Anhang* zu *Friedrich Heinrich Jacobi Werke*, Bd. 2. 2, pp. 473~77. 출판 시기는 1799년 9월 말에서 11월 초 사이로 추정된다. p. 479. 이전 저서에서 사용한 첨가글이나 부록을 반복·추가해 출 판하는 것은 야코비가 즐겨 하던 방식이었다. 공개 편지에 추가된 내용의 출처에 대해 서는 pp. 467~68 참조. 두 번째 첨가글은 새로 작성된 것으로 알려져 있다.

43  Karl Leonhard Reinhold, *Karl Leonhard Reinhold's Leben und litterarisches Wirken nebst einer Auswahl von Briefen Kant's, Fichte's, Jacobi's und andrer philosophirender Zeitgenossen an ihn*, p. 245. 함마허는 야코비의 돌변 원인으로 피히테의 태도뿐만 아 니라 '사변'에 대한 야코비 자신의 궁극적 이의 제기를 언급한다. Klaus Hammacher, "Jacobis Brief »An Fichte« (1799)", *Philosophisch-literarische Streitsachen*, Bd. 2, p. 79. 이미 괴테는 『작센 선제후의 몰수 칙령에 의해 자신에게 전가된 무신론적 표

테는 억울했지만 정치적으로 해직 판결이 난 상태였다. 야코비에게 남은 것은 자기편에서의 순수한 철학적 논쟁뿐이었던 것이다. 이는 공개 편지 『야코비가 피히테에게』에서도 드러난다. 이 글에서도 예전부터 지녀오던 피히테 철학에 대한 그의 양가적 입장이 그대로 견지되고 있기 때문이다. 우선 본문보다 늦게 쓰인 예비보고에서 야코비는 이 글이 출판 의도가 전혀 없이 오로지 피히테만을 위해 작성되었다가 "이제 그의 동의로" 내놓게 되었다고 말한다. 아울러 그는 몇몇 "각주와 첨가글"을 빼고는 원본에 손질한 것은 전혀 없다고 밝히고 있다. 앞서 밝힌 것처럼 이는 둘 다 반쪽만 사실이다. 이어서 야코비는 "선행자"로서 "더 고귀한" 칸트를 "고상한" 피히테와 비교하면서 자신의 입장을 제시한다. 즉 자신은 "무지(Nichtwißen) 의식을 인간 내 최고의 것으로" 간주하고 "학문이 접근할 수 없는 참된 것(das Wahre)의 장소"에 존립하는 것으로 본다. 바로 이 장소에 거주하는 "신은 알려질 수 없으며 단지 믿어질 수만 있다." 칸트는 "이 장소의 위엄(Majestät)에 죄를 짓기보다 차라리" 자신의 "체계"의 한계를 인정하고자 했다. 이에 반해 피히테는 "사변의 관점", 다시 말해 "진리(Wahrheit) 자체의 관점"에서 학문적으로 이 장소를 "내려다보려" 함으로써 그 위엄을 손상했다. 더 나아가 야코비는 『신앙에 대한 또는 관념론과 실재론에 대한 데이비드 흄. 한 편의 대화』(1787)에서의 자

---

명들에 대한 대중에의 호소』를 '열병 착란'(Fieberdelirium)으로 평가했다. Folkart Wittekind, "Die „Retorsion des Atheismus". Der Atheismusstreit im Kontext von Fichtes früher Religionstheorie", *Fichtes Entlassung*, p. 61. 다른 한편으로 라인하르트 라우트(Reinhard Lauth)의 보고에 따르면, 야코비는 심중에 이미 피히테에 대한 불신을 품고 있었다. 이는 당시 피히테 추종자로 알려졌던 슐레겔이 야코비의 『볼데마르』 재판(1796)에 대해 야코비의 인격까지 비방하는 혹평을 가했기 때문이다. 그러나 피히테가 실제로 슐레겔의 이 비평을 수용했는지에 대해서는 알려진 바가 없다. 다만 '철학적 앎을 그 자체를 위해 문제시하지 않은,' 그래서 예술과 철학을 제3의 것, 즉 신앙의 봉사자로서만 고려하는 야코비의 입장에 슐레겔과 피히테 모두 비판적이었다는 것은 사실이다. Reinhard Lauth, "Fichtes Verhältnis zu Jacobi unter besonderer Berücksichtigung der Rolle Friedrich Schlegels in dieser Sache", *Friedrich Heinrich Jacobi*, pp. 174~76, 188~94 참조.

신의 칸트 비판을 암시하면서 그와 마찬가지로 피히테 또한 "비일관적" 이라 지적한다(JaF 191-193). 여기서 칸트의 비일관성은, 자신의 체계 속에 머무르려는 철저한 선험적 관념론자라면 선험적 대상이나 사물 자체를 포기하고 "사변적 유아론(Egoismus)이라는 비난조차 두려워하지 않는" "가장 강력한 관념론자"가 되어야 하는데 그러지 못한 칸트의 입장을 의미한다(JH 111-112).[44] 야코비의 비판에 따라 철저한 관념론자가 되기로 한 것은 아마도 피히테일 것이다.[45] 그런데 관념론을 철저히 견지하는 "선험철학"은 "기하학이나 대수학" 같은 것이어서 그 자체 "무신론적이지도" "유신론적이지도 않다." 따라서 이러한 피히테 철학을 "무신론이라 비난"하는 것은 "부당"하다. 그런데 왜 피히테 자신은 "까닭 없이" "선험철학을 통해 새로운 유일한 유신론"을 도입하려 하는가? 그러려는 "겉모습"(Anschein)만 보여도 추문에 휘말리기 쉽다. 정말 그러려고 했다면 "자연적 이성"의 오랜 "자연적 신앙"과 "전체 유신론"은 폐기되고 "단지 인위적일 뿐인 신앙만", 그래서 사실 "불가능한 신앙"만 초래될 것이다. 왜냐하면 선험철학이 "배타적으로" "유신론적이고자 한다면", 그것은 곧 "무신론적으로 될" 것이기 때문이다. 야코비는 바로 선을 긋는다. 이 문제는 "이 순간부터" "더 이상 나의 일이 아니라" 피히테 "그대"의 일이다(JaF 193).

공개 편지에서 야코비가 비판하는 논점은 크게 두 가지 관점에서, 말하자면 학문론과 도덕의 관점에서 살펴볼 수 있다. **먼저** 야코비는 학문론의 근본 특성을 폭로함으로써 앞서 피히테가 '우리 신앙'의 '근거'로서 '초감성적 즉자'를 제시하고 이를 '양심'이나 '감정' 등과, 더 나아가서는 '이성'과 동일시한 것을[46] 비판하고자 한다. 야코비에 따르면, "오직 앎 속에서만", "오로지 철학"(Alleinphilosophie)만으로 모든 것을 보려

---

44  자세한 논의는 이 책의 제2장 제3~5절 참조.

45  Johann Gottlieb Fichte, *Zweite Einleitung in die Wissenschaftslehre*, pp. 468~83 참조.

46  Johann Gottlieb Fichte, *Appellation an das Publicum*, pp. 204~10.

는 피히테는 진정 "사변적 이성의 참된 메시아"이다. 이 메시아의 "사변 철학"을 근본적으로 특징짓는 표현은 두 가지로 요약된다. **첫째**, 이 철학은 "전도된 스피노자주의"[47]이다. 스피노자는 "직관 불가능하기에 오직 추론을 통해서만 입증될 수 있는 객체와 주체의 절대적 동일성 자체"를 "실체"로 이해하고, 이 추론을 담당하는 "사유"의 "객체적" 측면을 "최상의" 것으로, 연장된 대상의 "주체적" 측면을 "최하의" 것으로 설정했다.[48] 그리고는 이 양자의 위치를 "바꾸어볼" 생각을 하지 않는다. 이것을 실행한 것이 바로 "선험적 관념론"이다. 특히 피히테는 "나는 있다"라는 명제의 확실성과 "내 외부에 사물들이 있다"라는 명제의 확실성을 일단 부등하게 만들고 가장 확실한 전자의 명제로부터 불확실한 후자를 도출함으로써 "인위적인 동등성"을 확보하고자 한다. 말하자면 **대상의** 주체적 측면이 확실하게 존재하는 **자아**로부터 구성되는 것이다. 이러한 자아주의 — 곧 "유아론"(Egoismus) — 를 통해 "유물론", 즉 실재론의 "관념론으로의 변용(Verklärung)"[49]이 성취된다. 따라서 피히테의 학문론은 실재적인 "질료 없는 유물론 또는 순수수학(Mathesis pura)의 서술"일 뿐이다. 자기 자신 이외에 아무것도 필요로 하지 않는 스피노자의

---

47 이 표현을 처음 사용한 사람은 야코비와 친분이 두터웠던 덴마크의 시인 옌스 바게센(Jens Baggesen)이다. Klaus Hammacher, "Jacobis Brief »An Fichte« (1799)", *Philosophisch-literarische Streitsachen*, Bd. 2, p. 76.

48 야코비는 여기서 『지성교정론』에서 스피노자가 사용한 '참된 관념'(idea vera)의 특징으로서의 외부 대상의 사유 내의, 그래서 사유가 지니는 '객체적 본질'(essentiae objectivae)과 그 대상이 주체적으로 갖고 있는 '형상적 본질'(essentiae formalis)을 올바로 구분하고 있다. Spinoza, *Abhandlung über die Verbesserung des Verstandes*, pp. 15~19. 또한 JLS1, pp. 100~03; JDO, pp. 120~21 참조.

49 야코비는 유물론(Materialismus)을 실재론(Realismus)과 동의어로 사용한다. 따라서 Materialismus의 뜻을 질료주의로 새겨도 좋다. 이 책의 제4장 제2~4절 참조. 또한 인식적 의미에서가 아니라 존재론적 의미에서 이 표현을 유물론의 유심론(Spiritualismus)으로의 변용으로 바꾸어 읽어도 괜찮다. 비록 유심론이란 단어를 사용하지는 않지만, 야코비는 항상 유심론적 의미를 염두에 두면서 관념론(Idealismus)을 언급하기 때문이다. Walter Jaeschke, "Der Messias der spekulativen Vernunft", *Fichtes Entlassung*, p. 149.

실체처럼 전체 세계가 자아의 "사고 속에서 무(無)로부터 창출"되기 때문이다.[50] 인간 주체 자신의 산물임에도 불구하고 이를 절대 객관적으로 대상화해 율법으로 섬긴 민족은 유대인들이다. 그렇기에 사변이성의 메시아인 피히테는 사실 "사변이성의 유대인들"의 "왕"인 셈이다(JaF 194-198).[51] 야코비가 불쑥 던진 이 말의 속내는 『작센 선제후의 몰수 칙령에 의해 자신에게 전가된 무신론적 표명들에 대한 대중에의 호소』에서 피히테가 자신의 고발자들을 향해 선지자를 죽인 '예수의 동시대인들'을 들먹이는 부분과[52] 비교하면 선명해진다. 피히테야말로 진정한 메시아를 죽인 자들의 왕, 거짓 메시아라는 것이다.

학문론의 **두 번째** 특징은 그것이 "순전히 논리적인 열정주의(Enthusiasmus)"[53]에 있다는 데 있다. 이 또한 스피노자 못지않겠다.

---

50 그러나 피히테의 자아는 스피노자의 실체에는 없는 '자기지'(自己知)의 특성 또한 지닌다. 이 때문에 전도된 스피노자주의라는 평가는 오히려 '피히테의 스피노자화(Spinozisierung)'를 조건으로 한다고 볼 수도 있다. Günter Zöller, "Fichte als Spinoza, Spinoza als Fichte", *Friedrich Heinrich Jacobi*, pp. 50~51.

51 당시 '계몽된 유대인들'은 프랑스혁명 이후에 개편된 유럽 사회의 동등한 시민이 될 수 있는 기회를 활발히 논의했으며, 피히테도 이에 관여하곤 했다. 따라서 하르트무트 트라우프(Hartmut Traub)에 따르면, 사변이성의 유대인들의 왕이라는 야코비의 표현은 반계몽적·반유대적 정서를 자극하는 역효과를 초래하기도 했다. Hartmut Traub, "J. G. Fichte, der König der Juden spekulativer Vernunft: Überlegungen zum spekulativen Anti-Judaismus", *Fichte Studien*, Bd. 21, pp. 133~34, 145~46. 이에 반해 19세기 이전 유대교의 메시아주의는 합리적이지 않은 '신비적 사회 혁명적' 성향을 지녔기에, 야코비의 그 표현은 사변이성의 비합리적 측면을 지적하고 심정의 계몽을 제기한 것이라는 논의도 있다. Klaus Hammacher, *"Jacobi und das Judentum"*, *Fichte Studien*, Bd. 21, pp. 195~207, 특히 pp. 196~99 참조. '세계주의'(Kosmopolitismus)에 기초한 피히테의 '애국심' 개념과 유대 '시온주의'의 관계에 대해서는 Hans J. Becker, "Fichte und das Judentum: das Judentum und Fichte", *Fichte Studien*, Bd. 22, pp. 19~36, 특히 pp. 20~25, 28~32 참조.

52 Johann Gottlieb Fichte, *Appellation an das Publicum*, p. 197.

53 번역상의 불분명함은 있으나 계몽 시대에 열정 또는 열정주의(Enthusiasmus)는 '감수성 있는 영혼의 긍정적 표현'일 수 있었으며, 극단화되었기에 '배척해야 할 열정주의'는 열광 또는 열광주의(Schwärmerei)로 표현되었고, 종교적 열정주의는 광신 또는 광신주의(Fanatismus)라 불리기도 했다. Carmen Götz, *Friedrich Heinrich Jacobi im*

학문 자체만을 대상으로 지니는 **학문**, 다시 말해 피히테의 학문**론**(Wissenschafts**lehre**)은 "자체에 있어서의 학문"(Wißenschaft an sich), 즉 "자기 자신"만을 아는 "자아"와 같다. 이 자아로부터 다른 모든 학문이 "구성"된다. 물론, 구성 작업의 조건은 무엇보다 제정신을 잃을 정도로 "인위적으로 감관을 벗어나는 것"(Von-Sinnen-Kommen)이다. 그다음에 자아라는 "한 조각"의 "이성"으로부터 모든 것을 "내재적"으로 도출해 낸다. 이성(Vernunft)은 어원적으로 "청취함"(Vernehmen)이다. 그런데 감관이 없는 자아의 "순수이성"은 "자기 자신만을 청취"할 수 있다. 이때 자기 자신을 청취한 이성에 자신 밖의 모든 것은 "무"로 바뀐다. 그러나 이 이성은 "자체로 있을 수도 없기에" 자신이 청취한 자기 자신을 "모든 것"으로 "산출"한다. 그래서 이성 자신과 모든 것, 자아와 비아(非我)는 사행(Tathandlung) 속에서 비로소 마련되는 것이 아니라 이미 이성 또는 자아의 자신만을 청취하고 정립하는 행위(Handlung)의 결과(Tat)일 뿐이다. 순수이성의 바로 이 **자기** 청취 때문에 자아와 세계 전체는 실제로는 "한갓 실태-실태"(eine bloße That-That)로만 주어진다. 야코비는 이러한 "순수철학"의 추구를 "인식"하려는 모든 인간이 빠질 수 있는 함정으로 설명한다. 왜냐하면 모든 인식은 개념 파악함으로써만, 그리고 개념 파악은 "사고 속에서" "구성함"으로써만 이루어지기 때문이다. 말하자면 인간은 "사실(Sache)을 단순한 형태로 변환하면서 형태를 사실로, 사실을 무로 만듦으로써 개념 파악한다." 예를 들어 단풍나무의 온전한 사실을 이 나무의 단순한 단풍 색깔 형태로 변환하면서 이 색깔 형태를 단풍나무의 사실로 만들고 이 나무의 본래 온전한 사실을 무로 만

---

*Kontext der Aufklärung*, pp. 416~39 참조. 야코비 자신은 크리스토프 마르틴 빌란트(Christoph Martin Wieland)의 언급에 따라 "열광"을 "결코 자연 속에 있지 않은 대상들이나 또는 적어도 자연이 도취된 영혼이라 여기는 바의 것이 아닌 대상들에 의한 영혼의 가열(Erhitzung)"로, "열정"을 "자연 속의 그리고 자연의 거울인 우리의 가장 내적인 것 속의 아름답고 선하며 완전하고 신적인 것의 직접적 직관의 작용"을 통해 일어나는 "영혼의 가열"로 정의한다. 참된 선을 향한 이러한 "불같은 사랑"은 "우리 안의 신"이다. JM, pp. 376~77.

닮으로써 다음처럼 개념 파악한다. 이 단풍나무는 참 색이 곱다. 우리는 "자립적으로(für sich) 존립하는" 객관적 존재를 사고 속에서 무화하고 "주관적으로" 재구성함으로써만 인식하는 것이다. 그래서 순수이성만을 지니는 피히테의 자아는 "세계-창조자이자 자신 고유의 창조자"이다(JaF 200-202).[54] '자연적으로' '주어진 것'의 '확실성'을 외면하고 '인위적 확실성'으로 대체된 자기만의 세계를 구성하는[55] 그의 자아는 정말 감히 '신의 신'(Gott Gottes)이라 자청하면서 인간이 '찾는 신을 부인한다.'[56] 그런데 세계뿐만 아니라 자아 자신도 개념 속에서 파악되기 위해서는 "본질상 **스스로를** 무화해야 할 것이다." 인식과 개념 파악 외에도 다양한 모습을 지닌 자기 자신을 말이다. 야코비는 소박하게도 피히테 관념론의 결과를 "손으로 뜬 양말(Strickstrumpf)"에 비유한다. 이를테면 순전히 실 한 올만 꼬아가면서 꽃과 해와 달 등의 문양을 만들고 양말 전체도, 더 나아가서는 세계 전부까지 만들어내려 하지만, 이 모든 것에 대해 "반성"할 때 이것들의 "진리"는 그 한 올의 실이라는 "근원적 동일성"에 귀착하고 만다는 것이다. 세상이 이렇게 형성된 것이 아니라면 사고 속에서 꼬아지기 이전의 단풍나무를 온전히 보기 위해서는 결국 "경험"(Empirie)이 "더 높은 장소"에 있어야 한다. "사변의 최고 관점"은 정말 "진리의 관점도 아니다"(JaF 203-205).[57]

---

54 『스피노자의 가르침에 대하여』의 제2판(1789) 일곱 번째 첨가글을 부분적으로 발췌한 이 공개 편지의 첫 번째 첨가글에서 야코비는 잠바티스타 비코(Giambattista Vico, 1668~1744)의 구성주의적 진리 전통(verum quia factum)에 따라 우리가 구성한 것만을 개념 파악할 수 있기에, "성질 자체에 대해서는 어떠한 개념도 가질 수 없으며 단지 직관만" 가능하다고 보았다. 따라서 "우리 고유의 현존재" 자체를 드러내는 것도 개념이 아니라 "단지 감정"일 뿐이다. JLS2, p. 258; JaF, pp. 229~30. 이사야 벌린, 『비코와 헤르더』, 54~97쪽. 특히 61쪽.

55 Leo Strauss, *Das Erkenntnisproblem in der philosophischen Lehre Fr. H. Jacobis*, p. 249.

56 Walter Jaeschke, "Der Messias der spekulativen Vernunft", *Fichtes Entlassung*, p. 152.

57 슈나이더의 보고에 따르면, 손으로 뜬 양말의 비유는 이전에도 두 가지가, 즉 메모장에 기록한 것과 1797년 12월 13일자 돔(Dohm)에게 보낸 편지에서 설명한 것이 더 있다. Peter-Paul Schneider, *Die „Denkbücher' Friedrich Heinrich Jacobis*, pp. 236~39.

감성계에 대해 '세계 구토증'(Weltekel)'[58]을 앓고 있는 피히테의 자아는 순수이성과 동일시될 수 있을지언정, 양심이나 정조 또는 감정 등과 같다고 볼 수는 없을 것이다. 이 후자의 자리는 야코비에 따르면, 학문의 "진리"에 있는 것이 아니라 "학문 밖의" "참된 것 자체"(das Wahre selbst)에 있다. 야코비는 이 구별을 학문으로의 "개종(改宗) 강요"(coge intrare)를 "돕기" 위해 한다고 말하지만, 정작 속뜻은 "오로지 철학"만 하는 자가 놓치고 있는 것을 지적하려는 데에 있다. 학문론이 극명하게 보여 주고 있는 것은 모든 것에서 "인간 정신이 단지 자기 자신만을 추구"한다는 사실이다. 이렇게 세계에 대해 인간 **자신이** 획득한 학문적 결과가 진리일 수는 있을 것이다. 그러나 진리(Wahrheit)는 엄밀히 말해 참된 것(das Wahre)의 **성질**(Wahrheit), 즉 진리성(眞理性)일 뿐이지, 참된 것 자체는 아니다. 따라서 "모든 진리의 근거"가 "앎의 학문", 학문의 학문인 학문론 속에 있을 수는 없다. 아무리 정교하게 뜬 양말인들 건강한 인간의 "다리"가 없다면 무슨 소용인가? "형이상학"을 포함해 모든 학문은 오히려 참된 것 자체를 흉내 내려는 "유희"(Spiele)일 뿐이다. 참된 것 자체를 놓친다면 단지 "자신의 무지(Unwißenheit)와의 유희"일 뿐인 그런 유희 말이다. 어떻게 이러한 학문적 인식에 만족하고 마는지 이해하기 어렵다. 야코비에 따르면, "참된 것"은 "앎 이전에 앎 밖에서" "비로소 앎과 앎의 능력에 가치를 부여하는 것"이기 때문이다. 모든 학문은 이것에 가까이 다가가기 위한 "인위적 도구"에 지나지 않는다. 청취하

---

메모장에서 피히테의 비아는 "실매듭"(Strickdräthe)에 비유되고 있다. JD, p. 274 참조. 돔에게 보낸 편지에서 야코비는 피히테 철학을 "칸트 철학"이 "일관되려면" 도달할 수밖에 없는 종착지로 언급한다. JN, pp. 199~201 참조. 함마허는 야코비가 '상호인격성'(Interpersonalität)에 의해 비로소 '실천적'으로 획득되는 피히테의 동일성 개념을 놓치고 있다고 보며, 양말에 문양을 이루며 꼬아지는 실매듭이 자아 한 올로 '흘러들어 가지 않'는다는 점에서 비아의 긍정적 해석 가능성도 간과하고 있다고 본다. 그러나 이 마지막 해석은 함마허의 교정된 문장 독해에 의한 것으로 다소 무리가 있다. Klaus Hammacher, *Die Philosophie Friedrich Heinrich Jacobis*, pp. 179~80 참조.

58 Claus Dierksmeier, "Kant-Forberg-Fichte," *Fichte Entlassung*, p. 92.

는 앎의 능력인 이성은 언제나 "청취 가능한 것"(ein Vernehmbares), "참된 것"을 전제한다. 이성은 "참된 것의 전제 능력"이다. 그러나 어떤 것을 전제한다는 것은 아직 어떤 것 그 자체를 온전히 알지 못한다는 것이다. 따라서 이성은 "참된 것의 학문의 능력이 아니라" 참된 것에 대한 자신의 "무지의 **감정**과 의식", 긍정적으로 말해 이러한 무지 속에서 참된 것을 "**예감**"(Ahnung)하는 능력이다(JaF 198-199, 205-208). 여기서 야코비는 분명 자신 고유의 이성 개념을 사용하고 있다. 그러나 야코비는 이 개념을 선험철학의 이성 개념과 "혼용"하지 않고 선명하게 구별하려는 시도를 10여 년 후에야 하게 된다(JH 64).[59] 여하튼 이 이성이 예감하고 전제하는 참된 것은 결코 이성 자신이 아니라 오히려 변화무상한 "현상들 아래에 감춰져 있는 것", 바로 "존재"(das Seyn) 자체이다. 존재는 "단지 **자신의** 가상(Schein)만을 제공"한다. 그리고 그 결과가 바로 현상(Erscheinung)이다. 존재는 아마도 이 "현상들 속을 두루 비추는(durchscheinen)" 것이어야 할 것이다. 그렇지 않다면, 다시 말해 현상들 속에서 그 존재를 예감할 수 없다면 현상들은 온통 "무의 현상들"뿐일 것이다. 이로부터 "자기 밖의 모든 것이 무"가 되는 순수 사변이성이 생겨난다. 이러한 이성만 경청하는 자들은 "그 자체 유령들"(An-sich-Gespenster) 이외의 다른 것이 아니다(JaF 207-208).[60]

피히테에게 가장 확실한 도덕성은 '다른 도덕적 존재들'과 '나의 연관'에 대한 '양심의 직접적 진술'이었다.[61] 야코비는 이제 **마지막으로** 도덕의 관점에서 이러한 유령들의 확실성에 감성적 확실성을 맞세운다. 나와 내 외부의 사물들의 존재는 "자연적 인간"에게는 둘 다 "확실한" 것

---

59 야코비는『신앙에 대한 또는 관념론과 실재론에 대한 데이비드 흄. 한 편의 대화』재판(1815)의 한 각주에서 이를 고백한다.

60 이 부분은 헤겔의『논리의 학』본질론의 '가상'과 '현상'을 다루는 부분과 비교하면 좋다. Georg Wilhelm Friedrich Hegel, *Wissenschaft der Logik I*, 1812/13, pp. 244ff. 참조.

61 Johann Gottlieb Fichte, *Appellation an das Publicum*, p. 211.

들이다. 이러한 인간이 앞서 말한 인식의 함정에 빠지지 않는다면, 자신의 "구상력의 존재(Wesen)"와 자신 밖의 "참된 존재"(wahres Wesen)를 "절대적으로" 구별하고 "감성계 내에" "표현되어 있는", 그래서 자신의 구상력을 "질서짓게끔" 하는 "이성"에 주목할 것이다. 말하자면 이성은 자아 속만이 아니라 외부 세계의 존재의 원리로도 실재한다. 다만 인간 자아의 이성은 "제한된" 것이기에 존재의 이성을 예감하고 감관 지각(Wahrnehmung)을 통해 "참으로 취할 것"(Wahr-Nehmung)을 목표로 삼아야 한다. 피히테가 생각하듯이, 감성계가 도덕적 세계질서의 결과로 실재할 수 있는 것은 이미 감성계 자체가 존재의 이성을 품고 있기 때문이다. 인간의 능력을 넘어서는 바로 이 이성으로부터만 모든 진리가 산출될 수 있다. 이 존재의 이성이야말로 모든 "진리의 본질(Wesen) 자체", 진리의 근원이라 할 수 있을 것이다. 이는 분명 "자아 그 이상"의 존재요, 자아의 이성만으로는 "이해 불가능한 것", 자아의 "개념 속에서는 불가능한 것"이다. 이 이성을 통해서만 정신과 육체로 이루어진 "삶"(生)이, 그리고 참으로 존재하는 것은 좋은 것이기에 "선한 것과 참된 것"이 온전히 설명될 수 있다. 야코비는 "나의 근원"이기도 한 이 존재의 이성을 이제 "신"이라 부른다(JaF 194, 209-210).[62] 다른 곳에서 그는 이를 "정신"이라 부르기도 한다(JDO 30, 135).[63] 아울러 무한한 능력

---

62 이는 "인간이 이성을 지니는가, 아니면 이성이 인간을 지니는가"라는 『스피노자의 가르침에 대하여』 제2판본의 일곱 번째 첨가글의 유명한 물음과도 연관된다. 야코비는 한 편지에서 이 첨가글을 자신의 논문 중 "가장 탁월한" "정신의 작품"으로 간주했으며, 앞의 물음을 바탕으로 공개 편지의 두 번째 첨가글을 새로 작성하기도 했다. 여기서 그는 "우리의 의식 내에서의" "자연 필연성과 자유의 합일", 다시 말해 존재론적 이성과 인식론적 이성의 합일을 "학문"에 "단적으로 이해 불가능한" "창조와 같은 기적"의 "사실"로 설명하며, 바로 이에 대한 "무지"(Unwißenheit)를 "참된 것의 장소"로 보았다. Karl Leonhard Reinhold, *Karl Leonhard Reinhold's Leben und litterarisches Wirken nebst einer Auswahl von Briefen Kant's, Fichte's, Jacobi's und andrer philosophirender Zeitgenossen an ihn*, p. 233. 1790년 2월 11일자 야코비에게 받은 편지. JLS2, p. 259; JaF, pp. 232, 234, 237.

63 이미 『에두아르트 알빌의 편지 모음』(1792)에 추가된 에르하르트 오(Erhard O)에게

을 갖춘 존재의 이성이 유한자를 그냥 없는 것이 아니라 실재로 존재하
게끔 한 이유는 "사랑"으로밖에 설명되지 않는다. 이 사랑을 느끼는 "인
간의 마음"이야말로 진정한 "양심"의 "살아 있는 뿌리"이다. "선험철학"
은 바로 이 "인간의 마음"을 "가슴으로부터 뜯어내 버리고" 자아의 "자
기 자신과의 만장일치", 즉 "개념에서의 최고의" "통일성"을 "보편타당
한" 도덕성의 원리로 내세운다. 존재하는 세상을 무로 치부하고 자기 자
신만을 듣는 자아는, 그러나 자신의 "이성성의 살아 있는데도 죽은 것
(Lebendigtodtes)"에 양심을 종속시킬 뿐이다. 그리고 이를 통해 양심을
"맹목-법칙적으로, 귀머거리와 벙어리로, 감정 없는 것으로 만들어"버
린다. 야코비는 말한다. 세계를 무로 간주하는, 그래서 "아무것도 의지
하지 않는" 순수이성에 대항하려는 이러한 자신을 "논리적 열정주의"
가 "결핍"된 "무신론자"라 비난해도 좋다(JaF 196-197, 210-213).[64] 실재
하는 아무것도 의지하지 않는, 그래서 차라리 무를 의지하는 사변이성
의 메시아는 한편에서는 "이성의 독재(Alleinherrschaft)"[65]와 다른 한편
에서는 세계의 "니힐리즘"(Nihilism)만을 가져올 것이다. 알 수 없기에
신앙을 통해 신에게로 "비약"(Salto mortale)하려는 나의 "무지의 철학"
(Philosophie des Nicht-Wißens)을 "키메라주의"(Chimärismus)라고 비난해
도 좋다. 정말 아는 것은 아무것도 없는 "무의 철학적 앎"(Philosophisches
Wißen des Nichts)의 도덕률은 "결코 인간의 마음이 되지 못할 것이다"
(JaF 212, 214-215).[66] 피히테는 『작센 선제후의 몰수 칙령에 의해 자신

---

보낸 편지에도 나온다. JAll, pp. 222, 224, 239. 공개 편지에서도 자신과 칸트의 차이
점을 설명한 이 편지를 자신과 피히테의 비교를 위해 언급하고 있다. JaF, p. 200 참조.

64 존재의 "영원한 것"을 향하는 "순수 사랑의 원리"에 대해서는 첫째 첨가글 pp. 250~
51 참조. 또한 JLS2, pp. 166~68도 참조.

65 이 표현은 야코비가 이미 칸트와 이신론자의 이성에 대해 한 말이다. JH, p. 95.
제2판(1815) 각주; JBB, p. 125. 헤겔 또한 『믿음과 앎』(1802)에서 '자연'과의 '가
능한 화해'를 모색하는 야코비의 관점에서 피히테 철학을 '절대적 전제정'(absolute
Tyranney)이라고 비판한다. Georg Wilhelm Friedrich Hegel, *Glauben und Wissen*,
pp. 385, 407~09.

에게 전가된 무신론적 표명들에 대한 대중에의 호소』에서 감성적 향유만 있는 '세계의 군주'에 대해 자신의 신을 '초감성적 세계의 통치자(Regent)'라고 맞세운 적이 있다.[67] 야코비는 이에 대답하고 있는 셈이다.

지금까지는 복선만 나열하다가 새로 쓰인 결말 부분에서 야코비는 갑자기 피히테의 무신론에 대한 자신의 입장을 **분명히** 제시한다.[68] 이 부분을 『작센 선제후의 몰수 칙령에 의해 자신에게 전가된 무신론적 표명들에 대한 대중에의 호소』 뒷부분과 비교하면 좋다. 여기서 피히테는 서로의 이론이 '아무리 상이해도' 자신이 '사유하는 것과 아주 꼭 같이 말한' '야코비에게' '신뢰에 가득 찬' '악수'를 청하고 있다.[69] 예비보고에서처럼 야코비는 이에 선을 긋는다. "나는 당신의 이론을 스피노자의 것과 같이 무신론이라 명명해야 할 것"이다. 그럼에도 나는 당신이 청한 악수를 "우정 어리게 꼭" 잡을 것이다. 왜냐하면 나는 "당신을 인격적으로는(persönlich)" "무신론자로, 독신자(Gottlosen)로 간주하지 않을" 것이기 때문이다. 이에 따르면, **인간** 피히테는 무신론자가 아니다. 그러나 그가 학문론을 통해 결코 "인격적이지 않은" 논리적 신에 도달했을 때, **학문론자** 피히테는 무신론자가 된다. "그의 죄"는 단지 개념적 인식의 함정에 빠진 죄, 따라서 "인간이 아니라" 너무 꼬치꼬치 캐는 "탐구자"(Grübler)가 저지른 "사고물"(Gedankending)에 불과하다. 야코비는 덧붙인다. 그러나 이러한 철학에 "무신론이니 신비주의니" "열광주의"(Schwärmerei)니 하는 "비난"은 멈추지 않을 것이다. "우리 속에서 인간

---

66 니힐리즘에 대해서는 또한 JUK, pp. 320, 325; JVE, p. 425 참조.
67 Johann Gottlieb Fichte, *Appellation an das Publicum*, pp. 219~20.
68 이 부분은 아주 정확하지는 않지만, JaF, p. 216의 첫 문장부터인 것으로 추정된다. 또한 원래 결말에 있었던 문장 하나가 다른 편지에서 간접 인용되어 전해진다. 나는 "3월 21일" "공개 편지 결말에서" "작센 칙령으로부터 그(피히테)의 외적 형편에 대한 어떠한 불리한 결과도 두려워하지 않았다고, 등등을 말했지요." Walter Jaeschke, Irmgard-Maria Piske und Catia Goretzki, *Anhang* zu *Friedrich Heinrich Jacobi Werke*, Bd. 2. 2, pp. 476~77.
69 Johann Gottlieb Fichte, *Appellation an das Publicum*, p. 232.

이 되었던 "살아 있는 신"을 발견하지 못한다면 말이다. "신은 우리 안에 살고 있으며, 우리의 삶은 신 안에 감추어져 있다." 원리상 감추어져 있기에 우리 삶의 근원을 당장 알 수는 없다 해도, 이미 우리 안에 살고 있기에 "마음으로 그리고 정신으로" 우리는 그를 느끼고 예감할 수 있다. 사랑으로 모든 존재를 부여한 신은 인격적인 창조신이다. 인격성과 의식이 피히테에게서처럼 유한한 능력만은 아닌 것이다. 만약 그렇다면, 전체 감성계는 그 존재의 출처를 알 수 없는 무로 치부될 것이다. 아울러 "모든 시대에" "종교"와 "덕"이 있었던 것은 최고의 존재인 "신에 대한 외경"이 그 자체로 "덕"이었기 때문이다. 그리고 인간이 늘 이렇게 신의 마음에 들고 싶어 했던 것은 신 자신이 "모든 시대에" 인간 속에 살고 있었기 때문이다. 이로써 야코비는 이를테면 자연종교의 역사적 사실을 통해 "우리 안의 신"(Gott in uns)을 주장하는 셈이다. 이 신은 인간 피히테 속에도 살고 있을 것이다. 그렇기에 피히테는 신을 학문적으로나마 알고자 했던 것이리라. 그리고 학문론의 신이 단지 사고물일 뿐이라면 그에게서도 "인격적인 신"은 "단지 입술로만 부인되고" 있다 하겠다. 피히테의 학문론에 야코비는 이렇게 자신의 "무지론"(Unwißenheitslehre)을 내세우면서 최후의 선택지를 제시한다. "부패한 손으로" "살아 있는 신"에 대한 "신앙"을 침해하는 자는 "인류의 적대자"이다. 이에 반해 온통 신성한 신앙에 "사로잡혀" 이를 지키고자 하는 자는 "인류의 선행자"이다. "어떤 종류의 철학을 선택하는가는 그가 어떠한 종류의 인간인가에 의존한다."[70] **유일한** 선택지는 이것이다. "무인가 아니면 신인가"(das Nichts oder einen Gott)(JaF 216-221, 223-224).[71]

---

70  야코비는 이 문장을 피히테의 『학문론의 새로운 서술 시도』에 나온 것으로 인용하고 있지만 사실은 『학문론의 첫째 서론』에 나온다. Johann Gottlieb Fichte, *Erste Einleitung in die Wissenschaftslehre*, p. 434.

71  이 물음은 셸링 비판의 핵심 물음이 된다. JDO, pp. 89, 100, 108. 이렇게 인간 피히테의 구제는 그의 '철학'과 '사상가적 능력'의 폐기를 전제로 할 것이다. Walter Jaeschke, "Der Messias der spekulativen Vernunft", *Fichtes Entlassung*, p. 153.

## 4. 마음의 이별

감사의 뜻을 담은 앞서 언급한 편지에서 피히테는 서로 다른 '개성' 때문에 자신을 '논리적 열정주의'로 특징지은 야코비를 향해 '삶의 열정주의'(Enthusiasmus des Lebens)라고 응수한다. 아마도 '젊은 시절'의 경험으로 인해 야코비는 '실재적인 것의 사랑과 사변의 증오'를 키워왔을지 모른다는 것이다. 그러면서 피히테는 한편으로 무신론 논쟁에 대한 자신의 대처의 미숙함을 고백하면서도 다른 한편으로는 사변과 삶, 이 '양자 모두 위로 자신을 냉정하게 고양하지 못하는' 야코비를 꼬집는다. 여기에 동봉된 단편에 따르면, '우리의 철학적 사유가 단지 도구일 뿐'이라는 것은 맞는 말이다. 또한 철학적 사유를 통해 '우리가 모방하는 (nachbilden) 살아 있는 육체가 평범한 실재적 의식'이라는 것도 사실이다. 그러나 철학 속에 등장하는 것은 결코 이러한 의식의 '실재적 사유' 자체가 아니라 오직 이 '실재적 사유의 묘사와 서술'일 뿐이다. 어떤 것을 묘사하고 서술하기 위해서는 그 어떤 것에 사로잡혀 공정한 시각을 잃기보다는 먼저 그 영역에서 벗어나 그것을 냉정하게 대상화해야 한다. 그리고 바로 '삶을 인식'하기 위해 '현실적 삶으로부터 벗어남'이 '사변'의 관점인 것이다. 야코비처럼 '비(非)철학함'을 통해 '삶'의 실재성을 확보하는 것이 '목적'이라면, 철학적 사변을 통해 삶을 불가피하게 비실재적인 개념 형식으로 '인식'하는 것은 '수단'이라 할 수 있다. "삶은 전적으로 본래 철학함이 아님(Nicht-Philosophiren)이요, 철학함은 전적으로 본래 삶이 아님(Nicht-Leben)"이다. 이 양자는 완전히 대립되어 있기에 "합일점"은 "불가능"하며 단지 접합만 이루어질 수 있다.[72]

---

72 Johann Gottlieb Fichte, "Fichte an Jacobi, 22. April 1799", *Philosophisch-literarische Streitsachen*, Bd. 2. 1, pp. 57~61. '철학적 이론과 생활세계적 사유의 합일 불가능성'을 '피히테 철학에 제시한 것은 야코비의 공로이다.' Susanna Kahlefeld, "Standpunkt des Lebens und Standpunkt der Philosophie. Jacobis Brief an Fichte aus dem Jahr 1799", *Fichte Studien*, Bd. 21, p. 128.

피히테의 단편은 어찌 보면 삶과 사변, 신앙과 지, 종교와 철학 간의 꺼질 줄 모르는 발화점을 지적한다고 할 수 있다. 철학적 사변이 입증할 수 있는 것은 도덕적 질서일 뿐이지, 이 질서의 창조자로서의 인격적 신 자체가 아니다. 이는 자연적 삶의 신앙 대상일 뿐이다. 그러나 야코비가 보기에 그런 질서는 유신론적 개념도 무신론적 개념도 아니다. 그 질서를 유신론적으로 이해하려 하자마자 무신론자는 아니겠지만 적어도 "미신"(Aberglaube)을 믿는 자도 도덕론자일 수 있을 것이며, 이를 통해 거짓 기독교를 주장할 수 있을 것이다(JaF 221-222).[73] 이에 반해 피히테에게 미신은 초감성적 '도덕성이 없는 종교'이다. 90퍼센트가 '인간의 도덕적 감관(Sinn)'에 의거하는 기독교는 이 도덕성에 대한 나머지 10퍼센트의 철학적 '설명'이 덧붙여져야만 완전한 종교일 수 있다.[74] 야코비는 결말에서 피히테 철학이 이 10퍼센트가 없는 다른 모든 이론을 "불필요한 것"으로 간주하는 것은 그의 철학이 무슨 "기적" 같은 것을 체험했기 때문일 것이라고 비꼰다. 그러면서 나처럼 똑같이 응답해 달라는 부탁으로 공개 편지를 끝맺고 있다(JaF 223-224).

이전의 동시대인들에게는 피히테 종교론의 무신론 여부만 쟁점이었던 것과 달리, 그의 부탁을 반쪽만 형식적으로 갖춘 이 공개 편지의 출판은 이제부터 피히테 철학 전체를 문제 삼게끔 했다. 한때 야코비를 '우리 시대 순수한 인간성의 가장 아름다운 형상'으로 간주했던 피히테에게 이는 무척이나 가혹한 일이었을 것이다(JBr2 222).[75] 1810년 베를린 대학에서 재기할 때까지 그는 온갖 고초를 겪어야 했기 때문이다.[76] 아마도 피히테는 자신의 한계를 모르는 이른바 "정직하지 못한" 철학과 죽을 때까지 "전쟁"을 벌이고자 했던 야코비의 단호한 측면을 너무 몰랐을 것

---

73 야코비는 여기서 피히테가 '감성계'로부터 연역된 신을 '도덕적 본질'로 **가정해** 설명하는 부분을 인용한다. Johann Gottlieb Fichte, *Appellation an das Publicum*, p. 217.

74 Johann Gottlieb Fichte, *Appellation an das Publicum*, pp. 209, 224.

75 1796년 4월 26일자 피히테에게서 받은 편지.

76 백훈승,『피히테의 자아론: 피히테 철학 입문』, 294~98쪽 참조.

이다(JVE 429). 파급력은 컸다.[77] 피히테 철학 전체에 대한 평가는 칸트 철학의 이론적 귀결에 대한 평가로 이어졌다. 무엇보다 칸트주의자로 출발해 피히테에 심취했던 라인홀트가 야코비의 "순수하고 충직한"(Rein- und Holden) 친구가 되었다(JaF 193). 그는 피히테에게 보내는 1799년 3월 27일자와 4월 6일자 공개 편지에서 '오직 알 수 있기 **위해서만** 믿는' 철학적 '사변'에 대해 '단지 믿기 때문에' 이미 '아는' '자연적 이성'을 맞세운다. 그가 보기에 이제 이성 신앙만 가능한 철학자에게 삶의 직접적 감정과 '단적으로 자립적인' 신앙은 불가능하다.[78] 야코비의 공개 편지 출판 이후 피히테는 이런 라인홀트에게만 몇 차례 자신의 입장을 피력했다. 마찬가지로 '비지'(非知, Nichtwissen)의 삶 차원에 뿌리를 두고 있는 자신의 철학을 야코비는 '반쪽만' 이해했다는 것이다.[79] 공개 편지 출판 이후에 피히테는 야코비에게 말 그대로 '광분한'(toll) 것으로 알려진다.[80] 그러나 야코비는 다른 편지에서 "피히테가 격분"할 것을 "예상하고" 그렇게 했다고 말한다(JaR28 71). 둘의 서로에 대한 마음은 이렇게 멀어져만 갔다.

야코비의 공개 편지에 대한 피히테의 **간접적인** 최초의 답변은 바로 『인간의 사명』(1800)이라 할 수 있다. 비록 이 책에서 야코비를 한번도 직접 언급하고 있지는 않지만, 야코비적 표현이 곳곳에서 피히테의 의미로 등장하고 있기 때문이다.[81] 여기서 피히테는 '자연적 오성'을 지

---

77 이에 대해서는 Susanna Kahlefeld, "Standpunkt des Lebens und Standpunkt der Philosophie. Jacobis Brief an Fichte aus dem Jahr 1799", *Fichte Studien*, Bd. 21, p. 119 참조.

78 Karl Leonhard Reinhold, "Reinhold an Fichte, 27. März/6. April 1799 (Sendschreiben)", *Philosophisch-literarische Streitsachen*, Bd. 2. 1, pp. 55~56.

79 Johann Gottlieb Fichte, "Fichte an Reinhold, 8. Januar 1800", *Philosophisch-literarische Streitsachen*, Bd. 2. 1, pp. 64~65.

80 Jean Paul, "Jean Paul an Jacobi, 21./23. Februar/3./6. März 1800", *Philosophisch-literarische Streitsachen*, Bd. 2. 1, p. 78.

81 Walter Jaeschke, Irmgard-Maria Piske und Catia Goretzki, *Anhang zu Friedrich Heinrich Jacobi Werke*, Bd. 2. 2, p. 479; Klaus Hammacher, "Jacobis Brief »An Fichte«

닌 '독자'를 '감성으로부터 초감성적인 것'에로 고양하기 위해 '회의'
와 '앎', 그리고 '신앙'의 세 단계를 나누고, 이들 각각에 자연학적 인식
과 학문론적 앎, 그리고 삶의 실천적 행위를 배치한다. 특히 학문론적 앎
은 '직접적' '자기의식'과 '나 아닌 것의' '매개된' '의식'으로 구성되는
것이기에 '감성계'의 '실재성'을 제공해 줄 수 없으며, 그 자체 내의 '절
대적으로 공허한' 것으로 평가된다. 이어서 그는 '자연적 사유의 관점'
에서 '독립적인 절대적 자기 활동성의 충동(Trieb)'이 요구하는 '사명'을
'자발적으로' 따르려는 결단에서 '신앙'을 도입한다. 예전과 달리, 그는
철학 위에 삶의 관점을 설정하고 있는 셈이다. 그러나 이 관점은 현실적
삶의 관점이 아니라 여전히 '도덕적 세계'에 대한 신앙으로부터 '감성
계'의 '실재성에 대한 신앙'이 도출되는 사변적 삶의 관점임이 곧 드러
난다. '현재 세계는 일반적으로 우리에 대한' 이성적 '의무명령을 통해
서만 현존한다.' '이성이 현존재 때문에 있는 것이 아니라 현존재가 이
성 때문에 있는 것이다.' 다시 말해 '세계 창조자'는 '오직 우리의 심정
들(Gemüter) 속에서만 하나의 세계를 창조'하는데, 이 세계로부터 '우리
는 의무에 대한 호소, 일치하는 감정과 직관 그리고 사유 법칙을 발전시
키는' 것이다.[82] 결국 이 세계 역시 초감성적인 이성적 세계 이외에 다른

---

(1799)", *Philosophisch-literarische Streitsachen*, Bd. 2, p. 79. 함마허는 『인간의 사명』도
도덕적 세계질서 내 각자의 소명, 즉 '책임성'의 도출에 실패한 것으로 본다. p. 83. 따
라서 주잔나 칼레펠트(Susanna Kahlefeld)의 평가처럼 '야코비의 논증을 무력화할 수
없었다.' Susanna Kahlefeld, "Standpunkt des Lebens und Standpunkt der Philosophie.
Jacobis Brief an Fichte aus dem Jahr 1799", *Fichte Studien*, Bd. 21, p. 120. 야코비의 비
판이 피히테의 후기 학문론과 종교철학에 끼친 영향에 대해서는 김승욱, 「'학문론의
원리에 따른 종교론'과 '초월적 사유의 아포리아': 피히테의 초기 종교철학에 대한 이
해의 시도」, 『헤겔연구』 제47호, 195~206쪽 참조.

82 Johann Gottlieb Fichte, *Die Bestimmung des Menschen*, pp. 167~68, 244, 246~47,
249, 253, 262~63, 279, 288, 303 참조. 또한 Günter Zöller, *Fichte's Transcendental
Philosophy*, pp. 121~26도 참조. 마르코 이발도(Marco Ivaldo)는 실재성 자체가 아니
라 단지 '표상'일 뿐인 '앎의 그 실재성 연관을 파악하기 위해' '이론적 차원을 넘어'
'신앙'의 '실천적 의식' 차원으로 고양되어야 할 필요성을 제시하는 데서 피히테 '선
험철학'의 적극적 측면을 본다. Marco Ivaldo, "Wissen und Leben. Vergewisserungen

것이 아니라 할 수 있다.

몇 년 후 피히테로부터 간간이 편지를 받으면서도[83] 야코비는 『인간의 사명』을 읽고 메모장에 피히테가 여전히 "인격성 없는 이성"을 갖고 감성적 "현존재"까지 마련하려 함으로써 자신의 공개 편지의 "결실을 낙태시키려" 한다고 적어놓았다(JD 301).[84] 후에 야코비는 선험철학과 확연히 구분되는 자기 나름의 인식 능력 이론을 시도한다. 이에 해당하는 저술들이 바로 셸링을 비판하려는 『신적인 것들과 그 계시에 대하여』(1811)와 전집 출판에 추가로 쓰인 「서문, 동시에 저자의 전체 철학적 저술들의 서론」(1815)이라 할 수 있다. 이 글들을 통해 그는 감성적 자연 대상에서 초감성적인 것을 직접 느끼는 감관과 이를 개념적으로 왜곡하는 학문적 오성과 이 오성에 종속된 사변적 이성, 그리고 감관을 통해 수용된 유한한 존재 인식에서 신적인 것을 직접 느끼는 정신의 자기의식으로서의 이성을 구별하면서, 이 후자의 이성을 통해서야 비로소 신의 온전한 계시가 가능한 것으로 설명한다. 야코비 고유의 이성 개념이라 할 수 있는 이 비학문적인 능력은 신앙이 비롯되는 인간의 근본충동, 감정, 예감 등과도 동일시된다. 이제 마지막으로 물어야 할 것은 앞서 처음에 던졌던 질문이다. 야코비는 과연 마음의 빛과 오성의 빛을 하나로 합일시켰는가? 자연적 생과 마찬가지로 앎 또한 인간의 운명이라면, 피히테는 그 만족스러운 성공 여부를 떠나 사변적 이성의 관점에서 그러

---

Fichtes im Anschluß an Jacobi", *Friedrich Heinrich Jacobi*, pp. 58~64.

83 1804, 1806, 1810년의 편지 세 통이 전해진다. Johann Gottlieb Fichte, *Johann Gottlieb Fichte's Leben und literarischer Briefwechsel*, Bd. 2, pp. 175~84 참조.

84 피히테의 『현시대의 근본 경향』에 대해서는 "결코 아무것도 이해 가능한 것에 해당되지 않는다"라고, 『지복한 삶을 위한 지침』에 대해서는 "자기 무화의 지침"일 뿐이라고 적었다. JD, pp. 471~72 참조. 물론, 이후의 피히테가 타율적으로 오인될 수 있는 신적 계시를 인간 이성의 자율성과 조화시키는 데 성공했다는 논의도 있다. 김승욱은 '절대존재의 모사'로서의 개별자들의 '상호주관적 관계'를 통한 타자 내 신적 존재의 발견에서 『지복한 삶을 위한 지침』의 종교철학적 전통을 본다. 김승욱, 「J. G. 피히테에 있어서 신과 계시 문제」, 『누리와 말씀』 제19호, 158~76쪽, 특히 167~71쪽 참조.

한 합일을 **시도**했다고 할 수 있다.[85] 이에 반해 야코비에게 오성 및 오성 종속적 이성은 삶으로부터 너무 고립된 학문의 영역으로만 남는다. 비록 신앙의 자연스러운 자립성을 지키려 했다고 해도 말이다. 야코비 철학에 던질 수 있는 근본 문제는 항상 이렇다. 신은 **알려질** 수 있는가? 말년에 야코비는 이렇게 고백한다. "나는 여전히 언제나""오성으로써는 이교도요, 온 심정으로써는 그리스도교도입니다. 나는" 늘 "두 물결 사이를 헤엄치지요." "한쪽이 부단히 나를 끌어올리면, 다른 쪽은 동시에 나를 끊임없이 끌어내립니다"(JaR8 393).[86]

---

85 1805/06년의 한 유고(遺稿) 메모에서 피히테는 '도덕적 세계질서'를 '질서지우는 질서'(ordo ordinans), '그 자체로 인해 창조하는(eoque ipso creans) 절대적' 질서로 설명하면서 오직 이 질서 속에서만 신을 '개념으로' '포착하거나 신 안에서 신과 합일되어 현실적으로 살 수' 있다고 주장한다. Johann Gottlieb Fichte, "Zu »Jacobi an Fichte« (1805-1806)", *Philosophisch-literarische Streitsachen*, Bd. 2. 1, p. 45.

86 귄터 횔러(Günter Zöller)는 야코비의 이원론을 '실체 이원론'이 아니라 두 '대화 상대자들'의 '상호작용성의 이원론'으로 해석한다. Günter Zöller, "Fichte als Spinoza, Spinoza als Fichte", *Friedrich Heinrich Jacobi*, pp. 42~43, 46. 여하튼 그의 이원론은 공통성이나 상호관계가 전혀 없는 분리된 이원론일 수는 없다. Alexander W. Crawford, *The Philosophy of F. H. Jacobi*, p. 29와 비교.

# 피히테의 자아철학

## 학문론
Wissenschaftslehre = Lehre von der Wissenschaft
전체 학문론의 토대(1795): 모든 인간적 앎(Wissen)의 단적으로 무제약적이며 절대적인 제1원칙 발견

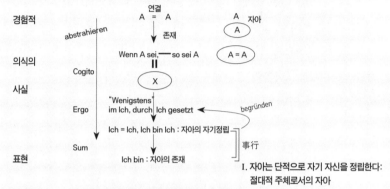

정립함(Setzen): 가설적 사유작용의 토대로서 가정함(annehmen)
　　　　　　　 모든 것을 규정하는 지성의 행위형식
事行(Tathandlung): 모든 의식의 근거에 있으면서 그 의식을 가능하게 하는 것,
　　　　　　　　　 행위하면서 동시에 그 행위의 산물이 되는 것
　　　　　　　　　 실천이성의 우위

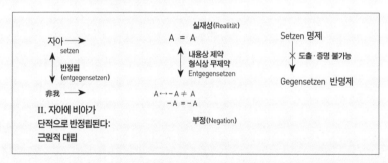

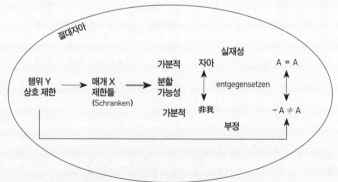

III. 자아는 자아 안에서 가분적 자아에 대해 가분적 비아를 반정립(대립)시킨다:
　　┌ 자아는 비아를 자아에 의해 제한 규정된 것으로 정립한다 → 실천적 앎의 기초
　　└ 자아는 자기 자신을 비아에 의해 제한된 규정된 것으로 정립한다 → 이론적 앎의 기초

## 제4장

# 경건한 기만과 건강한 비학문(非學問)

## 1. 학문의 관심

"이성의 자연스러운 욕망"은 "신(神)을 발견하지 않는 것, 오히려 신 없이 지낼 수 있게 하는 것이지요"(JBND 412).[1] 1786년 하만에게 보낸 편지에서 야코비는 이렇게 이성 개념을 비판한다. 이 언급은 야코비가 『모제스 멘델스존에게 보내는 편지들로 된 스피노자의 가르침에 대하여』(1785)에서 치명적인 무신론 논쟁을 촉발하고 『신앙에 대한 또는 관념론과 실재론에 대한 데이비드 흄. 한 편의 대화』(1787)[2]를 통해 특히 칸트를 겨냥한 신랄한 관념론 비판에 착수하는 시기의 한가운데에 있다. 따라서 그가 비판한 이성은 스피노자나 칸트의 것에 가까운 개념이라 할 수 있다.

---

1  1786년 11월 14일자 편지.
2  이 저서와 관련된 국내 연구로는 최신한, 「믿음과 확실성: 야코비와 분석철학의 대화」, 『철학』제104집, 125~47쪽 참조.

그러나 대표적인 이 두 철학 저서가 당시에 불러일으킨 엄청난 파급력에 비해 여기서 야코비 고유의 사상은 비교적 상당 부분 내용적으로 섬세함을 결여하고 있는 것으로 보인다. 이는 쟁점을 중심으로 문장과 지면(紙面)을 곧바르게 뛰어다니는 그의 "메뚜기"(Heuschrecken)식 철학 방법 때문일 것이다(JLS1 136).[3] 후에 자신의 전집 출판 제2권에 『신앙에 대한 또는 관념론과 실재론에 대한 데이비드 흄. 한 편의 대화』 재판(1815)을 실으면서 그는 "오성과 이성을 아직 예리하게" 구분하지 못했기에 과거 자신의 체계는 "남에게 전달 가능한 철학으로 완성되지 못했다"라고 고백한다. 이 고백은 논증적 이성 능력을 넘어서는 "신앙의 힘"으로서의 자신의 이성 개념이 제대로 부각되지 못했다는 것으로 들린다. 오히려 과거의 그는 "이성이란 말의 이중 의미"를 혼용하고 있었다는 것이다(JVE 377, 또한 JH 64 재판 각주).

당시 야코비만큼 계몽 이성의 비판가로 유명세를 누린 인물도 없을 것이다. 이 때문에 그는 '반(反)계몽'과 '비합리주의'의 대표자로 평가되기도 한다. 그러나 이러한 과도한 평가는 정치, 경제, 교육 영역에서 제도적 근대화를 추진한 야코비의 실제 경력[4]과 잘 어울리지 못한다. 이에 반해 최근에는 야코비를 자신의 '한계를' '의식하지 못하는 이성에 대한 비판가'로, 다시 말해 감성의 외적 규제가 아니라 인간 본성의 '내면을 향한 계몽'을 기획한 비판적 자기 계몽가로 간주하려는 논의도 적지 않다.[5] "자기 외부 사물의 표상을 획득할 때 자신의 현존을 느끼지 못하는 자, 그리고 행위하고 욕구할 때 의지하는 자신의 능력을 감각하지 못하

---

3 이 방법은 하만에게서 차용한 것이다. JVE, p. 425.

4 Horst Fuhrmann, "Grußwort zum Jubiläum Friedrich Heinrich Jacobis", *Friedrich Heinrich Jacobi*, pp. 9~12 참조.

5 이에 대해서는 Carmen Götz, *Friedrich Heinrich Jacobi im Kontext der Aufklärung*, pp. 3~24, 특히 pp. 7, 15 참조. 카르멘 괴츠(Carmen Götz)는 1762년부터 1794년까지 전해지는 야코비의 1,850통의 편지 교류를 (그 밖에 추정되는 1,040통은 제외하고) 계몽 '이성의 타자'로서 '감정, 욕구, 신체, 자연, 환상'의 관점에서 분석하고 있다. pp. 71~87 참조. 아마도 당시의 편지 문화가 메뚜기식 철학 방법의 요소가 되기도 했을 것이다.

는 자는 인간과는 다른 어떤 것이다"(JLS1 72). 야코비에게는 이러한 감정과 감각을 지닌 자만이 자신의 근원을 올바로 인식하고 그에 따라 행위할 수 있다. 왜냐하면 **몹시** 배고픈 개는 주인에게 "매 맞은" 경험이 있어도, 설령 "이성"을 매개로 "주인의 입장"을 이해할 수 있다 해도 다시금 구운 고기를 훔칠 것이기 때문이다(JaL 181). 이성만으로 착한 행위가 비롯되지 않는다.

자신의 현존과 그 능력에 대한 인간의 이 감정이야말로 이성을 움직이고 도덕적 행위를 가능하게 한다. 예전의 야코비는 이러한 감정을 자신 **고유의** 이성 개념으로 부르기도 했다. "나의 이성은 하나의 눈(ein Auge)이며, 어떠한 횃불도 아니다"(JH 88). 무언가를 볼 수 있도록 비추는 것이 이성이 아니라 **바로** 보고 느끼면서 행위하는 것이 올바른 의미의 이성이라는 것이다. 그러나 이러한 이성 능력과 그 인식 내용에 대한 섬세한 논의는 야코비 말년에 가서야 본격적으로 전개된다. 이에 속하는 대표 저술로는 『신적인 것들과 그 계시에 대하여』(1811)와 「서문, 동시에 저자의 전체 철학적 저술들의 서론」(1815)을 들 수 있다. 그러나 이 후자의 저술이 1812년부터 1827년까지 간행된 야코비 전집의 한 부분으로, 특히 앞서 말한 『신앙에 대한 또는 관념론과 실재론에 대한 데이비드 흄. 한 편의 대화』의 재판을 겸해 작성된 것이라면, 전자는 전집 출판 이전에 쓰인 그의 마지막 독립적 형태의 저서라 할 수 있다. 이 장(章)에서는 바로 이 저서에 대한 집중적 분석을 통해 인간의 인식 능력들에 대한 야코비 고유의 이론을 재구성해 보고자 한다. 이 저서는 특히 "오성과 이성의 질적인 구별"을 처음으로 시도하면서 학문과 신앙의 분리를 주장하고 있다(JVE 385). 더 나아가 여기서 야코비 고유의 인식론은 이원론적 유신론의 철학적 선언으로까지 발전한다.

이 『신적인 것들과 그 계시에 대하여』는 『신앙에 대한 또는 관념론과 실재론에 대한 데이비드 흄. 한 편의 대화』의 재판처럼 1816년 야코비 전집 제3권에 실려 다시 출판되었다. 그러나 철학 저술들이 담기기 시작한 전집 제2권과 달리, 이 제3권은 이 책 전체의 "서문"과 『신적인 것들과 그 계시에 대하여』 재판의 "예비보고"가 따로 작성되어 있다. 이 서문과 예비보고에서 야코비는 초판의 "철자 하나 바꾸지 않고" 그대로 출판한다고 말하고 있다. 이 저서가 처음 야기했던 분노에 대해 다른 이들이 자신을 많이 변호해 주었으며,[6] 후세가 자신을 있는 그대로 판단해 주기를 바라는 마음에서 그렇게 한다는 것이다. "아무도 나인 바의 것을 나에게서 빼앗을 수 없으며, 아무도 내가 아닌 바의 것을 〔나에게〕 줄 수 없다"(JV 139; JVz 157). 그러나 새로운 구상을 모색하려는 시도가 전혀 없었던 것은 아니다. 1814/15년 「현재의 재판을 위한 예비보고 초안」 (Entwurf zum Vorbericht zu der gegenwärtigen neuen Ausgabe)에서 야코비는 자신의 종교를 "제2의 아담", "그리스도의 인격"에 의거해 설명하고자 하기 때문이다. 물론, 이 시도는 결과적으로 철회된 셈이지만, 여기서 그는 자신에 대한 평가를 이렇게 말한다. "사람들이 나를 신비가로, 열광자 (Schwärmer)로 불러도 나는 이것을 조용히 참는다. 그러나 나를 종교적 관념론자로 부르는 것을 참을 수 없다." 이를 통해 야코비는 "종교적 유물론"(JEV 166) 내지 "종교적 실재론"(JDO 5)에 **가까운** 자신의 입장을 드러내고자 한다. 그렇다고 여기에 머무는 것만도 **아니다**. 그의 입장은 학문의 관심과도 거리가 멀다. 왜냐하면 "어떠한 신도 없다는 것"이 바로 "학문의 관심"이기 때문이다(JV 140; JDO 96). 신 없이 지내려는 이성의 욕망은 이제 학문의 관심으로 설정된다. 이 글의 의도는 이 계몽 이성의 학문적 관심에 대한 비판을 통해 야코비에게서 계몽의 또 다른 기원을 음미해 보려는 데 있다. 이를 위해서는 전집 제1권에 포함된 그의 문학 저술들이나 그 밖의 논쟁적 철학 저술들에 대한 고찰을 가급적 절제할 필요가 있다. 아울러 『신적인 것들과 그 계시에 대하여』에서 전개된 복잡한 논쟁적 맥락을 모두 살펴볼 수도 **없을** 것이다. 여기서는 무엇보다 우선 감성과 오성, 그리고 이성의 인식 능력들에 초점을 맞춘다.

---

6  이들에 대해서는 Walter Jaeschke, *Anhang* zu *Friedrich Heinrich Jacobi Werke*, Bd. 3, pp. 245~46 참조.

## 2. 감성과 자연

『신적인 것들과 그 계시에 대하여』는, 야코비가 즐겨하듯이, 부연 설명을 위한 세 개의 짧은 첨가글과 함께 그 출처가 상이한 세 편의 글이 묶인 책이다. 말하자면 여기서도 그의 메뚜기 철학 방법이 실행되고 있다고 하겠다. 그 첫 편은 이미 1802년 소책자로 간행된 「리히텐베르크의 한 예언에 대하여」(Über eine Weissagung Lichtenberg's)이며, 본문으로 합체된 두 글 중 하나는 마티아스 클라우디우스의 전집 제6권에 대한 비평으로서 1798년 출판된 것으로 추정된다. 이어 본문 도중에 갑자기 시작되는 새로운 논의는 바로 그 유명한 셸링 철학 비판에 해당하는 글이다. 이 세 번째 글만이 『신적인 것들과 그 계시에 대하여』에 1807년부터 새로 작성된 것으로 보고되고 있다.[7] 이것들 각각의 세밀한 논쟁 맥락은 별도의 논의가 필요하며, 앞서 언급했듯이 이 장에서는 생략한다.

그럼에도 세 편의 글이 하나로 묶인 데에는 이 책의 제목이 그 이유를 말해 준다. 신적인 것들의 인식 가능 여부를 둘러싸고 각 사상가가 동일한 시각에서 평가·비판되고 있는 것이다. 먼저 야코비가 이 책의 "서론"으로 읽어주기를 바라는 첫째 글은 당시 독일 '실험물리학'(Experimentalphysik)의 창시자로 알려진 게오르크 크리스토프 리히텐베르크(Georg Christoph Lichtenberg, 1742~99)[8]의 유고집 첫 권에 대한 비평으로서 "우리의 세계가 더욱 세련되어질 것이며", 그 결과 "신을 믿는 것은 오늘날 유령을 믿는 것처럼 우스꽝스러운 일이 될 것"이라는 그의 견

---

7 Walter Jaeschke, *Anhang* zu *Friedrich Heinrich Jacobi Werke*, Bd. 3, pp. 177~84. 또한 Klaus Hammacher, "Jacobis Schrift Von den göttlichen Dingen", *Philosophisch-literarische Streitsachen*, Bd. 3, pp. 131~34 참조. 당시 리히텐베르크는 '정화된 스피노자주의'를 '도래할 인류의 보편종교'로 예견한 것으로 알려진다. Hermann Timm, "Die Bedeutung der Spinozabriefe Jacobis für die Entwicklung der idealistischen Religionsphilosophie", *Friedrich Heinrich Jacobi*, p. 43.

8 Wilhelm Heß, "*Lichtenberg, Georg Christoph,*" *Allgemeine Deutsche Biographie,* Bd. 18, pp. 537~38.

해를 잘못된 "예언"이라 비꼬는 내용이다(JDO 6, 9). 이에 일간지『반츠베크 전령』(Der Wandsbecker Bothe)의 전집과 관련해 그 편집자이자 시인인 클라우디우스[9]를 변호하는 둘째 글은, 재판 예비보고에서도 밝히고 있듯이, 종교적 실재론에 기초한 야코비 자신의 입장을 대변하는 것으로 읽을 수 있다. 이에 반해 셸링은 칸트 및 피히테와 더불어 대표적인 종교적 관념론자로 간주된다. 결국 이 책 전체의 주제는 "종교적 실재론과 〔종교적〕 관념론" 간의 대결로 요약된다(JDO 5).[10] 그리고 그 출발점은 바로 자연에 대한 감성적 인식의 의미이다.

"사다리를 놓기 전에 사람은 어디에 오르려는지 이미 알아야 한다" (JDO 39). 클라우디우스의 이 말은, 야코비에 따르면 자연 탐구자에게도 해당된다. "자연 밖에, 그리고 자연 위에 현존하는" "살아 있는 신"을 보지 못한다면, 이 신이 그저 "빛의 굴절"과 "집적"을 통해 "인간 심성의 구름"에 위치하는 "무지개"에 불과하다면, 인간의 자연 인식은 결국 "인식의 **보편적인**, 그럼에도 이제 **명백한! 무**(offenbares! Nichts)"에 머물고 만다. 무지개가 "광학적" "착각"인 것처럼 리히텐베르크는 신을 인간의 "심리학적" "착각"으로 간주한다. 그렇다면 자연 인식이 목표로 하는 보편은 야코비가 보기에 개별 존재자를 투명하게 열어 비춰주는 명백한 무(無)가 된다. 왜냐하면 자연의 개별 사물은 끊임없이 변화하며, "어떠한 유한한 본질(Wesen)도 자신의 삶(生)을 자기 안에" 자립적으로 "지니지 못하기" 때문이다. 그럼에도 한 개별 유한자가 어떤 무엇임(Wassein)

9   Carl Christian Redlich, "*Claudius, Matthias,*" *Allgemeine Deutsche Biographie*, Bd. 4, pp. 279~81. 클라우디우스는 이미 스피노자 논쟁에서 야코비 편을 든 적이 있다. Heinrich Scholz, *Einleitung* zu *Die Hauptschriften zum Pantheismusstreit zwischen Jacobi und Mendelssohn*, pp. CXXV~CXXVI.

10  실재론(Realismus)의 반대말은 관념론(Idealismus)이며, 유물론(Materialismus)의 반대말은 유심론(Spiritualismus)이다. 그러나 이미 암시했듯이, 야코비는 이것을 섬세하게 구분하지 않았으며, 유심론이란 말은 한번도 사용하지 않은 반면, 유물론은 실재론과 거의 동의어로 언급하고 있다. JVz, p. 160; JEV, pp. 165~66 참조. 이에 반해 리히텐베르크와 스피노자는 자연주의를 대표한다.

으로 존재할 수 있는 이유는, 한 그루의 개별 나무가 소나무-보편으로 살아가는 이유는 그 개별자 속에 이미 보편이 창조되었기 때문이다. 이 보편의 궁극적 출처가 착각에 불과하다면 자연학은 결국 니힐리즘(Nihilismus)이 될 것이다. "신을 보지 못하는 자에게 자연은 얼굴이 없다"(JDO 9-12).[11] 그러나 인간이 "시계들을, 배들을" 고안하는 것이 아니라 "하나의 시계 또는 그 시계"(eine oder die Uhr)를, "하나의 배 또는 그 배"(ein oder das Schiff)를 고안하는 것처럼 세계에는 그 하나의 보편(das eine Allgemeine), 즉 개별-보편이 창조되었음에 틀림없다. 그렇기에 자연 사물들은 한 그루의 그저 덧없는 개별 나무가 아니라 **한** 그루의 **소나무**, 한 그루의 참나무 등으로 있는 것이다. 자연 탐구자는 그래서 "그 하나의 원인에 대해"(von der Einen Ursache) 말할 줄 알아야 한다(JDO 134).

야코비에 따르면, 인간의 감관들(Sinne)은 이미 그러한 인식 능력을 구비하고 있다. 물론, 동물처럼 인간도 "우선은 한갓 감성적 피조물로서 한갓 감성적 본성(Natur)에서" 삶에로 첫 눈을 뜬다. 그러나 동물에게 그 어미는 "단지 〔젖먹이〕 가슴만 있으며 얼굴이 없지만", 인간은 젖을 빨던 가슴에서 시선을 들어올려 엄마의 얼굴을 대면하면서 "사랑을 감각하고 사랑을 배운다." 이 최초의 "인식"은 "마음이 없기에"(herzlos) "이성도 없는"(vernunftlos) 동물에게는 불가능하다. 반면 "인간의 얼굴에서 은폐된 비가시적 영혼이 가시적으로 표현되고" "이해 불가능하게 전달"되는 것처럼 "자연의 얼굴에서 신은 **직접적으로** 표현되며" "감각"(Empfindung)을 통해 "인간에게 이해 불가능하게 전해"진다. 여기서 야코비는 개별자의 보편적 정체성을 얼굴로 비유하고 있다. 말하자면 인간과 자연의 얼굴을 보는 자는 감성적 개별자에서 "초감성적인 것"을 감각하는 자이다. 이 보편의 감각 능력을 야코비는 "정신"(Geist)이라 부른다. 그리고 자연의 얼굴에 있는 초감성적인 것에 대한 정신의 감각을 "예배"

---

11 야코비는 이미 인식 불가능한 사물 자체를 전제하는 칸트 철학을 "니힐리즘"으로 표현한 바 있다. JUK, p. 320; JVE, p. 425 참조.

(Andacht)로 표현한다. 말하자면 감성적 자연 사물에서 초감성적인 것을 감각하는 것은 신을 느끼고 그 아름답고 선한 "황홀감"을 표현하려는 예배에 다름 아니다. 이러한 측면에서 "신에 대한 신앙은 본능이다"(JDO 11-13; JV 142-143).

야코비는 이렇게 모든 감각을 "분리 불가능한 같은 순간에 자연과 신을", "유한자와 무한자를, 영원성과 시간을" **동시에** "직접적으로" 인식하는 능력으로 본다(JDO 41).[12] 반면 꾸며낸 신만 지니는 자는 "또한 단지 꾸며낸(erdichtete) 자연만 가질 수 있다." 창조된 자연에 초자연적 신의 원리가 없다면 자연은 한갓 날조된 허구에 지나지 않을 것이다. 이때 감성적 대상들은 초감성적인 것에 앞서 이상한 전제를 갖게 된다. 즉 그것들은 "한편으로는 감성으로부터, 다른 한편으로는 감성에 귀속하는 오성으로부터 비롯되는 이중적 근원 때문에 이중적 허구들(Erdichtungen)로 입증될 것"이다. 왜냐하면 이렇게 "철학하는" 자에게 "감관들은" "한갓 그 대상들 고유의 변화만" 보여 주며, "그것들을 변화시키는 것에 대해서는 아무것도" 알려 주지 않기 때문이다. "감관들은 단순히 감각 자체만을 제공한다." 이에 반해 "무감각적인 오성"은 "구상력을 통해 감각들이 마치 한갓 감각들만은 아닌 것처럼 형태화하고" 분류하며 질서지운다(JDO 22). 오성은 감성적 대상들의 변화를 제거하며, 감관들은 이 대상들을 변화시키면서 다양한 형태로 존재하고 살게 하는 원인을 보지 못한다. 이를 통해 감성적 대상들은 감관의 허구이자 오성의 허구가 된다. 이렇게 "시작도 끝도 없이 순전한 작용인의 끊임없는 사슬"만 보여 주는 "자연은 신을 감춘다"(JDO 117, 140).

그러나 "감관이 있는 곳에 시작과 끝이 있으며, 분리와 결합이 있고, 하나와 다른 하나가 있으며, 감관은 제3의 것이다." 이때의 감관(Sinn)

---

12 "가장 단순한 지각에서도" "내적 의식과 외면적 대상은" 둘 다 "같은 찰나에, 앞서거나 뒤서거나 하지 않고 분리 불가능한 같은 순간에" "영혼 속에 현존해야만 한다." JH, p. 38.

은 야코비에게 동시에 의미(Sinn)를 지닌 것으로 이해된다. 따라서 의미에 따른 "결합과 분리의 의식인 오성도 필연적으로 감관에 있다"라고 볼 수 있다(JDO 22). 다소 기이하게 들리겠지만, 이 때문에 야코비는 다른 저서들에서 "동물"에게도 "오성"이 있는 것으로 본다. 분리 속에서 "결합하는 의식"이 없다면 "어떠한 살아 있는 개체"도 불가능할 것이며(JVE 403), "벌레의 꿈틀거림"조차 일어나지 않을 것이기 때문이다(JLS1 248).[13] 사실, "본다는 것(das Sehen)이 보이는 사물들로부터", "듣는다는 것(das Vernehmen)이 들리는 사물들로부터" "비롯되지 않는 것처럼" "감각하는 것이 감각되는 사물들에서" 생기는 것은 아니다. 그렇다고 "봄 자체만으로는 홀로(das Sehen für sich allein) 아무것도 보지 못하며", 듣고 감각하는 것도 마찬가지이다(JDO 49). "모든 감각"은 "자기존재(Selbstseyn), 자기 내 존재(in sich seyn)", 바로 자신의 현존을 느끼는 "삶으로부터 시작"하지만, "비로소 타자로부터(vom Anderen)" 자신의 "현존을 경험해야" 한다(JDO 41, 49).[14] 이러한 경험을 통해서만 자기는 자기 자신에 이를 수 있다. 매를 맞더라도 고기를 훔쳐 먹은 개는 자기로서의 개체적 삶을 유지할 수 있는 것이다. 이렇게 동물이 자신의 삶을 위해 내면적 욕구로부터 "보이지 않는"(unsichtbare) 다른 음식을 냄새만으로도 찾는 것처럼 인간 또한 "정신의 욕망 속에서" "비가시적인 것"(ein Unsichtbares)을 추구한다. 그러나 동물은 아직 맛보지 못한 자연 대상을 욕구하는 삶을 살지만, 인간은 욕망 속에서도 "자신의 삶을 자기 자신 안

---

13 야코비에게는 '그 자체로 하나'(unum per se), 즉 개체로 있으며 자신을 위해(für sich) 있는, 다시 말해 '대자존재'(Fürsichsein)를 지니는 모든 유기체는 오성으로서의 의식을 지닌다. 인간은 자기와 외부 세계를 구별하는 활동을 통해 자신의 대자존재를 다시금 의식적으로 대상화하고 이에 적합한 더 좋은 대상을 자연 연관에 제약되지 않은 채 생각할 수 있기에 자유로운 행위를 할 수 있다. Birgit Sandkaulen, "„Ich bin und es sind Dinge außer mir‴", *Internationales Jahrbuch des Deutschen Idealismus*, Bd. 11, pp. 192~93.

14 야코비에게서 대문자로 시작되는 타자(das Andere)는 "그대"(Du)와 마찬가지로 신을 함축한다.

에 지니지 못한다는 것을", 자신이 "타자로부터 있다는 것을" 안다. 동물은 자기로부터 비롯되는 맹목적 의식을 지니지만 인간은 유한한 자기에 대한 의식을, 다시 말해 자신의 삶의 의존성에 대한 자기의식을 지닌다. 야코비에 따르면, 이러한 의존성을 아는 것, 그래서 "자신을 둘러싸고 있는 자연 속에서" 삶 자체의 기원인 "신을 부여잡으려는 것"이 바로 "정신의 본질"이다(JDO 17-18). 이렇듯, 야코비에게 인간의 감각은 이미 정신의 인식 활동 **가능성**을 내포하고 있다. "단지 감관이기만 하는 감관은 있을 수 없는 것(Unding)이며, 마찬가지로 철저하게 간접적인(mittelbare) 인식도 있을 수 없는 것이다"(JDO 22).[15]

### 3. 오성과 학문

사실, 종교적 관점에서 실재론과 관념론의 대결에 초점을 맞춘 『신적인 것들과 그 계시에 대하여』에서 야코비는 다른 저술들에서처럼 감성적 인식을 자세히 다루지는 않으며, 이것을 주로 초감성적인 것의 정신적 인식 가능성과 함께 고찰할 것을 강조한다. 이에 비해 몇 년 후 출판된 「서문, 동시에 저자의 전체 철학적 저술들의 서론」에서는 아직 정신 활동이 수반되지 않는 "감관-감각"(Sinnes-Empfindung)이 『신앙에 대한 또는 관념론과 실재론에 대한 데이비드 흄. 한 편의 대화』 초판에서처럼 자기 외부의 현실적 대상에 대한 즉각적 인식으로 설명되고 있다. "자연 인식과 관련하여" 이 감성적 인식이 "처음이자 마지막이요, 무조건적으로 타당한 것, 절대적인 것"이 되어야 한다는 것이다(JVE 402, 또한 JH

---

15 눈은 외부 대상을 보는 기관이지, 자기 자신을 보는 기관이 아니다. 이성은 눈이 보는 대상을 통해 그 이상의 것을 보는 능력이지, 자기 자신을 보는 눈이 아니다. 선험적 통각처럼 자기 자신을 보는 눈으로 축소된 이성은 '독재'로 변질되며, 이성의 실재 구조를 파괴한다. Walter Jaeschke, "Eine Vernunft, welche nicht die Vernunft ist", *Friedrich Heinrich Jacobi*, pp. 210~11 참조.

31-32 참조). 앞으로 살펴보겠지만 오성은 이것을 왜곡하며, 정신-의식으로서의 이성은 이것을 통해 계시를 본다.

앞서 말한 감성적 대상들의 이중적 허구는 엄밀히 말해 초자연적인 것을 보지 않고 자연을 탐구하는 오성에서 비롯된 것이다. 어찌 보면 그래서 야코비에게 인간의 오성은 감성적 충동에 의해 맹목적으로 작동하는 동물의 것만도 못한 것이라 할 수 있다. 인간의 오성은 "이중적으로 순전한 허위들(lauter Lügen)만 다룬다." 리히텐베르크 같은 이에게 변화무쌍한 감성은 "진짜가 아닌 기만적 금속"일 뿐이다. 그는 이것을 **우선** "개념 파악을 통해 개념들로써 주조"하고 "순금으로 바뀐 금속으로 제공"한다. 그래도 여기에만 머무르면 다행이다. 그러나 오성은 **더 나아가** "수집, 분리, 용해, 개주" 등을 통해 계속 가공하면서 "비본질적인 소재와 형태들"로부터 "본질적인" 무언가를 산출할 수 있다는 기대를 품게 한다(JDO 20). 말하자면 오성은 한편으로 감성적 대상을 있는 그대로 보지 못하며, 다른 한편으로 자신의 개념적 형성물을 감성적 대상 위에 설정한다. 이에 "감성의 가변적 본질은 오성의 단순한 불변적 본질에 맞설 것이다." 그러나 오성은 그 다양성을 "근절하고" "지양하는" 식으로만 감성과 관계한다. 오성이 하는 일이란 자신 "밖의 모든 것에 대해 단순히 거역하는 것(ein bloßes Widerstreben)", 다양의 "결합"과 "축소와 단순화"를 통해 "끊임없이 동일하게 정립하는 것(Gleichsetzen)"이다. 그러나 다양의 완벽한 "무화와 단순화는 불가능"하다. 바로 이 때문에 오성은 줄곧 "활동성 속에" 있다(JDO 23). 오성은 "인간 속에서 첫 단어도 마지막 단어도 지니지 못한다"(JDO 14). 늘 감성의 쇄도에 소스라치게 "놀라며"(mit Schrecken) 오성은 어쩔 수 없이 "자기 밖으로 나갔다가" 재빨리 "자신 고유의 동종적 본질 속으로" 되돌아온다. "결코 호의에서가 아니라" 이러한 "적대적" "불안 속에서"만 오성의 "개념들"이 형성되는 것이다(JDO 23).

야코비가 보기에 오성의 개념은, 그러나 규정이 아니다. "다양은 이미 다양으로 규정되어" 있다. 오성의 개념 파악은 이러한 규정을 "무-규정

하고(un-bestimmen) 탈개별화하고 탈본질화하며 탈현실화하는 것"일
뿐이다. 현실적 현존이 "점점 더 협소해지는" 이 개념들의 "더욱더 폭넓
은 영역들"에서 바로 "학문들"과 그 "체계들"이 성립한다.[16] 오성의 학문
은 "사태(Sache) 내에서보다" "형상(Bild) 속에서" "수학적" 계산을 통해
산정된 인식을 "더 본질적이고 더 참된 것으로" 간주한다. 그러나 본래
의 참다운 현실에 "털끝만큼도 가까이 가지 못하는" 이러한 학문은 "우
리의 무지와의 게임"일 뿐이다(JDO 24, 55). 바로 여기에 자연학과 스피
노자의 "자연주의", 셸링의 "전도된 스피노자주의", 그리고 무신론이 자
리 잡고 있다(JDO 80, 95, 109).[17] 여기서 더욱더 폭넓은 추상적 개념을
산출하고 이것을 더욱 본질적인 것으로 제시하는 오성은 예전에 야코
비가 "기만적 이성"(trügliche Vernunft)이라 불렀던 것이다. 순수하게 감
성을 참조하고 다양을 개념 아래에 포섭하는 오성은 우열을 가릴 수 없
는 "사념"(Meinung)만 지니는 것이 정상이다. 반면 이 오성이 다양이 포
섭되는 개념들 자체를 사유하고 이것들을 더 우월한 "확실성"으로 간주
하는 순간 기만적 이성이 된다(JDO 57-58).[18] 야코비는 칸트 비판을 한
창 진행하던 시기에 도를 넘는 베를린 계몽을 비판하기 위해 작성된 「경
건한 기만과 이성 아닌 이성에 대한 몇 가지 고찰들」(1788)에서 이러한

---

16 '야코비 철학의 핵심'은 바로 여기에 있다. '모든 체계철학'은 '자연적인 확실성과
   이 확실성 속에서 주어진 것을' 관념적으로 '파괴하고' 나서 다시금 '인위적으로
   라도' 완전히 복원하지 못한다는 것이다. Leo Strauss, *Das Erkenntnisproblem in der
   philosophischen Lehre Fr. H. Jacobis*, p. 249 참조.

17 스피노자가 신 개념으로부터 자연으로의 필연적 연관에만 주목했다면, 셸링은 자연
   으로부터 신 이념으로의 필연적 연관에만 천착하기에 전도된 스피노자주의이다.

18 야코비에게서 "완전한 오류", "철저히 부적절한 사념"은 "불가능"하다. 살기 위해 있어
   야 하는 "진리"는 "삶"과 "같은 것"이며, "모든 인간에게 그의 사념"은 그를 살게 하는
   "진리"이기 때문이다. "인간은 각자 자신에게 진리인 바의 것 속에서 자신의 삶을 지
   닌다." 바로 여기에 "사념의 지배력"이 있다. 물론, "사념의 품" 속에 놓여 있는 진리 자
   체, 다시 말해 "신의 숨결, 신이 파견한 정신"을 포착하기 위해서는 "신앙"을 갖고 "삶
   의 마지막" 순간까지 "배워야 할" 것이다. JE, pp. 197~215, 특히 pp. 202~03, 207~
   08, 210 참조. 따라서 "진리에 복종하지만 진리를 지배하려 하지도, 진리를 자신에게
   봉사하도록 하지도 않는" 사념에 눈을 열어놓아야 한다. JM, p. 371.

기만적 이성을 "이신론"의 "왜곡된 이성"으로 비판하고, 칸트의 "이성
종교"를 이와 가까운 것으로 지적한 바 있다. 칸트에 따르면, "참다운 이
성"은 "신과 세계, 그리고 우리 고유의 본질에 대한 그러한 인식을 산출
할 수 없는 자신의 무능력"과 "한계"를 아는 것인데, 종교가 어떻게 이렇
게 "이성적으로만" 머물 수 있을지 모르겠다는 것이다. 유일하게 가능
한 것은 오성의 보편과 이성의 이념을 필연적 인식의 사슬의 정상에 설
정하는 것뿐이다. 이렇게 신으로 간주한 이념은 그러나 결코 "살아 있
는" "인격적" 신일 수 없다. 이것은 가장 보편적인 것을 신으로 간주하
는 "철학적 열광(Schwärmerei)"일 뿐이다. 이 열광은 "이성-열정주의"
(Vernunft-Enthusiasmus)의 산물에 다름 아니며, 로베스피에르 등에서 표
출된 계몽 "이성의 독재(Alleinherrschaft)"가 될 수도 있다. 이렇게 "이신
론자는 신을 믿지만, 유신론자는 살아 있는 신을 믿는다"(JBB 112, 116,
120, 125, 129).[19]

『신적인 것들과 그 계시에 대하여』에서 그러한 경건한 기만을 일삼는
이성은 이제 오성의 자리를 차지하게 된다. 이에 반해 야코비 고유의 이
성은 "감성적" 대상을 "긍정적으로" "계시하는" "육체적 감관"처럼 "초
감성적" 대상을 마찬가지로 계시하는 "정신적 감관"으로 설정된다. 그
리고 그 사이에 이쪽저쪽을 부유하면서 양다리를 걸치는 "오성만이 철
학한다"(JDO 123). 철학이 어쩔 수 없이 유한자와 무한자의 관계에 입
장을 취해야 하는 학문인 한 그렇다. 야코비가 보기에 철학은 "실재객관
적인 것"(das Realobjektive) 내지 "긍정적인 것"(das Positive)을 인정하느
냐 거부하느냐에 따라 실재론과 관념론으로 나뉜다. "관념론자"는 외부
세계에 개별자로 있는 "참된 것"을 "결코 있지 않다고" 보며, "절대적 계

---

19 마지막 인용문은 또한 JDO, p. 74에도 나온다. 빌헬름 G. 야콥스(Wilhelm G. Jacobs)
   에 따르면, 바로 이 살아 있는 인격신의 '학문 대상'으로의 수용 여부에서 야코비와
   셸링은 다른 길을 간다. Wilhelm G. Jacobs, "Von der Offenbarung göttlicher Dingen
   oder von dem Interesse der Vernunft an der Faktizität", *Philosophisch-literarische
   Streitsachen*, Bd. 3, pp. 142~47.

사"(das absolute IST)로, 보편적으로 진술되는 실재로(realiter) "있지 않은 것만"을 "유일하게 참된 것"으로 간주한다. 이를 통해 관념론자는 "참된 것의 기만에서 기만의 본질적인 순수 진리에로" 넘어간다(JDO 69-70). 이 후자의 기만에 스피노자의 이신론은 물론이고, "도덕적 세계질서의 원인"을 도외시하고 이러한 "세계질서 자체"를 신으로 간주한 피히테의 학문론(JDO 75-76)[20]과 자연의 동일성 체계 속에서 "창조의 근원적 힘"을 찾는 셸링의 자연철학이 속한다(JDO 99-100).[21] 흥미로운 점은 야코비가 여기서 칸트 철학을 예전과는 사뭇 다르게 호의적으로 언급하는 측면이 강하다는 것이다. 칸트는 "건강한 인간 오성에 **예로부터**" 타당하게 본 "신, 자유, 불멸성, 종교" 등을 **진지하게** 취급하고 철학이 이러한 이념들의 "실재성을 입증하는" "수단"이 되도록 힘써야 한다고 보았다. "칸트는 이 이념들로 결코 기만이나 도박만 일삼은 것이 아니다"(JDO 73-74). 그의 철학의 "핵심"은 감성의 자극에 따라 "우리가 대상을 오성 속에서" "생겨나도록 하는" "단지 그만큼만 그 대상을 개념 파악한다"는 것이다. 따라서 우리는 "우리 외부의 현실적인 것으로서의" "실체들을 창조할 수 없다." 이성은 이 오성 개념을 확장해 실재성을 부여해서는 안 된다. 학문적 앎이란 여기까지이다. 이렇게 "앎의 지양을 통해 초감성적인 것의 영역에" "신앙"의 자리를 마련한 것이 칸트의 "가장 큰 공로"이다. 그는 "이성 사용의 겉보기 제한을 통해 사실상 이 이성 사용을 확장"한 셈이다(JDO 78-79).

그러나 칸트는 "오성 개념들"이 오직 감성적 "직관을 **통해서만** 타당성을 획득"하며, 그럼에도 이 직관이 "실재적인 것" 자체가 아니라 "현

---

20 야코비는 무신론 논쟁을 초래한 피히테의 논문 『신적인 세계지배에 대한 우리의 신앙의 근거에 대하여』를 염두에 두고 있다. Walter Jaeschke, *Anhang* zu *Friedrich Heinrich Jacobi Werke*, Bd. 3, p. 212.

21 특히 셸링의 연설문 「형상예술들의 자연과의 연관에 대하여」(Ueber das Verhältniß der bildenden Künste zu der Natur, 1807)를 겨냥한 언급이다. Walter Jaeschke, *Anhang* zu *Friedrich Heinrich Jacobi Werke*, Bd. 3, p. 225.

상들의 표상만" 보증하기에 "참다운 인식을 마련하지 못하는" 오성의 무능력을 철저히 직시하지 못했다. 이 때문에 우리 "표상의 대상이 이 표상 밖에, 이 표상에 독립적으로" 현존하는지는 영원한 수수께끼로 남는다. 그렇다면 칸트에게서 오성의 인식은 결코 참다운 인식이어서는 **안** 되었다(JDO 83). 반면 칸트는 사물들 자체(Dinge an sich)로 표현되는 "실재적인 것 일반"과 "그 최상 근거"로서의 "자연" 세계와 "신"에 대한 "직접적 인식"을 가정한다. 그런데 이 이성 인식이 어디에서 비롯되는지 그 출처가 불분명하다. 그는 "자신의 철학의 이론적 부분"에서 "오성적 감관 경험을 넘어선다면 기만적으로 창작하는(dichten)" 이성을 오성의 지배 아래에, 말하자면 "오성의 시녀"로 만들었다. 그러고는 "실천적 부분"에서 이성을 다시금 "자율적" 행위를 권유할 수 없는 오성 위에로 고양했다. 이렇게 "칸트는 두 번 옳았으며, 그리고 **그 때문에** 틀렸다." 그는 "단순하고도" "완전한" 통찰에 이르지 못하고 두 영역으로 "쪼개진 채" 머물렀기 때문이다. 야코비가 보기에 칸트 철학은 그러한 통찰을 결여할 때 생길 수 있는 자기균열에 대한 "철학사에 가장 큰" 교훈에 속한다. 여기서 야코비가 강조하고 있는 단순하고 완전한 통찰은 바로 "학문적 증명의 가치와 무가치"에 대한 것이다. 그에 따르면, 현존하는 "현실 세계"와 "살아 있는 신"과 "인간 정신의 불멸성과 자유"는 학문적으로 증명될 수 없다. 만약 현실적 현존을 증명하고자 한다면, 이 현실적 현존이 증명될 수 있는 이것 "외부의" "어떤 것"을 상정해야 할 것이다. 매개하는 간접적인 이 어떤 것은 직접적인 현실적 현존과 같거나 유사해야 할 것이다. 그러나 이 간접적인 어떤 것은 직접적인 현실적 현존과 똑같은가, 아니면 같으면서도 다른가. 증명되는 것이 더 현실적인가, 아니면 이것을 증명하는 것이 더 현실적인가. 후자라면 "현실적인 것 외부에 〔더〕 현실적인 것"이 생겨난 셈이다. 살아 있는 신의 현존 증명도 마찬가지이다. 이 증명을 위해서는 살아 있는 "신에 앞서 신 위에" 그 근거로 생각될 만한 "이념" 같은 것을 설정해야 한다. 이 이념으로부터 "인간 인식 능력의 특성"에 따라 신을 증명하는 것은 신을 "인간 정신의 주관적 산물"로 만드는 것이다. 이를 통해 "살아 있는 신에 대한 자연스러운 신앙"은 "필연적으로 파괴"되며, 신은 핏기 없는 개념의 필연적 창작물이 된다(JDO 85-87).

그래도 칸트는 "절대적 실재성"의 "하늘"과 "감성적 지각"의 "땅" 사이에 균열된 채 어정쩡하게 머물렀지만(JDO 83) 이로부터 "한걸음만" 더 나아가면 셸링의 "전일성 이론"(Alleinheitslehre), 즉 "관념유물론(Idealmaterialismus)이 형성된다(JDO 80). 칸트는 결코 학문에 속할 수 **없**는 이성 이념들을 "학문의 **정상에** 설정"했다. 그러면서도 이 이념들이 "객관적 타당성을 지닌 근원적 인식"일 수 없다고 했다. 칸트의 이 권고에 따라 근원적 **인식**으로서의 이념을 포기한다면, 이 초감성적인 이념 측면에는 인식의 "명백한 무"만 남겨지고, "참되고 현실적인 것"은 "감성적으로 직관 가능한", "홀로 자신을 객관적으로 서술하는 자연"의 측면에 놓이게 된다(JDO 91-92). 바로 이로부터 "자연이 하나이자 모든 것(Eines und Alles)이며, 자연 밖에는 아무것도 없다"라는 셸링의 자연주의가 비롯된다. 셸링은 자연을 "자립적 본질"로서 "세계의 영원히 창조하는 신성한 근원적 힘(Urkraft)"으로 고찰한다. 그렇다면 자연은 "원인"이면서 "결과"일 것이다. 자연 사물들은 한 형태에서 다른 형태로 끊임없이 변화한다. 자연이 이러한 변화의 원인이라면, 셸링의 이 자연은 "영원히 오직 시간만 잉태"할 수 있다. 여기서 시간의 시간성 자체의 근원에 대한 물음은 발생하지 않는다. 다만 생성되는 모든 것은, 비존재에서 존재가 되며, 그러다 사라지는 모든 것은 자연이 해야 할 바를 다했기 때문에 그렇게 필연적으로 생겨난 것이라 할 뿐이다. "존재와 비존재", "무제약적인 것과 제약된 것, 필연성과 자유"는 무차별적으로 동일해지며, 더욱 나쁜 것은 "선과 악"의 구별이 사라지고 "삶에 파괴적"으로 작용한다는 것이다(JDO 97-98, 100).[22] 이렇게 셸링의 자연은 근원적 힘의 **관념**

---

22  또한 1807년 11월 26일자 프리스에게 보낸 편지에서 야코비는 다음과 같이 썼다. 「형상예술들의 자연과의 연관에 대하여」에서 "적용된 기만적인 방법"은 "나를 격분시켰

으로서 실재 자연 사물들의 **물질적** 기원이고자 한다. 그러나 오성은 "메아리의 메아리"일 뿐인 이러한 학문적 인식을 통해 "점차적으로 전지함(Allwissenheit)"에 이르게 되면 "모든 사물의 창조자와 같아질" 것이라는 "허황된 희망"을 포기해야 한다. 오직 "제약된 것"들 간의 "간접적인" "증명"으로만(JDO 109) 이루어지는 오성의 학문은 개별 존재자의 현실성이 전혀 남지 않은 "가장 폭넓은" 보편 개념, "명백한 무의 개념"에만 도달할 수 있을 뿐이다(JDO 24).[23] 시간만 창조하는 셸링의 자연에서는 존재가 비존재로, 비존재가 존재로 설명될 수 있을 뿐이다. 여기에 객관적으로 현존하는 현실 자연은 그 근원을 알 수 없는 인식의 "무"로 귀착되고, "기묘한 지성적 꿈들의 기묘한 지성적 왕국"이 그 자리를 차지한다(JDO 89).

## 4. 이성과 계시

오성의 "착각"(Täuschung)은 "감관 자극"에 의한 "다양한 감각의 혼탁한 물결" 속에서 뭔가 "확고하고" 투명한 것을 부여잡으려는 성향에서 비롯된다. 그렇게 획득한 개념으로 오성은 "구별하고 판단하고 개념 파악하며 셈하고 명명한다." 이러한 "개념들의 형성"을 통해 오성에는 "하나의 세계"가 생겨난다. 이 세계의 정점에는 "모든 다양을 집어삼키고 제거해 버리는 가장 최고의 개념이라는 이상(Ideal)"이 놓일 것이다. 그러나 여기에 남는 것은 사실 "사유로서의 사유"와 사유되는 "무로서의

---

습니다. 나는 셸링의 세계 창조자가 영원에서 영원으로 시간 이외의 다른 어떠한 것도 창조하지 않는다는 것을 가장 명료하게 제시할 생각입니다." Ernst L. Th. Henke, *Jakob Friedrich Fries. Aus seinem handschriftlichen Nachlaß dargestellt*, p. 312.

23  함마허에 따르면, '현실성 상실'은 야코비 자신의 시대 진단이기도 하다. Klaus Hammacher, "Jacobis Schrift Von den göttlichen Dingen", *Philosophisch-literarische Streitsachen*, Bd. 3, p. 130.

무"일 뿐이다(JDO 111). 현실적 다양이 삭제된 개념은 무의 개념일 뿐이기 때문이다. "실재적인 것으로부터 한갓 관념적인 것으로" 뒤바뀌는 "무제약적인 것의 그러한 인위적인 변경" 때문에 인간의 인식 능력에는 애초 "절대적 무의 철학이 시작된다"(JDO 110).[24]

그렇기에 칸트가 가정한 실재적인 자연과 신에 대한 직접적 인식은 오성의 학문적 증명 대상일 수 없다. 칸트가 도달하지 못한 궁극적 통찰은 바로 그 때문에 인간이란 "도처에 명백한 무를 가정하거나, 아니면 모든 것 위에서 이 모든 것을 홀로 지각하는 참다운 신을 가정하거나 하는" "선택만을" 지닌다는 사실이다(JDO 89, 또한 JLS3 349와 비교). 인간은 신 아니면 무(無) 중에서(entweder Gott oder Nichts) **선택해야** 한다. "자연이 모든 것이며 자연 외부에 그 위에는 아무것도 없다"는 생각은 "명백한 무를 오로지 그 자체로 참된 것으로 가정하는 것"에 다름 아니다(JDO 100). 이것은 "자연주의자와 함께 이성이 전제하는 무제약적인 것 내지 절대적인 것이 단지 제약된 것의 기체요, 모든 것의 하나(das Eine des Alls)라 가정하거나, 아니면 유신론자와 함께 이 무제약적인 것 또는 절대적인 것이란 이성적 의지에 유비적인 자유로운 자기의식적 원인이자 목적에 따라 작용하는 가장 최고의 지성이라 가정하는 것"이다(JDO 108). "인간의 이성은 오직" "초자연적인 것과 자연적인 것, 자유와 필연성, 섭리와 맹목적 운명 간의 근절할 수 없는 이원론에 의거한다." 이러한 이원론적 대립을 "명료하게 진술"하는 "이중적 의식"을 지닌 자만이 "이성적" 존재자이며, 그렇지 못한 자는 "무이성적이거나 몰이성적인" 자일 뿐이다(JDO 101). 이로부터 야코비의 철학은 플라톤 전통의 이원론적 유신론으로 선언된다. 그가 보기에 이성 이념의 학문적 정위를 제외한다면 칸트는 플라톤에 가까운 철학자이며, 플라톤과 스피노자의 대립은 칸트와 셸링의 대립과 유사하다(JDO 81). 그러면서 야코비는 플

---

24 "오성"이 되어버린 이 "이성"은 "주관적인 것"을 다시금 "객관적인 것"으로, 관념적 개념을 다시금 실재의 근거로 뒤바꾼다. JDO, pp. 110~11.

라톤 철학을 "유물론"보다는 "관념론"에 "더 멀리" 있는 철학으로 본다. 왜냐하면 플라톤은 "발생하고 소멸하는 것을 넘어서 피안"을 보았기에 "차안에서 그 모사된 것을 재발견"할 수 있었다는 것이다. 이러한 이데 아의 통찰과 세계 내 "신의 작품"을 인식하는 능력이 이제 야코비 고유 의 이성 능력으로 등장한다(JDO 135-136).[25]

　타자로부터 자신의 현존을 경험해야 하는 인간의 유한한 본성에 "외 적인 것이 없으면 내적인 것도 없으며, 그대가 없으면 나도 있을 수 없 다(ohne Du kein Ich)." 이렇게 외적으로 현상하는 타자들 속을 "방황하 며" 무언가를 "예언"하려는 자에게는 적어도 "해로운 기만"이 발생하지 는 않는다. 그는 "존재와 비존재, 향유와 욕망, 사랑과 동경으로" 이루어 진 자신의 "유한한 본성"을 깨닫는 자이기 때문이다(JDO 49). 그는 더 나아가 "외부로부터 자기 안에 들어오지 않은 어떠한 것도 자기 안에 지 니지 않는다"라는 것을 통찰한다(JDO 70).[26] 이렇게 타자 관계 속에서 만 존립할 수 있는 실재 객관적인 모든 개별 존재자는 "타자 없이 하나" (das Eine ohne Anderes)로 존재하는 유일자의 현존 부여가 없다면, "타자 들 중에 하나로 존재할" 수도 그 유일자에 대한 어떠한 앎을 가질 수도 없을 것이다(JDO 28). 이렇게 실재론자는 자신의 "감관" 경험에 **앞서** 이 성의 어떤 "최고 권위" 같은 것을 상정하지 않으며, "자신의 눈앞에 직접 적으로" 나타나는 개별 존재자의 실재성에서 타자들 중의 하나로 있을 수 있는 "기적의 현실"을 포착한다. 감각되는 유한한 개별자들이 실재로 (realiter) 있다는 "기적을 통한 이 물체적 증명" 이외의 다른 어떠한 타당 한 증명도 가능하지 않다(JDO 71). 그 외의 모든 학문적 증명은 그 실재 성이 무화된 개념을 관념적으로(idealiter) 최고의 자리에 설정하는 기만

---

25　이러한 실재론적 플라톤 해석으로 인해 야코비는 아리스토텔레스를 플라톤의 단순한 계승자 정도로만 평가한다.

26　야코비에게서 '대화적 원리'를 중시하는 함마허는 바로 이 신 주체(Du)와 인간 주 체(Ich) 간의 관계에서 이성 개념의 '대화적 근거'를 본다. Klaus Hammacher, *Die Philosophie Friedrich Heinrich Jacobis*, pp. 38, 173.

일 뿐이다. 야코비는 감성적 인식에서의 초감성적인 것의 이러한 직접적 통찰을 이성이라 부른다. "이성 고유의 유일한 영역"은 "초감성적이고 초자연적인" "기적의 영역"이다(JDO 18-19).[27]

야코비에 따르면, 이성은 온갖 유한한 인식에 있어 "모든 제약된 것에 앞서 절대적인 것이나 무제약적인 것을 전제"하는 능력이다. 무제약적인 것 없이는 제약된 것도 있을 수 없다는 전제는 인간의 "모든 이성적 의식"에 "본질적으로 내재하는" "필연적" 인식이다(JDO 105-106). 이 전제는 그 자체로 존립할 수 없는 "어떤 것이" **그럼에도** "있으며 작용하고 있다"는 놀라운 "감정"에서 비롯된다(JDO 31).[28] 감성적 지각에 있어 바로 이 감성적인 것을 "넘어서는" 인간 본성의 "거역할 수 없는" "근본 충동"이야말로 이성이 귀 기울이는 유일한 활동 원천으로서의 감정이다. 이 감정에 따라 인간은 "예로부터" "신적인 것들"(Göttliche Dinge)

---

27 JLS2, 첨가글 VII, 특히 pp. 258~60과 비교. 여기서 야코비는 오성처럼 자연 사물을 탐구하는 이성과 초자연적인 것을 탐구하는 이성을 구분하고, 전자를 "영혼"(Seele)으로, 후자를 "정신"으로 설명한다. 이 첨가글 VII을 야코비의 '내밀한 주요 저작' (das heimliche Hauptwerk)으로 간주하는 비르기트 잔트카울렌은 그의 한 편지에서의 표현을 빌려 전자를 '형용사적 이성'(adjektive Vernunft)으로, 후자를 '명사적 이성'(substantive Vernunft)으로 부른다. 이를 통해 야코비는 인식 일반을 부정한 것이 아니라 자유로운 행위의 근본 경험이 결핍된 실체적 인식의 필연적 결과에만 머물 수 없다는 점을 부각했다는 것이다. Birgit Sandkaulen, *Grund und Ursache. Die Vernunftkritik Jacobis*, pp. 64~76, 234, 242.

28 이성이 전제하는 절대적인 것(das Absolute)을 '인격'으로 느끼지 않고 피히테의 자아나 셸링의 무차별처럼 개념적으로 분석할 때, 인격으로서의 신(wer)이 아니라 본질 개념들의 사슬 속의 신(was)이 등장한다. 그 사람이 누구인지, 그 인격은 '이름으로써' 특징지어지는 것이지, '개념으로써' 특징지어지는 것이 아니다. 잔트카울렌에 따르면, 야코비가 배제된 '근대 철학은 주관성의 철학이지, 인격의 철학이 아니다.' Birgit Sandkaulen, "Daß, was oder wer? Jacobi im Diskurs über Personen", pp. 217~18, 234. 뤼 드 포(Lu de Vos)는 헤겔의 종교철학에도 이러한 인격 개념이 결여된 것으로 본다. Lu de Vos, "Unmittelbares Wissen und begriffenes Selbstbewußtsein des Geistes. Jacobi in Hegels Philosophie der Religion", *Friedrich Heinrich Jacobi*, p. 351. 또한 Valerio Verra, "Jacobis Kritik am deutschen Idealismus", *Hegel Studien*, Bd. 5, pp. 209~10도 참조.

을 가질 수 있었으며(JDO 61), 이제 자신의 이성으로써 이것들을 전제하고 다른 모든 유한한 인식의 헛되지 않음을 확신한다. "절대적인 것의 개념"은 결코 오성의 지배를 받는 "이성의 궁한 거짓말(Notlüge)"일 수 없다. 오히려 그 개념은 오성을 넘어서는 이성에 직접 "주어진 것"이다. "참되고 선하며 아름다운 모든 것을 자기 안에 포함하면서 자기 밖으로 산출하는 근원 본질"을 전제하는 것은 오성에는 "불가해"(unbegreiflich)하지만, 이성에는 너무나 자명해서 "이 개념의 실재성을 무조건적으로 신뢰"하게 된다(JDO 124-125, 또한 106). 감성적 지각에서의 초감성적인 것의 이러한 인식은 그래서 "감관들의 기적"이자 오성에는 영원히 불가해한 "오성의 비밀"이다. 또한 유한한 인간 인식 속에서 이 유한성을 넘어서는 무한자 인식은 바꾸어 말해 "신 밖에서의 신의 직관", "불멸성의 씨앗을 갖춘 가사적(可死的) 삶"에서의 신의 자기 직관 이외의 다른 것이 아니다(JDO 16). 이때 감관에 의한 감성적 지각은 초감성적인 것을 단순히 예감하게 하지만, 이와 함께 작용하는 이성은 초감성적인 것을 정신의 의식 내용으로 풀어놓는다(aus-legen). 인간 이성이 신을 알 수 있는 것은 "직접 신에서" 비롯된 **정신**이 자기 안에 있다는 **의식**을 가질 수 있기 때문이다. 이 정신으로서의 자기의식, 즉 "정신-의식"(Geistes-bewußtseyn)이 바로 "이성"이다. 정신으로서의 자기의식이 없는 몰이성적 동물은 신을 모를 수 있다. 그러나 정신적 존재자임을 부정할 수 없는 인간에게 "신에 대한 무지"(Gottesunwissenheit)는 "결코 있을 수 없는 일"이다(JDO 104). 오성조차도 이성 이념의 필요성 때문에 이성을 자기 지배 아래 두려 하지 않는가.[29]

이 정신의식으로서의 이성 개념, 말하자면 결코 오성적으로 개념화할 수 없는 자신 고유의 이성 개념에 기초해 야코비는 곳곳에서 "신", "자연", "정신"에 대한 자신의 **보편적으로** 비철학적인, 삼위일체적 신앙"을 "가장 엄밀한 의미에서 철학적"일 수 있는 "신앙"으로, 다시 말해 유

---

29 이에 대해서는 JUK, pp. 271~73, 280~89 참조.

일하게 가능한 "참된" 신앙 "철학"으로 제시하고자 한다. 이는 "한편으로 인간 밖에, 그리고 인간 위에 현존하는 신적인 것의 지각 능력이자, 다른 한편으로 인간 안에 현존하는 신적인 것의 지각 능력"인 이성 때문에 가능하다는 것이다(JDO 27, 29). **먼저** 인간 위의 신은 홀로 있는 일자(一者)이자 모든 존재자의 창조자이다. 그러나 야코비가 보기에 자연주의이든 유신론이든 이 최초의 절대적인 것을 근원으로 해서 "온 세계(Weltall) 의 현존을 **설명**하는 것은 마찬가지로 언제나 불가능하다"(JDO 108).[30] 학문적 오성은 온 세계를 "분해하고"(zerglieder(n)) 분류함으로써 모든 존재자의 근거를 찾을 수 있다고 희망한다. 그러나 세계 내 존재하는 모든 것은 개별적으로 규정되어 "이미 분류된 것"(Gegliedertes)뿐이다. 이렇게 "근원적으로 분류하고" "근원적으로 구분하며 다양화하는 것"은 "오성의 능력"이 아니라 "창조의 비밀"로만 남는다. 자신의 현존뿐만 아니라 인식마저 불완전한 인간은 창조의 전 과정을 학문적으로 재구성할 수 없으며, "모든 것을 하나로부터(aus Einem) 도출하거나, 아니면 모든 것을 무로부터 도출하거나 하는 선택"만을 지닌다. 이미 앞서 살펴보았듯이, 모든 것을 무로부터 도출하는 것은 모든 것을 모든 것으로부터, 자연을 자연으로부터 도출하는 것을 의미한다. 그래서 모든 것을 하나로부터 도출하는 선택지만 남는다면 "이 하나(dies Eine)는 필연적으로 하나인 **자**(Einer)", 즉 "유일자"(der Eine)이어야 한다. 이 유일자에 해당하는 또 다른 이름이 바로 "신"이다. 그 하나가 이외의 다른 이름으로 불린다면, 엄밀히 말해 가장 보편적이기에 "본질적으로 무규정적인 것이자 그럼에도 모든 것을 규정하는 것"((das) wesentlich Unbestimmte und doch Allbestimmende)이 될 것이다(JDO 24, 26, 28). 이것은 불합리하다.

**다음으로** 신이 창조적 유일자라면, 신은 인간 밖의 자연뿐만 아니라

---

30 있는 것의 **개념 파악**을 철학의 과제로 설정한 헤겔도 예나 시기 비슷한 말을 한다. '무한자가 어떻게 유한자로 생성되는지 물을 수 없다.' Georg Wilhelm Friedrich Hegel, *Jenaer Systementwürfe II*, p. 173.

인간의 "지성(Intelligenz) 내지 이성" 또한 창조했음에 틀림없다. 그렇지 않고 이성 자체가 "자연의 품으로부터 출현했으며 감성의 완전한 발전 그 이상의 아무것도 아니라면" 다시금 자연만이 창조의 비밀을 푸는 열쇠가 된다(JDO 92). 셸링이 걸었던 이 길은 그러나 "시간적인 것, 즉 유한한 모든 현존과 작용(Wirken)의 근절을 통해" 총체적 "전-일"(All-Eines)의 "무한한 근거와 심연(Abgrund)"에만 도달할 수 있을 뿐이다. 이 심연과도 같은 무한한 근거(ein unendlicher Grund)는 기껏해야 변화하는 모든 것을 변화하게 하는 "공허한 시간"만을 창조할 수 있으며, 따라서 그의 창조는 "무로부터의 창조가 아니라 무의 창조"가 된다(JDO 107). 야코비에 따르면, "모든 것과 하나의 **근거** 개념은 오성에서의 최상 개념"이며, 이에 반해 "이성에서의 최상 개념이자 이성과 하나이자 동일한 것"은 "창조되지 않은 창조자이자 절대적으로 무제약적인 자의 **원인** 개념"이다. 원인(Ursache)은 어떤 사태(Sache)가 결과(Wirkung)로 산출되도록 작용하는(wirken) 근원적 사태(ursprüngliche **Sache**)이다. 따라서 원인은 "시간의 진입과 **함께**" 작용한다. 우리는 어떤 원인이 "**어떻게**" 하나의 결과를 산출하도록 구체적으로 작용하는지 인식할 수 없다. 이것을 인식할 수 있는 것은 "반성 속에서 시간으로부터 추상해" 원인과 결과를 따로 떼어놓고 이것들을 각각 근거와 귀결(Grund und Folge)의 관계로 전환할 때뿐이다. 근거와 귀결로 이루어진 학문적 설명이 바로 증명이다. 그리고 증명은 "규정된 어떤 부분이 규정된 어떤 전체 속에서 필연적으로 차지하는 자리를 보여 줌"으로써 이루어진다. 그래서 전체에 속하지 않는 부분은 "논증될 수도 연역될 수도 없다." 이때 전체에 포함된 부분은 긍정되며 그렇지 않으면 부정된다. 여기서 꼭 주목해야 할 점이 두 가지 있다. 우선 증명은 반드시 닫힌 하나의 전체를 전제해야 가능하다는 것이다. 따라서 자연을 논증적으로 인식하려는 것은 자연 밖으로 나가지 못한다. 또한 근거와 귀결, 궁극적으로 말해 전체와 이 전체를 구성하는 모든 부분은 "같아야" 하며, 사고 속에서 필연적으로 "동시에" 현존해야 한다(JDO 131-133).[31] 이를 통해서는 자연 사물을 자연으로부터 논증하고 자연을 자연 사물로 설명할 수 있을 뿐이다. 그러나 끊임없이 변화하는 개별 자연 사물은 근원적으로 자신들의 현존 자체를 창조할 수 없는 무이며, 자연 전체는 최종적으로 변화의 빈 시간만 설명해 줄 수 있는 이념으로서의 무이다. 야코비가 보기에 셸링의 자연철학은 이러한 이성 **이념**에만 도달할 뿐 작용하는 원인으로서의 이성 **자체**에는 이를 수 없다.

따라서 우리는 "자연이냐 지성이냐" 둘 중 어느 것이 **"우리에게"** 첫째인지 선택해야 한다. 그리고 이제 남은 **마지막** 선택은 "이성이 직접 신으로부터 비롯되었으며, 신과 그의 가시적 작품인 자연 가운데에서 이 양자를 지각하며 [자신의] 고유한 현존의 확실성과 함께 이 양자를 증언"한다는 것이다. 학문은 잘 해봐야 "자연의 복사" 그 이상일 수 없다(JDO 92). 그러나 "동물의 왕국"과 "정신들의 왕국", 이 두 세계의 시민인 인간은 이제 더 이상 자신을 인간되게 하는 것이 무엇인지 알면서 그 사이를 방황할 필요는 없다. "신 외부의 모든 것은 유한"하며, "자연은 유한자의 총괄"일 뿐이다. 자연을 창조한 신은, 그러나 또한 "인간을 창조하고 인간에게 직접 자신의 정신으로부터 정신을 부여"했다. 인간 안의 정신은 "신의 숨결"이다(JDO 102-103, 또한 JLS2 166). 인간이 정신으로써 신을 숨 쉴 수 있는 이유는 신 자신이 바로 자기 내 존재하면서 자기 밖의 모든 존재를 자유롭게 산출하는 정신이기 때문이다. 신은 전체 자연

---

31 근거와 귀결은 "존재자의 원리, 즉 그 구성의 원리"(principium essendi, compositionis)로서 논리적 동일성에 기초한 닫힌 관계이지만, 원인과 결과는 경험적 "생성 원리"(principium generationis)로서 '시간' 속에서의 '인격'적 '힘'의 '자유'로운 '행위' 관계이다. 이에 대해서는 JH, pp. 49~56; JLS2, pp. 255~57 참조. Anton Friedrich Koch, "Unmittelbares Wissen und logische Vermittlung. Hegels Wissenschaft der Logik", *Friedrich Heinrich Jacobi*, p. 333. Klaus Hammacher, "Jacobis Schrift Von den göttlichen Dingen", *Philosophisch-literarische Streitsachen*, Bd. 3, pp. 140~41. 야코비 **나름의** 근거와 원인의 구별에서 '행위형이상학'의 '진지한 철학함'을 보는 Birgit Sandkaulen, *Grund und Ursache. Die Vernunftkritik Jacobis*, pp. 171~263, 특히 pp. 178~220, 240~45, 255~63 참조.

이 창조되는 "하나의 정신"(ein Geist)이자(JDO 30), 모든 정신이 비롯되는 "그 정신"(der Geist)이다(JDO 135). 신은 정신이기에 "자기의식과 실체성과 인격성"을 갖고 자기 밖의 모든 것을 현존하게 작용하는 원인일 수 있는 것이다. 더 이상 오성 개념을 위해 "작위적이지 않은 건강한 이성"은 신에 관한 학문을 구상하지 않는다(JDO 30).[32] "신에 대한 모든 이론"은 "신의 현존을 어떤 법칙 아래 두는" 것이기에 전체적으로 또는 부분적으로 일종의 "독신"(瀆神)이며 "세계우상화(Weltvergötterung)"이다(JDO 92-93). 자신의 정신을 의식하는 건강한 이성은 오히려 감성적 지각의 "수용성"을 지니면서 동시에 초감성적인 것을 "포착"하는 "자발성"을 지닌다. 이를테면 내가 수동적으로 감각하는 외부 대상의 현실적 현존에 대한 확실성은 바로 이 현실적 대상 자체 이외에서는 찾아질 수 없다는 것을 능동적으로 자각하며, 그 현실적 현존이 또한 부여받은 것일 수밖에 없다는 것을 깨닫는다. 이 깨달음은 결코 증명일 수 없으며 믿음으로써만 설명 가능하다(JH 32-33 참조).[33] 이성은 유한한 인간 내의 "초감성적인 것에 대한 감관"이다(JDO 123). 이 때문에 필연적 오성 개념들의 "부단한 사슬"만 보여 주는 "자연은 신을 감추지만", "정신"을 통해 "자연이 극복할 수 없는 힘"을 간파하고 획득하는 이성적 "인간은 신을 계시한다." "자연을 능가하는" 자신의 힘을 믿는 자는 "신을 믿는" 자이다(JDO 117, 또한 JV 140; JLS1 123-128).

야코비는 이렇게 정신의식으로서의 이성을 통해 자연으로부터 신에로 도약하고자 한다. 이 도약은 학문적 매개가 아니라 무제약적인 것을 계시함으로써 직접 신에로 비약하는 것이다. 이때 인간 이성의 이 자연지배력은 또 다른 이성 중심주의로 비추어질 수 있다. 이에 대해 야코비는 자신의 정신이 결코 "자연 적대적 정신이 아니"라고 강조한다. 신 외

---

32  "자유의 작용이 알려지는 곳에서" 학문은 "필연적으로 멈춘다." JVE, p. 432.

33  야코비는 흄의 "믿음"(Belief)을 "신앙"(Glaube)으로 번역한다. JH, p. 29. 이 책의 제2장 제3절 참조. 이러한 번역에는 믿음을 "신학적 의미로" 읽고자 하는 야코비 나름의 이유가 있다. JBR, pp. 115~16.

부의 인간을 비롯한 모든 유한자의 총괄이 자연이라면, 이 자연을 무화하거나 삭제하는 것은 "창조를 무화하는" 것이기 때문이다(JDO 103). 불완전한 인간 정신이 이성의 자기의식이 되기 위해서는 자연과 신이 모두 필요하다. 인간 정신의 "모음"은 "자연과 신의 자음"과 함께 해야 비로소 이성의 언어를 말할 수 있다(JDO 27). 또는 인간 이성은 "자기 자신으로부터의 공중제비(salto mortale)"를 성공시킬 수 없다(JDO 91).[34] "감성적 직관 **없이**" "지적 직관"을 시도하려 한다면 말이다(JDO 123). 다만 야코비는 자연의 복사로 이루어지는 학문이 자연을 신격화하는 자연주의나 신을 자유로운 원인으로 포착하려는 유신론 모두에 대해 "완전히 중립적"이어야 한다고 본다. 그럼에도 오성은 결국 "무제약적인 것"의 이성 이념 없이 자신의 학문을 완결할 수 없을 것이다. 야코비의 경고에 따르면, 오성은 자신이 구체적 개별자들의 **삭제**를 통해 개념적으로 도달한 이 이념으로써 신을 논증했다고 자만해서도 안 되며, 이 이념을 통해 인간의 모든 행위를 지배하려 해서도 안 된다. 이로부터 오성에 복종하는 계몽 이성의 무(無)를 향한 독재가 시작된다. 야코비가 보기에 한편에는 자신의 한계 내에 늘 중립적인 학문과, 다른 한편에는 유한한 모든 것에서 무한자를 예감하고 믿으면서 행위하는 건강한 이성의 비학문(非學問)이 평화롭게 공존하는 것이 좋다. 이럴 때 신격화하는 오성의 "유령"은 사라질 것이다(JDO 108-112).[35] 이와 더불어 이성은 감성적 인식 속에서 현실적 대상의 현존을 믿을 것이며, 이 현존을 지배하는 자

---

34 프리스의 언급을 재인용하는 이 공중제비란 표현은 야코비가 이미 한 말이다. JLS1, p. 20. 칸트의 사물들 자체 세계를 '더 이상 지가 아니라 신앙'으로 긍정하면서 '민족신앙에의 낭만적 동경'을 추구한 프리스의 야코비 관점과의 비교는 Wolfgang Bonsiepen, "Philosophie, Nichtphilosophie und Unphilosophie", *Friedrich Heinrich Jacobi*, pp. 257~62; Bruno Bianco, "»Ein Votum für Jacobi gegen Schelling«. Fries' Teilnahme am Streit um göttlichen Dinge", *Philosophisch-literarische Streitsachen*, Bd. 3, pp. 155~73, 특히 pp. 159~66 참조.

35 야코비에게 철학은 "모든 인간의 앎이 미완성작일 뿐"이라는 것을 "아는 무지"(ein wissendes Nichtwissen)의 "학문"이어야 한다. JLS3, p. 349; JVE, p. 383 참조.

신의 정신적 힘을 믿을 것이고, 더 나아가 이 모든 것이 비롯되는 "하나의 원인"으로서의 신을 믿을 것이다(JDO 134). 야코비의 마지막 문장은 이렇다. 이로써 "저자는" 이러한 삼위일체적 신앙일 수 있는 "유일한 종교", "기독교" 신자임을 "고백한다"(JDO 118-119).

## 5. 자유로운 신앙철학과 악의 문제

야코비 철학은 독일 고전철학 시기의 핵심 쟁점 중 하나인 신앙과 지(知)의 문제를 선명하게 보여 준다. 당시 빈번히 발생한 무신론 논쟁은 당사자에게 회복할 수 없는 피해를 안겨주었으며, 야코비는 세 차례의 주요 논쟁에 직간접적으로 참여한 것으로 알려져 있다. 『신적인 것들과 그 계시에 대하여』는 셸링과의 무신론 논쟁을 점화한 대표작이다. 그는 리히텐베르크 논박을 제외한 이 저서의 본문을 자기 사상의 "최선의 정당화"로 간주한다(JV 143). 정신의식으로서의 이성을 기반으로 하는 그의 삼위일체 이론이 오늘날 종교철학에 얼마나 설득력을 가질 수 있을지는 또 다른 관심거리이다. 재판의 "예비보고"에서 야코비는 자신의 사상을 "종교적" "관념론자"와 "종교적" "유물론자"가 조가비처럼 "기독교의 진주"를 감싸고 있는 "조개"로 비유한다. 그가 궁극적으로 원하는 것은 종교적 지향성을 지닌 관념론도 실재론도 아니요, "인간에 대한 신적인 계시들"의 비밀스러운 길을 통해 획득되는 "그 진주 자체"라는 것이다(JVz 160).

그러나 야코비의 그 진주는 여전히 자연에 너무 많은 희생을 요구하는 것처럼 보인다. 그의 이성이 자연 적대적이진 않더라도 아직은 자연 대립적 관계 속에 머물러 있기 때문이다. 분명 자연주의의 신, 즉 자연(deus sive natura)도 문제가 있지만 야코비 식 이원론적 유신론의 '신 대 자연'(deus contra naturam)[36]도 좋은 것만은 아니다. 그의 이성은 인식적으로나 행위상으로 자연을 대상(Gegenstand)으로 맞세워 놓아야만 초감성적 계시 활동을 발휘한다. 이는 야코비가 자연 **자체** 속에서 정신을 보지 **못했기** 때문일 것이다.[37] 이 때문에 또한 그의 정신은 결코 자연 학문을 통해 매개될 수 없다. 이성의 초감성적 계시 활동에 인간이 축적해 온 모든 감성적 자연학은 영점(零點)에 가깝게 축소된다. 더욱 흥미로운 것은 계시 활동의 주체로서 야코비는 이제 주로 인간 이성을 언급한다는 점이다. 감성적 지각 내용의 진리가 바로 그 지각 주체 외부의 현실적 대상의 현존에서 비롯된다는 사실을 "계시"로 이해하던 『신앙에 대한 또는 관념론과 실재론에 대한 데이비드 흄. 한 편의 대화』와는(JH 32) 사뭇 다르게 이성 쪽으로 더 치우치는 듯하다.[38]

물론, 이때의 이성은 오성 종속적인 폭력적 이성도 아니며, 학문적 매개로 추진되는 사변적 이성도 아니다. 오히려 야코비의 이성은 자신의 유한성의 자각을 통해 무한자를 동경하고 포착하는 감정에 가깝다. 결코 자존적일 수 없는 내가 "타자 없이 대자적인 어떤 하나"(ein Eines für sich und

---

36 Carmen Götz, *Friedrich Heinrich Jacobi im Kontext der Aufklärung*, p. 382. 카르멘 괴츠에 따르면, 야코비는 유기적 자연도 기계론적으로 이해하고 있다. 물론, 야코비에게는 '초월 경험의 매체'로 여겨지는 '내적 본성'(innere Natur)으로서의 자연 개념도 있다. pp. 293~315, 334, 384~85.

37 헤겔의 자연 개념과 비교해 볼 필요가 있다. 예를 들어 단편 「정신의 본질」(1803)에서 헤겔은 '자연'을 '자신의 타자 존재 내의 정신'(Geist in seinem Ansersseyn)으로 고찰한다. Georg Wilhelm Friedrich Hegel, *Schriften und Entwürfe*, p. 373. 야코비에게 '유한자의 무한자 지시'는 '오직 인간'을 거쳐서만 가능하다. Carmen Götz, *Friedrich Heinrich Jacobi im Kontext der Aufklärung*, p. 405. 그럼에도 야코비의 도구적 이성 비판과 정신으로서의 신 이해는 헤겔에 막대한 영향을 끼쳤다. Peter Jonkers, "F. H. Jacobi, ein „Galimathias" der spekulativen Vernunft?", *Einige Bemerkungen zu Hegels Jacobi-Deutung in seinen Jenaer Schriften*, Hegel und die Geschichte der Philosophie, pp. 211~16 참조.

38 『신앙에 대한 또는 관념론과 실재론에 대한 데이비드 흄. 한 편의 대화』에 따르면, 지각 주체 "앞에 사물들이 현실적으로 서 있다는 사실" 자체가 "참으로 경이로운 계시"이다. JH, p. 32. 신학적으로 표현하면, 야코비의 계시는 이제 '인간 밖의 그리스도', 즉 '신의 인간화'(Menschwerdung Gottes)가 필요치 않게 된다. Wilhelm G. Jacobs, "Von der Offenbarung göttlicher Dinge oder von dem Interesse der Vernunft an der Faktizität", *Philosophisch-literarische Streitsachen*, Bd. 3, p. 146.

ohne anderes)로 현존한다는 "정신"의 "직접적인" "본질감정"을 의식함
으로써 이성은 활동한다. 이 이성의 활동은 무한자를 모든 존재와 인식
의 근원으로 전제하는 "영감"(Eingebung)이며, 그에 대한 무한한 "신뢰"
(Zuversicht)이다(JDO 26, 49-50). 야코비에게 이성철학이라 불릴 만한 것
이 있다면, 그것은 이러한 정신적 감정의 자기의식 철학이다. 정신으로서
의 이성의 이 자기의식을 통해 정신을 둘러싸고 있는 외피보다 직접 신으
로부터 부여받았기에 "삶을 자기 자신 안에 지니는" "정신의 본질"을 파
악할 수 있게 된다. 인간 정신의 현존에 불가피함에도 그 외피에만 주목
한다면, "종교적 유물론"에서 헤어나지 못할 것이다(JDO 46).[39] 이로써
야코비 철학은 이성적 감정에 기초한 철학적 신앙이 된다. 이 신앙은 철
저히 학문과 유리된 신앙이다. "신에 대한 신앙은 어떠한 학문도 아니며
하나의 덕이다." 이 신앙은 학문적 법칙을 숭배하는 "자연주의"냐, 아니
면 초자연적 근원을 감지하는 "유신론"이냐 하는 "선택"을 통해서만 얻
어지기에 학문이 아니라 덕이다(JDO 130). 선택하는 능력은 자유이다.
그리고 존재냐 비존재냐 중에서 존재를 선택한 것은 존재에 대한 사랑
으로밖에 설명되지 않는다. 신의 창조가 자유로운 인격의 사랑의 산물이
라면, 그에 대한 신앙은 이제 인간의 모든 덕의 기초가 되기도 한다.

---

39 야코비가 클라우디우스의 한계로 지적한 점이지만, 그럼에도 재판 "예비보고"에
   서 자신은 그의 편이라 밝힌다. JVz, p. 161. 야코비는 1802년에 제목은 길지만 내용
   은 매우 짧은 한 기고문에서 "정신을 철자(Buchstabe)에 굴복시키는" "모든 사유 방
   식을 유물론"으로 정의한다. 야코비의 언어 이론에서 철자는 동시에 신의 정신의 외
   피로서의 자연 사물을 의미한다. 이것의 현존을 직접적으로 지각하고 믿어야 하지
   만, 그 속의 "정신"을 보지 못한다면 야코비가 보기에 "종교적 유물론"에 머무는 것
   이다. 이 때문에 그는 비종교적 유물론보다 종교적 유물론에 훨씬 더 반감을 보였다
   고 한다. JSt, pp. 251~53; Wilhelm Weischedel, *Jacobi und Schelling*, pp. 22~23 참조.
   하만의 영향을 받은 야코비의 언어 이론에 대해서는 Marco M. Olivetti, "Der Einfluß
   Hammans auf die Religionsphilosophie Jacobis", *Friedrich Heinrich Jacobi. Philosoph
   und Literat der Goethezeit*, pp. 86~93; Heinz Gockel, "„...ein weiteres Ergründen der
   Spracherfindung." Etwas zu Friedrich Heinrich Jacobis Sprachphilosophie", *Friedrich
   Heinrich Jacobi*, pp. 30~33.

자신의 한계를 아는 "정직한" "자연주의"[40]는 "결코 신과 신적인 것들에 대해", "자유"와 "본래의 도덕성에 대해" "말하려 해서는 안 된다." 도덕적 행위는 그러한 학문법칙적 이성에 의해 실행되는 것이 아니다. 누구나 자유롭게 도덕적으로 행위할 수 있지만, 누구나 **기꺼이** 윤리**학**이 주장하는 도덕법칙을 의지하는 것은 아니다. 오히려 도덕적 행위는 결코 "학문"(Wissenschaft)으로 체계화될 수 없는 "신적인 것들"에 관한 "가장 확실한" "앎"(Wissen)에서 비롯된다(JDO 96-97).[41] 이를 통해 야코비는 칸트가 해결할 수 없었던 문제, 즉 계몽적 이성 능력에로 성숙하지 못한 평범한 인간의 도덕법칙에 대한 자발적 의지 가능성 문제에[42] 자기 나름의 답변을 제시하고 있는 셈이다. "신에 대한 신앙"은 "설명하지도 증명하지도 않으며" 오직 "감각하고 보며 가리킬" 뿐이다. "나중에야 가리키며 입증하고(nach-weisend) 설명하는" 것은 오성의 일이다(JDO 13-14). 그렇다고 야코비의 도덕신앙이 낭만주의의 이성 적대적 순수감정에 뿌리를 두는 것도 아니다. 그가 주장한 이성적 감정은 감정으로 느껴지는 정신의 이성적 자기의식이다. 이것은 "신이 우리 안에 살고 있으며, 우리의 삶은 신 안에 감추어져 있다"라는 유한자의 초월적 자기의식이다. 신

---

40 후에 야코비는 이렇게 다짐한다. 나는 "30년 전부터" 자유를 부정한다고 정직하게 "고백하는 스피노자 식 자연주의"와는 "평화를 유지"하려 했지만, "필연성과 자유, 섭리와 운명을 하나로 뒤섞는" "정직하지 못한" "숙명론"적 자연주의와는 "마지막 숨을 거둘 때까지" "전쟁"을 벌일 것이다. JVE, p. 429.

41 야코비는 「1800년의 과잉된 문고. 서문」(Überflüssiges Taschenbuch für das Jahr 1800. Vorrede)에서 자신의 학문 개념을 이렇게 표현했다. "결코 우리에게 앎이 결여되어서가 아니라" 신적인 것을 비롯해 우리가 "너무 많이 알기 때문에, 과잉되게(überflüßig) 알기 때문에 학문이 산출되는 것이다." JT, pp. 176~77.

42 이것은 바로 청년 헤겔로 하여금 사랑을 고민하게 한 문제이기도 하다. 이에 대해서는 남기호, 「헤겔의 '사랑' 개념과 그 철학적 위상 변화」, 『시대와 철학』 제20권 제4호, 85~87쪽 참조. 또한 남기호, 「칸트의 자연법 이론과 국가 기초의 문제」, 『가톨릭철학』 제14호, 167~69쪽 참조. 야코비의 사랑 구상과 헤겔의 인정 개념의 연관에 대해서는 Gustav Falke, "Hegel und Jacobi. Ein methodisches Beispiel zur Interpretation der Phänomenologie des Geistes", Hegel Studien, Bd. 22, pp. 129~42, 특히 pp. 137, 142 참조.

의 우리 존재에 대한 "사랑" 때문에 창조된 우리의 정신적 "자유"가 있으며, 이 자유 때문에 우리는 "이성"을 발휘한다(JDO 40-41). 바꾸어 말해 "신을 증언"하는 "인간 내의 정신"을 의식하기 때문에 인간의 이성은 자유롭게 사랑할 수 있다는 것이다. 결국 "도덕적 자유"는 "유한자의 무한자와의 합일이라는 창조의 비밀" 속에 놓여 있다(JDO 65). 창조의 비밀은 곧 "자유의 비밀"이다(JV 143). 창조된 자연이 신을 "알리거나" "감추는" 것처럼 정신과 함께 창조된 인간도 "신을 양심으로부터 부인"하며 "짐승이 되기도" "신의 가장 내적인 부가 활동성(Zuthätigkeit)"에 몸 서리치는 인간이 되기도 한다. "내가 모든 것보다(vor Allem) 덕을 의지하느냐, 아니면 모든 것보다 행복을, 한갓 편안한 현존을 의지하느냐"의 이 선택의 갈림길에서 "덕의 비교 불가능한 최고 가치는" "단지 자발적으로만 인정될 수 있다"(JDO 64-65). 이 자발적 인정은 신을 증언하는 인간 정신의 힘에 있다. 이렇게 야코비에게 도덕적 행위 가능성은 신앙이 기초하는 정신의식 내지 이성적 감정에 달려 있다.

종교적 내용을 도외시한다면, 야코비의 도덕은 초월적 이성 능력의 뿌리인 감정에서 비롯된다고 할 수 있다. 이를 통해 야코비는 계몽철학의 또 다른 거대한 흐름에 합류한다. 이 흐름은 말하자면 감정은 법칙적 이성이 아니라 더 고귀한 감정을 통해서만 도야될 수 있다는, 흄의 도덕감 이론과 루소의 정념교육론에서 비롯되는 전통이다.[43] 감정을 돌보지 않는 차가운 계몽 이성은 자신을 신격화하는 독재자가 될 수 있다. 그러

---

43 "욕구는 욕구를 통해서만 근절될 수 있으며, 정념은 정념을 통해서만 극복될 수 있지요. 성격(Charakter)은 오성이 아니라 마음에 자리 잡고 있습니다." JK, p. 165. 그러나 궁정의 차가운 정서 억제와 구별되는 이러한 시민(bourgeois)교육의 이상은, 마찬가지로 저급한 정서에 대한 위협이나 엄격한 규율을 수반하곤 했다. 야코비는 자신의 두 아들을 클라우디우스와 갈리친 군주 부인 아말리아(Fürstin Amalia von Gallitzin)에게 교육을 받도록 했으나, 그중 문제아였던 둘째 아들의 감정 교육은 실패했다. Carmen Götz, *Friedrich Heinrich Jacobi im Kontext der Aufklärung*, pp. 18, 92, 183~92; Klaus Hammacher und Kurt Christ, *Friedrich Heinrich Jacobi (1743-1819)*, pp. 18~19, 70 참조.

나 공존을 위해서는 질서가 필요하며 여기에는 항상 원리와 법칙에 대한 인식이 수반된다. 이 학문적 원리와 법칙을 하찮게 여기는 뜨거운 감정 또한 독재자가 될 수 있지 않은가? 신 아니면 무(無)라는 선택지 앞에서 인간은 어떻게 타인을 침해하고 무화(無化)하는 행위를 선택하곤 하는가? 신앙적 감정교육의 불충분함 때문이라 대답할지 모른다. 그러나 사랑은 종종 순수한 증오의 감정과 짝을 이루곤 하지 않는가? 민족에 대한 열렬한 사랑이 유대인 학살을 낳은 것처럼 말이다. 이 증오심은 도대체 어디에서 연유하는가? 사실, 『신적인 것들과 그 계시에 대하여』가 실린 전집 제3권의 "서문"은 세계 내 선과 악의 혼재를 보는 프리드리히 슐레겔의 비평에 대해 자신이 그의 생각과 여러 근본적인 점에 있어서는 결코 다르지 않음을 항변하는 성격의 글이다. '오직 신'과 '선'만을 알던 인간이 '외부로부터 낯선 전염'에 의해 "자신의 오성"이 아니라 우선 '자신의 마음'을 타락시켜 '다른 지역으로 내려앉았다'는, '오성'은 그 후 이 '타락한 영향'을 받았다는 슐레겔의 설명이 어려움만 가중시키는 "원죄"에 의한 "옛 설명"과 크게 다르지 않다는 점만 빼고 그렇다. 그러나 "악의 현존"에 대해 야코비 또한 썩 그럴듯한 이유를 내놓지 않는다. 그는 다만 "어떤 탐구 불가능한 사건이 신의 창조 속에 파괴"와 "타락"을 유입시켰다고 말할 뿐이다. 이것들은 이성이 포착하도록 허용하기는 하지만 결코 권유하거나 명령하지 않는 "절망의 수단일 뿐"이라는 것이다. 그러나 그는 왜 이러한 절망의 수단이 필요한지는 "악의 현존만큼이나 **불가해**"하다고 고백한다.[44] 분명 야코비 식의 이성적 감정만으로는 악행뿐만 아니라 선행 또한 온전히 설명될 수 없을 것이다. 개념적 사유 없는 순수감정적 의지란 인간에게 없다. '신앙과 지를 **넘어** 더 고차적인 제3의' 어떤 것을 가정하려는 슐레겔의 제안을 "전혀 이해할 수 없

---

44 오토 프리드리히 볼노프는 반(反)계몽적 세속화에 치중한 야코비의 신 개념이 '원죄 개념'과 구원을 위한 '인간의 신과의 **인격적** 관계가 결여'되었기에 '기독교적 신 개념 이 아니라고 극단적으로 결론을 내린다. Otto Friedrich Bollnow, *Die Lebensphilosophie F. H. Jacobis*, pp. 102~08.

는" 것으로 보는 야코비의 태도가 아주 이상한 것은 아니다. 그러나 신앙과 학문을 **매개하는** 제3의 어떤 것이 전혀 불가능하지도 않을 것이다. 슐레겔의 지적대로 '기독교'가 없었다면 '반쪽 진리'가 되고 말았을 야코비의 '플라톤 철학'에 신앙을 보충하는 학문적 작업이 전혀 필요 없었다고 말할 수도 없을 것이다. 그러나 야코비는 이에 대한 탐구를 다음으로 미룬다(JV 147-148, 152-153).[45]

---

45 Friedrich von Schlegel, "Jacobi-Rezension(1812)", *Philosophisch-literarische Streitsachen*, Bd. 3. 1, pp. 330, 336. 이 비평에서 슐레겔은 야코비의 '이성-계시'를 전혀 불가능한 것으로 비판한다. pp. 333~35 참조. Friedrich von Schlegel, "Fichte-Rezension(1808)", *Philosophisch-literarische Streitsachen*, Bd. 3. 1, p. 153. 이들 비평과 함께 야코비는 슐레겔의『인도인들의 언어와 지혜에 대하여』(1808)도 거론한다.

## 제5장

# 야코비의 셸링 비판

## 1. 논쟁 배경

"현혹적인 방법, 거기서 철저히 언어로 행해진 기만이 나를 격분시켰습니다. 나는 셸링의 세계 창조자가 영원에서 영원으로 시간 외에 다른 어떠한 것도 창조해 내지 못한다는 것을 가장 명료하게 밝혀볼 생각입니다."[1] 논쟁적인 철학자 야코비는 1807년 11월 26일자 자신의 추종자 야코프 프리드리히 프리스(Jakob Friedrich Fries)에게 보낸 편지에서 이렇게 셸링의 신 개념을 비판한다. 셸링에 대한 일종의 간접적인 선전포고라 할 수 있는 이 편지에서 야코비를 그토록 격분시킨 것은 바로 그해 10월 12일에 행한 셸링의 바이에른 학술원 강연이었다.

야코비만큼 신에 도취되었던 철학자도 없을 것이다. 그러나 그는 스피노자와는 전혀 다른 방향에서 신에 도취되었으며, 무엇보다 당대 주류

---

1  Ernst L. Th. Henke, *Jakob Friedrich Fries. Aus seinem handschriftlichen Nachlaß dargestellt*, p. 312.

철학과의 논쟁적 대결을 통해 학문과 경계를 이루는 신앙철학을 제시한 자로서 그러했다. 이를테면 『스피노자의 가르침에 대하여』(1785)에서 멘델스존과 벌인 논쟁이나 『신앙에 대한 또는 관념론과 실재론에 대한 데이비드 흄. 한 편의 대화』(1787) 및 여러 관련 저술을 통해 전개된 칸트와의 대결, 그리고 공개 편지 『야코비가 피히테에게』(1799)에서 표명한 학문론자 피히테에 대한 평가 등, 이 모든 논의는 결정론 내지 무신론에 귀착할 수밖에 없는 학문적 논증을 겨냥해 야코비가 전개한 일관된 비판으로 간주할 수 있기 때문이다. 이에 대해 그는 줄곧 학문적 설명 영역을 벗어나는 신앙철학을 자신의 입장으로 맞세운다.

이 장(章)에서는 야코비의 셸링 비판을 집중적으로 살펴보고자 한다. 격렬한 논쟁으로까지 악화된 이 비판은 야코비가 직간접적으로 관여했던 세 차례의 무신론 논쟁 중 **마지막** 국면[2]에 해당된다. 야코비의 이 셸링 비판은 혈기왕성한 장년에 접어든 셸링(1775~1854)이 또 다른 철학적 변신을 도모하지 않을 수 없을 정도로 강한 자극제 역할을 하기도 했다. 이 비판에 대한 셸링의 대응은 다음 장에서 다루기로 한다.

셸링은 이미 대학 시절부터 야코비의 저서들을 접했던 것으로 알려진다. 그러나 그는 야코비를 주로 비판적으로 읽었으며, 오히려 피히테의 자아철학적 관점에서 스피노자를 수용하고자 했다.[3] 예를 들어

---

2 야코비와 셸링 간의 이 논쟁은 '참된 유신론'을 누가 더 잘 대변하는가의 문제로 압축할 수 있기에 예슈케는 이 논쟁을 인고 카우틀리스(Ingo Kauttlis)의 제안에 따라 '유신론 논쟁'으로 부를 것을 제안한다. Walter Jaeschke, *Die Klassische Deutsche Philosophie nach Kant*, pp. 511~12, 524 참조. 카우틀리스는 앞서의 두 논쟁 또한 '참된 유신론에 대한 앎'을 필연적으로 전제하기에 '유신론 논쟁'으로 간주될 수 있다고 본다. Ingo Kauttlis, "Von »Antinomien der Überzeugung« und Aporien des modernen Theismus", *Philosophisch-literarische Streitsachen*, Bd. 3, pp. 4~5.

3 그 대표적인 저서가 바로 『철학의 원리로서의 자아에 대하여』(1795)라 할 수 있다. 여기서 셸링은 '정신'을 그 본질로 하는 철학의 과제를 야코비의 표현을 빌려 '현존을 드러내고 계시하는 것'이라 말한다. 물론, 이 과제는 야코비에게서와는 달리 학문론적으로 구상된다. Friedrich Wilhelm Joseph von Schelling, *Vom Ich als Princip der Philosophie*, p. 156, 또한 pp. 171~72도 참조. 즉 셸링은 피히테의 자아를 '그 자아성

『독단주의와 비판주의에 대한 철학적 편지들』(*Philosophische Briefe über Dogmatismus und Kriticismus*, 1795)에서 그는 스피노자가 『에티카』를 쓰면서 '오성 속 하늘'(Himmel im Verstande) 같은 '이론적 공중누각'만 생각한 것은 결코 아니라고 항변한다.[4] 이때 "오성 속 하늘"은 바로 야코비가 레싱에게 『스피노자의 가르침에 대하여』에서 비꼬던 말을 연상시킨다(JLS1 27). 그러나 본격적인 비판은 사실 셸링이 아니라 야코비에 의해 시작되었다. 야코비는 이미 『믿음과 앎』(1802)에서 제기한 자신에 대한 비판을 1803년 『프리드리히 쾨펜에게 보낸 세 편지들』(*Drei Briefe an Friedrich Köppen*)을 통해 재반박한 바 있기 때문이다. 『믿음과 앎』이 실렸던 『철학 비판 저널』은 당시 셸링과 헤겔이 각 저술의 필자를 명시하지 않고 공동 출판한 학술지이다. 게다가 이 시기에는 아직 세간에 헤겔에 대한 인지도가 매우 낮았기에 당대 많은 이들은 『믿음과 앎』을 셸링의 글로 읽곤 했다. 그러나 야코비는 "그 나쁜 말솜씨 때문에" 이 글의 저자를 헤겔로 확신했으며(JaR10 314), 그럼에도 쾨펜에게 보낸 두 번째 편지에서 셸링 철학을 조목조목 비판했다. 이에 대해 셸링은 우선 공개적으로 반응하기보다는 간헐적으로 또는 암묵적으로 자신의 저술 곳곳에서 비판적 입장을 피력했다. 이러한 입장이 선명하게 노출된 것이 바로 앞서 말한 셸링의 학술원 강연 「형상예술들의 자연과의 연관에 대하여」이다. 이 강연은 바이에른 왕의 성명축일(聖名祝日) 기념 강연이었으며, 그래서 이 자리에는 왕이나 고위관료들뿐만 아니라 당시 바이에른 학술원장이었던 야코비도 참석했다.[5]

---

에서가 아니라' 스피노자의 자기원인(causa sui)에 의거한 '그것의 절대성'에서 고찰하고자 했다. Markus Hofmann, *Über den Staat hinaus*, pp. 41~44 참조.

4  Friedrich Wilhelm Joseph von Schelling, *Philosophische Briefe über Dogmatismus und Kriticismus*, p. 73. 또한 자신이 '그사이 스피노자주의자가 되었다'고 피력한 1795년 2월 4일자 헤겔에게 보낸 유명한 편지도 참조할 필요가 있다. Georg Wilhelm Friedrich Hegel, *Briefe von und an Hegel*, Bd. 1, p. 22.

5  심철민, 「옮긴이 주」, 셸링, 『조형미술과 자연의 관계』, 94쪽 참조. 야코비는 1779년 조세제도와 상업제도 개혁을 위해 바이에른 정부의 내각 고문 및 추밀원으로 잠시 활동

늘 그렇듯이, 야코비는 앞의 저작 하나만을 세세히 논박하지는 않고 평소 생각하던 셸링 철학 **전반을 원리적** 차원에서 문제 삼고자 했다. 그렇기에 외면상 친분관계를 유지하면서 다소 오랜 준비 끝에[6] 그는 비로소 자신의 셸링 비판서인『신적인 것들과 그 계시에 대하여』(1811)를 세상에 내놓는다. 따라서 야코비의 셸링 비판은 쾨펜에게 보낸 편지와 이 비판서를 **중심으로** 고찰되어야 할 것이다. 그러나 이를 위해 전제될 수밖에 없는 것들이 있다. 이를테면 셸링의 사상적 편력이나 말년에야 정교해진 야코비의 독특한 실재론적 입장 등에 대한 이해가 그렇다. 이에 대해서는 이전 연구성과들을 참조하는 정도로 그친다. 비판서를 통해 야코비가 무엇보다 문제 삼고 싶어 했던 것은 바로 절대자의 학문적 인식 가능성이라 할 수 있다. 이는 이 시기에 셸링이 구상하던 철학적 유신론의 가능성 문제와도 겹친다. 이에 대한 야코비의 비판은 신을 둘러싼 이성, 자연, 학문의 제한적 위상을 겨냥한다. 야코비에게는 한마디로 신을 향한 비약 이외에 다른 길을 모색하는 것은 위선이요, 월권이다. 그렇기에 먼저 기만적이라 불리는 이성부터 살펴보자.


## 2. 기만적 이성

원래 쾨펜의『셸링의 이론 또는 절대적 무(無)의 철학의 전체』(*Schelling's*

---

한 적이 있으며, 1805년 뮌헨으로 이주해 1807년부터 1812년까지 바이에른 학술원 장으로서 가톨릭이 지배하던 이곳에 자유주의 경제사상과 정치개혁, 그리고 계몽주의 학제 도입에 힘썼다. Horst Fuhrmann, "Grußwort zum Jubiläum Friedrich Heinrich Jacobis", *Friedrich Heinrich Jacobi Präsident der Akademie, Philosoph, Theoretiker der Sprache*, pp. 9~11; Ulrich Rose, *Friedrich Heinrich Jacobi*, pp. 28~31, 128~31; Peter-Paul Schneider, *Die ,Denkbücher' Friedrich Heinrich Jacobis*, pp. 44~48.

6  출판이 늦어진 데에는 야코비의 건강상의 이유도 한몫했다. Walter Jaeschke, *Anhang* zu *Friedrich Heinrich Jacobi Werke*, Bd. 3, p. 182. 야코비는 셸링의 거의 모든 저서를 직간접적으로 거론하고 있다. 여기서는 셸링 철학의 원리적 내용과 관련된 사항만 소개한다.

*Lehre oder das Ganze der Philosophie des absoluten Nichts*, 1803)에 부록[7]으로 실린 「세 편지들」에서 야코비가 비판의 표적으로 삼은 것은 막 동일성 철학을 구상 중이던 셸링이었다. 그는 여기서 특히 『나의 철학 체계의 서술』(*Darstellung meines Systems der Philosophie*, 1801)에 등장하는 셸링의 '절대적 이성'을 거론한다. 셸링의 말대로 '이성 밖에는 아무것도 없으며 이성 안에 모든 것이 있'다면, 그래서 '주관적인 것과 객관적인 것의 총체적 무차별'인 한에서의 이성을 철학적으로 고찰해야 한다면,[8] 이는 크게 두 가지 문제를 초래한다. **첫째**, 이 이성은 아무리 절대적인 것이라 해도 "인간적 이성"과 같은 것이어야 한다. 그렇지 않다면 철학, 다시 말해 인간적 이성으로 추진되는 학문은 이해할 수도 자기주장을 할 수도 없을 것이다. 그럼에도 이 이성은 절대적인 것으로서 "대립된 것들의 절대적 무차별이자 지양"이어야 한다. 셸링에게서 이 지양은 그래서 **둘째**, 오성의 지양 이외에 다른 것이 아니다. 왜냐하면 주체와 객체, 경험에 앞서는 것과 뒤에 오는 것, 동일성과 비동일성 등의 대립은 칸트에게서처럼 셸링에게도 오성의 차원에서만 성립하는 것이기 때문이다. "이성이 등장하기 위해 오성은 몰락해야 한다"(JaK 355-356, 361). 예를 들어 칸트의 선험적 무제약자는 주체와 객체가 구별되지 않는 이성 이념이다. 이렇게 이성 앞에서는 무차별적인 주체와 객체가 오직 오성이 만나는 현상 영역에서만 구별된다.

이에 덧붙여 야코비는 이미 이전에 『이성을 오성으로 가져가려는, 그리고 철학 일반에 새로운 의도를 제공하려는 비판주의의 기도』(1802)에서 자신도 모르는 사이에 "셸링 철학"을 **예견**한 바 있다고 말한다. 셸링 철학이 칸트 체계의 "근본 오류"의 결과인 한에서 말이다(JaK 350, 362,

---

7  Walter Jaeschke, Irmgard-Maria Piske und Catia Goretzki, *Anhang* zu *Friedrich Heinrich Jacobi Werke*, Bd. 2. 2, p. 486 참조.

8  Friedrich Wilhelm Joseph von Schelling, *Darstellung meines Systems der Philosophie*, pp. 114~15. *Ausgewählte Werke*로 출판된 셸링 저작의 인용은 1856~61년 코타(Cotta) 출판사의 전집판 쪽수에 따라 표기한다.

366). 칸트 체계의 근본 오류는 객체의 측면에서는 인식 내용상 무(無)에 해당하는 사물 자체들이, 그리고 주체의 측면에서는 인식 능력상 무에 해당하는 통각의 선험적 주체가 현상적 대상 인식의 조건으로 전제되고 있다는 데 있다.[9] 이에 피히테가 사물 자체들을 지양함으로써 "절대적으로 주관적인 것"에서 시작하려 했다면, 셸링은 감성적 다양의 실질적 통일 능력이 아닌 선험적 주체마저 지양함으로써 "양자의 절대적 무차별과 동일성"을 자신의 철학의 출발점으로 삼는다. 이 출발점은 이성으로부터 오성을 제거함으로써 마련된다. 사물들 자체든 선험적 주체든 간에, 이것은 오직 구별과 대립 속에 있는 오성의 경험 가능성의 조건으로서만 도입되는 것들이기 때문이다. "이성 빼기 오성"(Vernunft minus Verstand)이 셸링 철학의 원리인 셈이다(JaK 362, 364, 368).[10]

그러나 「세 편지들」을 저술할 무렵, 야코비는 아직 자신 고유의 이성 개념이나 자신이 비판하려는 오성 개념을 선명하게 구별하지 못했다.[11] 이는 바로 『신적인 것들과 그 계시에 대하여』와 「서문, 동시에 저자의 전체 철학적 저술들의 서론」(1815)에서야 비로소 이루어진다. 특히 『신적인 것들과 그 계시에 대하여』는 출처가 다른 세 편의 글로 구성되었음에도 문맥상 책 전반에 걸쳐 셸링 비판을 담고 있다고 할 수 있다.[12] 여기서 그는 "기만적 이성"이라는 표현으로(JDO 58) 스피노자와 무신론자의 이성과 함께 셸링의 이성을 염두에 두고 있다. 이때 기만적 이성은 「경건

---

9   이는 한마디로 "사물들 자체"의 "전제 없이" 칸트 "체계 안으로 들어갈 수 없고 그러한 전제를 갖고 그 속에 머물 수도 없는" 선험주의에서 비롯된다. JUK, p. 271; JH, p. 109.
10  이 책의 제8장 제3절과 비교.
11  야코비는 1815년 자신의 전집을 출판하면서 이전 작업에서는 "아직 오성과 이성을 예리하게 구별하지 못"했다고 말한다. JVE, p. 377.
12  이 책의 본문은 이미 1802년 소책자로 간행된 바 있는 「리히텐베르크의 한 예언에 대하여」와 1798년 출판된 것으로 추정되는 마티아스 클라우디우스의 『전집』 제6권에 대한 비평, 그리고 비로소 1807년부터 새로 쓰인 것으로 확인되는 셸링 비판으로 구성되어 있으며, 여기에 부연 설명이 담긴 세 편의 짧은 첨가글이 추가되어 있다. Walter Jaeschke, *Anhang* zu *Friedrich Heinrich Jacobi Werke*, Bd. 3, pp. 177~84.

한 기만과 이성 아닌 이성에 대한 몇 가지 고찰들」(1788)에서 야코비가 칸트의 이성종교를 가리켜 언급했던 이신론의 "왜곡된 이성"을 뜻한다. 이 이성은 인식의 필연성에 따라 획득되는 오성의 보편을 "무오류성과 가장 최고 권한"을 지닌 이성의 이념과 무엇보다 신과 동일시하려는 이성이다(JBB 112, 130). 이 이성은 보편을 확보하는 오성에 의존하지 않을 수 없다. 『신적인 것들과 그 계시에 대하여』에서는 아예 셸링의 이성이 다른 비판주의 철학처럼 오성의 지위에 **머무는** 것으로 평가된다.

흥미로운 것은 여기서 야코비가 특징짓는 오성의 개념이 결코 규정 활동에 있지 않다는 점이다. 오히려 오성 활동에 앞서 규정되어 있는 것이 이미 있다. 즉 실재적으로(realiter) 유한한 "다양"이 이미 그러한 다양으로서, 즉 현실적 개별자의 그때마다의 다채로운 모습으로서 규정되어 있는 것이다. 오성은 감성을 통해서만 온전히 인식되는 이 다양에 개념을 덧붙임으로써, 더 나아가 점점 더 보편적인 개념 아래로 포섭함으로써 이 다양을 그것의 규정적 현실태로부터 **이탈**시킨다. 다시 말해 오성은 "무-규정하고(un-bestimmen), 탈개별화하고(enteinzeln), 탈본질화하며 (entwesen), 탈현실화함(entwirklichen)"으로써 "더욱더 폭넓은 개념들의 영역들"을 창출해 낸다. 이렇게 해서 모든 것을 포괄하는 가장 넓은 개념에 이르면, 이는 이성 이념과 동일시될 것이다. 그러나 이와 동시에 구체적 현존의 다양한 영역은 "점점 더 비좁아질" 것이며, 궁극적으로는 무에 이를 것이다(JDO 24). 그럼에도 오성은 자신의 개념들을 구체적 다양보다 훨씬 더 우월한 확실성으로 여긴다. 야코비에 따르면, 자신의 내용을 이렇게 끊임없이 무화하는 오성이야말로 셸링이 철학에 도입하려던 기만적 이성에 다름 아니다. 그리고 이 이성이 산출할 수 있는 인식이란 구체적 다양이 무화된 객체와 이에 상응하는 창백한 보편 개념만을 지닌 주체가 절대적으로 같다고 표현하는 "절대적 계사"일 뿐이다(JDO 69). 결국 『나의 철학 체계의 서술』에서 셸링의 동일성 철학의 최고 원리는 결코 실재 객관적인 어떠한 것일 수 없는 이러한 계사를 의미할 뿐이다. 절대적 무차별이란 그저 차이가 삭제된 것이기에, 그래서 A가 A **자**

체로서 B와 같다는 것도, 반대로 B가 B **자체로서** A와 같다는 것도 아니며, 단지 양자의 순전한 같음(ist) 자체만이 양자로부터 독립적이고 무차별적인 동일성으로서 설정된다는 것이기 때문이다. 그러나 결코 어떤 것일 수 없는 이러한 "비물"(非物, Unding)의 계사로부터 어떻게 사물(Ding)의 존재가 생성될 수 있겠는가. 단지 그렇게 "사유되어야만 하는" 절대적 계사가 바로 셸링의 무한자이자 우주가 아닌가?(JaK 356-357)

이에 대해 야코비는 이제 자신 **고유의** 이성 개념을 제시한다. 그에 따르면, 이성은 "직접 신**으로부터만**" 비롯될 수 있는 "**정신의-의식**"(Geistes-bewußtseyn)으로서 "모든 생성은 필연적으로 생성되지 않은 존재 내지 존재자를 전제한다는 것을, 가변적인 모든 것, 따라서 시간적인 모든 것은 불변적이고 영원한 것을, 제약된 모든 것은 결국 제약되지 않은 절대적인 것을 전제한다는 것"을 포착하는 능력, 다시 말해 생성된 가변적 피제약자의 인식과 **함께** 이에 앞서는 무제약자를 전제하는 능력이다(JDO 104-105, 또한 124). 이성의 이 능력은 단지 스스로 존립할 수 없는 "어떤 것이 〔그럼에도〕 있으며 작용하고 있다는" "저항할 수 없는 감정"의 경이로부터 자유롭게 발휘된다(JDO 31). 이 감정의 최초 발원은 무엇보다 감각이라 할 수 있다. 야코비에게서 감각은 비개념적 다양의 단순한 수용이 아니라 동시에 의미(Sinn)를 지니는 감관(Sinn)의 작용으로서 "분리 불가능한 같은 순간에 자연과 신을, 유한자와 무한자를, 영원성과 시간을" 직접적으로 함께 '청취하는'(vernehmen) 능력이다(JDO 41).[13] 왜냐하면 감각은 본래 유한한 생의 느낌으로부터 시작되며, 인간의 감각은 이때 동시에 자신의 생의 타자 의존성을 경험하기 때문이다. 따라서 정신의 의식으로서의 야코비의 이성은 이미 자기 삶의 기원을 부여잡으려는 감각에서 시작되고 있다고 할 수 있다. 물론, 감각은 아직

---

13 야코비에게서 인식은 대상으로부터 우리에게 이르는 것이 아니다. 모든 감각과 인식은 자신의 이중성을 청취하는 바로 이 감정으로부터 시작된다. Franz Wolfinger, *Denken und Tranzendenz – zum Problem ihrer Vermittlung*, 122, pp. 233~34.

자기의식적 정신의 활동은 아니라 해도 말이다.

　이에 비해 인간의 오성은 **보통** 감성적 인식 내용을 참조해 이를 참된 것으로 여겨지는 보편 아래 포섭한 결과로서 "사념"(Meynung)을 지닌다. 그러나 이 사념들은 "완전한 오류"일 수도, 부적절한 생각일 수도 없다. 이렇게 사념들의 우열을 가릴 수 없는 것은 "각각의 인간이 자신**에 게** 진리인 바의 것에서 자신의 삶을 지니기" 때문이다(JE 203, 208). 즉 진리가 바로 살아 있음에서 입증되는 한, 자신의 삶을 영위토록 하는 각자의 사념은 저마다의 진리를 내포하고 있다. 이미 1793년 『신뢰하는 벗들에게 보낸 편지에서의 고독한 사유자의 우연한 토로(吐露)들』(*Zufällige Ergiessungen eines einsamen Denkers in Briefen an vertrauten Freunde*)에서 언급한 바 있는 사념에 대한 이러한 생각은 여기서도 인간 오성의 정상적인 모습으로 그려지고 있다. 그런데 이러한 오성이 감성적 다양을 "축소하고 단순화"해 "끊임없이 동일하게 정립하는" 데에서(JDO 23) 자신의 개념의 우위성을 가늠하려는 순간, 이 오성은 기만적 이성의 다른 이름이 된다. 이렇게 감성과 이성 가운데에서 부유하면서 "양자와 똑같이 관계하는", 그러면서도 어느 한쪽을 편애하는 "오성만이 철학한다." 즉 이러한 이중적 관계를 오인하면서 감성적인 것에 대한 편애에서 이성의 직접적 계시들을 "한갓된 허구"라 간주한다면 "에피쿠로스주의" 전통의 "반(反)유신론" 또는 "스피노자" 계열의 "자연주의"가 형성되며, 반대로 그 이중적 관계를 조망하면서 초감성적인 것에 대한 편애에서 오성을 "감성적인 것의 총괄**에만** 적용 가능한 것으로" 여긴다면 "플라톤주의" 전통의 불충분한 "유신론"이 발생한다. 야코비에 따르면, 이 후자의 최근 형태가 칸트 철학이며, 스피노자에서 비롯된 자연주의의 최근 형태가 바로 셸링 철학이다(JDO 81, 109, 123).

## 3. 이신론적 자연

야코비의 이와 같은 철학 분류는 다소 거친 측면이 있다. 특히 플라톤
주의와 스피노자주의의 관계를 "종교적 실재론과 관념론"의 대결로 보
려는 측면에서는 더욱 그렇다(JDO 5, 95 참조).[14] 그러나 이를 통해 야코
비가 부각하고자 하는 것은 기만적 이성을 통해 파악되는 셸링의 자연
이 스피노자의 자연주의를 넘어서지 못한다는 점이다. 사실, 「형상예술
들의 자연과의 연관에 대하여」에서 야코비가 격분한 대목은 바로 그의
정신적 멘토였던 하만[15]을 인용하면서 셸링이 당시의 모방 이론을 비판
하는 **도입** 부분이라 할 수 있다. 여기서 셸링은 '자연'이 결코 단순히 모
방되는 수동적 대상이 아니라 오히려 훨씬 그 이상으로, 말하자면 '모든
사물을 자기 자신으로부터 잉태하고 작품 활동적으로(werkthätig) 산출
하는, 세계의 신성하고도 영원히 창조적인 근원적 힘(Urkraft)'이라고 역
설한다. 이 힘을 형상 속에 현실화하는 '자연정신'(Naturgeist)을 영혼을
통해 포착하는 예술이야말로 '자연의 최고의 신격화'라는 것이다.[16] 야

---

14 앞서 소개한 프리스에게 보낸 편지에서 야코비가 셸링 학술원 연설의 '현혹적인 방
  법'이라 부른 것은 결코 동시에 취하거나 합일시킬 수 없는 바로 이 "플라톤주의와
  스피노자주의"를 셸링이 합일시키려 한다는 데 있다. 야코비에 따르면, 인간은 이
  둘 중 하나를 선택할 수만 있다. 이것들을 합일시키려는 것은 "일구이언"(一口二言,
  Doppelzüngigkeit)하는 것이다. Max Jacobi, (Hg.), *Briefwechsel zwischen Goethe und F.
  H. Jacobi*, pp. 244~45. 1808년 2월 23일자 괴테에게 보낸 편지.
15 야코비는 하만과 요한 카스파 라바터로부터 프랑수아 페늘롱(François Fénelon)
  의 '마음의 신학'(theologia cordis)을 받아들였다. Franz Wolfinger, *Denken und
  Tranzendenz – zum Problem ihrer Vermittlung*, p. 48.
16 Friedrich Wilhelm Joseph von Schelling, *Ueber das Verhältniß der bildenden Künste zu
  der Natur*, pp. 293, 301, 311. 이는 '예술 산물'에서 '유한하게 서술된 무한자'를 보
  려는 『선험적 관념론의 체계』(*System des transzendentalen Idealismus*, 1800)에서 비롯
  된 예술관이라 할 수 있다. Wilhelm G. Jacobs, "Geschichte und Kunst in Schellings
  »System des transscendentalen Idealismus«", *Philosophisch-literarische Streitsachen*, Bd.
  1, p. 207. 셸링에 따르면, 형상예술은 '자연을 모방하는(nach der Natur) 것이 아니라
  자연처럼(wie die Natur) 작품을 산출해야', 다시 말해 능산적 자연을 모방해야 한다.

코비가 보기에 이러한 자연이 셸링**에게는 말 그대로** "오직 참된" 살아 있는 "신"이다(JDO 99). 그러나 이 자연은 스피노자에게서처럼 필연적 제약의 사슬 속에 묶여 있거나 피히테에게서처럼 도덕적 세계질서로 간주할 수 있을 뿐 결코 진정으로 자유롭게 창조하는 인격적 신일 수는 없다. 여기에는 크게 세 가지 이유를 들 수 있을 것이다.

**먼저** 셸링의 그렇게 창조적인 "자연 위에는 아무것도 없을 것이며, 자연만이 있게 될" 것이다(JDO 76).[17] '참된 신은 그 외부에 자연이 있지 않은 신이며, 참된 자연은 그 외부에 신이 있지 않은 자연이다.'[18] 다시 말해 신에게는 **초자연적인** 어떠한 특성도 부여되지 않으며, 오히려 초자연적인 것으로부터 해방된 "자연의 자립성"만이 귀속된다(JDO 77). 자립적인 자연 자체가 바로 셸링의 신이다. 그러나 이와 같은 신, 즉 자연(deus sive natura)은 사실상 이신론적 관념론의 소산이지 실재 존재자들의 참모습을 보여 주는 것은 아니다. 왜냐하면 실재하는 것은 바로 개별적인 자연 사물뿐이며, 더구나 끊임없는 변화 속에서 자신의 존재 원인을 자기 안에 지니지 못하는 유한한 사물뿐이기 때문이다. 자연은 개별 자연 사물의 보편이다. 시계가 개별 시계의 보편인 것처럼 말이다. 그런데 인간이 **처음부터** 세상의 모든 개별 시계를 발명한 것이 아니라 "**하나의 시계 또는 그 시계**"(eine oder die Uhr)를(JDO 134), 다시 말해 그 하나의 시계, 즉 그 **하나**의 보편(das eine Allgemeine)을 고안한 것처럼 본래적

---

박영선, 「셸링과 조형미술」, 『철학탐구』 제42호, 42~49쪽, 특히 43, 45쪽 참조.

17 셸링은 후에 '자신의 저서 단 한곳에서도 이 문장'을 말한 적이 없다고 말한다. *F. W. J. Schellings Denkmal der Schrift von den göttlichen Dingen etc. des Herrn Friedrich Heinrich Jacobi*, p. 25. 그러나 셸링의 이 기억은 사실이 아니며, 야코비는 『신적인 것들과 그 계시에 대하여』의 재판 예비보고(1816)에서 이를 지적하고 있다. JVz, p. 157.

18 Friedrich Wilhelm Joseph von Schelling, *Bruno oder über das göttliche und natürliche Princip der Dinge*, 1802, p. 307. 또한 *Darlegung des wahren Verhältnisses der Naturphilosophie zu der verbesserten Fichteschen Lehre*, 1806, pp. 30~31에는 다음과 같은 문장이 나온다. '신은 본질적으로 존재이다라는 것은 신은 본질적으로 자연이다라는 말이며, 그 역도 마찬가지이다. 그 때문에 모든 참된 철학은 …… 사실상 자연철학이다.'

의미의 신 또한 그 하나의 자연을 창조했을 것이다. 이렇게 개별-보편이 동시에 창조되는 것이지 보편이 개별의 창조자로 간주할 수는 없는 것이다. 시계에서 시계들이 나온 것도, 자연에서 자연 사물들이 생겨난 것도 아니듯이 말이다. 그러나 셸링은 자연을 이렇게 본다. 이때의 자연은 "단지 하나의 생성함의 생성함"(ein Werden eines Werdens)일 뿐 참된 의미의 어떠한 생성함도 아니다. 실재로(realiter) 생성·소멸하는 것은 개별 자연 사물이기 때문이다. 셸링의 자연 개념은 이것들의 생성함을 생성함 자체로 표현한 것에 지나지 않으며, 결코 이 생성함 자체의 시작이나 근원을 말해 주지는 않는다. 이러한 자연 개념은 사유를 통해 구성된, 따라서 '외적 실재성이 없는' 관념적 '괴물'(monstrum)에 지나지 않는다.[19] 「세 편지들」에서 야코비는 이 점을 이미 셸링의 1799년 『자연철학 체계의 첫째 기획』(Erster Entwurf eines Systems der Naturphilosophie)과 『자연철학 체계 기획 서론』(Einleitung zu dem Entwurf eines Systems der Naturphilosophie)에서 간파한 것으로 말한다. 이러한 자연철학에 따르게 되면, 결국 창조자와 피조물은 "동일한 등급"에서 균형을 이루며 동일해질 것이다. 그러나 야코비가 보기에 이는 진짜 "생식이 없는 영원한 자웅동체적 동침" 그 이상이 아니다(JaK 357, 359-360).[20]

**더 나아가** 그러한 근원적 창조력을 인정한다 해도, 셸링의 자연은 기껏해야 "시간만 영원히 잉태"할 수 있을 것이다. 왜냐하면 그의 자연은 자연 사물들의 끊임없는 변화 **자체의** "원인"이자 "결과"일 뿐이기 때문이다. 변화는 변화하는 시간뿐만 아니라 변화하는 것 자체의 **존재**와 비

---

19 이는 '자연주의적 니힐리즘(Nihilismus)'이라고 부를 수 있다. Franz Wolfinger, *Denken und Tranzendenz – zum Problem ihrer Vermittlung*, pp. 238, 241~42.

20 이성의 학문으로서의 '철학과 종교의 매개 불가능성'을 주장한 아돌프 카를 아우구스트 폰 에셴마이어(Adolph Karl August von Eschenmayer) 또한 자기입법적 창조자로서의 셸링의 자연 개념에서 철학은 경험을 넘어서지 못하며 '무제약적인 경험론'에 귀착되고 만다고 비판한다. Jörg Jantzen, "Eschenmayer und Schelling. Die Philosophie in ihrem Übergang zur Nichtphilosophie", *Philosophisch-literarische Streitsachen*, Bd. 3, pp. 74~97, 특히 pp. 80, 93.

존재를 전제로 한다. 즉 변화하는 어떤 것이 일정 기간 동안 있었다가 없어지거나 그 반대가 바로 변화이다. 또는 어떤 것, 자신에게 없던 것이 있게 되거나 그 반대가 변화로 이해되기도 한다. 간단히 말해 변화란 어떤 것의 있음과 없음(A-B)이 없음과 있음(-A+B)으로 교차되는 과정이라 할 수 있다. 그런데 이때 셸링의 자연은 변화하는 것 내지 변화된 것의 **있음** 자체가 어디에서 비롯되는 것인지 말해 주지 않는다. 그의 자연이 끊임없이 변화하는 개별 사물의 창조자라면 말이다. 이러한 "이신론적인 신"은 더구나 변화를 낳기 위해 출처를 알 수 **없는** 존재로부터 그저 "무가 있으라!"(Es werde Nichts!)라고 말할 수 있을 뿐이다. 있음에 없음이 더해져야 변화가 생기기 때문이다. 결국 셸링의 자연은 근원을 알 수 없는 존재에 덧붙여진 "무의 한 형태에서 무의 다른 형태로 영원히 이행하는 세계"의 원인일 뿐이다. 이러한 자연은 그 결과인 세계만큼이나 "무실"(nichtig)하다(JDO 99-100). 이 자연은 말 그대로 생성함의 생성함일 뿐 존재와 비존재의 혼재 속에 감추어진 존재 자체의 근원을 말해 주지는 않는다. 이것이 말해 줄 수 있는 것은 "시작도 끝도 없이 작용하는 순전한 원인들의 끊을 수 없는 사슬"과 같은 "운명"뿐이다. 이 때문에 셸링의 "자연은 신을 감춘다"(JDO 117).[21]

**끝으로** 더욱 나쁜 것은, 이와 같은 자연철학에 동일성 사고가 이어질 때이다. 셸링이 생각하는 동일성은 물론, 앞에서처럼 자연 속에서 드러나는 "명백한 무의 동일성"이 아니다. 오히려 그는 "존재와 비존재의 동일성", "무제약자와 피제약자의 동일성", "필연성과 자유"의 동일성을 염두에 두고 있다. 그러나 존재와 비존재가 같다면 "사물(Ding)과 비물(Unding)"도 같아질 것이며, 있음의 좋음과 없음의 나쁨도, 있음과 없음을 초래하는 "선과 악"도 같아질 것이다(JDO 100). 이렇게 "우리가 부당

---

21 '생성함의 생성함'(das Werden *des* Werdens) 자체 또는 '시간성의 발생' 자체는 '변화 속에 의도(Absicht)가 전제되지 않는다면 영원히 이해 불가능하게 남는다.' Klaus Hammacher, *Die Philosophie Friedrich Heinrich Jacobis*, p. 206.

하다 또는 나쁘다라고 부르는 것의 겉모습"이 모두 필연적인 이유에서 비롯된 것이기에 "단지 공허한 착각"에 불과한 것이라면, 이는 우리 삶에 "파괴적인 영향"을 끼칠 수밖에 없다. 외적 자연과 인간 내의 자연의 이러한 무차별적 동일성을 표현한 것이 바로 필연성과 자유의 동일성이다. 이러한 동일성에 기초해 모든 피제약자가 궁극적으로 무제약자와 같아질 것이라는 생각은 인간의 자유로운 "의도"(Absicht)를 "맹목적인 운명이나 우연(Ungefähr)"으로 환원하는 정직하지 못한 자연주의일 뿐이다(JDO 97, 101).[22] 따라서 셸링의 자연은 피히테처럼 도덕적 세계질서, 그러나 비도덕적이어도 상관이 없는 그런 세계질서일 뿐이다.

야코비의 이와 같은 비판은 셸링의 자연철학과 동일성 철학만을 편향적으로 겨냥하고 있다. 그렇기에 그는 『인간적 자유의 본질과 이와 연관된 대상들에 대한 철학적 탐구들』(*Philosophische Untersuchungen über das Wesen der menschlichen Freiheit und die damit zusammenhängenden Gegenstände*, 1809)에서 셸링이 이전과 다르게 얼마만큼 자연을 '신 개념에 수용 또는 배제'할 수 있는지 고민하던 모습을 애써 외면하는 것처럼 보인다.[23] 그리고 이와 동시에 야코비는 이제 자신 **고유의** 자연 개념을 제시하기도 한다. 이미 「세 편지들」에서 그 기원을 알 수 없는 "존재=무"로서의 셸링의 카발라적 자연 개념에 대립해 자연의 "필연적 이중 본질성(Doppelwesenheit)"이 강조된 바가 있다(JaK 357-358, 367). 이는 이제 유한한 자연과 인간 내의 자연 내지 본성으로 설명된다. 말하자면 야코비

---

22 프란츠 볼핑거(Franz Wolfinger)에 따르면, 야코비의 이 비판은 '보호하고 구원하는' 자연을 찬미했던 질풍노도와 낭만주의의 환상을 단번에 무력화하는 것이기도 하다. Franz Wolfinger, *Denken und Tranzendenz – zum Problem ihrer Vermittlung*, p. 243.

23 Walter Jaeschke, *Die Klassische Deutsche Philosophie nach Kant*, p. 524. 즉 자유 논문에서 셸링은 '실존하는 자 자체'인 '신의 실존'과 '신의 실존 근거'로서의 '신 안의 자연'을 구분하면서 '신의 자기 계시'로 고찰될 수 있는 자연의 단계로서의 인간의 '자유로운 본질'을 제시한다. Friedrich Wilhelm Joseph von Schelling, *Philosophische Untersuchungen über das Wesen der menschlichen Freiheit und die damit zusammenhängenden Gegenstände*, pp. 347, 357~60 참조.

에게서 자연은 무엇보다 **우선** "세계 전체에서 모든 부분을 서로서로 외부에, 그러면서 동시에 결합 속에 유지하는 힘"이다. 상호 전제하는 이 분리와 결합의 힘은 "철저히 필연적인, 단순히 기계적인 방식"으로만 실행된다. 이 자연 속에서는 임의의 것이 시작이 될 수 있고 끝이 도출될 수 있으나, 이 필연적 사슬 전체의 시작과 끝은 드러나지 않는다. 이러한 자연은 임의의 시작과 끝의 무한한 부정을 통해서만 생각될 수 있는 것이기에 "부정적 무한자"라 할 수 있다. 이 무한자는 유한한 시작과 끝의 끊임없는 부정을 전제로 한다. 따라서 부정적 무한자로서의 자연은 "유한자의 총괄"(der Inbegriff des Endlichen)이기도 하다. 이를 통해 야코비는 "신 밖의 모든" 유한자를 자연으로 설정하고 있는 셈이다. 신 밖의, 그 맞은편은 창조라 할 수 있다. 따라서 "자연을 무화하려는 것"은 곧 "창조를 무화하려는 것"에 다름 아니다(JDO 103-105).

유한자의 총괄로서의 자연은 인간 밖에 있을 수도, 인간 안에 있을 수도 있다. 인간 밖의 자연이 자연 사물들이거나 동물들이라면, 인간 안의 자연도 인간의 유한성을 나타내는 한 "동물의 왕국"에 속한다. 그런데 인간은 여기에 머물지 않는다. 인간은 동시에 "신의 숨결"이라 할 수 있는 "정신들의 왕국"에 속하기 때문이다. 인간은 이렇게 "상이하면서도 기적처럼 서로 관계하는 두 세계의 시민"이다(JDO 102-103).[24] 바꾸어 말해 유한한 자연은 **더 나아가** 바로 인간 속에서 초감성적이고 초자연적인 것과의 직접적인 관계 내지 통일로 있게 된다. "자연은 인간 아래, 신은 인간 위에", 그리고 인간은 그 가운데에 있다(JDO 40).[25] 이때 인간의 정신은 결코 "자연 적대적인 정신이 아니며"(JDO 103), 오히려 자기 **안의** 자연을 넘어 신에로 고양될수록 창조된 자연의 신적인 면모를 드러내는 정신이다. 인간은 늘 "자기 밖의 자연으로 하여금" 그 "작

---

24 "진리는 신의 숨결이며, 신이 파견한 정신이다." JE, p. 208; JLS2, p. 166.
25 괴츠는 야코비의 초기 편지와 저술들에서 규범적인 '신성한 자연'과 기술적(記述的)인 '비신성한 자연'을 구분하고 있다. Carmen Götz, *Friedrich Heinrich Jacobi im Kontext der Aufklärung*, pp. 293~406 참조.

용들을 다양하게 변화시키고 자신의 영향을 수용함으로써 자신의 의도와 사고에 들어맞게" 무언가를 행하고 산출하게끔 한다(JDO 39). 자연 홀로만으로는 산출할 수 없을 것들을 말이다. 이는 곧 자연이 그 필연성의 사슬을 **넘어** 자유로운 인간 정신의 창조적 대상이 됨을 의미한다. 바로 이를 통해 인간은 자유롭게 창조하는 신에 대한 확실성을 획득한다. 그리고 이러한 확실성 속에서 자유롭게 창조할 수 있는 인간은 자연 속에서 신의 얼굴을 볼 것이다. 반면에 "신을 보지 못하는 자에게 자연은 얼굴이 없다"(JDO 12). 그러나 자기 안의 자연을 넘어 조금이라도 자기 자신을 자유롭게 인식하고 행동하는 한, 인간에게 "신에 대한 무지"(Gottesunwissenheit)란 결코 있을 수 없다(JDO 104).[26] '인간은 기껏해야 신을 부인할 수 있을 뿐이다.'[27] 유한자들의 필연적 연관으로서의 "자연은 신을 감추지만, 인간 내의 초자연적인 것만은 신을 계시하기" 때문이다(JDO 140, 또한 117 참조).[28]

---

26 바로 여기에 '신의 삶을 삶으로써 신을 알게 된다'라는 야코비의 '행위인식론'이 있다. Frederick C. Beiser, *The Fate of Reason*, p. 88. 발렌틴 플루더(Valentin Pluder)는 '**매개**'를 수용하지 않는 야코비의 실재론적 인식론이 '주체와 현실의 통일'을 단지 '계시'로서 '요청'하는 관념론적 입장으로 경도되었기에 '능동적 주체'의 '실천'이나 '행위'를 통한 현실의 확실성 확보에 귀착한 것으로 본다. 그러나 앎의 계기로서의 계시 내지 '신앙'의 설정을 관념론적 입장으로 규정하는 것은 무리가 있어 보인다. Valentin Pluder, *Die Vermittlung von Idealismus und Realismus in der Klassischen Deutschen Philosophie*, pp. 47~89, 특히 pp. 71~78, 83~87 참조.

27 Franz Wolfinger, *Denken und Tranzendenz - zum Problem ihrer Vermittlung*, p. 243.

28 빌헬름 야콥스에 따르면, '그대 안의 그인 바의 것'(Was Er in Dir ist), 즉 인간 내의 신적인 것들의 '직접적인 앎'이 바로 야코비의 계시 개념이라면, 셸링의 계시 개념은 '인격적 신'의 '인격적 앎'이란 오직 인격적 신이 경험됨으로써만 가능하다는 데, 다시 말해 인격적 신에 관해 '이성이 경험한 바'(was sie erfahren hat)에 존립한다. Wilhelm G. Jacobs, "Von der Offenbarung göttlicher Dinge oder von dem Interesse der Vernunft an der Faktizität", *Philosophisch-literarische Streitsachen*, Bd. 3, pp. 146~47. '자기 확실성을 통해 매개된 타자의 확실성'에서 셸링과 야코비의 계시 개념의 공통점을 보는 마르쿠스 호프만(Markus Hofmann)의 논의는 다소 무리가 있다. Markus Hofmann, *Über den Staat hinaus*, pp. 64~66 참조.

## 4. 무신론적 학문

야코비가 제시하는 자연의 이중 본질성은 사실 인간의 이중적 본성에 기초한 것이라 할 수 있다. 유한한 자연의 필연성을 극복할 수 있는 인간 정신의 자유에서 비로소 자연의 초자연적인 것과의 관계 맺음이 가능해지기에 그렇다. 이외에 '초자연적인 것의 자연적인 철학(natürliche Philosophie des Uebernatürlichen)은 있을 수 없다.'[29] 이때 자유로운 인간의 정신은 자연으로부터 진화하거나 필연적 연쇄의 마지막에 도달되는 것이 결코 아니며, 곧바로 신으로부터 부여받은 인간의 신적인 본성으로 간주된다. 여기에 매우 비판적인 의미에서 자연의 **세 번째** 의미를 덧붙일 수 있을 것이다. 이는 바로 본래의 유한한 자연을 무화하는 작업을 통해 초래되는 '반신적인'(wider-göttlich) 자연 개념이다.[30] 야코비는 이러한 무화 작업에 해당하는 것을 자립적 자연의 절대 필연성으로부터 이성의 자유에 도달하려는 셸링의 철학적 의도에서 본다. 이를 위해서는 먼저 자연이라는 "한 조각으로 이루어진 철학의 절대적 필연성에 대한 이성의 절대적 굴종"이 가정되어야 할 것이다(JaK 365).[31] 그러나 자연철학은 이렇게 필연성에서 출발하는 반면, 선험철학은 무엇보다 자유로운 주체에 의거하기에 셸링이 『선험적 관념론의 체계』(1800)에서 의도한 바와 같이[32] 결코 양자의 동일성이 성취될 수는 없다(JaK 357).

---

29 바로 이 점을 미하엘 브뤼겐(Michael Brüggen)은 야코비와 셸링의 충돌 지점으로 본다. Michael Brüggen, "Jacobi, Schelling und Hegel", *Friedrich Heinrich Jacobi*, p. 217.

30 Walter Jaeschke, *Die Klassische Deutsche Philosophie nach Kant*, p. 523.

31 "한 조각으로 이루어진 철학"(eine Philosophie aus *Einem* Stück)은 야코비가 피히테 철학에 대해 먼저 사용한 표현으로 **하나의** 원리로부터 철학 체계를 사고하려는 전통을 비꼰 말이다. JaF, p. 200 참조.

32 여기서의 '자연과 지성의 평행론'에 따르면, '자연학은 자연법칙들을 지성의 법칙들로 정신화함으로써' '실재론으로부터 관념론을 산출하며', 반대로 '선험철학은 지성의 법칙들을 자연법칙들로 질료화함으로써' '관념론으로부터 실재론을 산출한다.' 이렇게 '가장 완전한 관념론'은 '동시에 가장 완전한 실재론'이 될 것이다. Friedrich Wilhelm Joseph von Schelling, *System des transzendentalen Idealismus*, pp. 331, 352,

이와 같은 비판은 『신적인 것들과 그 계시에 대하여』에서는 학문으로서의 셸링 철학 일반에 대한 비판으로까지 첨예해진다. 「세 편지들」에서 야코비가 거론하는 『나의 철학 체계의 서술』에 따르면, '참된 철학'은 '있는 모든 것이 있는 한에서는 무한성 자체라는 것'을 '증명'하는 데에 존립한다.[33] 이러한 철학적 학문에 "창조자와 피조물"은 결국 "같은 등급"이 될 것이며, 그 이상의 차이를 보이지 않을 것이다(JaK 359). "학문의 관심"은 "어떠한 신도 없다는 것"이다(JDO 96; JV 140). 이에 대해서도 크게 세 가지 방식을 언급할 수 있다. 이 가운데 무엇보다 **우선** 앞서 언급한 오성의 자리로 격하된 이신론적 이성의 학문을 들 수 있다. 이에 대한 비판은 실험물리학을 통해 신에 대한 믿음을 "우스꽝스러운 일"로 예견한(JDO 9) 리히텐베르크를 반박하는 이 저서의 첫 편[34]에서 본격적으로 수행된다. 이성이라 자처하는 학문적 오성은 본래 이미 보편이 구체적 현존으로 규정**되어 있는** 현실적 개별자를 **해체해** 인식의 보편 개념으로 전환한 후에 이 보편을 더 확실한 현실이라 여긴다. 그러나 이 인식의 보편은 다양한 현존의 삭제를 통해 초래되는 구체적 현실의 "명백한 무"일 뿐이다(JDO 10). 이렇게 학문적 오성은 구체적 "사태"(Sache)를 보지 못하고 "형상"(Bild) 속에서 보편화 가능한 인식만을 참된 것으로 여긴다. 따라서 야코비가 보기에 오성의 학문은 진정 참된 현실에 "털

428. 그러나 「자연철학의 참된 개념에 대하여」(1801)에서 셸링은 '관념론 자체를 비로소 발생케 하고' 이것의 '순수 이론적 토대'를 제공한다는 점에서 자연철학에 '우위성'을 부여한다. Friedrich Wilhelm Joseph von Schelling, *Ueber den wahren Begriff der Naturphilosophie*, p. 92.

33 Friedrich Wilhelm Joseph von Schelling, *Darstellung meines Systems der Philosophie*, p. 120. 또한 '절대적 동일성은 우주의 원인이 아니며 오히려 우주 자체', '있는 모든 것'이다. p. 129.

34 「리히텐**베르크**의 한 **예언**에 대하여」라는 제목은 점성술사였던 요하네스 리히텐**베르거**(Johannes Lichtenberger, 1426~1503)를 떠올리게끔 야코비가 비꼬아 붙인 것이다. 1526년 출판된 그의 『예측』(*Prognostico*)이 1793년 재판된 바 있다. Walter Jaeschke, *Anhang* zu *Friedrich Heinrich Jacobi Werke*, Bd. 3, pp. 177~78; Jakob Franck, "*Lichtenberger, Johannes*", *Allgemeine Deutsche Biographie*, Bd. 18, p. 538.

끝만큼도 가까이 가지 못하는" "우리의 무지(無知)와의 게임"일 뿐이다 (JDO 55).

리히텐베르크가 자연학적 인식의 발전을 통해 인식상의 신에 대한 요청이 불필요해질 것이라 예상했다면, 셸링은 자연에 대한 철학적 탐구를 통해 신에 대한 인식에 도달하고자 한다.[35] 그러나 야코비가 보기에 양자는 모두 학문 자체의 한계를 모르기에 둘 다 틀렸다. "사다리를 놓기 전에 사람은 어디에 오르려는지 이미 알아야 한다"(JDO 39). 이 저서의 두 번째 글에서 클라우디우스[36]를 변호하면서 던진 야코비의 이 말은 철학적 학문을 통해 신을 인식할 수도, 학문 내 인식상의 최종 매듭으로서 신을 도입할 수도 없다는 뜻으로 이해되어야 한다. 왜냐하면 야코비에 따르면, **둘째로** 살아 있는 신은 구체적 현실과 마찬가지로 결코 학문적 증명의 대상이 될 수 없기 때문이다. 살아 있는 신의 현존이 증명되어야 한다면, 이 신은 "그 근거로 의식될 만한" 어떤 것으로부터 연역되어야 할 것이다. 마치 신이 "자신의 원리로부터 진화"하듯이 말이다. 그러나 만약 그렇다면 신의 근거로 간주된 그 어떤 것이 신보다 "먼저 그 위에 있게" 될 것이다. 이는 불합리하다. 만약 신 현존 증명이 살아 있는 신의 이념**만을** 연역하는 것이라면, 이는 또한 살아 있는 현실적 신 자체의 증명일 수 없음은 물론이고 기껏해야 자신의 인식적 필요를 충족하려는 "인간 정신의 주관적 산물"에 지나지 않게 될 것이다. 더구나 이러한

---

35 『학술적 공부 방법 강의들』(1803)에서 셸링 또한 '통일을 추구하는 이성'은 철학자로 하여금 학문의 부분 영역들에 머물지 않도록 한다는 리히텐베르크의 말을 인용하면서 '신적 본질과의 공통성'을 추구하는 모든 앎에는 '자기 자신에서(an sich selbst) 무제약적인' '근원 앎'(Urwissen)의 '이념'이 있음을 강조한다. Friedrich Wilhelm Joseph von Schelling, *Vorlesungen über die Methode des akademischen Studiums*, pp. 215, 218, 231~32.

36 일간지 『반츠베크 전령』의 편집자이자 시인이었던 클라우디우스는 이전의 스피노자 논쟁을 '박애주의적'으로 미화함으로써 야코비의 마음에 들고자 했던 인물이다. Heinrich Scholz, *Einleitung* zu *Die Hauptschriften zum Pantheismusstreit zwischen Jacobi und Mendelssohn*, pp. CXXV~CXXVI.

산물은 "살아 있는 신에 대한 자연적 신앙을 파괴"하기까지 한다(JDO 87).[37] 본래 근거와 귀결 간의 필연적 연쇄에 대한 학문적 인식은 이 연쇄를 단적으로 벗어나는 자유로운 능력을 보지 못하기 때문이다. 여기서 『스피노자의 가르침에 대하여』 이후에 야코비가 반복해 강조하는 주장을 읽는 것은 그리 어렵지 않다. 즉 학문적 "논증의 모든 길은 숙명론에 이른다"(JLS1 123). 이러한 숙명론은 관념론적 무신론 이외의 다른 것일 수 없다. 만약 신, 자유, 현실 세계 등의 **현실적** 현존(A)을 이것 **외부의** 어떤 것(B)으로부터 증명해야 한다면, 이 어떤 것(B)이 전자(A)보다 더 현실적인 것이란 말인가. 오히려 "증명으로부터의 모든 앎에는 증명 없는 앎이 선행해야만 한다"(JD 405).[38]

이렇게 현실적 현존을 귀결로 상정하고 이것의 근거를 캐묻는 학문적 탐구는 **더 나아가** "**무로부터의** 창조가 아니라 오히려 **무의** 창조"만을 보여 줄 수 있을 뿐이다. 현실적으로 현존하는 모든 유한자의 근거란 그 구체적 유한성의 학문적 제거를 통해서만 획득되는 "무한한 근거 내지 심연(Abgrund)"일 수만 있기에 그렇다. 즉 셸링에게서 무한한 근거는 "시간적인 것, 유한한 모든 현존과 작용의 근절을 통해"서만 포착된다(JDO

---

37 야코비가 여기서 거론하고 있지는 않으나 이 대목은 셸링이 자유 논문에서 아무 이유를 제시하지 **않고** 언급한 명제, 즉 '존재할 수 있기 위해 **신** 자신은 근거를 **필요로** 한다. 다만, 이 근거는 신 외부가 아니라 신 안에 있으며, 신 자신에 속하면서도 신과 상이한 하나의 자연(eine Natur)을 자신 속에 지닌다'라는 말을 연상케 한다. 이 신의 실존의 근거의 본질은 '무근거'(Ungrund)요, 정신 위에 있는 '시원적 무근거'는 '사랑'이다. Friedrich Wilhelm Joseph von Schelling, *Philosophische Untersuchungen über das Wesen der menschlichen Freiheit und die damit zusammenhängenden Gegenstände*, pp. 375, 407~08. 야코비에게서 이러한 논리적 설명은 설명할 수 없는 것의 학문적 전횡에 지나지 않는다. 그러나 『신적인 것들과 그 계시에 대하여』를 일종의 '에세이'로 보는 함마허는 야코비가 오직 '사유법칙들에 따른' 셸링의 이 설명을 존재론적으로 잘못 이해한 것으로 평가한다. Klaus Hammacher, "Jacobis Schrift von den Göttlichen Dingen", *Philosophisch-literarische Streitsachen*, Bd. 3, pp. 137, 141.

38 야코비의 이 메모장에 따르면, 스피노자와 셸링의 근본 오류는 "정신이 자신의 신체의 표상 이외의 다른 것을 포함하지 않"으며, 따라서 "정신으로부터는 **직접** 아무것도 출현하지 못한다"라는 데에 있다. JD, p. 390.

107).[39] 게다가 무한한 근거로서의 이 신은 자기 외부에 자연이나 세계를 지니지 않는다. 다시 말해 셸링의 신은 자연 자체의 유한한 자연성의 제거를 통해서만 도달되는 신이다. 이에 반해 본래적 의미의 자연이란 실재로는(realiter) 끊임없이 변화하고 작용하는 유한자들의 세계이다. 학문적 증명을 구성하는 근거와 귀결의 관계는 이 양자 사이의 논리적 "동등성 내지 유사성"에서 성립하는 관계라 할 수 있다. 이는 마치 자기 내부의 성질들이 고려되지 않는 수학적 도형들의 "합동"(decken) 관계와도 같다(JDO 87).[40] 그렇기에 귀결로서의 **유한자들** 전체의 **무한한** 근거는 유한성이 **제거된** 유한자들의 **무**의 근거, 그래서 아무 실재가 없는 공허한 형식적 조건으로서의 근거일 뿐이겠다. 생성·소멸하는 시간적인 모든 유한자가 제거되고 남는 것은 기껏해야 "공허한 시간"일 뿐이다. 셸링의 학문적인 신이 무언가를 창조한다면 이렇게 겨우 공허한 시간만 창조한다. 이 시간을 채우는 유한자들의 현실적 현존은 심연 속에 무화된 채로 말이다. 여기서 학문적 증명은 유한하게 "규정된 한 부분이 규정된 전체 속에서 차지하는 자리"를 보여 줌으로써 진행된다(JDO 131).[41]

---

39 예를 들어 『자연철학 체계의 첫째 기획』(1799)에서의 셸링의 다음 문장과 그 이하 내용을 비교해 보면 좋다. '자연은 결코 어디에서도 산물로 실존하지 않으며, 자연 내의 모든 산물은 단지 겉보기 산물들(Scheinprodukte)일 뿐, 절대적 산물이 아니다.' Friedrich Wilhelm Joseph von Schelling, *Erster Entwurf eines Systems der Naturphilosophie*, pp. 16 이하. 참조. 또한 *Einleitung zu dem Entwurf eines Systems der Naturphilosophie*, p. 289. '산물은 매순간 무화되고 매순간 새로이 재생산된 것으로 사유되어야 한다.'

40 또한 Friedrich Wilhelm Joseph von Schelling, *Vorlesungen über die Methode des akademischen Studiums*, pp. 252~53과 비교. 여기서 셸링은 '통일 속의 보편과 특수의 서술'을 '구성'(Construktion)으로 정의하면서 이를 학문적 '논증'(Demonstration)과 동일시한다. 그러면서 그는 이에 대한 예시로 기하학에서 모든 도형의 '절대적 형식'으로서의 '순수공간'이나 '보편적 삼각형'의 '특수한 삼각형'과의 반복적인 일치 등을 들고 있다. p. 325에서는 구성이 '관념적인 것 내의 실재적인 것의 서술, 단적으로 보편적인 것, 즉 이념 내의 특수한 것의 서술'로 설명된다.

41 예컨대, 『자연철학 체계 기획 서론』(1799)에서 셸링은 다음과 같이 말한다. '그래서 우리가 자연을 알게 되는(kennen) 것이 아니며, 오히려 자연은 선차적(a priori)이

유한자들이란 무한한 근거라는 전체 속에서 저마다의 자리를 차지하는 부분들이다. 이 부분들은 모두 함께 종국에는 지양되어 전체와 합동을 이룰 것이다. 그리고 이 전체를 벗어나는 부분은 연역될 수 없으며, 따라서 있을 수도 없다. 이렇게 자기폐쇄적인 학문은 유한한 "모든 것 속의 모든 것(Alles in Allem)이고자 하며, 모든 것 속의 모든 것을 산출하고자" 한다. 이런 식으로 자신을 신격화하는 학문은 더 나아가 "자신 외부의 모든 것을 무로 전환한다"(JLS3 344). 자신 내부의 실재하는 모든 것을 무화해 자신만의 개념적 대상으로 산출하는 것과 마찬가지로 말이다.[42] 학문적으로 탐구되는 신은 결코 유한자의 현실적 현존을 창조하는 신일 수 없으며 오히려 아무것도 창조하지 않는, 그래서 무만을 창조하는 신일 뿐이다. 그 속에서는 물론 출처를 알 수 없는 유한한 현존의 다채로운 세계가 개념적 단순화의 덫을 기다릴 수밖에 없다.

이에 대해 야코비는 이제 학문적 탐구가 불가능한 원인과 결과의 관계를 맞세운다. 이미 『신앙에 대한 또는 관념론과 실재론에 대한 데이비드 흄. 한 편의 대화』에서 야코비는 자신 고유의 원인 개념을 제시한 바 있다. 즉 존재자의 "구성 원리"(principium compositionis)로서 근거와 귀결의 관계는 전체와 부분 사이의 논리적 동일성에 의해 분석되는

___

다. 다시 말해 자연 내 모든 개별자는 사전에 전체를 통해 또는 자연 일반의 이념을 통해 규정되어 있는 것이다.' Friedrich Wilhelm Joseph von Schelling, *Einleitung zu dem Entwurf eines Systems der Naturphilosophie*, p. 279.

42 야코비가 직접 거론하고 있지는 않으나, 이는 셸링이 「자연철학의 철학 일반과의 연관에 대하여」(1802)에서 '절대자를 자기 외부에 지녀야' 한다는 야코비와 라인홀트의 '무제약적 요구'를 독단적이라고 설명한 것을 겨냥하고 있다. 반면 셸링은 '절대자 외부에 자아를 유지하라는' 피히테의 반대 요구를 대조시키고 있다. 그러면서 그는 자신의 입장을 이렇게 밝힌다. '영혼의 참된 승리와 최종적 해방은 오로지 절대적 관념론에, 실재적인 것 자체의 절대적 죽음에 놓여 있다.' Friedrich Wilhelm Joseph von Schelling, *Ueber das Verhältnis der Naturphilosophie zur Philosophie überhaupt*, pp. 109~10, 124. 또한 *Vorlesungen über die Methode des akademischen Studiums*, p. 275 참조. 여기서 '참으로 절대적인 하나의 인식'을 추구하는 철학에 '자연의 참된 무화'란 '자연을 관념적 원자들에 해당할 수 있는' '절대적 성질들, 제한들, 자극들의 한 전체로 만드는 것'이다.

폐쇄적 관계인 반면, 원인과 결과의 관계는 "생성의 원리"(principium generationis)로서 시간 속에서 작용하는(wirken) "살아 있는" "인격적인 힘"과 그 "실행"(That)과의 관계이다(JH 49-50, 54).[43] 나는 행위 속에서 '나 자신을 원인으로 경험'하기 때문에 '원인에 대한 표상'을 지니는 것이지, '범주로서의 인과성 개념'이 먼저 있어서 내가 행위하는 것이 아니다.[44] 이때 나라는 행위의 원인(Ursache)은 어떠한 사태(Sache)를 결과(Wirkung)로서 초래하는 근원적인 사태(ursprüngliche Sache)로서의 정신적인 힘이다. 정신적이지 않은 인격적인 힘은 불가능하기 때문이다. 이때 무엇보다 주의해야 할 점이 있다. 인간의 오성은 이 관계를 정확히 이해할 수 없다는 것이다. 원인과 결과 **사이에서** 인격적인 힘은 때로는 더디고 때로는 빠르게, 이쪽에서는 단순하고 저쪽에서는 복잡하게 작용할 수 있기에 그렇다. 이 과정을 통해 인격적인 힘은 자신을 드러낼(sich offenbaren) 것이다. 그러나 오성은 이러한 계시(Offenbarung)의 구체적인 전 과정을 **있는 그대로** 파악할 수 없다. 오직 가능한 것은 시간 속에 진행되는 이 과정을 삭제하거나 양적으로 평준화해, 다시 말해 "시간으로부터 추상해" 원인과 결과를 분리하고 이를 근거와 귀결의 논리적 관계로 치환해 분석하는 것뿐이다(JDO 132).[45] 그러나 이러한 인식을 통해

---

43  또한 JLS2, pp. 255~57. 이에 따르면, 원인 개념을 통해 "시간 속에서" 일어나는 "행위 개념"이 함께 정립된다. 이『스피노자의 가르침에 대하여』재판(1789)의 첫째 첨가글에서 야코비는 피에르 벨(Pierre Bayle)에 의해 정형화된 '스피노자 이전의 스피노자'로서의 조르다노 브루노(Giordano Bruno) 이해를 비판적으로 다루고 있다. 바로 이 부분은 셸링의『브루노』(Bruno)에 '구성적 역할'을 한 것으로 평가된다. 그러나 셸링은 근거와 원인 사이의 구별 필요성을 '암묵적으로 간과'하고 오직 '근거와 귀결 모델로만' 브루노의 무한한 우주를 다루려 한다. Stephan Otto, "Spinoza ante Spinozam? Jacobis Lektüre des Giordano Bruno im Kontext einer Begründung von Metaphysik", *Friedrich Heinrich Jacobi*, pp. 107~25, 특히 pp. 107~14, 116~17, 123~25 참조.『신적인 것들과 그 계시에 대하여』에서 원인 개념에 대한 야코비의 반복되는 강조는 이에 대한 비판적 맥락 속에 있는 것이다.

44  Walter Jaeschke, "Kant in Jacobis Kladde", *Jacobi und Kant*, p. 183.

45  여기서도 야코비는 셸링이 자유 논문에서 '처음으로' 시도하고 있는 신의 인격성에 대한 사유를 의도적으로 외면하는 것처럼 보인다. Walter Jaeschke, *Die Klassische*

서는, 앞서 살펴보았듯이 현실적 현존을 이해할 수 없다. 소나무로서의 무한한 본질을 지닌 **이 나무**가 왜 하필 **지금 여기서는** 쭉정이도 있고 병충해도 겪는 그런 나무로 살아 있는 것일까? 식물학적인 설명이 제시된다 해도 질문은 유사하게 계속될 수 있다. 왜 지금 여기에 쭉정이가 생겼는가, 쭉정이의 원인이라는 것이 왜 지금 **발생**했는가 등. 한마디로 무한한 본질의 유한한 발현이 왜 지금 이 개별 소나무의 바로 이런 모습으로 현실화되어 있는 것일까?

'현실적'(wirklich)이라는 말에는 이미 '작용한다(wirken)는 개념'이 들어 있다.[46] 현실적 현존은 이미 이 현존에 원인이 작용하고 있는 것이다. 이때 인간은 보편적 본질의 개별적 현존을 현실화하는 "그 하나의 원인에 대해서만"(nur von der Einen Ursache) 말할 수 있다(JDO 134). 이 원인에 의해 현존하는 개별자의 개개 현실은 일종의 "기적의 현실"(Wirklichkeit der Wunder)이라 할 수 있다. 지금 여기 이 개별자의 현실적 현존에 대한 증명은 바로 이 모습 그대로 이 개별자를 직접 눈앞에 제시하는 "물체적 증명"(der körperliche Beweis) 이외에 다른 것일 수 없기 때

---

*Deutsche Philosophie nach Kant*, p. 493. 이는 야코비가 '모든 인격성'을 '어두운 근거에 의거'하는 것으로 본 셸링의 관점을 작용인으로서의 인격의 활동적 힘을 결코 드러낼 수 없는 관점이라 보았기 때문일 수도 있다. Friedrich Wilhelm Joseph von Schelling, *Philosophische Untersuchungen über das Wesen der menschlichen Freiheit und die damit zusammenhängenden Gegenstände*, p. 413 참조. 야코비는 「서문, 동시에 저자의 전체 철학적 저술들의 서론」에서 처음으로 셸링의 자유 논문에 대해 "한 본질이 자신의 본성의 필연성으로부터 비의도적으로 산출한 것"을 "그에 의해 완전한 자유로써 산출된 것"이라 설명한다는 점에서 불가능하기에 "생각할 수 없는 것을 말하고 있다"라고 일축한다. JVE, p. 428. 카를 호만(Karl Homann)에 따르면, 야코비의 인격신 이해와 관련해 셸링은 헤겔에 의존적이었던 것으로 평가된다. Karl Homann, *F. H. Jacobis Philosophie der Freiheit*, p. 221. 1804년 이전까지 셸링은 스피노자의 영향으로 유한자에게 해당되는 '인격성의 의인적 징표'를 절대자 개념에서 배제하려 했다. Wolfgang Bartuschat, "Über Spinozismus und menschliche Freiheit beim frühen Schelling", *Die praktische Philosophie Schellings*, pp. 154~55, 158.

46  Wilhelm Metz, "Die Objektivität des Wissens. Jacobis Kritik an Kants theoretischer Philosophie", *Friedrich Heinrich Jacobi*, p. 14.

문이다(JDO 71). 이렇게 현실적으로 현존하는 모든 존재자에서 기적의 현실을 보는 자에게 자연은 얼굴을 가진다. 무한히 자유로운 활동성이 직접적으로 계시되는 얼굴 말이다. 따라서 인간은 셸링의 이신론적 자연 아니면 유신론적 신 중에서 선택해야 한다. 이는 야코비에게 무신론에 귀결될 수밖에 없는 "자연주의" 아니면 초자연적인 것을 동시에 감각하는 신앙적 "유신론" 중에서 선택한다는 것을(JDO 130), 한마디로 명백한 "무" 아니면 참다운 "신"(entweder Nichts oder Gott) 중에서 선택한다는 것을 의미한다(JDO 89-90). 이 선택은 곧 지금의 현실을 이루는 무제약자를 한갓 관념적인 것으로 뒤바꾸는 학문적 오성이냐, 아니면 이 현실을 바라보는 인간 영혼 속에서 동시에 자유로운 인격으로서의 신의 계시를 포착하는 정신적 이성이냐 하는 선택과도 이어진다(JDO 110-113 참조).[47] 야코비가 보기에 셸링의 자연주의적 학문은 무신론에 귀결될 수밖에 없다. 다시 말해 철학적 유신론은 결코 학문적일 수 **없다**. 철학적으로 가능한 유신론은 오직 철학이 신앙에 기반을 둘 때일 뿐이다. 이에 따라 야코비는 자신의 궁극적 입장을 신과 자연, 그리고 정신에 대한 "삼위일체적 신앙" 철학으로 제시한다. 이는 신으로부터 부여받은 인간 정신을 통해 자연 속에서 신이 **직접** 감지되고 계시된다는 믿음에 의거한 철학이다(JDO 27). 야코비에게 종교는 그래서 '인간학으로부터 이해된다.'[48] 아울러 그는 자신의 입장을 플라톤의 이원론적 유신론에 가까운 것으로 설명한다. 그에 따르면, 플라톤은 관념론보다는 실재론에 더 가까운 철학자이다. 그는 생성을 넘어 "피안"을 볼 줄 알았기에 "차안"에서 이데아의 모사를 포착할 수 있었던 것이다(JDO 135-136).[49] 이

---

47  이에 따르면, "신에 대한 신앙은 학문이 아니라 하나의 덕(Tugend)이다." JDO, p. 130. 이 저서 제목에서 '신적인 것들'(Göttliche Dinge)이란 라틴어 res의 의미들과 아울러 '덕스러운 감각들, 성향들, 성품들, 행동들'을 의미한다. Klaus Hammacher, "Jacobis Schrift von den Göttlichen Dingen", *Philosophisch-literarische Streitsachen*, Bd. 3, p. 134.
48  Franz Wolfinger, *Denken und Tranzendenz – zum Problem ihrer Vermittlung*, p. 250.
49  야코비는 다른 곳에서처럼 여기서도 유물론(Materialismus)을 실재론(Realismus)과 거의 동의어로 사용하고 있다. 물론, 신의 계시를 파악하기 위해 '인간의 내면'이 아

플라톤 전통의 이원론에 기독교 신앙이 보충된다면 야코비 자신의 신앙 철학이 이루어지는 셈이다.[50]


## 5. 학문과 유신론

이에 반해 시간 이외의 아무것도 창조하지 못하는 셸링의 빈곤한 신은 인간에게 그때마다 "실체 자체, 전체 본질", "삶" 등으로 **불리는** "하나의 성질"만을 제공한다. 인간은 자연 속에서 이 하나의 성질을 양적으로 불리거나 줄일 뿐이다. 그렇기에 앞서 소개한 프리스에게 보낸 편지에서 야코비는 셸링 철학에서의 인간을 동일한 재료로 자신의 세계를 점점 더 크게 말아가는 "쇠똥구리"(Mistkäfer)보다 나을 것이 없는 존재로 평가한다.[51] 물론, 이러한 사적인 편지가 셸링에게 알려졌을 리는 없다. 그러나 셸링의 격분을 사기에는 『신적인 것들과 그 계시에 대하여』만으로도 충분했다.

이 책의 제목은 '오히려 신적인 것들과 그 은폐(암흑화)에 대하여로 붙여졌어야' 했겠지요. '나는 왜 당신이 그와 나의 관계가 더 이상 회복 불가능해질 것이라고 유감스러워하는지 이해하지 못하겠습니다. 우리 사이에는 〔애초부터〕 회복을 바랄 만한 어떠한 관계도 없었습니다. ……' 1812년 초 친분이 두터운 한 지인에게 보내는 편지에서 셸링은 이렇

---

니라 그리스도의 외적인 '형상'과 '철자'에만 집착하는 비판적 의미의 '종교적 유물론'을 언급하기도 한다. p. 46. Wilhelm Weischedel, *Jacobi und Schelling*, p. 23 참조. 바로 이 후자의 의미에서 야코비는 성서의 철자에만 입각해 자신의 조카를 가르치려던 클라우디우스를 비판하기도 한다. Franz Wolfinger, *Denken und Tranzendenz - zum Problem ihrer Vermittlung*, p. 232.

50  재판의 "예비보고"에서 야코비는 종교적 관념론과 종교적 실재론을 "기독교의 진주를 간직하고 있는 조개"의 두 껍질로 비유하고 있다. Vz, p. 160.

51  Ernst L. Th. Henke, *Jakob Friedrich Fries. Aus seinem handschriftlichen Nachlaß dargestellt*, p. 312.

게 말한다. 그러면서 그는 곧 '이 남자의 파멸적인 영향'에 대처하는 글을 보내겠다는 약속을 덧붙인다.[52] 이 글이 바로 1811~12년에 걸쳐 한 달 동안 작성된 『프리드리히 하인리히 야코비 씨의 신적인 것들 등의 저술에 대한, 그리고 이 저술에서 자신에게 행해진 의도적으로 속이며 거짓말하는 무신론이라는 고발에 대한 F. W. J. 셸링의 기록물』(*F. W. J. Schellings Denkmal der Schrift von den göttlichen Dingen etc. des Herrn Friedrich Heinrich Jacobi und der ihm in derselben gemachten Beschuldigung eines absichtlich täuschenden, Lüge redenden Atheismus*, 1812)이다.[53] 다음 장(章)에서 상론할 이 반박글에서는 거친 인신공격과 함께 다양한 논점이 조목조목 거론되고 있지만, 그럼에도 셸링이 강조하고자 하는 것은 무엇보다 철학의 학문적 위상에 관한 것이라 할 수 있다. 학문적이기를 거부하는 야코비의 사유 방식은 학문적으로 논의될 수조차 없다. 그러나 철학이 '현실적으로 철학인 것'은 이 '철학을 통해 신의 현존 또는 비현존에 대해 무언가 학문적으로 결판날 수 있다는' 확신이 있는 동안뿐이다. 물론, 신의 '실존에 관한 완전히 근거지어진 통찰은 오직 가장 속속들이 형성되고 가장 (두루두루) 포괄적인 학문의 **마지막** 결실일' 수 있을 뿐이겠다. 나의

---

52 Friedrich Wilhelm Joseph von Schelling, *Aus Schellings Leben*, Bd. 2, pp. 280~81. 1812년 1월 14일자 게오르기(Georgii)에게 보낸 편지. 그러나 1798년 셸링은 야코비를 '시대 철학의 위대한 주창자'이자 '지도자'로 치켜세우며 그와의 친분을 시도한 적이 있다. Franz Wolfinger, *Denken und Tranzendenz – zum Problem ihrer Vermittlung*, p. 226. 야코비도 셸링의 학술원 강연 이전인 1807년 7월 2일에 샤를 드 비예(Charles de Villers)에게 보낸 편지에서 자신과 셸링과의 관계를 "호적수들"(les meilleurs ennemis du monde)로 표현한 바 있다. Peter-Paul Schneider, *Die ,Denkbücher' Friedrich Heinrich Jacobis*, p. 244.

53 『신적인 것들과 그 계시에 대하여』의 출판 시기는 1811년 11월 또는 12월로 추정된다. 셸링은 이에 곧바로 반박글에 착수한 셈이다. 비교적 상당한 분량의 글임에도 한 달 동안의 집필을 거쳐 그의 『프리드리히 하인리히 야코비 씨의 신적인 것들 등의 저술에 대한, 그리고 이 저술에서 자신에게 행해진 의도적으로 속이며 거짓말하는 무신론이라는 고발에 대한 F. W. J. 셸링의 기록물』은 1812년 2월 또는 3월에 출판된 것으로 보인다. Walter Jaeschke, *Anhang* zu *Friedrich Heinrich Jacobi Werke*, Bd. 3, pp. 176, 185~86.

철학을 자연주의라 불러도 좋다. 그러나 '나의 자연주의'는 '자연의 **설명**'을 포함하는 '유신론'을 지향하고 있다. '신 안의 하나의 자연'(eine Natur in Gott)에 대해 학문적 인식을 포기하는 것이 오히려 신적인 것들을 암흑화하는(obskurieren) 유신론의 타락과 '현실적 무신론의 주요 원천'이다.[54]

이들 논쟁의 파급은 피히테의 무신론 논쟁 때보다 더 컸다.[55] 1812년 4월부터 이 둘을 논평하는 글이 각자의 편에서 쏟아져 나왔기 때문이다. 예를 들어 프리스, 프리드리히 부터베크(Friedrich Bouterwek), 야코프 잘라트(Jakob Salat), 프리드리히 슐레겔, 게오르크 엘링거(Georg Ellinger) 등은 야코비 편을 들었고, 이에 대해 요한 아돌프 고틀리프 샤프로트(Johann Adolp Gottlieb Schaffroth), 하인리히 슈테펜(Heinrich Steffen) 등 비교적 적은 수의 사람이 셸링 편에 섰다. 주목할 만한 것은 야코비와 매우 가까운 사이였음에도 평소 색채론과 광학 등 자연과학적 탐구를 즐겨 했던 괴테가 셸링을 옹호했다는 사실이다.[56] 그는 야코비에게 이렇게 말한다. '그대의 확신'을 알 수 있어서 '저는 그 책을 환영했습니다.' 그러나 그 책이 '나를 상당히 언짢게 했다'는 것을 '그대에게 말하지 않는

---

54 Friedrich Wilhelm Joseph von Schelling, *F. W. J. Schellings Denkmal der Schrift von den göttlichen Dingen etc. des Herrn Friedrich Heinrich Jacobi*, pp. 54, 67～70. 호만은 후기 셸링의 철학을 '신의 외적 계시', '내적 감정', '현실적인 내면적 경험'의 세 단계로 구성되는, '초감성적인 것을 **허용**하는 경험론'으로 특징짓는다. 이에 따르면, 셸링은 야코비 철학을 두 번째 단계에 해당하는 것으로 이해했다. Karl Homann, *F. H. Jacobis Philosophie der Freiheit*, pp. 219～20.

55 Franz Wolfinger, *Denken und Tranzendenz - zum Problem ihrer Vermittlung*, p. 21.

56 Walter Jaeschke, *Anhang* zu *Friedrich Heinrich Jacobi Werke*, Bd. 3, pp. 185～86 참조. 이는 괴테 자신이 직접 언급한 바가 있다. Johann Wolfgang von Goethe, "Goethe an Sulpiz Boisserée, 2. März 1828. Auszug", *Philosophisch-literarische Streitsachen*, Bd. 3. 1, p. 327. 그러나 말년에 괴테는 야코비와 유사하게 '종교적 대상들에 대해〔한 입으로〕두 말을 하는(zweizüngelnde)' 셸링의 표현 때문에 '커다란 혼란'이 초래되었다고 '좀 더 회의적인' 입장을 피력한다. Wilhelm Weischedel, *Jacobi und Schelling*, p. 89. 또한 각자의 지지자들에 대해서는 pp. 70～90 참조.

다면 내 오랜 순수성과 정직함을 손상하는 것이 될 듯합니다.'[57] '자연 속에서 신을, 그리고 신 속에서 자연을 보려는' 괴테에게 가장 언짢은 야코비의 문장은 바로 '자연이 신을 감춘다'는 테제였다.[58] 이 때문이었을까. 뮌헨 당국의 정치적 간섭까지 겹치자 야코비는 건강상의 이유를 들어 학술원 원장직에서 물러나고 만다. 오랜 공석 끝에 1827년 이 자리에 취임한 것은 다름 아닌 셸링이었다.[59]

그러나 정치적 귀결이 결코 학술적 논쟁을 결판짓는 것은 아니다. 좀 더 엄밀히 따지면 사실 셸링의 학문 개념이 야코비의 것과 그리 모순되는 것도 아니다. 자연 자체를 신적인 원리로 읽으려는 점에서 셸링은 야코비와 무척 다르지만, '신에 대한 사고'(Gottesgedanke)를 외면하는 학문은 '유령들'만 인식할 수 있다고 본 점에서 두 사람은 자주 만나기에 그렇다. 이에 따라 셸링은 자연을 통한 예전의 신앙이 '학문적 인식으로 승화(verklären)'될 필요가 있다고 본 반면, 야코비는 신에 대한 사고를 요즈음 학문에 맡겨 버리면 이 학문 자체가 전지전능해지려는 '신학적 요구'를 하게 된다고 경고했다. 이를 통해 야코비가 근대 계몽의 학문적 독재 경향을 예견한 셈이라면, 셸링의 공로는 학문적 인식과 화해하지 못하는 '김빠진 유신론'의 광신적 경향을 극복하려는 데에서 찾을 수 있을 것이다.[60] 그러나 사람마다 평가가 다를지 모르나 셸링의 이 극복하고자 한

---

57 Johann Wolfgang von Goethe, "Goethe an Jacobi, 10. Mai 1812", *Philosophisch-literarische Streitsachen*, Bd. 3. 1, p. 321.

58 Johann Wolfgang von Goethe, "Tag-und Jahres-Hefte als Ergänzung meiner sonstigen Bekenntnisse. 1811. Auszug", *Philosophisch-literarische Streitsachen*, Bd. 3. 1, p. 317. 그러나 괴테는 여기서 여전히 스피노자 편에서 셸링을 옹호하고 있다. 셸링 자신은 이미 자유 논문에서 스피노자 철학을 '일면적으로 실재론적인 체계'로 평가하면서 이를 넘어 자유 개념이 제시되는 '완성된 체계'로서 '살아 있는 실재론'에 기반을 둔 '관념론'을 구상한 바 있다. Friedrich Wilhelm Joseph von Schelling, *Philosophische Untersuchungen über das Wesen der menschlichen Freiheit und die damit zusammenhängenden Gegenstände*, pp. 348~51, 356.

59 Wilhelm G. Jacobs, "Schelling im Deutschen Idealismus. Interaktionen und Kontroversen", *F. W. J. Schelling*, p. 78.

노력은 실패한 것으로 보인다. 셸링은 이후에 『사모트라케의 신성(神性)들에 대하여』(*Ueber Gottheiten von Samothrake*, 1815)라는 짧은 저술을 제외하고는 긴 여생 동안 이렇다 할 만한 철학책을 한 권도 내놓지 못했기 때문이다.[61] 그나마 강연과 유고로 남겨진 저술에서도 그는 긍정 철학을 통한 신앙의 학문으로의 승화에 대해 신화적 진술 그 이상으로 나아가지 못한다. 그러나 후기 셸링에 대한 이 모든 평가는 별도의 논의로 남겨질 수밖에 없다.

60 Walter Jaeschke, *Die Klassische Deutsche Philosophie nach Kant*, pp. 518~21, 527. 셸링에게서도 '절대자의 본질'은 '지적 직관'을 통해서만 인식 가능하다. 그러나 그는 '전체 관점'을 '상실'한 신학을 대신해 『철학과 종교』(1804)에서부터 그렇게 인식된 절대자의 본질의 역사적 전개를 다루는 '참된 선험적 신통기'로서 학문적 유신론을 구상한다. Friedrich Wilhelm Joseph von Schelling, *Vorlesungen über die Methode des akademischen Studiums*, pp. 296~97; *Philosophie und Religion*, pp. 26, 34~35 참조. 이를 통해 후기 셸링의 긍정철학은 '추상적으로 자립적인 학문으로 기체화'된다. Michael Theunissen, "Die Idealismuskritik in Schellings Theorie der negativen Philosophie", *Hegel Studien Beiheft*, Bd. 17, p. 186. 그러나 셸링의 긍정철학이 '사유 이전의' '몰개념적인' '존재'를 다루려는 것을 비로소 이성의 한계 너머에 있는 구체적 현실에 육박하는 것으로 보는 견해도 있다. 이광모, 『기로에 선 이성. 셸링 철학』, 367~92쪽, 특히 391쪽.

61 Wilhelm G. Jacobs, "Schelling im Deutschen Idealismus. Interaktionen und Kontroversen", *F. W. J. Schelling*, p. 79.

# 동일성 철학 도해

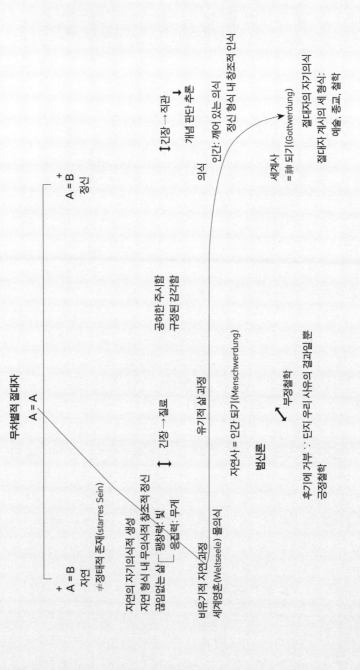

무차별적 절대자
A = A

<sup>+</sup>
A = B
자연

<sup>+</sup>
A = B
정신

≠정태적 존재(starres Sein)

자연의 자기의식적 생성
자연 형식 내 무의식적 창조적 정신
끝임없는 삶 ⎡ 팽창력: 빛
⎣ 응집력: 무게

긴장 → 질료

공허한 주시함
규정된 감각함

유기적 삶 과정

비유기적 자연 과정
세계영혼(Weltseele) 물의식

자연사 = 인간 되기(Menschwerdung)

범신론

부정철학

후기에 거부 ∵ 단지 우리 사유의 결과일 뿐
긍정철학

긴장 → 직관
개념 판단 추론

의식

인간: 깨어 있는 의식
정신 형식 내 창조적 인식

세계사
= 神 되기(Gottwerdung)

절대자의 자기의식
절대자 계시의 세 형식:
예술, 종교, 철학

### 제6장

---

## 셸링의 야코비 비판

## 1. 대종교 재판

'아 슬프도다! 자신들은 신의 관념을 지니지도 **결코** 신을 인식하지도
못한다고 대놓고 인정하는 자들이 철학자들을 무신론으로 고발하는 데
부끄러움을 모르는 지경에 이르렀나니.'[1] 자신의 철학에 제기된 무신론
고발에 대해 한창 장년(壯年)에 접어든 셸링(1775~1854)은 이렇게 스피
노자의 『신학 정치 논고』(*Tractatus Theologico-Politicus*, 1670)를 인용하면
서[2] 자신의 반박서를 세상에 내놓는다. 피히테의 무신론 논쟁에도 줄곧

---

1  Friedrich Wilhelm Joseph von Schelling, *F. W. J. Schellings Denkmal der Schrift von
   den göttlichen Dingen etc. des Herrn Friedrich Heinrich Jacobi und der ihm in derselben
   gemachten Beschuldigung eines absichtlich täuschenden, Lüge redenden Atheismus*, p. 19.
   'Eh, proh dolor! res eo jam pervenit, ut, qui aperte fatentur, se Dei Ideam non habere et
   Deum nullo modo cognoscere, non erubescant, Philosophos Atheismi accusare.'

2  사실 이 인용은 정확하지 않다. 원문에는 특히 nullo modo 대신에 'non nisi per res
   creatas (quarum causas ignorant)' 즉 '(그 원인들을 모르면서) 피조물을 통해서가
   아니라면 신을 인식하지 못한다고'로 되어 있다. Benedictus de Spinoza, *Tractatus*

침묵을 지켰던[3] 셸링에게 그러한 고발은 무척 껄끄럽고도 성가신 일이었을 것이다.

그도 그럴 만한 것이 고발의 주체가 바로 야코비였기 때문이다. 이미 그는 스피노자주의자임을 고백한 레싱의 의중을 둘러싸고 멘델스존과 무신론 논쟁을 벌인 바 있으며, 피히테 철학의 무신론 고발에 간접적으로 관여한 바도 있었다. 그 결과 또한 모두 좋게 끝나지도 않았다.[4] 그러던 그가 이제 비판의 창끝을 마지막으로 셸링에게 겨누게 된다. 야코비의 이 비판서는 1811년 출판된 『신적인 것들과 그 계시에 대하여』로 알려져 있다.

그러나 누가 먼저 도발했는지는 단번에 확정하기 어려울 것이다. 한때 셸링은 헤겔과 함께 『철학 비판 저널』을 발간하면서 마치 하나의 정신인 듯 필자를 밝히지 않고 자신들의 글을 출판한 적이 있다. 여기에 실린 야코비에 대한 신랄한 비판을 담고 있는 『믿음과 앎』(1802)은 당대의 수많은 사람에게는 아직 무명의 헤겔이 아니라 이미 유명세를 타고 있는 셸링의 저술로 읽혀지곤 했다. 그러나 예리한 야코비는 그 저자가 헤겔임을 간파하면서도[5] 생각이 같았을 셸링과 함께 자신의 재반박 표적으로 삼고자 한다. 이 재반박은 쾨펜의 셸링 비판서에 서문으로 실린 『프리드리히 쾨펜에게 보낸 세 편지들』(1803)로 발표한다.[6] 이후 헤겔은 야

---

*Theologico-Politicus*, p. 16과 비교. 야코비는 이미 『스피노자의 가르침에 대한 편지와 관련된 멘델스존의 고발에 반하여』에서 이 부분을 정확히 인용한 바 있다. JLSwm, p. 313 참조.

3  Walter Jaeschke, *Die Klassische Deutsche Philosophie nach Kant*, p. 162.

4  멘델스존은 자신의 야코비 반박서 『레싱의 친구들에게』(1786)를 급히 출판사에 넘기려고 서두르다 독감에 걸려 세상을 떠났으며, 피히테는 교수직에서 해임되어 10여 년 후 베를린에서 재기하기까지 많은 고초를 겪었다. Frederick C. Beiser, *The Fate of Reason*, pp. 74~75. 이 책 제1장 제1절과 제5절, 제3장 제2절 참조.

5  야코비는 무엇보다 '나쁜 말솜씨' 때문에 헤겔이 그 저자일 거라 확신했다. JaR10, p. 314 참조.

6  쾨펜의 셸링 비판서는 『셸링의 이론 또는 절대적 무(無)의 철학의 전체』(1803)이며, 여기에 서문으로 실린 야코비의 「세 편지들」은 실제로는 여러 날에 걸쳐 작성된 가상

코비와 화해의 길을 모색한 반면, 셸링은 『신적인 것들과 그 계시에 대하여』가 나오기 전까지는 단지 간헐적으로만 여전히 자신의 비판적 관점을 피력한다.[7] 그리고 야코비의 이 저서 출판 이후 곧바로 한 달 남짓 집필을 거쳐[8] 셸링은 자신의 격렬한 반박서인 『프리드리히 하인리히 야코비 씨의 신적인 것들 등의 저술에 대한, 그리고 이 저술에서 자신에게 행해진 의도적으로 속이며 거짓말하는 무신론이라는 고발에 대한 F. W. J. 셸링의 기록물』을 출간한다.

이 장(章)에서는 셸링의 이 반박서를 집중적으로 살펴보고자 한다. 둘 사이의 이 논쟁은 막 칠순을 바라보는 야코비가 자신의 학문적 생애를 정리하는 데 큰 전환점이 되었으며, 셸링에게는 철학적 유신론을 구상하려는 그의 변모 노력에 큰 영향을 끼쳤다. 그러나 논의를 위해 몇 가지 주의해야 할 점이 있다. **먼저** 야코비 고유의 실재론적 인식론이나 신앙철학은 물론이고 철학의 프로테우스라 불리는 셸링의 다양한 철학적 편력 또한 여기서는 일일이 거론할 수 없으며, 사전 이해를 전제할 수밖에 없다는 것이다. 이에 대해서는 관련 연구 성과들을 소개하는 정도로 만족한다. 사실, 『신적인 것들과 그 계시에 대하여』는 바이에른 왕의 성명축일을 기념해 셸링이 행한 학술원 강연 「형상예술들의 자연과의 연관에 대하여」(1807)를 듣고, 당시 이 학술원 원장이었던 야코비가 셸링 철학 **전반**에 대해 원리적인 문제점을 제기한 저서이다. 도발의 시작을 확정하기 어려운 이유가 여기에도 있다. **아울러** 야코비의 이 비판서에 대해서는 앞의 「세 편지들」과 함께 이미 앞 장(章)에서 논의했기에 여기서는 간단히 언급하는 정도로 그친다. 거기서 야코비의 비판은 크게 셸링에게서의, 이른바 기만적 이성과 이신론적 자연 그리고 무신론적 학문을 향한 것으로 요약할 수 있었다. 그러나 마치 '대종교 재판관'

---

의 편지들이다. Walter Jaeschke, Irmgard-Maria Piske und Catia Goretzki, *Anhang* zu *Friedrich Heinrich Jacobi Werke*, Bd. 2. 2, pp. 486, 490~91 참조.

7  이에 대해서는 이 책 제8장 제4절 참조.

8  Walter Jaeschke, *Anhang* zu *Friedrich Heinrich Jacobi Werke*, Bd. 3, p. 185.

(Großinquisitor)[9]을 상대하는 것처럼 이에 대한 셸링의 반응은 무척이나 세세하고 다양한 논점으로 이루어져 있다.[10] 피히테의 운명을 반복하지 않으려는 긴장감 속의 주의 집중이라 하겠다. 그러나 **셋째** 이 모든 논점 또한 전부 살펴볼 수 없으며, 여기서는 야코비의 비판에 해당하는 쟁점 만 선별해 다룰 수밖에 없다. 이는 크게 세 가지 관점에서, 즉 학문과 자연철학 그리고 신앙과의 관계를 중심으로 논의될 수 있을 것이다. 먼저 셸링이 유신론을 전개할 수 있다고 보는 학문 개념부터 살펴보자.


## 2. 학문적 유신론

"어떠한 신도 없다는 것이 학문의 관심"이다(JDO 96; JV 140). 왜냐하면 학문은 현실적으로 현존하는 모든 구체적 개별자를 해체해 자신의 보편 개념들로 전환한 후에, 이를 통해 신마저도 증명할 수 있다고 여기기 때문이다. 이를 통해 창조자와 피조물의 동일성에 도달하려는 셸링의 학문은 이제 모든 존재자의 근거를 설명할 수 있다고 스스로를 신격화해 학문 외적인 모든 것을 무(無)로 전환하려 한다. 그러나 이러한 학문을 통해서는 살아 있는 참된 신을 드러낼 수 없으며, 모든 유한자의 구체적 유한성이 **제거된** 무한한 근거로서의 신만이 연역될 수 있다.[11] 야코비의 이러한 비판은 일체의 학문적 탐구를 통해서는 살아 있는 인격적

---

9  Friedrich Wilhelm Joseph von Schelling, *Denkmal*, p. 35.

10 『프리드리히 하인리히 야코비 씨의 신적인 것들 등의 저술에 대한, 그리고 이 저술에서 자신에게 행해진 의도적으로 속이며 거짓말하는 무신론이라는 고발에 대한 F. W. J. 셸링의 기록물』은 야코비가 왜곡한 것으로 여겨지는 8가지 논점과 이를 논의하기 위한 3가지 요구 사항을 소개한 '예비적 설명', 야코비의 사상적 전개를 요약한 '역사적인 것', 셸링 자신의 반박 논점을 10가지로 자세히 논의한 '학문적인 것', 그리고 학문과 신앙의 올바른 관계를 여러 문헌을 통해 우의적(寓意的)으로 정립하려 시도한 '보편적인 것'으로 구성되어 있다.

11 이에 대해서는 이 책 제5장 제4절 참조.

신과 그의 자유로운 창조를 온전히 드러낼 수 없다는 학문적 유신론의 불가능성으로까지 일반화된다.

자기 외부의 모든 것을 무화하면서 보편 개념들을 통해 스스로 창출한 것들만을 참된 존재자라 여기는 이러한 학문의 신은 "덕과 신성함을 추구하는 인간"보다는 홀로 "바닷속에서 섬을 만들어내는 산호 (Korallenthier)"에 더 가까운 것일지 모른다(JDO 115).[12] 셸링은 우선 이런 식으로 인용문 속에 슬쩍 **끼워 넣어** 마치 셸링 자신이 한 말인 것처럼 논의하는 야코비의 태도를 문제 삼는다. 이는 '논적의 인격'마저 '도덕적으로 살해하려는' 비열한 자세이니, 이제부터는 '증명'과 정확한 출처를 대며 '순수하게 학자 대(對) 학자로' 대화하자는 것이다.[13] 그러나 학문적 증명을 신뢰하지 않는 야코비에게 이는 너무 무리한 요구일지도 모른다.[14] 이에 대해 셸링은 크게 두 가지 전략으로 응수한다. 그중 **하나**는 바로 야코비의 학문 적대성의 역사적 기원을 추적하는 것이다.

셸링이 보기에 학문에 대한 야코비의 적대적 입장은 무엇보다 스피노자 논쟁에서 형성된 것이다. 여기서 야코비는 스피노자에게서처럼 학문적으로 진행되는 "논증의 모든 길은 숙명론에 귀착"하며, 이 숙명론의 자유를 배제한 맹목적 필연성만으로는 결국 "무신론"에 이를 수밖에 없음을 피력한 바 있다(JLS1 120, 123). 그러나 야코비는 그 당시처럼 지금도 여전히 '논증의 길에서 성취되는' 것 이외에 **다른** 학문적 철학을 알지 못한다. 더구나 그 자신이 '신의 비현존(Nichtdaseyn)'을 학문적으로

---

12  야코비는 1807년 11월 26일 프리스에게 보낸 한 편지에서 이러한 신으로부터 부여받은 동일한 소재로 자신의 세계를 점점 더 크게 만드는 인간을 "쇠똥구리(Mistkäfer)보다" 나을 게 없는 존재라 평가한 바 있다. Ernst L. Th. Henke, *Jakob Friedrich Fries. Aus seinem handschriftlichen Nachlaß dargestellt*, p. 312.

13  Friedrich Wilhelm Joseph von Schelling, *Denkmal*, pp. 28~29, 34~37.

14  또한 어떤 이론을 '너무 세세히' 인용하지 않고 자신이 이해한 바대로 서술할 권리를 문제 삼을 수는 없을 것이다. 그러나 셸링은 자신이 잘못 이해되고 있다는 것을 정확히 간파했다. Franz Wolfinger, *Denken und Tranzendenz - zum Problem ihrer Vermittlung*, p. 254.

증명할 수 있기 때문에 이 학문적 철학에 신의 현존 논증 능력을 부정한 것도 아니다. 신이든 자연 사물이든 간에, 학문은 그 현존이나 비현존을 증명할 수 없다는 것이다. 그렇다면 어떠한 신도 없다는 것이 학문의 관심이라는 야코비의 주장은 사실상 '결코 학문적으로 근거지어지지 않은' 것이기에 '아무런 학문적 의미가 없는' 말일 뿐이다. 그럼에도 그는 '25년' 동안 '자신의 뇌의 기준'에 불과한 이 말을 마치 자명하게 증명된 '인간 오성의 기준'인 것처럼 제시하고 있다. 더구나 이 주장은 우리로 하여금 실재적 현존을 확신하는 참된 인식이 아니라 언제나 '기만적'일 수 있는 '사념'(Meinungen)의 지배에 굴복하도록 하며, '사태'(Sache) 자체에서가 아니라 우리에게 비친 '형상'(Bild) 속에서 진리를 찾도록 한다. 학문에 대해 이렇게 '부정적인 것만' 포함하는 관점은 야코비에게 줄곧 모든 '학문적 철학'에 대한 '적대성의 도구'가 되었던 것이다.[15]

   '철학이 현실적으로 철학인 것은 철학을 통해 신의 현존이나 비현존에 대해 무언가 학문적으로 확정될 수 있다는 사념 내지 확실성이 남아 있는 동안뿐이다.' 이러한 사념도 없이 '순전한 신앙'에 철학이 성립하는 것이라면, 철학은 인간 누구나 지니는 일반적인 것으로 소실되어 버릴 것이다.[16] 여기서 셸링은 야코비가 모든 사념에 부여한 진리 함의성에 간접적으로 이의를 제기하고 있다. 언젠가 야코비는 인간 누구나 "자신에게 진리인 바의 것에서 자신의 삶"을 영위하기에, 그리고 "진리"는 "삶"의 현실적 영위에서 성립하는 것이기에 각자 저마다의 사념은 결코 완전히 오류인 것이 아니라 나름의 진리를 지닌 것이라 역설한 적이 있다(JE 203, 207-208). 그러나 셸링이 보기에 사념들에도 정도의 차이가 있다. 신앙을 이루는 사념이 철학을 형성하는 사념과 전혀 다르듯이 말이다. 그리고 사념을 가진 자라면 누구든 '필연적으로 그것이 또한 경험을 통해서 실증된 것'이기를 바란다.[17] 따라서 셸링의 두 번째 전략은 이

15  Friedrich Wilhelm Joseph von Schelling, *Denkmal*, pp. 40~44.
16  Friedrich Wilhelm Joseph von Schelling, *Denkmal*, p. 42.

제 학문적 유신론의 불가능성을 뒷받침하는 야코비의 논점들을 공격함으로써 자신 고유의 유신론적 학문 개념을 차별화하는 것이다. 이는 크게 세 가지로 논의할 수 있다.

학문 자체가 무신론적인 것이 아니라 야코비처럼 학문적으로 '무력한, 그럼에도 **배타적인** 유신론'이 오히려 '학문적 무신론의 결코 마르지 않는 샘'이 되고 있다.[18] 무엇보다 **우선** 야코비는 학문적인 "증명의 근거가 이것을 통해 증명되어야 할 것 위에(über)" 있다고 여긴다(JDO 87). 그렇다면 9가 입증되기 위해 필요로 하는 3이 '9보다 더 높을' 것이다. 피타고라스 정리의 근거로 제시되는 '큰 각에 큰 변이 대응한다는 명제'가 '피타고라스 정리보다 더 고차적'이어야 할 것처럼 말이다. 야코비의 공리가 이렇게 경험으로부터 단순히 추상된 것이 아니라면, 그래서 '선차적'으로 설정된 것이라면,[19] 그 기원은 어디에 있는 것일까? 셸링은 그 기원을 앎의 발전을 허용하지 **않는**,『스피노자의 가르침에 대하여』에서의 야코비의 논증 이해에서 본다. 이에 따르면, "우리는 단지 유사성들만 논증할 수" 있으며(JLS1 124), 모든 논증은 이른바 상위의 증명 근거 아래에 '동일 명제들'의 결합과 전진일 뿐이다. 그러나 셸링이 보기에 '근거'(Grund), '원칙'(Grundsatz), '근거짓기'(begründen) 같은 말이 상식적으로 '깊이'(Tiefe)를 나타내듯이 '발전 근거(Entwicklungsgrund)'는 발전하는 것 아래에(unten)' 있는 것이다. '참된 객관적 학문'이 살아 있는 현실적 대상 자체의 발전을 다루어야 한다면, 이 학문의 증명 근거는 또한 **발전** 근거이기도 해야 한다는 것이다.[20]

**더 나아가** 야코비는 학문적 증명을 부분과 전체의 "동시적 현존" 속에서 한 부분이 전체 속에서 차지하는 자리를 보여 주는 것으로 여긴다. 다시 말해 "한 대상 규정들의 총괄"로서의 근거와 그 부분 규정들로서

---

17  Friedrich Wilhelm Joseph von Schelling, *Denkmal*, p. 44.

18  Friedrich Wilhelm Joseph von Schelling, *Denkmal*, p. 69.

19  Friedrich Wilhelm Joseph von Schelling, *Denkmal*, pp. 57~58.

20  Friedrich Wilhelm Joseph von Schelling, *Denkmal*, pp. 58~59.

의 "귀결"이 적어도 사유 속에서 동시적으로 현존해야 논리적 등가성이 증명 가능하다는 것이다(JDO 131). 그렇다면 모든 증명은 마치 이미 '죽은' 대상을 해부하고 다시 조합하는 것처럼 자주 일어나는 특정 부분의 생동한 돌출을 전혀 보여 주지 못한다. 정말 부분과 전체의 **선후** 관계(Nacheinander)가 없다면, 아예 '모든 증명이 불가능'해질 것이다. 이렇게 모든 증명과 발전의 불가능성을 도출하려는 것은, 그러나 '너무 많은 것'을 증명하려는 것이다. 특히 야코비는 부분과 전체의 동시 현존이 '함축적으로'(implicite)뿐만 아니라 '명시적으로도'(explicite) 가능하다는 것을 구별하지 않는다. 그런데 그가 명시적 동시 현존을 생각한 것이라면, 이는 '선결 문제'의 오류에 해당할 것이다. 전체에 속하는 부분을 증명하기 위해 이 부분이 다른 부분과 함께 구성하는 그 전체를 보여 주는 셈이기 때문이다. 반면 그가 전체가 한 부분을 함축한다고 생각했다 해도 더 큰 문제가 생긴다. 그렇다면 증명하고 말 것도 없어지기 때문이다. 야코비는 한 전체가 부분들의 '교착'(Involution)상태에 있을 수 있다는 것을 모르기에 이러한 학문적 증명의 본래 의미를 파악하지 못한다. 게다가 증명되거나 발전하는 것이 증명 내지 발전의 근거와 '부분과 전체처럼 관계한다는' 주장 자체도 전혀 논증된 것이 아니다.[21]

그러한 논거들을 갖고 야코비는 "살아 있는 신의 현존" 증명이 불가능하다고 강조한다. 신 현존의 근거로 간주될 만한 것이 있다면, 이것은 신보다 **"먼저 그리고 그 위에 있게"** 될 것이기 때문이다(JDO 87).[22] 그러나 먼저 있는 '선차성'(Priorität)과 위에 있는 '우월성'(Superiorität)은 분명 다른 말이다. 은근슬쩍 '그리고'(und)라는 말을 끼워 넣어 야코비는 증명의 논리적 선후 관계를 마치 존재적 상하 관계와 같은 것처럼 언급하고 있다. 이에 대해 **셋째로** 셸링은 자신의 정반대 명제를 맞세운다. 즉

---

21  Friedrich Wilhelm Joseph von Schelling, *Denkmal*, pp. 59~61.

22  셸링이 거론하고 있지는 않지만, 전체와 부분의 동시 현존에 의거하는 증명에서 신의 창조 또한 무의미해진다. 왜냐하면 이에 따라 신과 피조물은 전체와 부분처럼 아무 차이 없이 논리적 등가를 이룰 것이기 때문이다. JaK, pp. 358~61 참조.

신의 '살아 있는 현존은 우리가 필연적으로 의식하게 될 필연적 근거로부터, 그리고 그러한 한에서 그 살아 있는 현존 이전에 그 아래에 있는 필연적 근거로부터 발전하기 때문에' 신 현존은 '입증 **가능**하다.' 물론, 이때 신 현존의 이 필연적 근거는 아직 '의식적이거나 지성적인 것으로서가 아니지만' '신 자신'일 수밖에 없다. 그래야 '자기 원인'(causa sui)으로서의 신이 온전히 드러날 것이기 때문이다. '신 안에 아무런 구별도 허용하지 않으려는 김빠진 유신론'(der schale Theismus)은 동의하지 않겠지만 말이다. 신의 '자기 존재성'(Aseität)을 이루는 신 현존 근거로서의 이 '가장 심오하고도 가장 감추어져 있는 것'을 야코비는 결코 사유할 수 없을 것이다.[23] 이를 통해 셸링은 분명 『신적인 것들과 그 계시에 대하여』에서 야코비가 의도적으로 도외시했던 자신의 자유 논문(1809)을 끌어들이고 있다.[24] 아울러 그는 자신의 신 개념이 '근거일 뿐만 아니라 또한' 야코비가 생각하는 의미의 '원인'**이기도** 하다는 점을 부각하고자 한다. 왜냐하면 신은 '자기 자신의' 근거이기도 하지만, 또한 '자신을' 자기 자신과 피조된 것들의 '근거로 **만들기**' 때문이다. 후자는 자기 안의 비지성적인 부분을 좀 더 고차적인 지성적인 부분에 자유롭게 종속시킴으로써 행해진다. 이는 곧 활동적 주체로서의 야코비의 '원인' 개념에 해당한다는 것이 셸링의 생각이다.[25]

---

23  Friedrich Wilhelm Joseph von Schelling, *Denkmal*, pp. 61~62. 이를 셸링의 '진화적 방법'(evolvierende Methode)에 따른 '원칙(Grundsatz)과 토대(Grundlage)의 **구별**'로 언급하는 바이셰델의 설명은 출처가 모호하다. Wilhelm Weischedel, *Jacobi und Schelling*, pp. 62~63.

24  볼핑거의 세세한 분석은, 그러나 이 측면을 놓치고 있다. Franz Wolfinger, *Denken und Tranzendenz - zum Problem ihrer Vermittlung*, pp. 251~66 참조. 예를 들어 Friedrich Wilhelm Joseph von Schelling, *Philosophische Untersuchungen über das Wesen der menschlichen Freiheit und die damit zusammenhängenden Gegenstände*, p. 375 참조. '존재할 수 있기 위해 신 자신은 근거를 필요로 한다. 다만 이 근거는 신 외부가 아니라 신 안에 있으며, 신 자신에 속하면서도 신과 상이한 하나의 자연(eine Natur)을 자신 속에 지닌다.'

25  Friedrich Wilhelm Joseph von Schelling, *Denkmal*, pp. 71~72.

물론, 야코비 편에서 보면 이에 대한 재반박이 여전히 가능할 것이다. 셸링은 야코비가 바로 존재 **논리적** 의미에서 근거 개념을 비판하는 것이며, 이에 대해 자신의 원인 개념을 존재 **발생적** 원리로 내세우고 있다는 것을 제대로 이해하지 못한 것처럼 보이기 때문이다. 어떤 것의 존재 근거는 당연히 이 어떤 것의 존재보다 상위의 원리일 것이며, 이 원리의 부분적 등가로서 어떤 것이 설명될 수밖에 없을 것이다. 이것은 단순히 논리적 선차성이나 발전 원리를 의미하는 것이 아니라 존재자의 "구성 원리"(principium compositionis)를 의미한다. 이에 반해 원인은 "생성의 원리"(principium generationis)로서 시간 속에서 작용하는 생동한 "인격적" 주체의 힘이라 할 수 있다. 이 힘은 자신의 "실행"(That)을 결과로 지니지만, 사실 이 원인과 결과 사이에 생동한 힘이 구체적으로 어떻게 작용하는지는 개념적으로 파악할 수 없다는 것이 야코비의 본래 생각이다(JH 49-54; JLS2 255-257). 셸링은 이미 『신앙에 대한 또는 관념론과 실재론에 대한 데이비드 흄. 한 편의 대화』(1787)와 『스피노자의 가르침에 대하여』 재판(1789)에서 상론된 바 있는 야코비의 원인 개념을 자기 편에서 의도적으로 외면하는 것처럼 보인다.[26] 은근히 자신의 발전 근거 개념으로 대체하기 위해서 말이다.


## 3. 유신론적 자연철학

야코비가 보기에 셸링의 학문이 무신론적일 뿐만 아니라 인격적 신마저도 다룰 수 없는 또 다른 이유는 바로 그의 자연주의에 있다. 말하자면 셸링은 지나치게 자연을 '모든 사물을 자기 자신으로부터 잉태하는',

---

26 아울러 『신적인 것들과 그 계시에 대하여』에서 야코비는 원인과 결과 개념들을 이해하기 위해서는 "시간의 개입"이 필요함을 강조하지만, 셸링은 이에 대해 전혀 언급하지 않는다. JDO, pp. 131~32 참조.

'세계의 신성하고도 영원히 창조적이고 근원적인 힘(Urkraft)'으로까지 격상한다.[27] 그에게 자연은 말 그대로 창조적인 신과 같다고 할 수 있다. 신, 즉 "자연 위에는 아무것도 없으며, 오직 자연만 있다"라는 것이다(JDO 76). 그러나 이러한 자연은 개별 자연 사물들의 끊임없는 변화의 조건으로서 시간만 잉태할 수 있을 뿐, 이 시간의 시간성 **자체**나 변화하는 것의 존재 **자체**가 비롯되는 근원은 아니다. 더구나 이 물리적 시간 속에서 변화하는 것들은 궁극적으로 불변하는 것과, 제약된 것은 제약되지 않은 것과, 필연성은 자유와 동일해진다. 이렇게 되면 나쁘거나 악한 것도 좋거나 선한 것과 무차별적으로 동등해질 것이다.[28]

따라서 야코비에게 셸링의 "자연은" 오히려 인격적이고 자비로운 "신을 감춘다"(JDO 117).[29] 아마도 셸링을 가장 격분시켰던 것은 자신의 자연 개념에 대한 야코비의 이러한 이해였을 것이다. 특히 셸링의 "자연 위에는 아무것도 없으며", 그래서 그의 자연은 "유일하게 참된 신, 살아 있는 자"라는(JDO 76, 98-99) 설명에서 셸링은 야코비의 문장 끼워 넣기가 돋보인다고 역설한다. '빈곤할' 수밖에 없는 학술원 연설을 악용해 '단 하나 어떠한 저술에서도' 말한 적이 없는 문장으로써 자신을 공격하는 것은 '고소를 업으로 삼는 자'(Sykophant)의 행동으로밖에 달리 형용할 수가 없으리라는 것이다.[30] 이에 대한 셸링의 대응은 이제 크게 세 가지

---

27 Friedrich Wilhelm Joseph von Schelling, *Ueber das Verhältniß der bildenden Künste zu der Natur*, p. 293. 따라서 셸링에게 형상예술은 자연을 모방하는 것이 아니라 창조하는 '자연의 정신을 모방해야' 한다. 박영선,「셸링과 조형미술」,『철학탐구』제42호, 45쪽.

28 이에 대해서는 이 책 제5장 제3절 참조.

29 야코비에 앞서 셸링의 자연철학에서 '자연이 전제되는 것이 아니라 오히려 연역되어' 자연의 창조적 '**자기 구성**'이 음미되고 있다고 비판한 사람은 바로 에셴마이어였다. 아울러 그는 셸링의 절대적 동일성이 철학적 이성의 인식 내지 규정 '**객체**'가 될 수 없다고 지적한다. 야코비는 이 둘 사이의 논쟁을 잘 알고 있었던 것으로 보인다. Jörg Jantzen, "Eschenmayer und Schelling. Die Philosophie in ihrem Übergang zur Nichtphilosophie", *Philosophisch-literarische Streitsachen*, Bd. 3, pp. 80~82, 85. Franz Wolfinger, *Denken und Tranzendenz - zum Problem ihrer Vermittlung*, pp. 214~17.

측면에서 논의할 수 있다.

  무엇보다 우선 셸링은 『나의 철학 체계의 서술』(1801)에서부터 줄곧 유지해 온 자신의 자연 개념을 제시한다. 즉 자신이 고찰하는 자연이란 자연 사물의 변화를 가능하게 하는 기계론적 자연이 아니라 아직 '존재하지 않는(nicht seyende) 절대적 동일성'을 의미한다는 것이다. 절대적 동일성은 존재할 수도, 존재하기 이전에 이 존재의 '근거' 내지 '토대'(Grundlage)로서 있을 수도 있다. 존재하는 절대적 동일성은 이 동일성의 절대적 존재 내지 '주체로서' 존재하는 것이겠다. 객체로서 또는 상대적으로 존재하는 것은 동일성을 절대적으로 확보한 것일 수 없기 때문이다. 절대적으로 존재하는 절대적 동일성이 바로 '주체로서의 신'이라 한다면, 이 절대적 동일성이 존재 또는 실존하기 이전의 그 '근거'는 바로 '자연'이다.[31] 이때의 자연(Natur)은 **본성**(Natur)의 의미로 읽어야 할 것이다. 본성적 의미의 자연, 즉 자연=본성은 '존재하는 것으로서가 아니라 **자신의** 존재의 **근거로** 고찰되는 한에서의 절대적 동일성 일반'이며, 따라서 '절대적 동일성의 절대적 **존재 너머에**(jenseits) 있는 모든 것'을 의미한다.[32] 말하자면 셸링은 절대적 동일성을 그 자체로 존재하는 측면과 존재하기 이전의 이 존재의 근거의 측면으로 구별해 전자를 신으로,

---

30  Friedrich Wilhelm Joseph von Schelling, *Denkmal*, pp. 25, 29, 31, 135. 그러나 야코비가 『신적인 것들과 그 계시에 대하여』의 재판 예비보고(1816)에서 몇몇 비평가의 도움을 언급하고 있듯이, 몇몇 저서에서 셸링은 자연과 신을 동일시한 적이 있다. 이를테면 '참된 신은 그 외부에 자연이 있지 않은 신이며, 참된 자연은 그 외부에 신이 있지 않은 자연이다.' *Bruno oder über das göttliche und natürliche Princip der Dinge*, 1802, p. 307. JVz, p. 157 참조.

31  Friedrich Wilhelm Joseph von Schelling, *Denkmal*, p. 25.

32  Friedrich Wilhelm Joseph von Schelling, *Darstellung meines Systems der Philosophie*, pp. 203~04. 여기서 '절대적 동일성의 존재의 근거'(Grund ihres Seyns)는 『프리드리히 하인리히 야코비 씨의 신적인 것들 등의 저술에 대한, 그리고 이 저술에서 자신에게 행해진 의도적이며 거짓말하는 무신론이라는 고발에 대한 F. W. J. 셸링의 기록물』에서는 '절대적 동일성 **고유의** 존재의 근거'(Grund ihres *eignen* Seyns)로 변형되어 인용되고 있다. Friedrich Wilhelm Joseph von Schelling, *Denkmal*, p. 25과 비교.

그리고 후자를 자연＝본성으로 고찰하고자 한다. 그렇다면 자연 '외부나 그 위에는' 야코비의 말처럼 아무것도 없는 것이 아니라 오히려 주체로서 '존재하는 절대적 동일성이', 바로 신이 있다고 할 수 있다.[33] 이 신은 자신의 존재에 이르기까지 발전하는 근거로서 자연＝본성을 지닌다.

그러나 자유 논문 이전에 셸링은 분명 '자연과 신성(神性)을 스피노자 방식에 따라' 범신론적으로 '동일시하곤' 했다.[34] 그럼에도 여기『셸링의 기록물』에서 셸링은 자신의 이전 자연 개념마저 은근슬쩍 자유 논문의 맥락으로 읽어내고자 한다. 신을 그 존재 근거로서의 자연＝본성과 이 자연＝본성의 전개 결과인 존재로 구별하면서 말이다. 이 '신 안의' '어두운 근거'로서의 자연＝본성의 신의 존재로까지의 전개 내지 발전[35]을 서술한다면, 이는 바로 학문적 유신론이 될 것이다. 이에 따라 셸링은 **둘째로** 신의 존재를 발전적으로 보아야 할 필요성을 내세운다.『신적인 것들과 그 계시에 대하여』에서 야코비는 철학을 "덜 완전한 것으로부터 더 완전한 것"이 발전하도록 하는 스피노자적인 철학과 "맨 처음에 가장 완전한 것"을 설정해, 이것의 "인륜적 원리"에서 다른 모든 것이 비롯되도록 하는 플라톤적인 철학으로 구별하고 이 후자를 "건전한" "이성"이 따를 만한 유신론적 신앙철학으로 평가한 바 있다(JDO 94-95). 그러나 이러한 설명은 셸링이 보기에 좀 더 섬세한 규정을 통해 논박할 수 있다. 먼저 가장 완전한 것이 맨 처음에 있었다면, 이미 최고 완전성을 소유한 이것은 그렇게 많은 사물을 창조할 '아무 근거도 지니지 않'을 것이다. 물론, 그렇다고 좀 더 완전한 것은 이것과 전혀 '상이한' 불완전한

---

33  Friedrich Wilhelm Joseph von Schelling, *Denkmal*, p. 26.

34  Walter Jaeschke, *Die Klassische Deutsche Philosophie nach Kant*, p. 524. 이를테면 '신은 본질적으로 존재이다라는 것은 신은 본질적으로 자연이다라는 말이며 그 역도 마찬가지이다. 그 때문에 모든 참된 철학은 …… 사실상 자연철학이다.' Friedrich Wilhelm Joseph von Schelling, *Darlegung des wahren Verhältnisses der Naturphilosophie zu der verbesserten Fichteschen Lehre*, 1806, pp. 30~31.

35  Friedrich Wilhelm Joseph von Schelling, *Philosophische Untersuchungen über das Wesen der menschlichen Freiheit und die damit zusammenhängenden Gegenstände*, p. 358.

어떤 것에서 나온다고 할 수는 없겠다. 오히려 자신 '고유의' 불완전한 것으로부터 완전한 것이 비롯된다고 이해해야 한다. 이때 먼저 있는 불완전한 것은 신과 관련해 볼 때 결코 사물의 '외적인' 자연＝본성을 의미할 수는 없다. 오히려 그것은 신이라는 '본질 자체의 본성'(die Natur des Wesens selber)을 말한다. 이 본성에 따라 존재 내지 실존에 이른 본질 자체는 '창조를 통해 자신을 확산'할 것이다. 셸링은 신이라는 본질이 '사랑과 선의(Güte)' 그리고 '지혜'에 존립한다면, 이것과 성질이 구분되는 이 본질의 본성은 '자기의식적 선의와 지혜의 결핍', 따라서 '단순한 강인함'(bloße Stärke)일 수밖에 없다고 설명한다. 존재하는 본질로서의 신이 인륜적이고 지성적이라면, 이 본질의 존재 근거인 자연＝본성은 '잠재적으로'(potentia)라면 몰라도 아직 현실적으로 인륜적이거나 지성적인 것은 아니다. 그러나 그렇다고 순전히 '비인륜적'이거나 '비지성적인' 것일 수도 '없다.'[36] 이 자연＝본성은 자체 내 신의 본질에 해당하는 인륜성과 지성의 가능성을 포함하고 있어야 하기 때문이다. 즉 신 안의 본성으로서의 단순한 강인함은 도덕적으로나 지성적으로 중립적인 가치를 지닌다.

이로부터 셸링은, 이제 **마지막으로** 자신의 자연철학의 유신론적 측면을 부각한다. 야코비는 셸링의 자연철학을 "승화된(verklärten) 스피노자주의"라 부르지만(JDO 80), 어떤 측면에서 승화된 것인지 보려 하지 않으며 그저 '적나라한' 스피노자주의 또는 무신론적 '자연주의'의 면모만을 강조하려 한다.[37] 이에 셸링은 아예 다음처럼 응수한다. 나는 '나의 자

---

36 Friedrich Wilhelm Joseph von Schelling, *Denkmal*, pp. 62～66. 그럼에도 함마허는 셸링의 설명이 야코비의 물음을 충족하지 못한다고 본다. 어둠에서 빛이 발전하는 것이라면, '눈을 창조하지만' 이 창조가 완료될 때까지 그 자신은 아직 '보지 못하는' 신을 사유할 수 있는가? 절대자에 대한 진화론적 설명은 가능한가? Klaus Hammacher, "*Jacobis Schrift von den Göttlichen Dingen*", *Philosophisch-literarische Streitsachen*, Bd. 3, p. 140 참조.

37 Friedrich Wilhelm Joseph von Schelling, *Denkmal*, pp. 52～53. 셸링은 엄밀히 말해 자신의 자연철학과 스피노자 철학이 자연주의와 동일시될 수 없음을 야코비 자신이 잘

연주의'가 '이러한 무신론'이라 고백한다. 그러나 나의 자연주의는 외적인 자연을 다루는 체계가 아니라 '신 안의 하나의 자연'＝본성을 전개하는 체계, 따라서 '필연적으로 선행하는, 유신론의 토대'가 되는 체계이다. 이를 통해 셸링은 자연주의 아니면 유신론이라는 야코비의 양자택일에 맞서 '**동시에** 유신론으로 만족'하는 자연주의를 내세운다. 즉 '실재성에 관한 한' 자연주의는 궁극적으로 유신론적 원리를 통해서만 충족될 수 있으며, 유신론 또한 '자연의 설명'을 포함해야 참된 충만성에 도달할 수 있다는 것이다.[38] 신 안의 자연＝본성이 신의 존재에 이르러야 하는 것처럼 신의 존재 또한 그 자연＝본성의 자유로운 발전이 되어야 한다. 야코비는 "정직한" 자연주의라면 유신론에 대해 "언급하지 말" 것을 요구한다(JDO 97). 그러나 '참된 유신론'이라면 그 자신이 무엇보다 자연주의마저 아우를 수 있는 그런 신적인 태도를 가져야 할 것이다. 이에 반해 '배타적으로만' 상대하면서 내용적으로는 아무것도 설명하지 못하는 야코비 식의 '무력한' 유신론이야말로 '유신론 부패의 주요 근거이자 모든 현실적 무신론의 주요 원천'이다. '학문적 무신론'은 그것의 학문성 때문이 아니라 바로 이러한 배타적 유신론 때문에 형성된다. 진정 극복되어야 할 것은 오히려 야코비의 '학문에 대한 공포', '자연적(physischen) 근거' 없이는 결코 생각할 수 없는 '신의 모든 현실적 생동성에 대한 두려움'일 것이다. 이는 '부자연스러운 신(ein unnatürlicher Gott)과 신이 없는 자연(eine gottlose Natur)'만을 보려는 '교양 시대의 큰 오류'에 속한다.[39]

셸링의 설명대로라면 야코비는 셸링의 자연 개념을 전적으로 오해한 것일 수 있다. 특히 이 개념이 결코 외적 자연의 기계론적 필연성을 의미

---

알면서도 그러는 것이라 본다. p. 31.

38 Friedrich Wilhelm Joseph von Schelling, *Denkmal*, pp. 67~69.

39 Friedrich Wilhelm Joseph von Schelling, *Denkmal*, pp. 68~70. 이렇게 유신론적 신앙의 전면적 인정을 위해 셸링에게는 유신론 자체가 또한 '학문적 탐구의 대상'이 된다. Franz Wolfinger, *Denken und Tranzendenz - zum Problem ihrer Vermittlung*, p. 257.

하지 않는다는 점에서 그렇다. 게다가 야코비는 자연을 유한한 의미를 넘어선 그 어떤 다른 뜻으로도 이해하려 하지 않는다.[40] 그럼에도 야코비의 질문은 계속될 수 있을 것이다. 신 안의 어두운 근거로서의 자연= 본성이란 진정 무슨 말인가? 이것을 존재하는 본질로서의 신과 구별하는 것은 오히려 완벽해야 할 신 자신을 불완전한 측면과 완전한 측면으로 **불필요하게** 이중화하는 것이 아닌가? '신 안의 자연=본성'이나 '신의 생성에 관한 사고'는 우리에게는 너무 '낯설다.'[41] 더구나 신 안의 자연=본성은 도덕적이지도 비도덕적이지도, 따라서 자유로운 도덕적 주체로 존재하지도 않는다. 이 자연=본성은 구약의 무서운 '강인함'을 지닌 신일 수는 있겠지만, 아직 기꺼이 사랑을 베푸는 신약의 신은 아니다.[42] 셸링의 자연철학이 과연 자유로운 본질로서의 신을 드러낼 수 있을까? 별도의 논의가 필요하겠지만, 매우 중요한 질문이 하나 더 있다. 셸링은 무엇보다도 존재, 실존, 본질, 본성 등의 용어를 엄밀하게 정의하거나 구별하지 않고 있다는 점이다. 그는 대략 신을 절대적 동일성 또는 본질로 설정하고, 이 본질을 존재 내지 실존하는 측면과 이 존재 내지 실존의 근거, 다시 말해 자연=본성의 측면으로 구분한다.[43] 이때 존재 내지 실존하는 본질은 자신의 본질성을 실존적 사실로 현실화한 본질, 다

---

40 야코비에게서 자연 개념은 크게 세 가지 의미로, 즉 기계적인 방식으로 진행되는 신 외부의 모든 유한자, 정신적 인간 안에서 초자연적인 것과의 관계 속에 있는 유한한 자연, 그리고 셸링 비판적 맥락에서 그 자체 자립적인 것이기에 반신적(反神的)인 자연 등으로 구분할 수 있다. 이에 대해서는 이 책 제5장 제3절 참조.

41 Franz Wolfinger, *Denken und Tranzendenz – zum Problem ihrer Vermittlung*, p. 268. 그럼에도 볼핑거는 이를 통해 발전적인 '세계의 실존'과 '선악이 병존하는 이유'가 설명 가능해졌다고 본다. p. 264.

42 Friedrich Wilhelm Joseph von Schelling, *Denkmal*, pp. 65, 67 참조.

43 자유 논문에서 셸링은 '실존하는 한에서의 본질과 단순히 실존의 근거인 한에서의 본질'로 구별한다. Friedrich Wilhelm Joseph von Schelling, *Philosophische Untersuchungen über das Wesen der menschlichen Freiheit und die damit zusammenhängenden Gegenstände*, p. 357. 앞의 『나의 철학 체계의 서술』에서 존재하는 절대적 동일성과 존재 근거로서 아직 존재하지 않는 절대적 동일성 간의 구별을 염두에 둔다면, 셸링은 존재와 실존을 유사어로 사용하며, 이를 본질과는 다른 말로 여기고 있음을 알 수 있다.

시 말해 본질의 존재 사실(dass)이겠다. 그런데 본질의 이 존재 내지 실존의 근거로서의 자연 = 본성, 말하자면 **본질** 자체의 **본성**이란 무슨 말인가? 이는 불필요한 동의어 반복(Pleonasmus) 아닌가? 실존하기 위한 본질의 본성은 어쨌거나 그 본질의 존재 근거(was)이겠다. 결국 본질의 존재 근거와 존재 사실이 근거와 귀결처럼 관계 맺게 되는 셈이다. 그러나 야코비의 질문은 이러한 본질주의적인 관계에 대한 것이 아니다.[44] 그가 문제 삼는 것은 실존의 사실 자체가 어떻게 단번에 자유롭게 창조될 수 있는가 하는 점이다. 자신의 자연 = 본성을 신처럼 모두 드러내든, 유한한 존재자들처럼 부족하게 드러내든 간에 말이다. 바로 인격적 주체가 자유롭게 창조하는 사실 **자체**의 원인은 개념적으로 이해 불가능하다는 점에서 그렇다.

## 4. 이성과 신앙의 관계

이렇게 모든 것을 근거와 귀결의 필연적 관계로만 고찰하는 셸링의 이성은 야코비가 보기에는 "기만적 이성"(JDO 58)에 다름 아니다. 이 이성은 단지 믿을 수만 있는 것을 알 수 있다고 생각하기 때문이다. 이를 위해 이 이성은 신과 동일시될 수 있는 자신의 "무오류성과 가장 최고의 권한"을 자처하면서 경건한 태도를 취한다. 이성의 이러한 "경건한 기만"(JBB 130)에 조응해 오성은 구체적 개별 존재자의 다양한 구별과 대립을 더욱더 보편적인 개념의 구별과 대립으로 전환하고 이것들에 실재

---

44 함마허는 오히려 야코비가 '**사유**법칙들에 따라 필연적으로' '선행하는 것'으로 전제되어야 할 신 안의 무시간적 근거를 '올바로 이해하지 못했다'고 본다. 그러나 야코비의 문제는 셸링처럼 사실의 근거가 아니라 오히려 근거의 **바로 이** 사실로의 현실화 **원인**에 대한 것이다. Klaus Hammacher, *"Jacobis Schrift von den Göttlichen Dingen"*, *Philosophisch-literarische Streitsachen*, Bd. 3, p. 141 참조. 다른 곳에서 그는 행위를 수반하는 '의도적 유발'(absichtliche Veranlassung)로서의 야코비의 원인 개념을 제대로 간과하고 있다. *Die Philosophie Friedrich Heinrich Jacobis*, pp. 192~207 참조.

존재자보다 더 우월한 확실성을 부여한다. 『신적인 것들과 그 계시에 관하여』에서 야코비는 이러한 오성과 셸링의 기만적 이성을 같은 것으로 본다. 존재자의 구체성이 **"무화된"** 보편 개념들을 참되다고 여기면서 이러한 자신만의 "기묘한 지성적 꿈들"을 통해 바로 신적인 것들을 안다고 자부하기 때문이다. 이는 "초감성적인 것의 영역"에 독단주의가 결코 침범할 수 없는 **"신앙"**의 자리를 마련한 칸트보다도 후퇴한 것이다(JDO 79, 89).[45]

야코비가 보기에 셸링 자신만의 지성적 꿈들에 해당하는 것은 무엇보다 그의 자연철학일 것이다. 창조적 근원의 힘으로까지 신격화된 그의 자연 개념은 신이나 불멸성, 자유 등을 종교 본래의 의미에서 다룰 수 없게 만들기 때문이다. 이에 대한 셸링의 반박은 다시금 자신의 자유 논문에 기초해 철학적 이성과 종교적 믿음의 관계를 재정립하는 것으로 이루어진다. 이 또한 세 가지 요점으로 정리할 수 있다.

그 **첫째** 반박은 우선 자신의 자연철학과 신앙과의 관계를 재차 설명하는 것이다. 자연철학이 셸링의 '전체 체계의 **단 한** 측면'에 불과하다는 것은 '초심자에게도' 자명한 사실이다. 더구나 『나의 철학 체계의 서술』에서부터 '지금까지' 셸링 자신은 스피노자주의를 어떤 의미에서 '모든 참된 철학'의 '선행하는 실재적인' **한** 측면으로만, 특히 '관념적 측면 아래에' 놓이는 한 측면으로만 간주했지, 결코 '절대적 동일성 체계'와 같다고 주장한 적은 없다는 것이다.[46] 따라서 자연철학이 '도덕적 자유'를 희생하고 '자연 필연성'만 남겨 놓는다거나 '이성과 비이성, 선과

---

45 이 책 제4장 제3절 참조.

46 Friedrich Wilhelm Joseph von Schelling, *Denkmal*, pp. 26~27. 그러나 『나의 철학 체계의 서술』에서 이러한 언급이 말 그대로 등장하진 않는다. *Darstellung meines Systems der Philosophie*, pp. 109~10과 비교. 이러한 자연철학 때문에 한스 외르크 잔트퀼러(Hans Jörg Sandkühler, 1940~ )는 셸링을 '관념론자가 아니라' '선험적 인식 유물론자'로 보고자 한다. Hans Jörg Sandkühler, *"Dialektik der Natur - Natur der Dialektik"*, *Hegel Studien Beiheft*, Bd. 17, pp. 141~58, 특히 pp. 141, 146, 155, 157 참조.

악의 동일성'을 주장한다는 것은 터무니없는 말이다. 야코비는 이를 극단화해 신, 불멸성, 자유, 선악 등에 대해 말하는 '자연주의'는 '단지 기만'을 획책하는 것일 뿐이니 침묵할 것을 요구한다.[47] 그러나 앞서 밝혔듯이 셸링의 자연철학은 유신론에 선행하면서 그 토대가 되는 체계이다. 더구나 자유 논문에서 그는 '이원론'을 '도덕적 세계의 근본 법칙'으로 충분히 설명했다. 오직 '하나의 최고 원리만 인식'하는 한에서 자신의 자연철학이 '모든 이원론을 지양'하기는 하지만, 이 '최고 원리 자체 **내의 이원론**'을 지양하는 것은 아니다. 다만 이로부터 '연역된' 상대적 이원론만을 지양한다는 것이다.[48] 그렇다면 최고 원리 자체 내의 이원론은 무엇인가? 셸링이 별다른 설명을 덧붙이고 있지는 않지만, 이는 분명 앞서 말한 절대적 동일성 내지 본질로서의 신의 실존과 이 실존의 근거로서의 자연=본성을 의미한다고 할 수 있다.

셸링의 **그다음** 반박은, 이러한 이원론을 인식할 수 있는 이성의 능력을 야코비의 것과 대조하는 것이다. 야코비는 이 『신적인 것들과 그 계시에 대하여』에서야 비로소 자신 고유의 인식 이론을 정교하게 다듬을 수 있었다. 이에 따르면, 그에게 이성은 직접 신으로부터 비롯된 "정신-의식"(Geistes-bewußtseyn)으로서 제약된 유한자의 인식과 동시에 이에 앞서는 무제약자를 단적으로 전제하는 능력이라 할 수 있다. 이 능력은 초감성적인 것을 **느끼고 예감하는** 이성에 내재하는 것으로서 개념적 보편화에 편향된 오성에게는 절대 "이해 불가능"한 능력이다(JDO 104-106, 123-124).[49] 이에 셸링은 이제 정면으로 반대한다. '이성의 순수 직접지

47 Friedrich Wilhelm Joseph von Schelling, *Denkmal*, pp. 23~24, 27, 30~31. JDO, pp. 73~74, 76~77, 96~97, 100과 비교.
48 Friedrich Wilhelm Joseph von Schelling, *Denkmal*, p. 27.
49 야코비의 이성은 정신의 **자기의식적** 활동 여부를 **제외하면** 감정이나 예감, 감각과 거의 동일하다. 또한 야코비가 과거에 비판했던 이성은, 이 저서에서는 철학하는 오성과 같은 것으로 다루어지고 있다. 이 책 제4장 및 Walter Jaeschke, *"Kant in Jacobis Kladde"*, *Jacobi und Kant*, pp. 188~90 참조. 즉 이전에 야코비는 이성을 '논리적 능력'으로, 그리고 감정을 외부 세계의 감각을 매개로 자신의 고유의 실존을 느끼며 의지

란 이성의 절대적 법칙에 의한 지(知)일 수만 있는' 것이지 결코 아무 이유 없이 느낌으로 전제되는 앎은 아니라는 것이다.[50] 이때 이성의 절대 법칙은『나의 철학 체계의 서술』에 따르면, 같든 다르든 유사하든 대립되든 간에, 모든 존재에 궁극적으로 해당하는 '절대적 동일성의 법칙'으로 간주할 수 있다.[51] 이 법칙에 의한 이성의 순수 직접지는, 그래서 '무한자와 유한자의 모순 내지 절대적 동일성을 **최고의 것**으로 인식하는 것'이다. 이 인식은 이미 '절대적 동일성의 본질'을 의미하는 '함축적인 신'(Deus implicitus)에 대한 인식이라 할 수 있다.[52] 주의해야 할 것은 이러한 인식이 성취되기 위해서는 모순과 통일을 이해하고 양해하는 '가장 완전한 오성'이 **요구**된다는 점이다. 야코비는 마음의 느낌과 예감을 이성과 거의 동일시하면서 이것들을 오성에 적대적으로 대립시켰다. 특히 그가 '이성'을 '오성 위에' 설정한 것은 '가장 큰 오류'라 할 수 있다. 왜냐하면 언어적 관례에 따르면 오히려 '오성이 이성 위에' 놓이곤 하기 때문이다. '우리가 타락하지 않은 여인에게서 가장 순수하게 보편적 인간성을 포착하듯이, 이성이란 이렇게 보편 인간적이고 비인격적인 것'을 의미한다. 이에 반해 오성은 '이미 성격과 인격성을 통해 혼탁해진' '정신'을 지닌 '남성'에게 특별한 경우 덕목으로 부여되는 능력이다. 셸링은 이렇게 가부장적 **전통의** 의미에서 이성을 또한 사려분별의 의미로, 그리고 오성을 이해심 많은 양해의 의미로 읽고자 한다. 그리고 이것을 각각 여성과 남성의 덕목으로 구별하고 전자보다 후자의 우위성을 주장한다.[53] 오늘날의 시각에서는 납득하기 어려운 이러한 구별을 통해 셸링

---

하고 행위함으로써 신적인 삶에로 고양될 수 있는 능력으로 간주했다. Carmen Götz, *Friedrich Heinrich Jacobi im Kontext der Aufklärung*, pp. 102~03, 109 참조.

50 Friedrich Wilhelm Joseph von Schelling, *Denkmal*, p. 81.

51 Friedrich Wilhelm Joseph von Schelling, *Darstellung meines Systems der Philosophie*, pp. 116~18 참조.

52 Friedrich Wilhelm Joseph von Schelling, *Denkmal*, p. 81.

53 예를 들어 셸링은 '이성적(분별 있는, vernünftig) 남성'보다는 '오성적(양해하는, verständig) 남성'이란 표현이 칭찬하는 말이라고 하며, 여성에게서는 그 표현이 정반

이 강조하려는 것은 그럼에도 개념적으로 분석과 대조, 대립과 모순을 산출하면서도 이것을 기꺼이 감내하는 오성의 능력이 있어야 이성적인 신 인식도 가능하다는 점이다.

이에 반해 야코비의 이성은 '참된 것'의 '무지(Unwissenheit)의 감정과 의식', 그래서 기껏해야 참된 것의 '예감' 그 이상의 능력은 아니다.[54] 이때의 감정과 의식 내지 예감의 내용은 "직접 인간 정신에서 비롯되는" 일종의 '절대적 앎'이라 할 수 있을지 모른다. "그러나 이러한 앎은 [결코] 학문으로 형성될 수 없기에"(JDO 96) 야코비의 신앙철학은 '엄밀한 의미에서 철학적인', 따라서 '학문적으로 확인된 신앙'을 보여 주지 않는다. 이전의 그의 '이성 혐오'가 '현재의 이성 호의(Vernunftfreundschaft)'로 바뀌었다고 해서 무언가 철학적이라 할 만한 신앙 내용이 갖추어졌다고 혼동해선 안 된다.[55] 지금 그가 찬양하는 이성은 과거에 혐오했던 것과 전혀 다른 것이요, '예감과 동경'의 '애매한 감정'으로 '연민'이나 자아내는 무능력일 뿐이다. 그러나 '신적인 인식의 황금은 실행 없는 눈물과 나태한 동경의 젖은 길에서 발견되는 것이 아니라 오직 정신의 불길 속에서 획득되는 것이다.'[56] 이제 셸링의 **세 번째** 반박은 신앙 내용 또

---

대이어야 한다고 본다. Friedrich Wilhelm Joseph von Schelling, *Denkmal*, pp. 95~99 참조. 슐레겔 또한 1812년 「야코비 비평」에서 칸트의 언어 혼동 이전의 어법으로 이성(Vernunft)을 분별과 계산 등을 뜻하는 'ratio'로서, 오성(Verstand)을 이해력과 지성 등을 의미하는 'intellectus'로 읽으며, 이 후자를 계시를 수용할 수 있는 능력으로 강조하고자 한다. Friedrich von Schlegel, "Jacobi-Rezension"(1812), *Philosophisch-literarische Streitsachen*, Bd. 3. 1, pp. 338~39 참조. 프리스는 셸링과 슐레겔의 이러한 어법을 모든 인간의 평범한 '이성에 대한 신학자들의 오랜 증오'에서 비롯된 것으로 비판하면서 야코비 편을 든다. Bruno Bianco, "»Ein Votum für Jacobi gegen Schelling«. Fries' Teilnahme am Streit um göttlichen Dinge", *Philosophisch-literarische Streitsachen*, Bd. 3, pp. 162~64 참조.

54 Friedrich Wilhelm Joseph von Schelling, *Denkmal*, p. 80. 야코비는 피히테에게 보낸 공개 편지에서 학문이 도달할 수는 없고 단지 예감할 수만 있는 '참된 것 자체' (das Wahre selbst)와 학문이 겨우 획득할 수 있는 참된 것의 **성질**로서의 '진리성' (Wahrheit)을 구분한 적이 있다. Jacobi, *Jacobi an Fichte*, pp. 208~13 참조.

55 Friedrich Wilhelm Joseph von Schelling, *Denkmal*, pp. 80, 95.

한 이러한 정신적 불길의 정련(精鍊)이 필요하다는 것을 부각하는 것이다. '자신의 원형과 유사해질 때까지' 인간은 자신의 신앙을 '학문적 인식'의 '완전성'으로까지 승화시켜야 한다. 이것이야말로 '인류의 소임'이며, 이렇게 정련하는 '학문의 최후 결실'로서만 창조자의 '인격적 본질'로서의 '실존'이 궁극적으로 통찰될 수 있는 것이다. 셸링은 이러한 학문적 유신론의 구상에 '학문적 무신론자'는 물론이고 '사탄'까지 포함해 '모든 것을 **화해**'시키는 체계일 것을 조건으로 제시한다. 그리고 이를 위해 그는 기꺼이 야코비의 배타적 유신론에 대응하는 '참된 반유신론'(Antitheismus)을, 그래서 '현실적 무신론'과의 '결합'을 통해 화해하는 유신론을 주장하고자 한다.[57]

앞으로 많은 것이 화해되어야 할 것이다. 그러나 **그중에서도** 기본은 유신론 자체와 자연주의의 화해라 할 수 있다. 물론, 신의 완전성에만 주목하는 배타적 '유신론으로부터 자연주의에 이르는 길은 없다.' 그러한 유신론이 최고 완전한 '신으로부터 자연에' 도달하지 못하는 것과 마찬가지로 말이다. 그렇다면 가능한 화해는 앞서 살펴보았듯이, '신 안의 하나의 자연'에서 출발하는 '자연주의'를 '유신론'의 '발전 근거'로 만드는 셸링 자신의 '자연철학'과 '전일성 이론'뿐이다. 이 철학은 **더구나** 무한자와 유한자의 화해까지 도모할 수 있다. 신 고유의 불완전성으로서의 신 안의 자연=본성으로부터 시작해 실존하는 본질로서의 신의 완전성에 이르기까지의 과정을 학문적으로 서술함으로써 말이다. 이를 통해 셸링은 다시금 자신의 자유 논문의 해결책을 강조하고자 한다. 이렇게 '신 안에 참다운 유한성, 즉 부정적인 어떤 것을 정립'할 수 있어야 '인격적인 신'에 대한 이해도 가능해진다. 왜냐하면 인격성은 '긍정하고 확산시

---

56 Friedrich Wilhelm Joseph von Schelling, *Denkmal*, pp. 49, 60~72. 1827년 뮌헨에서의 철학사 강의에서 셸링은 후기 야코비가 감정과 이성을 신적인 것들의 '직접적인 기관(Organ)'으로 동일시**했다고** 보면서 이를 야코비가 철학에 선사한 '가장 나쁜 선물'로 간주한다. *Zur Geschichte der neueren Philosophie*, pp. 165~76, 특히 p. 172.

57 Friedrich Wilhelm Joseph von Schelling, *Denkmal*, pp. 54~55, 57, 69.

키는 힘'과 '부정하고' '제한하는' 힘이 대립하는 바로 이 이중적 **유한성**에 존립하는 것이기 때문이다.[58] 이 유한성 때문에 셸링은 한때 피히테를 따라[59] 신에게서 인격성을 부인한 바 있으나, 이제는 '무한자와 유한자의 절대적 동일성'을 근거짓는 계기로 적극적으로 도입하고자 한다. 이를 이해하지 못한다면 야코비는 진정한 의미의 무한한 신을 '가르치기를 중단'해야 한다. 게다가 그는 '선의 지배력'을 설명하지도 못한다. 신의 절대적인 선만 주목하는 그는 세상에 선이 지배하기 위해서는 선한 것으로 만들어져야 할 것, 따라서 아직 '선하지 않은 것'도 필요하다는 것을 깨닫지 못하기 때문이다. 셸링은 이 선하지 않은 것, 다시 말해 가치상으로 중립적인 것이 이미 선한 것 못지않게 '영원히 있어야' 한다고 본다. 그러나 이것은 그럼에도 '자체로 존재하지 않는 것'이요, 은폐되어 '가능성에 따라서만 선한 것'이라 할 수 있다.[60] 이것은 또한 앞서 보았듯이 바로 '신의 실존 근거', 즉 신 안의 자연=본성에 해당하는 것이다.[61] 그래서 셸링의 학문적 유신론은 **아울러** 선과 악의 화해까지 보장한다고 할 수 있다.

이를 통해 셸링은 불완전한 측면과 완전한 측면으로의 신의 이중화를 결코 불필요한 것이 아니라 인격적 신 이해를 위해 반드시 필요한 것이라 답변하는 셈이다. 인격적 신은 실존으로 '표출된 신'(Deus explicitus)이라 할 수 있다. 물론, 이 '인격적 신에 대한 직접적인 앎'은 이 신과의 직접적인 '교제'와 '경험'을 통해 획득되는 그 자체가 '인격적인 앎이어야만' 할 것이다. 그러나 이러한 앎은 아직 '철학'에 속하는 것이 **아니며**, 그렇기에 '학문으로부터' 비로소 형성되고 확증되어야 할 앎이다. 이렇

---

58 Friedrich Wilhelm Joseph von Schelling, *Denkmal*, pp. 70~71, 73.

59 그대들은 '인격성과 의식' 같은 '술어를 부가함으로써' 신을 '유한한 본질로, 그대들과 동등한 본질로 만드는 것이다.' Johann Gottlieb Fichte, *Ueber den Grund unseres Glaubens an eine göttliche Weltregierung*, 1798, p. 187.

60 Friedrich Wilhelm Joseph von Schelling, *Denkmal*, pp. 74~76.

61 Renato Pettoello, "Die Dialektik der menschlichen Freiheit als Emanzipation und als Abfall von Gott", *Die praktische Philosophie Schellings*, p. 263.

게 '인격적 본질로서의 신의 현존'에 도달하려는 것이 바로 학문의 '최고' 대상이자 목표인 것이다.[62] '신에 대한 확신'을 본성상 이해를 추구하는 '인간 오성과의 영원한 불화 속에' 정립할 뿐만 아니라 '학문적 탐구자'를 종교적 추방의 무기로 위협하려는 것은 결코 '광신적' 신앙 그 이상일 수 없다. 이에 반해 진정한 의미의 유신론적 신앙은 늘 학문적 의심과 반대를 허용하는 '철학적 국가' 속에 자리 잡으려 한다. 여기서는 당연히 '신을 부인하는 자'조차 추방당하지 않으며, 화해를 추구하는 유신론의 관용을 받을 것이다.[63]

그러나 야코비 편에서 본다면 셸링의 이러한 반응은 지나치게 민감한 것이라 할 수 있다. 야코비는 그저 신적인 것에 대해 학문적으로 적극적인 주장을 펼치려는 이른바 정직하지 못한 자연주의만을 자신의 표적으로 삼고 있기 때문이다(JDO 96-97 참조). 물론, 셸링의 의도는 바로 그러한 학문적 주장이다. 야코비가 극도로 격분한 '발작'에 의해 자신의 '인격'과 '성품'까지 공격하려 든다고 여기는[64] 셸링의 반응 또한 나름의 이유가 있는 셈이다. 그렇다면 정작 중요한 핵심 문제는 여전히 신적인 것의 학문적 인식 가능성 여부라 하겠다. 특히 셸링이 자유 논문에서 처음으로 시도한 인격적 신의 설명은 여전히 문젯거리가 될 수 있다. 여기서 과연 인격적 신의 그 인격적 활동성 **자체**가 학문적으로 온전히 규명되고 있는가? 아니면 신의 인격적 실존의 **근거**로서 여전히 신 안의 자연=

---

62 Friedrich Wilhelm Joseph von Schelling, *Denkmal*, pp. 81~82. 함축적인 신에 대한 이성의 직접적인 앎은 아직 '인격적 신에 대한 인식'은 아니며, 여기에는 계시로서 주어지는 표출된 신에 대한 '인격적인 경험'이 필요하다. 셸링에게 학문의 최고 목표는 바로 '이러한 경험을 개념 파악하는 것'이다. Wilhelm G. Jacobs, "Von der Offenbarung göttlicher Dinge oder von dem Interesse der Vernunft an der Faktizität", *Philosophisch-literarische Streitsachen*, Bd. 3, pp. 146~47, 150~51. 이러한 신 개념들은 니콜라우스 쿠자누스(Nicolaus Cusanus, 1401~64)에게 기원을 둔다. Franz Wolfinger, *Denken und Tranzendenz - zum Problem ihrer Vermittlung*, p. 226.

63 Friedrich Wilhelm Joseph von Schelling, *Denkmal*, pp. 84~85, 87.

64 Friedrich Wilhelm Joseph von Schelling, *Denkmal*, p. 100.

본성의 필연적 전개만이 부각되고 있는가? 인격이란 본래 어떤 현실을 야기한 누구(wer)로서 직접적으로 체험되는 주체이지, 그런 능력을 지닌 자의 본질적인 무엇(was)이나 단순한 있음(dass)을 가리키는 말이 아니다. 게다가 인격성은 꼭 유한한 것으로만 이해될 필요도 없다.[65] 긍정하는 힘과 부정하는 힘의 대립 자체가 절대적 통일성 속에 포착된다면 유한하다 할 수 없을 것이기에 그렇다. 이 때문에 야코비에게 셸링의 인격적 신은 여전히 근거와 귀결의 관계를 단적으로 벗어나는 자유로운 '행위 형이상학'[66]의 주체일 수는 없어 보인다.

---

65 잔트카울렌은 셸링의 인격 개념을 피히테, 헤겔과 마찬가지로 본질주의적인 '무엇-동일성(Was-Identität)'에 치우친 것으로 보고 야코비의 '누구의 자유로운 동일성(die freie Identität eines Wer)'으로서의 인격 개념과 대조시킨다. 이 동일성은 단순히 그가 무엇을(was) 하며 그렇게 있다는 것(dass)에서 드러나지 않는, 그래서 어떤 '개념이 아니라 이름으로써만 가리킬' 수 있는, 즉 다양한 환경 속에서 구체적 행위를 통해 유지되는 '그때마다의 구체적 자기임(Selbstsein)'의 '실존적 의식'을 말한다. Birgit Sandkaulen, "Daß, was oder wer? Jacobi im Diskurs über Personen", Friedrich Heinrich Jacobi, pp. 217~37, 특히 pp. 224, 231, 234 참조. 야코비 자신도 이렇게 말한다. "그 때문에 나의 철학은 신이 무엇(was)인가 묻지 않고 신이 누구(wer)인가 묻는다. 모든 무엇(Alles Was)은 자연에 속하는 것이다." JLS3, p. 342. 뮌헨 철학사 강의에서 셸링은 이성을 여전히 '비인격적인 것이어야' 한다고 보며, 신과의 인격적 경험을 인간화된 신과 인간 사이의 유한한 교제로 이해한다. Friedrich Wilhelm Joseph von Schelling, Zur Geschichte der neueren Philosophie, pp. 173~75 참조.

66 잔트카울렌에 따르면, 야코비의 유신론은 공중제비나 사변적 논의 같은 것이 아니라 오히려 원인적 '행위의 근본 경험'에서 출발하는 '행위 형이상학'(Handlungs-metaphysik)에 존립한다. Birgit Sandkaulen, Grund und Ursache. Die Vernunftkritik Jacobis, pp. 262~63. 여기에는 바로 '신의 삶을 살아감으로써 신을 알게 된다'라고 보는 '행위 인식론'(epistemology of action)도 포함될 것이다. Frederick C. Beiser, The Fate of Reason, pp. 88~89 참조. 이에 반해 행위 개념을 가능케 하는 '원인-결과의 연관' 또한 '존재 망각'의 단일한 근거 논리에 속하는 기계론적 사유로 비판한 마르틴 하이데거(Martin Heidegger)는 셸링 연구를 통해 '존재 이해' 방식으로서의 새로운 근거 개념을 발전시켰다는 논의도 있다. Konstanz Sommer, Zwischen Metaphysik und Metaphysikkritik. Heidegger, Schelling und Jacobi, pp. 358~74, 특히 pp. 364, 372~73 참조.

## 5. 공중제비 또는 제자리 뛰기

'종교적 감정은 인식 내의 유한성을 불신하며', 인식하는 '이성은 감정의 총체를 불신'하는 것이 '우리 시대의 분열'이다. 헤겔은 1821년 자신의 종교철학을 처음 강의하면서 이렇게 진단한다. 특히 '우리가 신을 인식할 수 없다는' '일종의 선입견'이 되어버린 관점에 대해 그는 화해를 지향하는 '종교철학의 욕구'를 맞세운다. 이때 헤겔이 염두에 두고 있는 화해는 물론 '유한자'와 '무한자', 종교적 '심정'과 지성적 '인식'의 화해이다.[67] 이는 셸링이 말한 화해의 폭넓은 의미를 연상하는 대목이라 할 수 있다. 사실, 여기서 자세히 거론하지는 않았으나 셸링은『셸링의 기록물』여러 곳에서 자신과 생각이 비슷한 헤겔의『믿음과 앎』을 자주 인용하고 있다.

그러나 셸링은 다양한 철학적 화해를 의도했음에도 정작 야코비 자신과 화해하지는 못한 것처럼 보인다. 야코비의 비판을 '가장 멋진 기회'로 활용해 인신공격을 삼가는 학자다운 논의의 장(場)을 펼치자 하면서도 그의 날선 표현은 야코비의 사상을 '이미 병든 정신 내 고착된 이념'의 분출 정도로 묘사하기 때문이다.[68] 야코비는 신이 스피노자 식의 "한갓된 오성 속 하늘(Himmel im bloße Verstande)로부터 우리를 보호해 주신다"라고 말하며, 인식으로부터 직접 신으로 비약하는 "공중제비"(salto mortale)를 요구한 적이 있다(JLS1 20, 27, 30). '그러나 신은 마찬가지로 전혀 오성이 없는 하늘(Himmen ohne allen Verstand)로부터도 우리를 매우 보호해 주신다.' 그러니 인식의 눈을 **감은** 채 '목이 부러질지 모르는

---

67 Hegel, *Vorlesungsmanuskripte I (1816-1831)*, pp. 8, 25, 28~30. 헤겔은 제자 힌리히스의 책(1822)에 덧붙인 서문에서 이렇게 말한다. '신앙과 이성의 대립'은 인간 정신이 그중 어느 쪽으로부터도 '외면할 수 없는' 본성을 지닌 대립이다. 그러나 '인간의 신적 기원의 표지'이자 '초감성적 본질'은 바로 '사유'이기에, '유한한 사유'라 해서 반드시 '신앙론에 대립된' 것으로 볼 필요는 없다. *Vorwort zu H. F. W. Hinrichs: Die Religion (im inneren Verhältnisse zur Wissenschaft)*, pp. 126~28.

68 Friedrich Wilhelm Joseph von Schelling, *Denkmal*, pp. 33, 46, 52.

그 비약'을 감행해 보라. 어디로 가야 할지 모른다면 '한 발자국도' 내딛지 못할 것이다.[69] 셸링의 공로는 이렇게 광신주의에까지 치달을지 모르는 편협한 유신론의 근본 결점을 지적하는 측면에서 찾을 수 있을 것이다. 당시 독일에서 그 이전에 '참된 유신론의 이름으로' 이와 같은 비판에 착수했던 철학자는 없었다.[70] 그러나 다른 한편으로 셸링이 구상한 학문적 유신론의 최종 결과물이 무엇인지에 대해서는 오늘날까지도 의문이 계속된다. 이후 짧은 저서 하나를 제외하곤 셸링은 변변한 책을 한 권도 선보이지 못했기 때문이다.[71] 게다가 계시나 신화학 철학 강의에서 그가 의도한 부정철학에서 긍정철학으로의 전환은 학문성을 가장한 일종의 야코비 식 '비약'이라 할 수 있을지 모른다. 이 긍정철학이 '실정종교에 의해 확정된' 목표만을 지닌다는 점에서 말이다.[72] '진리를 위한 투사가 오히려 자신의 논적까지도 강하게 만들어준' 셈이다.[73]

이에 반해 야코비는 셸링의 평가처럼 철학자 일반과 대적하려는 것이 아니라 오히려 오직 자연 필연성 속에 자유나 섭리를 뒤섞어 넣는 "부정직한" "자연주의" 철학과만 "마지막 숨을 거둘 때까지" "전쟁"을 벌이고자 한다(JVE 429).[74] 그러나 바로 이 때문에 사변적 자연철학자로서 신 안의 자연=본성으로부터 자유로운 인격신에까지 도달하고자 한 셸링은 마찬가지로 야코비에게 화해의 상대가 되기에는 어려웠을 것이다. 야코비 자신도 "순수한 감정들"을 상실한 채 "애꾸눈 지혜"만 말하는 자와

---

69 Friedrich Wilhelm Joseph von Schelling, *Denkmal*, pp. 112, 120~21.

70 Walter Jaeschke, *Die Klassische Deutsche Philosophie nach Kant*, p. 527.

71 이후 유일하게 출판된 책은 『사모트라케의 신성(神性)들에 대하여』(1815)뿐이다. Wilhelm G. Jacobs, "Schelling im Deutschen Idealismus. Interaktionen und Kontroversen", *F. W. J. Schelling*, p. 79.

72 Walter Jaeschke, *Die Klassische Deutsche Philosophie nach Kant*, pp. 521~22. 후기 셸링의 긍정철학의 원리는 '사유에 절대적으로 선행하는' '몰개념적인' '절대적 타자'로서 '지(Wissen)'가 아니라 오히려 **무지**(Nichtwissen)이며 인간에게 있어 모든 지의 포기'이다. 이광모, 『기로에 선 이성: 셸링 철학』, 405~07쪽.

73 Friedrich Wilhelm Joseph von Schelling, *Denkmal*, p. 131.

74 Friedrich Wilhelm Joseph von Schelling, *Denkmal*, pp. 118, 123과 비교.

는 논쟁할 수 없다고 말하기 때문이다(JVE 410).[75] 훗날 야코비는 자신의
전집 출판을 위해 작성한「서문, 동시에 저자의 전체 철학적 저술들의 서
론」(1815)에서 셸링이 외면당했다고 그토록 불평하던[76] 자유 논문을 두
차례 언급한다. 이 논문의 설명대로 '모든 근거에 앞서 그리고 모든 실
존하는 것에 앞서' 존재하는 '본질'로서의 신은 '근원 근거(Urgrund)' 또
는 '무근거(Ungrund)', 따라서 '절대적 무차별'로서밖에 달리 명명할 수
없다는 것은,[77] 그럼에도 이 "몰의식적인" 신이 "자신의 본성의 필연성
으로부터" 성취한 것은 "완전한 자유"를 갖고 성취한 것으로 **보아야** 한
다는 것은 한마디로 "생각하기가 불가능한" 것을 "말하고 있는" 것이다.
"맹목적 섭리"나 "자유로운 필연성" 같은 것처럼 말이다. 이보다는 "스
피노자의 정직하고 순전한 숙명론"이 더 낫다. 그러면서 야코비는 "30년
전부터" 해온 셸링 식의 자연주의와의 전쟁을 계속하리라 다짐한다(JVE
414-415, 428-430).[78] 야코비의 공로는 자연주의적 이성이 이렇게 학문

---

75 또한 한 편지에서 야코비는 다음처럼 말한다. "셸링의 테러리즘" 같은 "비열한 짓
   에 나는 아무 답변도 안 할 겁니다." 1812년 2월 23일자 프리스에게 보낸 편지. Ernst
   L. Th. Henke, *Jakob Friedrich Fries. Aus seinem handschriftlichen Nachlaß dargestellt*,
   pp. 320~21. 셸링의 격렬한 공격 후 야코비가 단지 침묵했다는 볼핑거의 보고
   는 수정되어야 한다. Franz Wolfinger, *Denken und Tranzendenz - zum Problem ihrer
   Vermittlung*, p. 267.

76 야코비는 한 편지에서 이에 대해 다음과 같이 이유를 밝힌 바 있다. 저는 "순전한 관
   대함으로" "불필요하게 이 남자를 자극하지 않을" 요량으로 자유 논문을 언급하지 않
   은 것이지요. 이제「서문, 동시에 저자의 전체 철학적 저술들의 서론」에서 이 논문을
   거론했으니 셸링은 "더욱 지독하게" "울부짖으며 〔나에게〕 발톱을 뻗힐" 것입니다.
   J. Friedrich Fries, *Sämtliche Schriften*, Bd. 28, p. 405. 1815년 8월 7일자 프리스에게
   보낸 편지. 야코비가 자유 논문을 읽지 않았다는 야콥스와 볼핑거의 보고는 잘못된
   것이다. Wilhelm G. Jacobs, "Schelling im Deutschen Idealismus. Interaktionen und
   Kontroversen", *F. W. J. Schelling*, p. 78. Franz Wolfinger, *Denken und Tranzendenz -
   zum Problem ihrer Vermittlung*, p. 228.

77 Friedrich Wilhelm Joseph von Schelling, *Philosophische Untersuchungen über das Wesen
   der menschlichen Freiheit und die damit zusammenhängenden Gegenstände*, p. 406.

78 레나토 페토엘로(Renato Pettoello) 또한 셸링이 '영원자의 반복'이라는 '형이상학
   적 근거들'로의 소급을 통해서만 자유를 추상적으로 설명하기에, 그의 사회철학이

적으로 자립화한다면 더 이상 신적인 것과의 매개를 필요로 하지 않는 지경에까지 이르리라는 통찰에 있을 것이다. 학문적으로 접근할 수는 없으나 늘 그것과의 관계를 전제해야만 하는 학문의 조건으로서의 믿음의 대상 말이다. 그럼에도 야코비 나름의 전쟁은 유신론의 경직화에, 그래서 오히려 지적 손실이 없기에 손쉽게 행해지는 창백한 유신론의 포기에 일조하게 된 것도 사실이다.[79]

프리스, 슐레겔, 니트함머 등을 비롯해 비교적 많은 학자가 야코비 편에 섰다. 이에 반해 셸링은 비록 적은 수의 지지자들을 얻었지만 그중에는 상당한 영향력을 갖춘 자도 있었다. 바로 괴테였다. 일찍이 맺어진 우정 속에서 야코비로 하여금 소설을 창작하도록 격려했고 멘델스존의 급작스런 죽음에도 야코비의 사정을 잘 이해해 주었던 그였지만 이번에는 달랐다. 이는 색채론 연구에서 보이듯이, 괴테가 평소 문예적 교양에 없어서는 안 될 자연과학적 탐구에 심취해 있었기 때문이다. 1828년 3월 한 지인에게 보내는 편지에서 괴테는 이 논쟁을 회상하면서 '야코비에 대한 그(셸링)의 인신공격은 아무도 좋게 말할 수 없었'지만, 셸링은 늘 자연을 향해 찬미하는 자세를 가졌기에 자신은 '언제나 셸링 쪽에 가까이' 있었다고 말한다.[80] 괴테는 이미 논쟁 발발 후 야코비에게 직접 다음처럼 말한 적이 있었다. '사람들은 성품으로 합일되기도, 사념으로 갈라서기도' 하는데,[81] "자연은 신을 감춘다"(JDO 117)는 그대의 그 '작은 책

<hr>

미래 변혁적이지 못하고 과거 회귀적으로만 머문다고 본다. Renato Pettoello, "Die Dialektik der menschlichen Freiheit als Emanzipation und als Abfall von Gott", *Die praktische Philosophie Schellings*, pp. 264, 270.

79  Walter Jaeschke, *Die Klassische Deutsche Philosophie nach Kant*, pp. 520, 530 참조.

80  Johann Wolfgang von Goethe, "Goethe an Sulpiz Boisserée, 2. März 1828. Auszug", *Philosophisch-literarische Streitsachen*, Bd. 3. 1, p. 327. 빌헬름 바이셰델의 보고에 따르면, 괴테의 이러한 입장은 이미 1800년부터 형성된 것이다. 그러나 말년에 괴테는 셸링에 '더 회의적'으로 변한다. 반면 야코비에 대한 괴테의 태도는 이와 정반대의 경향을, 즉 이미 1786년부터 소원한 입장을 취하다가 말년에는 인정하는 모습을 보인다. Wilhelm Weischedel, *Jacobi und Schelling*, pp. 84～90 참조.

81  Johann Wolfgang von Goethe, "Goethe an Jacobi, 6. Januar 1813, Auszug",

이 나를 상당히 언짢게 했다'라는 것을 말씀드리지 않을 수 없군요.[82] 설상가상으로 분쟁 조정을 위해 '왕실 위원'까지 파견되었다. 이에 야코비는 요양이 필요하다는 이유로 뮌헨 학술원장 자리에서 사임하고 만다. 이 자리는 1827년까지 공석으로 있다가 비로소 후임자를 얻게 된다. 그 후임자는 바로 셸링이었다.[83]

셸링은 이제 더 이상 「서문, 동시에 저자의 전체 철학적 저술들의 서론」은 물론이거니와 함께 출판된 야코비 전집에 대해서도 아무런 반응을 보이지 않았다.[84] 그러나 늘 그렇듯 정치적 결말이 곧 학문적 판가름을 의미하지는 않는다. 『셸링의 기록물』의 성공으로 예나 대학으로부터 초빙까지 받지만, 셸링은 오히려 학술원에서의 지위를 유지하면서 학문적 유신론을 구현하려는 쪽을 택했다. 그럼에도 이곳에서 신지학의 영향을 받은 그의 학문 개념이 유신론을 제대로 담아내게 되었는지는, 앞서 말했듯이 여전히 논란거리이다.[85] 어쩌면 셸링처럼 지적으로 알면서도

---

*Philosophisch-literarische Streitsachen*, Bd. 3. 1, p. 325.

82 Johann Wolfgang von Goethe, "Goethe an Jacobi, 10. Mai 1812", *Philosophisch-literarische Streitsachen*, Bd. 3. 1, p. 321.

83 Peter-Paul Schneider, *Die ,Denkbücher' Friedrich Heinrich Jacobis*, p. 245. 가톨릭을 국교로 하던 바이에른주(州)에 프로테스탄트 학술 정책을 도모하던 야코비에게 왕실 위원은 사실상 분쟁 조정보다는 이를 명목으로 학술원의 업무 관여 및 감시를 꾀하고자 했다. 야코비는 이에 명예롭게 대응한 것이며, 셸링 또한 결코 이러한 사태까지 원한 것은 아니었다. Michael Brüggen, "Jacobi, Schelling und Hegel", *Friedrich Heinrich Jacobi*, pp. 214~16 참조. 또한 '경건주의적 내면성의 이상'을 추구하던 야코비에 비해 '자연적 계시와 초자연적 계시'의 필연적 공속을 주장한 셸링은 '가톨릭적 세계 감정'에 가까웠다고 볼 수 있다. Franz Wolfinger, *Denken und Tranzendenz - zum Problem ihrer Vermittlung*, p. 259.

84 비로소 뮌헨 철학사 강의에서 셸링이 야코비의 공로를 형평성 있게 인정하게 되었다는 미하엘 브뤼겐의 평가는 과도하다. Michael Brüggen, "Jacobi, Schelling und Hegel", *Friedrich Heinrich Jacobi*, pp. 216~17, 220~21. 여기서도 셸링은 '갈대' 같은 야코비의 철학을 '학문적 결핵증'(wissenschaftliche Hektik), '해소되지도' '설명되지도 않은 이원론', '신지혜론'(Theosophismus)에 대립되는 '신비주의' 등으로 여전히 혹평하고 있다. Friedrich Wilhelm Joseph von Schelling, *Zur Geschichte der neueren Philosophie*, pp. 175~76, 181, 192과 비교.

뛰어넘을 수 없는 것이 있는지도 모른다. 그러나 인간에게 알면서도 오를 수 없는 믿음의 대상이 있다면 이 또한 참기에 힘든 것이겠다. 그렇기에 문제의 핵심은 계속 신앙과 지식의 **매개**에 놓여야 할 것이다. 무엇보다 이 매개의 요소일 수 있는 것을 야코비는 간파했다. 그것은 바로 신인 (神人) 동질성의 기초를 이루는 정신이다. 그럼에도 야코비 자신은 정작 매개 자체를 거부한다. 그런 매개를 진정으로 열망했던 것은 오히려 셸링이라 해야 할 것이다.[86] 그러나 그가 매개의 중핵을 이루는 정신의 자유를 참으로 포착했는지는 또 다른 문제이다. 이들 외에도 그 두 가지를 모두 눈앞에 두고서도 거의 말년에서야 나름의 종교철학을 완결한 또 다른 철학자가 있었다. 그러나 지금은 이 헤겔의 종교철학을 논의하는[87] 자리가 아니다. 별도의 기회로 남겨 둔다.

---

85  Walter Jaeschke, *Die Klassische Deutsche Philosophie nach Kant*, pp. 533~34 참조.

86  자신은 몰랐지만 뜻하지 않게 신앙의 요소들을 포함하는 비합리주의적 '앎'을 예견한 것이 바로 뮌헨 강의에서 셸링이 인정하는, '의지에 반한' '예언자'(Prophet gegen seinen Willen), 야코비의 유일한 공로이다. 이때 셸링은 신앙과 결합된 이 매개 가능한 앎으로써 이성보다 우위의 신 인식 능력인 오성에 의해 추진되는 자신의 긍정 철학을 부각하고자 한다. Friedrich Wilhelm Joseph von Schelling, *Zur Geschichte der neueren Philosophie*, pp. 173~74, 178~84 참조.

87  예컨대 Lu de Vos, "Unmittelbares Wissen und begriffenes Selbstbewußtsein des Geistes. Jacobi in Hegels Philosophie der Religion", *Friedrich Heinrich Jacobi*, pp. 337~55 참조. 볼핑거 또한 비로소 헤겔이 야코비의 '직접성'을 보존하면서 '신을 사유 속에서 포착하려는'(Gott im Denken zu erfassen) 셸링적인 시도를 계속한 것으로 평가한다. 그러나 그는 '이성에 앞서 신을 전제하고' 앎의 능력을 '흡사 신을 끌어들이는 **마법**'으로 설정한 셸링의 후기 철학에서 '철학적 종교 논증'이 완성된 것으로 본다. Franz Wolfinger, *Denken und Tranzendenz – zum Problem ihrer Vermittlung*, pp. 270, 278, 281~87 참조. 이에 반해 발렌틴 플루더는 관념론과 실재론을 '함께 사유'한 헤겔이 비로소 '정적인' 현실 이해에 맞서 '현실의 운동뿐만 아니라 개념 파악 자체의 운동'까지 전개한 것으로 본다. Valentin Pluder, *Die Vermittlung von Idealismus und Realismus in der Klassischen Deutschen Philosophie*, pp. 547~50 참조.

## 제7장

# 헤겔의 야코비 비판

## 1. 정신의 철학

위대한 철학자가 홀로 위대해지는 경우는 극히 드물다. 헤겔 또한 그런 드문 경우에 속하지 않는다. 홀로 여러 위대한 철학자에게 많은 영향력을 발휘하는 경우도 매우 드물다. 그런데 최근 국내외에서 다시 주목받고 있는 야코비는 바로 이런 드문 경우에 속한다. 스피노자와 흄에 대한 그의 비판적 재해석은 칸트와의 대결을 거쳐 피히테, 셸링, 헤겔 등에게 독일 고전철학의 근본적인 문제의식과 방향을 제시했다 해도 과언이 아니기 때문이다.

헤겔은 이미 대학 시절부터 스승의 영향으로 야코비를 공부해 온 것으로 추정된다. 당시 튀빙겐 대학 교수였던 요한 프리드리히 플라트(Johann Friedrich Flatt)는 야코비의 『신앙에 대한 또는 관념론과 실재론에 대한 데이비드 흄. 한 편의 대화』로부터 비롯된 칸트 철학과 관련된 논쟁을 집중적으로 연구하고 있었다. 1804년에 작성된 헤겔의 이력서 초안을 살펴보면, 그가 튀빙겐 시기에 유일하게 플라트 교수의 지도를 5년 내내 받아온 사실을 알 수 있다. 그러나 플라트가 칸트의 이성 비판을 갖고 보수적 정통 교리론을 변호하려 했던 반면, 헤겔과 그의 학우들은 칸트의 진보적 이성 이념을 옹호하는 쪽으로 나아간다. 더구나 이를 위한 선결 조건으로 튀빙겐 정통 교리론을 극복하려 했던 그의 학우들과 달리, 헤겔은 아예 그 정통 교리론 자체를 철저히 무시한 채 칸트의 이성 이념을 고대적 합일의 이상과 접목하려는 방향을 선택한다.[1] 따라서 이 시기 헤겔의 연구는 칸트의 계몽적 이성 이념이 어떻게 민족의 인륜적 삶과 조화될 수 있는지에 초점을 맞추고 있다.[2] 이러한 연구 방향은 헤겔이 칸트와 피히테의 철학에서 실정성의 계기를 포착하고 비판하게 되는 프랑크푸르트 시기까지 이어진다. 이 때문에 적어도 튀빙겐 시기와 대학 졸업 이후 가정교사로 지내던 베른 시기의 헤겔에게서 야코비의 흔적은 잘 나타나지 않는다.

그러나 프랑크푸르트 시기에 접어들면서 헤겔은 칸트의 계몽적 이성 이념이 민족의 인륜적 삶과 종교에 **자연스럽게** 어울릴 수 **없다**고 결론짓게 되며, 이와 더불어 별다른 인용 표시 없이 야코비의 문장을 자주 사용하곤 한다. 칸트와 대적할 만한 인물로 야코비가 고려되고 있는 것이다. 이를테면 『기독교 정신과 그 운명』(Der Geist des Christentums und sein Schicksal, 1798~1800)에서 시도된 합일 철학의 원리로서의 사랑과 삶의 개념은 야코비의 것을 거의 그대로 차용한 것이라 할 수 있다. 물론, 사랑에 대한 헤겔의 이해는 플라톤과 프리드리히 횔덜린(Friedrich Hölderlin)의 영향을 받은 것이기도 하다. 그러나 플라톤은 야코비가 늘 자신의 철학적 전형으로 삼고 있는 철학자이며, 횔덜린은 스피노자 논쟁을 통해 야코비의 영향을 받은 적이 있다.[3] 여기서 사랑과 삶 이외에 무

---

1  H-F. Fulda, *Georg Wilhelm Friedrich Hegel*, 22, pp. 22, 33~35. Karl Rosenkranz, *Georg Wilhelm Friedrich Hegels Leben*, p. 40.

2  그러나 헤겔의 이러한 문제의식 자체는 '오직 형이상학적 의미에서만' '가능한' '인륜성의 자연성'을 모색하려는 야코비의 관점과 유사하다. Leo Strauss, *Das Erkenntnisproblem in der philosophischen Lehre Fr. H. Jacobis*, pp. 277~87 참조.

엇보다 주목해야 할 또 다른 개념은 바로 모든 존재와 인식의 원리로서의 정신이다. "만약 정신, 영혼, 삶이 모든 사물 속에서 자신을 다시 발견하고, 그리고 본질을 지닌 것은 정도에 따라 이것으로 채워진 것이라면, 이러한 정신은 모든 사물과 그 힘의 참다운 형식이어야 한다"(JLS2 191). 야코비가 언급한 이와 같은 정신 개념을 헤겔은 예나 시기부터 자신 고유의 철학 원리로 다듬기 시작한다. 그 결실은 이 시기의 단편들인 「절대적 본질의 이념」(Die Idee des absoluten Wesens, 1801/02)이나 「정신의 본질」(das Wesen des Geistes, 1803)이라 할 수 있다. 이로부터 헤겔은 자연철학과 선험적 관념론에 동등한 몫을 부여하려던 셸링과 달리, 자연으로부터 정신으로의 비균제적이면서 지양적인 철학 체계를 구성하고자 한다. 그래서 헤겔 철학은 한마디로 정신의 철학이라 할 수 있다.

정신의 철학을 구상하면서 헤겔은 동시에 당대 철학의 거장에 대한 비판적 결산을 시도한다. 그 대표작으로는 주지하다시피 『피히테와 셸링 철학 체계의 차이』(*Differenz des Fichte'schen und Schelling'schen System der Philosophie*, 1801)와 『믿음과 앎』(1802)을 들 수 있다. 그리고 이 후자의 저술에서 야코비는 가장 많은 지면을 통해 처음으로, 그러나 상당히 비판적인 시각에서 조명된다. 이 장(章)은 바로 헤겔의 이 비판 논점을 집중적으로 다루고자 한다. 이는 헤겔 고유의 철학이 어떠한 영향사적 맥락 속에서 형성되어 온 것인지를 되짚어 보는 좋은 계기가 될 것이다. 그러나 냉정한 비판에도 불구하고 헤겔은 야코비 철학의 긍정적 요소를 거의 평생 유지했다고도 할 수 있다. 야코비에 대한 그의 태도가 이후로 여러 면에서 좋게 바뀌기 때문이다.

---

3  Walter Jaeschke, *Hegel Handbuch*, pp. 12~13. 다소 문헌적으로나 해석적으로 무리가 있지만, 호르스트 폴커스(Horst Folkers)는 야코비의 스피노자주의 비판의 성과를 헤겔이 프랑크푸르트 시기 말에 『1800년 체계 단편』에서 '신앙철학'으로 수용 및 발전시키고 1년 후에 갑자기 『차이 논문』에서 입장을 바꾸었다는 영향사적 분석을 제시한다. Horst Folkers, *Spinozarezeption bei Jacobi und ihre Nachfolge beim frühen Schelling und beim Jenenser Hegel*, pp. 389~96.

『믿음과 앎』에서 헤겔은 각자의 특색에도 불구하고 칸트, 야코비, 피히테 철학을 통틀어 '박쥐' 같은 철학이라 특징짓는다. 오늘날 포유류로 분류되는 박쥐는 헤겔이 보기에는 '조류에도 동물류에도 속하지 않고 땅에도 하늘에도 속하지 않는' 생명체이다.[4] 이러한 표현을 통해 헤겔은 유한자에도 무한자에도 속하지 않는 어정쩡한 철학을 묘사하고자 한다. 소속이 불분명하기에 유한과 무한의 합일 같은 것도 제대로일 리 없다. 합일이 불가능한 이유는 이 철학들이 무엇보다 유한과 무한 양자의 **절대적** 대립에서 출발하기 때문이다. 다만 대립항 중에서 어느 것을 긍정하거나 부정하느냐에 따라 각 철학의 특색이 달라질 뿐이다. 헤겔에 따르면, 야코비 철학은 유한을 절대 포기하지 않으면서 무한을 동경하는 철학이다. 그러나 이때의 유한은 그 혼탁한 실재성이 정화되지 않은 유한이요, 무한은 너무 순수한 그 관념성 때문에 제대로 느끼거나 알 수 없는 공허한 무한이다. 헤겔 어법으로 말하자면, 유한자가 너무 절대적으로 그리고 무한자가 너무 유한하게 파악된다고 하겠다. 그렇기에 이 장에서는 우선 야코비 철학에서 절대적 유한성의 요소들과 유한한 무한성의 요소들을 추려내 단계별로 고찰하는 것이 좋을 것이다. 『믿음과 앎』에서 헤겔이 거론하는 야코비의 저술들은 『에두아르트 알빌의 편지 모음』, 『볼데마르』, 『스피노자의 가르침에 대하여』, 『신앙에 대한 또는 관념론과 실재론에 대한 데이비드 흄. 한 편의 대화』, 『이성을 오성으로 가져가려는, 그리고 철학 일반에 새로운 의도를 제공하려는 비판주의의 기도』, 「리히텐베르크의 한 예언에 대하여」 등이다. 특이하게도 헤겔은 피히테의 무신론 논쟁과 연관되어 당시 큰 파장을 몰고 왔던 야코비의 공개 편지인 『야코비가 피히테에게』를 단 한번만 언급하고 만다. 피히테 철학을 평가하는 세 번째 장(章)에서 여러 번 인용하는 것을 제외한다면 말이다. 이 복잡한 논쟁 맥락은 이미 이 책 제3장에서 다루었다. 또한 스피노자와 칸트에 대한 야코비의 오해를 지적하는 헤겔의 논의는 스피노

---

4　Georg Wilhelm Friedrich Hegel, *Glauben und Wissen*, p. 324.

자와 칸트에 대한 헤겔 자신의 입장을 전제로 하는 중층적 이해 맥락을 지니기에 여기에서는 간단히 소개하는 정도로 그친다. 훗날 헤겔은 자신의 한 철학사 강의에서 남의 철학을 반박하는 것은 아주 쉬운 일이라고 말한다. 한 철학의 '원리를 하위의 계기로 격하'하기 위해서는 먼저 그 '철학의 진리를 인식'해야 하는데 이는 어려운 일이다. 그러나 한 철학을 그 '긍정성에서 인정하는 것은 언제나 가장 어렵고 가장 중요하다.'[5] 이에 따라 헤겔의 철학 체계 형성에 끼친 야코비의 영향을 짚어보는 것이 이 장의 마지막 부분을 이룰 것이다.

## 2. 절대적 유한성

원래 『믿음과 앎 또는 칸트, 야코비, 피히테 철학처럼 그 형식들의 완전성에 있어 주관성의 반성 철학』(*Glauben und Wissen oder Reflexionsphilosophie der Subjektivität in der Vollständigkeit ihrer Formen als Kantische, Jacobische und Fichtesche Philosophie*)이라는 긴 제목을 달고 있는 이 저술의 집필 동기는, 사실 칸트도 피히테도 아닌 야코비 철학의 비평이었다. 1798년 촉발된 무신론 논쟁 이후 급기야 피히테와 니트함머가 함께 편집·출판하던 『철학 저널』이 폐간되었기에, 셸링은 그 후속으로 헤겔과 『철학 비판 저널』의 공동 편집을 기획한다. 셸링은 이 기획에 포함할 야코비 철학 비평을 프리드리히 다니엘 에른스트 슐라이어마허(Friedrich Daniel Ernst Schleiermacher)와 아우구스트 빌헬름 슐레겔(August Wilhelm Schlegel)에게 의뢰했지만, 무신론 논쟁의 여파 때문인지 모두 사양했기에 헤겔이 도맡게 된다.[6] 헤겔은 이 기회를 단지 야코비만이 아니라 야코비가 대결

---

5  Georg Wilhelm Friedrich Hegel, *Vorlesungen über die Geschichte der Philosophie Einleitung Orientalische Philosophie*, p. 55.

6  Hartmut Buchner und Otto Pöggeler, *Anhang zu Jenaer Kritische Schriften*, pp. 534~35. 셸링과 헤겔이 게재된 각 논문의 저자를 명시하지 않고 이 저널을 출판했다는

한 칸트와 피히테를 함께 논의함으로써 당시의 주류 논쟁을 전체적으로 넘어서는 계기로 활용하고자 한다. 그런데 20년 가까이나 칸트와 대결했던(JUK 289) 야코비는 헤겔이 보기에 칸트와 아주 그렇게 다르지는 않다. 둘 모두 '절대적 유한성'과 '절대적 피안을 정립하는 신앙'을 두 축으로 하고 있다는 점에서 그렇다.[7] 이때 헤겔이 지적하는 야코비 철학 내의 절대적 유한성의 요소들은 크게 세 가지이다.

먼저 야코비는『신앙에 대한 또는 관념론과 실재론에 대한 데이비드 흄. 한 편의 대화』에서 "작용과 반작용, 계속, 시간", "인과 연관" 등의 "근본 개념들"을 "자기 스스로 분명한"(sich selbst offenbar) 유한한 개별 "사물들 자체"(Dinge an sich)의 "공동성"(Gemeinschaft)으로부터 도출함으로써 칸트처럼 그 개념들로 이루어진 인식을 "경험에서 독립적인" "오성의 선판단(先判斷, Vorurtheile)들" 내지 선차적(a priori) 인식으로 "만들 필요가 없었다." 그에 따르면, 사물들 자체 속에 자신의 "개념으로부터 독립적인 대상"을 갖지 못하는 칸트의 오성은 무정형의 딱딱한 껍질로 둘러싸인 "굴"(Auster)과 같다. 이 굴 안에 있는 "나는 모든 것"이지만, 이 밖에서 나는 "본래적 의미에서" 단지 "무"(Nichts)일 뿐이다. 따라서 내 밖의 정말로 "가장 중요한 대상들에 대해서는 전적으로 인식이 비

---

것은 잘 알려진 사실이다. 발레리오 베라는 이 때문에 야코비가『믿음과 앎』을 셸링 논문으로 읽었으며, 그럼에도 잘 이해하지 못했다고 보고한다. 후에 그는『정신현상학』(Phänomenologie des Geistes)과『논리의 학』첫 권을 얻었으나 읽지 않은 것으로 전해진다. 야코비의 헤겔 이해는 1817년에서야 비로소 헤겔의 야코비 비평을 통해 처음으로 이루어졌다고 한다. Valerio Verra, "Jacobis Kritik am deutschen Idealismus", Hegel Studien, Bd. 5, pp. 203~05. 그러나 베라의 보고에는 수정되어야 할 내용이 있다. 브뤼겐에 따르면, 야코비는 한 편지에서 이미『믿음과 앎』을 그 '나쁜 말솜씨' 때문에 헤겔의 저서로 확신하고 있었다. 그가『정신현상학』을 읽지 못한 것도 사상의 난해함 때문이라기보다 문체의 난삽함 때문이었던 것으로 알려진다. 또한 그는 다른 편지에서『논리의 학』공부를 시작했으나, '너무 신물 나는' 라인홀트보다 '더 나을 게 없어' '영원히 제쳐 놓았다'라고 말한다. 그럼에도 헤겔의 비평 이후에 야코비는 베를린의 헤겔로부터 소식을 고대하곤 했다. Michael Brüggen, "Jacobi, Schelling und Hegel", Friedrich Heinrich Jacobi, pp. 210~11, 222~25.

7 Georg Wilhelm Friedrich Hegel, Glauben und Wissen, p. 346.

어 있는 신앙만 남겨진다." 이와 같은 비판은, 우리가 인식하는 "우리 밖의 그러한 사물의 현존"에 대한 증명은 바로 "이러한 사물 **자체**의 현존" 이외의 다른 것일 수 없다는 야코비의 실재론적 관점에서 비롯된 것이라 할 수 있다(JH 32-33, 59-61). 헤겔이 보기에 야코비는 이로써 '인간의 인식을 풍부하게' 했다. 그러나 문제는 바로 이 풍부해진 인식의 **대상**이 오직 '유한한 사물들의 절대 존재'에 **국한된** 것일 뿐이라는 데에 있다. 대상의 '객관적 유한성'이든 자아의 '주관적 유한성'이든 간에, 야코비는 이에 대한 '절대적 확실성'을 확고하게 믿으며 '유한자의 무화'를 극도로 '혐오'한다. 이 '야코비 철학의 근본 특징'은, 헤겔에 따르면 두 가지 오해에 기초하고 있다. **첫째** 칸트의 결점은 야코비가 생각하듯이 '오성이 그 자체로는(an sich) 아무것도 인식하지 못한다'는 점에 있는 것이 아니라 오히려 칸트가 '이성적인 것 자체를 오인'했다는 점에 있는 것이다. 야코비는 바로 이 점을 포착하지 못하기에 칸트적 오성이 아닌 능력을 통한 모든 인식 내용을 확실한 것으로 간주한다. 그러나 칸트에게서처럼 그에게도 인간 오성과 유한한 사물들이 '철저히 독립적이고 이원론적으로' 병존하기는 마찬가지이다. 그래도 칸트는 오성에 의한 유한자의 인식이 '단지 현상들의 인식'일 뿐이기에 '그 자체로는 아무것도 아니라는' 점을 통찰했다. 이에 반해 야코비는 '칸트의 가장 중요한 결과'라 할 바로 이 유한자의 유한성을 제대로 통찰하기는커녕 칸트의 한계로부터 무조건 유한자 자체를 구제하려고만 한다. 그래서 **둘째** 야코비는 인식된 유한한 사물들과 그 연관들을 곧장 '사물들 자체에도 귀속되는' 것으로 여긴다. 다시 말해 감각하는 것과 감각되는 것은 모두 '사물들 자체'라는 것이며, 그 연관들은 곧바로 사물들의 진짜 연관들이라는 것이다. 그러나 유한한 사물들의 현상적 연관과 '참다운 이성 연관 내지 이념'은 분명히 구별되어야 한다. 이 양자를 등치한다고 유한자가 구제되는 것은 아니며 유한자의 이성 이념이 그냥 드러나는 것도 아니다. 저 창밖의 푸르른, 그러나 실제로는 검푸르기도 한 소나무 **한** 그루를 보고 소나무 **일반**의 푸른 이성적 본질을 인식한다는 것은 어불성설이다.

따라서 야코비 철학은 유한자를 그 본질 자체의 '즉자(An-sich)로 고양'하는 '절대적 독단론'이다.[8]

**다음으로** 야코비는 그러한 인식의 능력으로 때로는 경험이나 감관을, 때로는 이성을 언급하기도 한다. 야코비는 사실 이 시기에 아직 인식 능력들에 관한 자기 고유의 이론을 정교하게 설명하지 못하고 있었다.[9] 그러나 헤겔이 지적하고자 하는 것은 그 설명의 미숙함이 아니라 설명되는 인식 능력의 불충분한 평가이다. 예를 들어 「비판주의의 기도에 대하여」에서 "공간과 시간"은 "경험 속에서 경험과 함께" "개별화되어 주어지는" "사실들"(Tatsachen)이라는 야코비의 표현이 그렇다. "운동은 하나의 사실이며", "결코 움직여 본 적이 없는 인간은 어떠한 공간도 표상할 수 없을 것이며, 결코 변화해 본 적이 없는 자는 어떠한 시간 개념도 알지 못할 것이기" 때문이다. 따라서 경험에 앞서는 "모든 선차적인 철학은 무력"할 수밖에 없다(JUK 318-319). 헤겔이 보기에 여기에는 이미 경험과 함께 인식되는 '사변적 이념들이 암시'되어 있다. 이 인식은 객관적인 것으로서 '개념 속에 수용'되어 '학문적 언어(Logos)'가 되어야 할 것이다. 이어서 헤겔은 『스피노자의 가르침에 대하여』에서 야코비가 이성의 능력으로서 사실의 분석과 순수 동일성에 따른 결합의 능력을 인정했음에도 인간의 의식을 피제약자의 측면과 무제약자의 측면으로 나누어 고찰하지 않으려는 생각을 신랄하게 꼬집는다. 나누어 본 적이 없는 것이 어떻게 합일될 수 있는가? 대립된 것들로 구성되어 있다고 하면서 어떻게 나누지 않겠다고 말할 수 있는가? 여하튼 야코비에게 '인식과 이성의 원리'는 '피제약자와 무제약자의 분리되지 않은 동일성', 다시

---

8　Georg Wilhelm Friedrich Hegel, *Glauben und Wissen*, pp. 350~52.

9　야코비는 『신앙에 대한 또는 관념론과 실재론에 대한 데이비드 흄. 한 편의 대화』 재판 (1815)의 한 각주와 자신의 전집 제2권의 서문에서 그동안 오성과 이성을 선명하게 구분하지 **못했음**을 고백하고 있다. JH, p. 64; JVE, p. 377. 인식 능력들의 최초의 질적인 구분 시도는 셸링 비판을 겸해 저술된 『신적인 것들과 그 계시에 대하여』라 할 수 있다. 이 책의 제4장 참조.

말해 '자연적인 것과 초자연적인 것의 동일성'이라 할 수 있다.[10] 그러나 이것은 도대체 어떻게 인식될 수 있는가? 야코비는 자신의 동생이 발간 하던 『과잉된 문고』(Ueberflüßiges Taschenbuch) 1802년판(版)에 기고한 「리 히텐베르크의 한 예언에 대하여」에서 그러한 인식 능력을 "감관"이라 부른다. 훗날 『신적인 것들과 그 계시에 대하여』(1811) 속에 합본되는 이 논문에서 야코비는 여전히 오성의 "끊임없는 등치 정립(Gleichsetzen)" 을 현실적으로는 늘 가변적인 다양에 대한 폭력으로 폄하하고 있다. 이 에 반해 여기서 감관(Sinn)은 동시에 의미(Sinn)를 지닌 것으로 이해된 다. 즉 어떤 대상이 감관을 통해 인식된다면 이 감관의 한쪽에는 감성적 다양성이 고스란히 수용되고, 그 다른 한쪽에는 오성의 의미가 구성된 다는 것이다. 감성에 대립된 오성은 개념적 단순화의 폭력을 휘두르지 만, 감관을 통해 감성적 다양을 고려하는 오성은 감관 저편의 그 다양을 변화시키는 원인 자체를 상정하게 된다. 그렇기에 "감관이 있는 곳에 시 작과 끝이 있으며, 분리와 결합이 있고, 하나와 다른 하나가 있으며, 감 관은 제3의 것이다"(JDO 22-23).[11] 감관의 특징은 "이렇게 끝이 두 개인 것(dieses Zweyendige)이자 객체와 주체의 가운데 서 있음(In-der-Mitte-Stehen zwischen Object und Subject)"이다. "통일성"이라 할 수 있는 감관 의 이러한 특징을 추상하면 "다양과 하나"의 '결합'의 "비밀"은 영원한 수수께끼로 남는다. 야코비는 같은 해 라인홀트가 발간한 학술지에 기고 한 「비판주의의 기도에 대하여」에서 이 하나이면서 동시에 다양할 수 있 는 "존재, 실재성, 실체"의 원리를 "개체화의 원리"라 부른다(JUK 304-305, 321).[12] 개체란 다양한 다수성과 단일한 통일성의 통일성이다. 이는

---

10  Georg Wilhelm Friedrich Hegel, *Glauben und Wissen*, pp. 360~61. Jacobi, *Über die Lehre des Spinoza, Erweiterungen der zweiten Auflage*, p. 260과 비교.

11  「리히텐베르크의 한 예언에 대하여」와 『신적인 것들과 그 계시에 대하여』는 요한 게 오르크 하만의 영향을 받은 야코비의 대표 저술로 평가되곤 한다. Marco M. Olivetti, "Der Einfluß Hamanns auf die Religionsphilosophie Jacobis", *Friedrich Heinrich Jacobi. Philosoph und Literat der Goethezeit*, pp. 85~112, 특히 pp. 99, 101~03, 108~12. 개념 파악의 폭력성에 대해서는 또한 JLS2, p. 258; JaF, pp. 229~30 참조.

오성이나 감성 밖에 있는 존재의 원리이다. 헤겔은 바로 야코비의 이 감관을 '이성'의 '사변적 이념'이라고 본다. 이것은 '주어진 사실이나 분석하고 유사성에 따라' 추론하는 앎과는 전혀 다른 종류의 앎이다. 개체의 다양에 단순히 자신의 개념적 통일만 부여하지 않는 비폭력적 오성의 개념은 그 다양에 따라 무한해야 할 것이다. 그러나 야코비의 감관이나 이성은 이 '개념의 무한성을 자기 안에 수용'하지 않으며, '학문성'에 이르지 못하고 단지 '주관성에 의해 촉발된' 특수한 능력으로만 머무른다. 단지 비개념적 개체 존재의 비밀을 가리키는 '상징'으로서 말이다. 야코비에게 이 비밀은 주어지고 느껴지는 것이지, 학문적으로 이해되는 것이 아니다. 헤겔에 따르면, 감관 내지 이성의 사변적 능력을 통찰했음에도 바로 여기서 야코비는 다시금 '이성의 형식주의'에 빠지고 만다.[13] 야코비는 후에 자신의 인식 능력 이론을 본격적으로 다루는『신적인 것들과 그 계시에 대하여』에서 "이성"을 여전히 유한한 인식에 있어 "모든 제약된 것에 앞서서 절대적인 것이나 무제약적인 것을 **전제**"하는 능력으로 간주한다(JDO 105). 그 자체로 존립할 수 없는 어떤 것이 그럼에도 있다는 감정에서 비롯되는 이 능력은 개념적 무한성을 감당하지 못하는 유한자의 형식적 능력 그 이상일 수 없다.

그 자체 '유한자가 즉자적인 어떤 것(etwas an sich)'이기에 야코비 철학의 인식 능력 내지 형식은 그 대상과 마찬가지로 '주관적이고 유한하다.'[14] 절대적 유한성의 이러한 특징은 **마지막으로** 야코비가 도달하는 인식 **내용**, 즉 앎에도 그대로 반영된다. 사실 헤겔은 야코비가『신앙에 대한 또는 관념론과 실재론에 대한 데이비드 흄. 한 편의 대화』와『스피노자의 가르침에 대하여』에서 오성과 혼동해 설명한 이성을 야코비 고

---

12 이 논문은 라인홀트의『19세기 초 철학 상황의 간편한 조망을 위한 기고문들』에 처음 수록되었다. Walter Jaeschke, Irmgard-Maria Piske und Catia Goretzki, *Anhang* zu *Friedrich Heinrich Jacobi Werke*, Bd. 2. 2, p. 480.

13 Georg Wilhelm Friedrich Hegel, *Glauben und Wissen*, pp. 361~62.

14 Georg Wilhelm Friedrich Hegel, *Glauben und Wissen*, p. 362.

유의 이성 개념으로 이해하고 있다. 이에 따르면, 이성은 "연관들을 판명하게 지각하는" 능력, 다시 말해 "동일률을 형성하고 이에 따라 판단하는 능력"이다(JH 9, 또한 JLS1 115-116, 123-124 참조).[15] 이 능력이 「리히텐베르크의 한 예언에 대하여」에서는 오성에 부여되고 있음을 쉽게 확인할 수 있다(JDO 23-24 참조). 그렇지만 헤겔은 이를 섬세하게 구분하지 않는다. 그럼에도 정작 그가 하고 싶은 말은 이성이든 오성이든 간에, 야코비의 이 인식 능력은 종합적 앎이 아니라 분석적 앎만 제공한다는 점이다. 왜냐하면 야코비에게 종합된 것은 이미 개체 형태로 **주어지는** '경험된' '사실들'이기 때문이다. 감관을 통해 수용한 종합적 사실들에 우리가 할 일이라곤 '분석하는 것'뿐이다. 물론, 이때의 분석은 객체 속에서 발견되는 통일을 온전히 구현하려는 '분석적 통일'이겠다. 그런데 이 분석적 **통일**은 야코비에 의해 일종의 종합으로 파악되지 않는다. 오히려 이를 통해 개체의 구체적 다양이 '산산조각 나는' 것으로만 이해된다.[16] 야코비는 잠바티스타 비코의 전통에 따라 우리가 "표상 속에서 구성할 수 있는" 것만을 개념 파악할 수 있다고 본다(JLS2 260). 그러나 개념 파악은 오성의 끊임없는 분석적 동일화이기에 다양의 "축소"와 "무화"만 가져온다는 것이다(JDO 23). 헤겔에게 참다운 '이성 인식'은 자연이나 주어진 사실을 '분석적 통일과 다양으로 찢어놓는 것이 아니라 오히려 자체가 유기적이고 생생하게 총체성'을 '보편과 특수의 절대적으로 근원적인 동일성으로' 창출하는 것이다.[17] 야코비의 유한한 인식 능력은 결코 이러한 앎에 이를 수 없다. 야코비의 앎은 단지 이성 내지 오성에 의해 끊임없이 '특수로부터 분리'된 '보편'의 '공허한 동일성'으로 머물 뿐이다. 여기에는 언제나 다시금 '주어지는 특수'가 보태져야 한다. 이는 야코비가 감관의 사변적 능력을 통찰했음에도 불구하고 이 감관,

---

15  Georg Wilhelm Friedrich Hegel, *Glauben und Wissen*, p. 347과 비교.

16  Georg Wilhelm Friedrich Hegel, *Glauben und Wissen*, p. 371.

17  Georg Wilhelm Friedrich Hegel, *Glauben und Wissen*, p. 372.

속에서 **여전히** 주어진 대상의 '사유하는 주체에 대한 대립'을 유지하고 있기 때문이다. 여기서 '사유와 존재', 형식적 동일성으로서의 보편과 주어진 사물로서의 특수, 주체와 사실은 결코 '만나지 못하며' 각자 '절대적인 것'으로 머문다.[18] 야코비의 앎이 지니는 이러한 절대적 유한성을 가장 잘 표현하는 것은 아마도 헤겔이 이 시기에 읽을 수 없었던 1819년 『스피노자의 가르침에 대하여』 제3판의 다음 대목일 것이다. "인간의 모든 앎은 미완성일 뿐"이기에 "참된 학문"은 "알면서 모름"(ein wissendes Nichtwissen), 즉 "무지의 학문"이다(JLS3 349). 야코비의 앎에는 경험적 사실의 종합이 영원히 불가능하기에 그렇다.


## 3. 유한한 무한성

주관적이든 객관적이든 유한성의 '절대물들'(Absoluta)이 사변적 '이성 앞에서 사라지고' 지양되어야 한다는 것은 '야코비에게 소름 끼치도록 끔찍스러운' 일이다.[19] 그러나 야코비의 본래 목적은 절대적 유한성에 머무는 것이 아니라 오히려 유한자 인식을 기반으로 무한한 인격적 신을 포착하는 것이다. 그런데 헤겔이 보기에 야코비 철학이 지향하는 무한한 요소들 또한 진정한 의미에서 무한한 것일 수 없다. 이것도 앞서와 마찬가지로 세 가지 측면에서 살펴볼 수 있다.

무엇보다 **먼저** 야코비의 신은 "알려질 수 있는 것이 아니라" 엄밀히 말해 유한자 인식의 충만함만으로는 설명될 수 없기에 "오직 믿어질 수만 있는" 그런 대상이다(JaF 193). 이 믿음의 초월적 **대상**을 전제해야 할 필요성을 보여 주기 위해 야코비가 제시한 유명한 사례는 바로 근거와 원인의 구별이다. 야코비는 『신앙에 대한 또는 관념론과 실재론에 대한

---

18  Georg Wilhelm Friedrich Hegel, *Glauben und Wissen*, p. 375.

19  Georg Wilhelm Friedrich Hegel, *Glauben und Wissen*, p. 351.

데이비드 흄. 한 편의 대화』에서 근거율을 "전체가 부분보다 앞서는 것이 필연적이다"(totum parte prius esse necesse est)라는 아리스토텔레스의 "존재 원리"(principium essendi)로, 이 원리를 다시금 "동일률"(idem est idem)에 기초한 존재 "구성의 원리"(principium compositionis)로 설명한다. 예를 들어 세 직선으로 이루어진 폐쇄된 도형, 즉 삼각형은 이 도형 안의 세 각의 근거(Grund)이다. 이 세 각이 귀결(Folge)로서 구성될 수 있는 것은 전체인 삼각형이 세 각, 즉 부분보다 먼저 현존했기 때문이 아니라 오히려 전체와 부분, 곧 근거와 귀결이 "분리 불가능한 동일한 순간에 동시에 현존하기" 때문이다. 바꾸어 말해 부분들은 항상 동시에 전체의 부분으로 인식하기 때문에 삼각형의 세 각이, 더 나아가 이 세 각의 합이 180도라는 것 등이 인식될 수 있다는 것이다. 야코비에 따르면, 이 모든 것은 동일률에 따라 진행되는 개념적 인식 속에서만 가능하다. 그런데 이러한 "개념의 생성"은 분명 "현실적 사물들"의 "생성"과 혼동되어서는 안 된다. 이 후자를 표현하기 위해 야코비는 원인과 결과라는 용어를 사용한다. 아무리 개념적으로 전체 속에서 부분을 또는 부분으로부터 전체를 구성한다고 한들, 이 개념 밖에서 실제로 이루어지는 전체 또는 부분 자체의 발생을 설명했다고 볼 수는 없다. 이 "발생의 원리"(principium generationis)는 "자기 스스로 분명한, 살아 있는 인격적 힘"이라 할 수 있는 원인이며, 이 세계 내 모든 존재자는 그 힘이 행한 결과로서의 "실태"(That)이다(JH 50-51, 54). 야코비는 자신의 "가장 탁월한" "작품"으로 간주하는 『스피노자의 가르침에 대하여』 재판(1789)의 "일곱 번째 첨가글"에서[20] 스피노자의 실체 개념이 근거와 원인을 섬세하게 구별하지 못하고 오히려 혼동한 데에서 비롯된 개념이라 비판한다. 말하자면 스피노자는 "모든 피제약자가 하나의 제약을 가져야 한다"라는 논리적 근거율

---

20 Karl Leonhard Reinhold, *Karl Leonhard Reinhold's Leben und litterarisches Wirken nebst einer Auswahl von Briefen Kant's, Fichte's, Jacobi's und andrer philosophirender Zeitgenossen an ihn*, p. 233. 1790년 2월 11일자 야코비에게서 받은 편지.

을 현실적 인과율과 혼동하고 논리적 의존 관계를 현실적 발생 관계로 간주함으로써, 다른 모든 것이 의존하지만 자기 자신은 의존하지 않는 실체를 "자기 원인"이라 불렀다는 것이다. 그러나 야코비가 보기에 스피노자의 자기 원인은 사실상 전체로서의 자기와 이 자기를 구성하는 부분 사이의 논리적인 필연적 의존 관계를 나타내는 것으로서 자기 근거 관계, 다시 말해 "충분 근거율" 이상의 의미를 지니지 않는다(JLS2 255-257). 스피노자의 신은 제약된 "모든 현실적인 것 내"의 전체로서의 "현실성의 순전한 원리", 제약된 "모든 현존재 내"의 전체로서의 "존재의 순전한 원리"로서 철두철미 자유로운 "개체성 없이" 논리적으로만 "무한한" 필연적 근거일 뿐이다. 필연적 의존 관계에 따라 진행되는 "모든 논증의 길은 숙명론"에 이르며, 신을 이 논증적 의존의 최종 근거로서만 가르치는 "스피노자주의"는 결국 인격적 자유가 불가능한 "무신론" 그 이상일 수 없다(JLS1 39, 120, 123).

그런데 헤겔에 따르면, 야코비의 스피노자 비판은 세 가지 오해에 기초한다. 우선 첫눈에 금방 알 수 있듯이, 야코비는 **한편으로** (충분) 근거율을 '오직 논리적으로만', 즉 '추상적 통일'로만 이해한다. 이 추상적 통일의 부분이 부정되면 전체가 부정되는 것이기에, 이때의 근거율은 결코 부정될 수 없는 부분의 전체와의 필연적 연관을 나타내는 '순수 모순율'과 같다.[21] 이와 같은 '근거 독단론'은 **다른 한편으로** 오직 '경험 개념'으로만 이해되고 있는 인과 연관과 **대립** 짝을 이룬다.[22] 야코비에게 근원적 사태(ursprüngliche Sache)로서의 원인(Ursache)은 "시간 속의" "행위"를 통해서만 작용하는(wirken) 개념이며, 그 결과(Wirkung)로서 "유한한 개별 사물"이 "계속" 산출되었다가 사라지는 "세계"의 "현실적 현존"이 창출된다(JLS2 257). 이때 원인과 결과 사이의 "계속적인" 작용 연

---

21 헤겔이 상세히 설명하고 있지는 않으나, 이를테면 전체=부분이 $A \equiv (a \,\&\, b \,\&\, c)$라면 $-(a \,\&\, b \,\&\, c) \equiv -A$, 따라서 $-a \vee -b \vee -c \equiv -A$이다. 이로부터 $-a \rightarrow -A$이거나 $-b \rightarrow -A$이거나 $-c \rightarrow -A$가 된다.

22 Georg Wilhelm Friedrich Hegel, *Glauben und Wissen*, pp. 348, 352.

266

관은 결코 그 **자체로** "이해할 수 없는 것"이기 때문에, 야코비에 따르면 사람들은 이를 "사유 속의" 근거와 귀결의 필연적 관계로 바꾸어 실제의 발생 관계인 것처럼 잘못 이해하곤 한다(JH 52-53, JDO 131-133 참조).[23] 그러나 헤겔이 보기에 이는 존 로크(John Locke)나 흄의 경험론적 인과 이해에 아주 나쁜 '독일식 분석적 독단론'이 가미된 잘못된 평가이다. 헤겔은 여기서 자신이 생각하는 올바른 의미의 근거 내지 원인 개념을 상세히 제시하고 있지는 않다. 그럼에도 그는 분명 경험적 인과 연관 내의 '객관적이고 현실적인 계속(Succession)'을 확립해 줄 수 있는 근거 등을 염두에 두고 있다.[24] 이에 반해 야코비는 이 양자를 대립적으로만 이해함으로써 **셋째로** 믿어져야 할 대상의 참된 무한성을 포착하지 못했다. 이를테면 야코비는 경험적 인과관계를 가능하게 하는 계속이나 시간이 스피노자의 '무한한 유한성' 또는 '영원한 시간'에 결핍되어 있다고 비판한다. 그러나 이는 유한자를 영원한 본성에 따라 고찰함으로써 유한자 내 '현실태로 작용하는 무한자(infinitum actu)'를 포착하려는 스피노자의 의도를 외면하고 그 속에 야코비 자신의 '경험적 무한성'을 집어넣은 평가일 뿐이다. 즉 야코비의 해석대로라면 시간, 계속, 개별성, 현실성을 설명하지 못하는 스피노자의 영원성, 무한성, 보편성은 순수 논리적 개념일 뿐이라는 것이다. 이런 식이라면 영원한 무한성은 단지 개별적 유한자의 무한한 시간적 계속으로만 이해되어야 할 것이다. 앞서 야코비가

---

23 이 책의 제1장 제4절 및 제4장 제4절 참조.

24 이에 대한 헤겔의 자세한 논의는 '원인'을 '근거의 후속 규정'이자 그 자체가 '자기 원인'인 것으로 제시한 『대논리학』 본질론(1812/13)에서 찾아야 할 것이다. Anton Friedrich Koch, "Unmittelbares Wissen und logische Vermittlung. Hegels Wissenschaft der Logik", *Friedrich Heinrich Jacobi*, pp. 331~36, 특히 pp. 333~34 참조. 잔트카울렌은 『철학백과 요강』의 논리의 학의 예비 개념(Vorbegriff)에서 헤겔이 원래 인식 일반을 거부하려는 것이 아니라 '원인적 행위의 근본 경험'을 부각하려 한 야코비의 의도를 오해했다고 본다. 즉 '절대적 원인'으로서의 신에 대해 말하기 위해서는 자기 지양적 매개를 통한 직접성의 인식도 중요하지만, 인식에 종속되지 않는 무제약자의 자유로운 활동 자체도 주목해야 한다는 것이다. Birgit Sandkaulen, *Grund und Ursache. Die Vernunftkritik Jacobis*, pp. 229~63.

절대적으로 설정한 유한자들의 경험적 무한 계열이 무한성이 되는 셈이다. 이와 같은 유한한 무한성 속에 계속적으로 개별자들을 직접 현존케하는 궁극 원인은 근거 논리적 앎의 영역 밖에 있는 것이기에 단지 느껴지고 믿어질 수만 있게 된다. 그러나 헤겔에게 '참된 무한자'란 '보편과 특수의 동일성, 무한자와 유한자의 동일성 자체'이어야 한다. 이를 통찰하지 못하는 야코비는 경험적 유한자 내의 현존하는 현실적 무한자 또한 **알지 못한다**.[25]

**그다음으로** 이제 그렇게 알지 못하고 믿을 수만 있는 **능력**은 신앙이라할 수 있다. 헤겔은 **우선** 「리히텐베르크의 한 예언에 대하여」에 실려 있는 하나의 긴 각주를 인용하면서 야코비의 신앙 개념의 절충적 특징을지적한다. 여기서 야코비는 "시간 속에서" "외향적이면서" 동시에 "시간외적으로" "내향적인" "인격의 의식"을 이해하기 위해서는 오성과 이성이 분리되지 않은 단일체로서의 현실적 인간을 파악해야 한다고 강조한다. 그에 따르면, 고립된 오성은 "유물론적"이어서 "신과 정신을 부인"하며, 고립된 이성은 "관념론적"이어서 "자연을 부인하고 자기 자신을 신으로 만든다." 이에 반해 "동시에 이성적이고 오성적인" 인간은 "분리되지 않은 채" "신과 자연과 자신 고유의 정신을" "믿는다"(JDO 27). 그렇다면 이 '분리되지 않은 신앙'은 헤겔이 비꼬듯 '신을 부인함과 자기 자신을 신으로 만듦의 동시성(Zugleich)'이거나 아니면 야코비가 의도하듯이 시간적인 것과 시간 외적인 것의 '미분리성'(Ungetheiltheit)으로서

---

25 Georg Wilhelm Friedrich Hegel, *Glauben und Wissen*, pp. 348, 352, 354~55, 358~59. 헤겔은 스피노자가 제시한 현존하는 현실적 무한자의 사례로 한 원과 이 원을 포함하지만 중심이 같지 않은 더 큰 원 사이의 공간을 고찰한다. pp. 357~59. 야코비는 정확한 출처를 밝히지 않고 이 사례를 비판한다. JLS2, pp. 251~55 참조. 최신한은 그 출처를 『에티카』라 보며, 『믿음과 앎』 편집자들과 이근세는 스피노자 편집집의 '무한에 대한 편지'로 본다. 최신한, 「야코비와 스피노자 논쟁」, 『철학연구』 제129집, 325쪽. Hartmut Buchner und Otto Pöggeler, *Anhang zu Jenaer Kritische Schriften*, p. 612. 이근세, 「야코비의 사유구조와 스피노자의 영향」, 『철학연구』 제127집, 111~16쪽, 특히 114쪽.

의 너무나도 '순수한' '단순성'(Ein-Fach-Heit)일 것이다. 신앙의 이 후자의 미분리성 때문에 시간 외적 절대자의 인식 능력으로서의 이성은 동시에 시간적 유한자를 인식하는 오성에게서도 장점을 취해야 한다. 다시 말해 야코비의 신앙은 '이제 절대적 유한성의 참다운 절대자와의 연관' 자체라 할 수 있다. 그래서 이 신앙은 둘째로 그 연관의 한 축인 주관적 유한자와 객관적 유한자를 '절대자 외부에 즉자적으로 존재하는 것'으로 긍정하는 비개념적 인식의 특징을 지닌다. 야코비에게는 '평범한 객관성의 경험적인 직접적 표상' 또한 신앙의 대상이라 할 수 있다.[26] 헤겔은 『스피노자의 가르침에 대하여』를 인용하고 있지만, 신앙의 이러한 특징이 잘 나타나는 것은 무엇보다 『신앙에 대한 또는 관념론과 실재론에 대한 데이비드 흄. 한 편의 대화』에서일 것이다. 여기서 야코비는 "내가 나 자신을 알 수 있는 것과 똑같은 확실성으로" 내 외부의 "다른 현실적 사물들을 알 수 있다는 것"은 철학적으로 "엄격하게 증명될 수 없"기에 "단지 믿어질 수만 있"다고 말한다. 그리고 이때의 감각적 확실성을 주관적으로는 "신앙"이라 부르며, 객관적으로는 "계시"(Offenbarung)라 일컫는다. 말하자면 개념화 이전의 주체의 직접적인 대상 감각 속에 이미 인식의 확실성이 확보되며, 이는 주체로부터는 신앙의 능력으로 획득되고 객체로부터는 계시의 형식으로 보장된다는 뜻이다. 이렇게 "단호한 실재론자"이고자 하는(JH 21. 29, 31) 야코비는 『스피노자의 가르침에 대하여』에서 계속해서 다음처럼 언급한다. "우리 모두는 신앙 속에서 태어나며 신앙 속에 머물러야 한다." 왜냐하면 신앙의 "직접적 확실성"을 통해 우리는 "우리 외부에 다른 물체들과 다른 사유하는 존재들이 현존한다는 것을 알기" 때문이다(JLS1 115-116). 그래서 헤겔이 보기에 야코비의 신앙은 '영원한 진리가 아니라 평범한 현실의 진리'에 토대를 두고 있다. 이 신앙의 궁극적 지향점이 아무리 참다운 절대적 무한자라 해도 무한자를 향하는 이 신앙의 능력은 '시간적이고 물체적인 것에 명백

---

26  Georg Wilhelm Friedrich Hegel, *Glauben und Wissen*, pp. 373~75.

히 제한되어' 있다. 그렇다면 이 신앙은 어떻게 무한자에 도달할 수 있는가? 헤겔에 따르면, 바로 '추상적 반성'을 통해서이다. 이러한 반성 능력이 없는 인간은 아무 편견 없이 소박하게 신을 믿을 것이다. 그러나 이 신앙이 일단 '철학 속에 도입'되자마자 그러한 소박함은 전적으로 상실된다. 그리고 인간은 자신의 주관성 및 자신과 대상의 유한성이 지니는 비자립성과 의존성을 반성하게 되고, 이를 통해 주관성과 유한성을 무화하거나 지양하게 된다. 결코 적극적인 앎을 성취할 수 없는 야코비의 이성은 이렇게 '반성으로부터 신앙에로' 도주한다. 따라서 그의 신앙은 **셋째로** 주관적 내지 객관적 유한성에 대한 추상적 반성과 부정을 통해 도달하는 무한자로의 도약이다. 그런데 이때 불균형적인 활동이 벌어진다. 즉 유한한 물체나 이에 대한 앎은 그냥 부정되고 말겠지만, 유한한 주관성은 '자신의 무화 속에서도' 동시에 이 무화의 의식을 유지하는 주관성으로 계속 머물러야 한다. 그래야만 무한자에 대한 신앙을 획득하는 주관성일 수 있기 때문이다. 헤겔은 이를 단적으로 '신앙의 불순화'와 '주관성의 신성화'라고 비판한다. 야코비에게 무한자에 대한 신앙은 결국 절대적 유한성과의 '대립 자체에 의해 촉발'되고 그 유한성을 '부정함'으로써 성취되지만, 여기서 구제되는 것은 정작 신앙의 내용이 아니라 주관성 자체일 뿐이기에 그렇다.[27] 야코비가 칸트를 향해 비난했던, 인식이 전적으로 비어 있는 신앙이 야코비 자신에게도 남겨지는 셈이다. 이 신앙에서 유한자와 무한자의 연관 자체는 부정적인 것으로만 머무른다. 그리고 부정적 대립을 조건으로 하는 신앙은 아무리 앎의 유한성을 극복했을지언정 그다지 무한한 능력일 수는 없다.

이제 야코비에게 유한한 무한성의 **마지막** 요소로서 신앙 **내용**의 객관적 빈곤함을 들 수 있다. 야코비의 신앙은 처음에는 단지 '형식적이기만 한 앎'에 대해 계시와 기적 등의 '이해 불가능한 방식으로' 객관적 '실재

---

27 Georg Wilhelm Friedrich Hegel, *Glauben und Wissen*, pp. 376~80. 야코비의 이러한 '절대적 이원론'의 원칙은 헤겔이 보기에 그대로 '피히테의 원리'가 된다. p. 399.

성'을 부여하는 원천이었다. 즉 '앎 **내의** 이성의 객관성은' 철저히 '부인되며', 객관성은 오직 감각적 인식의 찰나에 외부 사물로부터 주어지는 직접적 확실성으로만 보장되었다.[28] 그런데 그의 신앙이 절대자와 관계를 맺게 되자 사물의 이러한 객관적 실재성마저도 그 현존의 의존성 때문에 덧없는 것으로 치부된다. 야코비는 앞서 언급한 각주에서 신, 자연, 정신을 믿는 자신의 신앙을 "보편적으로 비철학적인 삼위일체적 신앙"으로서, 그러나 "엄밀한 의미에서는 반성 속에서 입증되는 철학적 신앙"이라 부른다(JDO 27). 그런데 이 철학적 신앙은 반성 속에서 사실상 객관적 자연을 떠난다. 아니 실재하는 개별자들은 모두 단연코 자기 **고유의** 현존을 지니지 않는다고 해야 할 것이다. 실재하는 현존은 모두 신에게서 비롯된 것이기 때문이다. 그리고 이 신을 묘사하는 많은 표현은 개념적 앎의 내용일 수도 없다. 헤겔은 말한다. 야코비가 철학에 한 일이라곤 '알려져서도 이해되어서도 안 되는 표현들과 말들로 철학적 이념을 대체한 것'뿐이다. 근본적으로 '철학에 반(反)하는' 자칭 비철학적이기에, 철학적인 신앙은 '철학의 대중'이 무시해도 좋은 '철학적 딜레탕트'의 언급일 뿐이다.[29] 「리히텐베르크의 한 예언에 대하여」에서 야코비는 결국 신만이 "타자 없이" 존재하는 "유일자"이자 "참된 존재"로서의 "정신"이라 결론짓는다. 따라서 인간은 자기 "외부에 그 위에 현존하는 신적인 것", 즉 신의 정신을 지각하기 위해 자기 "내부에 현존하는 신적인 것", 곧 자신의 정신을 작동할 줄 알아야 한다. 야코비는 이 정신의 비개념적 지각 능력을 자신 고유의 "이성" 또는 "감정" 개념으로 정의하고 있다(JDO 28-31). 헤겔이 보기에 야코비의 이 신앙철학은, 그래서 **첫째** '개념에 대한' '보편적 증오'에 기반을 두고 있다. 그렇기에 이 신앙철학은 **또한** 자연뿐만 아니라 인간 본성의 '법칙적·객관적 측면'도 무시한다. 야코비에 따르면, 한 나라의 인륜적 법칙을 규정하는 것은 공동체적

---

28  Georg Wilhelm Friedrich Hegel, *Glauben und Wissen*, p. 347.
29  Georg Wilhelm Friedrich Hegel, *Glauben und Wissen*, pp. 363, 374.

인간의 객관적 본성이 아니라 그 나라에 사는 자들의 '경험'일 뿐이다. 물론, 이 경험의 궁극적 기반은 인류 법칙의 '철자'(Buchstaben)에 구애받지 않는 신과의 직접적인 정신적 교감이겠다.[30] 이에 헤겔은 피히테에게 보낸 공개 편지에서의 야코비의 다음과 같은 발언을 역으로 인용한다. "그렇다", 자율성과 인류 법칙 같은 덧없는 "무를 의지하는 그 의지에" 반대하려는 "나는 무신론자이다"(JaF 211).[31] 헤겔에게 야코비는 실천철학적으로 정말 무신론자로 나타난다. 따라서 이렇게 애써 '개념과 객관성'을 '의식적으로 결핍'하려는 그의 신앙철학에 남는 것은 **셋째로** 오직 신을 향해 '동경하는 자아주의(Egoismus)[32]와 인류적 병약함(Siechheit)' 뿐이다. 그것도 '최고의 주관성' 속에서 말이다. 헤겔은 여기서 야코비의 소설 속 주인공 알빌과 볼데마르의 감상적 허약 체질을 본다. 이들은 결코 어떤 적극적 실행을 통해서가 아니라 오직 '공허한' 자기 '존재의 지루함과 무력함 속에서만' '종교적 동경의 고통'을 감내하고자 한다. 그러나 자연과 현실 속에서는 결코 이 고통과 화해할 수 없다.[33]

---

30 Georg Wilhelm Friedrich Hegel, *Glauben und Wissen*, pp. 380~81. 야코비는 인간의 상호 주관적 공동체성을 '처음으로' 부각한 철학자이다. Gerhard Höhn, "Die Geburt des Nihilismus und die Wiedergeburt des Logos – F. H: Jacobi und Hegel als Kritiker der Philosophie", *Friedrich Heinrich Jacobi*, p. 290. 그러나 게르하르트 횐(Gerhard Höhn)은 명쾌한 비교에도 불구하고 야코비에게 그 공동체성이 각자의 주관적 경험 차원으로 머물고 만다는 헤겔의 비판을 간과한다.

31 이 문장은 원래 인간으로서가 아니라 학문론자로서 피히테의 철학이 무를 의지하는 무신론 철학임을 폭로하기 위해 야코비가 복선으로 던진 말이다. 이 문장뿐만 아니라 무신론 논쟁 전체 맥락을 파악하지 못할 때, 『믿음과 앎』에서의 헤겔의 입장은 단지 반성적 대립에 대한 원론적 비판으로 이해되고 만다. 예를 들어 Klaus Vieweg, "Glauben und Wissen. Zu Hegels indirekter Reaktion auf den Atheismusstreit", *Fichtes Entlassung*, pp. 191~203, 특히 pp. 198~200, 202.

32 Egoismus는 원래 사물들 자체로부터 격리된 칸트와 피히테의 철학을 묘사하기 위해 야코비가 즐겨 사용한 말이다. 자아주의와 유아론(Solipsismus) 등으로 새기는 것이 좋다. JH, p. 112; JaF, p. 195.

33 Georg Wilhelm Friedrich Hegel, *Glauben und Wissen*, pp. 382~84. 야코비의 『볼데마르』와 헤겔의 『정신현상학』의 양심 장(章)을 비교하는 논의도 있다. 최신한, 「헤겔, 야코비, 양심의 변증법」, 『헤겔연구』 제23호, 35~53쪽. 남기호, 「의식 이론의 관점에

## 4. 체계를 향한 정신

그럼에도 헤겔은 야코비 철학이 '차안(Diesseits) 속에서 화해를 모색하는 프로테스탄티즘'의 '고차적 **잠재력**'을 지닌다고 높이 평가한다. 어쨌든 간에 야코비의 동경은 차안을 외면하고 피안만 올려다보는 것이 아니기 때문이다. 오히려 그의 동경은 '자기 안에서 차안을 발견'하며, '평범한 현실'과 유한성 자체를 '계시로 간주'한다. 이 차안이 평범한 현실이 아니라 '진리를 지니는' '우주'로 파악되는 순간, 그리고 '자연과의 화해'가 이 '우주와의 동일성'이 되는 순간 야코비의 원리는 '주관성의 특징을 벗어나지 않은 채' 객관적 진리 **또한** 구비할 수 있게 될 것이다. 동경하는 주체가 '무한한 사랑'과 '종교'를 통해 획득한 저 동일성의 표출을 고착시키지 않고 이에 대한 자기 반성을 통해 세계 내 '더 고차적인 대상을 창출'할 수 있다면 말이다.[34] 이때의 더 고차적 대상이란 주관적 인식을 통해 성취되는 객관적 실재 내의 사변적 이념일 것이다. 사실, 헤겔이 '북방의 원리' 또는 종교적으로 '프로테스탄티즘의 원리' 등을 운운할 때 이는 단지 좋은 뜻에서만 하는 말이 아니다. 이 원리는 한편으로 주체성, 개별성, 자유 등을 의미하지만, 다른 한편으로는 객관성, 보편성, 필연성 등이 결여된 것이기에 그렇다. '이성이 절대자 내의 자신의 **존재**를 포기해야' 한다면, 이것은 '철학의 죽음'일 뿐이다.[35]

---

서 본 『볼데마르』 — 헤겔 『정신현상학』을 기초로」, 『가톨릭철학』 제39호, 67~108쪽. Gustav Falke, "Hegel und Jacobi. Ein methodisches Beispiel zur Interpretation der Phänomenologie des Geistes", *Hegel Studien*, Bd. 22, pp. 133~38.

34  Georg Wilhelm Friedrich Hegel, *Glauben und Wissen*, p. 385. 셋째 장에서 헤겔은 야코비의 바로 이 자연과의 화해의 관점에서 감성적 '세계'를 '그 자체(an sich) 나쁜' 것으로 설정한 피히테 철학을 비판한다. pp. 407~08. 그럼에도 결론 부분에서의 헤겔의 언급에 주목할 필요가 있다. '무한성의 철학이 유한자의 철학보다 더 절대자의 철학에 가까이' 있다. 그 무한성이 비록 '사변적 수난일'(den speculativen Charfreytag)을 '몰신성'(Gottlosigkeit)의 '전체 진리 속에서 복원해야' 할지라도 말이다. pp. 413~14.

35  Georg Wilhelm Friedrich Hegel, *Glauben und Wissen*, p. 316.

야코비는『스피노자의 가르침에 대하여』재판의 일곱 번째 첨가글에서 "인간이 이성을 지니는가, 아니면 이성이 인간을 지니는가"라는 유명한 물음을 던진 적이 있다. 여기서 그는 인간이 지니는 전자의 이성을 거의 오성의 개념적 "도구"처럼 이해하고, 인간의 전체 본성이 비롯되는 후자의 이성을 "인식 **일반**의 원리"가 되는 "정신"으로 파악한다. 말하자면 오성적 이성은 무한한 매개들의 필연적 제약 속에서 추진되는 자연 탐구에 적합하지만, 모든 제약된 것의 원천이 되는 무제약자 자체, 즉 신의 인식에는 이 정신으로서의 이성의 **단적으로** 직접적인 인식 능력이 요구된다. 개념적 매개에 의한 무제약자 인식은 무제약자를 어떤 조건 또는 제약에 의존하게 만들 것이기 때문이다(JLS2 259-261). 그러나 자연의 사물들 또한 신의 피조물 아닌가? 신이 정신이라면 현실적 사물들 속에도 그 정신이 깃들어 있어야 하지 않는가? 신비한 유심론적 의미에서가 아니라 인식 주체와 독립적으로 그 사물들이 지니는 **고유한** 개념적 본성으로서 말이다. 헤겔도 야코비처럼 한때 '개념 파악함은 지배함'이라고 주체 편에서의 개념적 인식의 폭력성을 숙지하곤 했다.[36] 그러나 자연 사물 내에도 그 존재론적 본성으로서의 개념이 '자신의 타자 존재 내의 정신'의 형식으로 있는 것이라면,[37] 야코비가 말한 앞의 두 이성은 서로 만날 수 있을 것이다. 예컨대, 식물학자는 소나무가 푸른 본성을 지닐 것이라 **믿기** 때문에 소나무를 **알려** 한다. 그리고 소나무가 실재로(realiter) 그런 본성을 지닌 것으로 **알려지기** 때문에 그 믿음은 참된 믿음이 된다. 이렇게 믿음과 앎을 매개하는 푸르다는 개념은 소나무 자신의 존재론적 본성으로서 발전할 것이고 식물학자의 학문적 개념으로서 체계화될 것이다. 헤겔은 프랑크푸르트 시기의 단편인「믿음과 존재」(Glauben und Sein)에서 이미 이와 같은 통찰에 도달한 바 있다.[38]

36　Georg Wilhelm Friedrich Hegel, *Hegels Theologische Jugendschriften*, p. 376.

37　Georg Wilhelm Friedrich Hegel, *Schriften und Entwürfe*, p. 373.

38　Georg Wilhelm Friedrich Hegel, *Hegels Theologische Jugendschriften*, pp. 382~85 참조. 또한 남기호,「헤겔의 인식론: 헤겔은 과연 관념론자인가」,『헤겔연구』제24호,

『믿음과 앎』을 저술할 시기, 헤겔은 아직도 자신의 철학 원리와 체계를 구상 **중에** 있었다. 앞서 주목하지는 않았지만 이 저술에서 헤겔은 사실상 야코비가 그토록 자주 언급하는 신이란 단어를 거의 사용하지 않으며, 그 대신에 절대자란 용어를 반복해 사용한다. 이는 초월적 존재자를 철학적으로 개념화해 무한자와 유한자의 매개를 모색하려는 또 하나의 숨겨진 시도로 읽을 수 있다. 이러한 변증법적 과정을 통해 신은 믿어지기만 하는 것이 아니라 알려지기도 한다. 그러나 이 매개 작업에는 절대자가 곧 정신이라는 발상이 필요하다. 여기에는 비록 신에 대한 학문적 앎을 부인했어도 신을 정신으로 파악한 야코비 사상이 틀림없이 한몫했을 것이다.[39] 이는 바로 앞서 언급한 『기독교 정신과 그 운명』에서 확인할 수 있다. 여기서 헤겔은 사랑을 운명과의 화해를 가능케 하는 합일의 인식적 원리로서, 그리고 삶을 합일의 객관적 결과이자 원리로 파악하고 있다. 이때 예수의 삶으로 전형화하는 운명은 이 세계 내 분리된 존재로서의 인간의 운명이기도 하다. 사랑은 이러한 분리를 인식적으로나 실재적으로 극복할 수 있게 해준다. '오직 사랑 속에서만 사람은 객체와 하나이며, 이것은 지배하지도 지배받지도 않는다.' 왜냐하면 '사랑받

---

25~29쪽; 남기호, 「프리드리히 하인리히 야코비의 이성 비판과 헤겔 철학에 대한 영향」, 『헤겔연구』 제28호, 371~73쪽 참조.

39 헤겔의 예나 자연법 논문에서 이미 그러한 발상을 읽을 수 있다. Georg Wilhelm Friedrich Hegel, *Behandlungsarten des Naturrechts*, p. 464 참조. 헤겔의 정신 개념의 형성은 아리스토텔레스를 자주 참조한 헤르더의 영향 때문이라는 논의도 있다. 그러나 헤겔에게서도 그 자신이 독자적으로 행한 아리스토텔레스의 연구 성과가 풍부하게 있다. Myriam Bienenstock, "Zu Hegels erstem Begriff des Geistes (1803/04): Herdersche Einflüsse oder aristotelische Erbe?", *Hegel Studien*, Bd. 24, pp. 28, 30~33, 51~54. 비록 무지의 형식이기는 하지만 신을 정신으로 파악한 것은 헤르더의 영향 아래 스피노자의 실체 개념에 대항하려는 야코비의 고유한 절대자 이해이다. Volker Rühle, "Jacobi und Hegel. Zum Darstellungs-und Mitteilungsproblem einer Philosophie des Absoluten," *Hegel Studien*, pp. 164~65, 173~77. 또한 Peter Jonkers, "F. H. Jacobi, ein „Galimathias" der spekulativen Vernunft?", *Einige Bemerkungen zu Hegels Jacobi-Deutung in seinen Jenaer Schriften*, *Hegel und die Geschichte der Philosophie*, pp. 213~16 참조.

는 자는 우리의 본질과 하나이며',⁴⁰ 이를 통해 '삶은 삶으로서 삶과 다르지 않게'⁴¹ 되기 때문이다. 이 대목에서 "사랑은 삶"이라는 야코비의 목소리를 듣는 것은 어렵지 않다. 더구나 사랑이 "신적인 본성"을 지닌다는 측면에서 헤겔은 야코비의 통찰과 같은 곳에 있다(JLS1 117-118). 왜냐하면 사랑은 분리 속에서 분리된 것을 합일하는 능력으로서 인간이 지닐 수 있는 가장 **이성적인 감각**이기 때문이다. 사랑이라는 이 이성적 감각을 통해 분리된 유한한 인간은 이 세계 내 합일된 삶이라는 신적인 내용을 실현한다. '사랑 속에서 분리된 것은 여전히 있다. 그러나 더이상 분리된 것으로서가 아니라 일치된 것으로서 있으며, 살아 있는 자는 살아 있는 자를 느낀다.' 사랑 속에서 '삶 자체는 자신을 자신의 자기 (Selbst)의 이중화이자 일치로서 발견'하는 것이다.⁴² 분리 속의 일치는 인간이 실현할 수 있는 신적인 내용으로서의 삶이다. 이러한 삶은 사랑 속에서 더 이상 객체로 대립되어 있지 않고, 오히려 그 자체가 사랑의 객관적 결과로 인식되기에 주관적 이념 자체를 객관적인 것으로 간주하는 실정화(Positivierung)의 위험에서 벗어나 있다.⁴³ 헤겔은 대학 시절부터 늘 이성 이념의 감성적 체화를 고민해 왔다. 그리고 이에 대한 가장 좋은 본보기로서 이제 사랑이 제시되고 있는 셈이다.

야코비는 사랑 속에서 이루어지는 합일의 인식 능력을 바로 정신으로서의 이성으로 본다. 헤겔에 따르면, 사랑은 합일을 인식하고 실현하는 '신적인 정신'이다. 그리고 '정신은 오직 정신만을 인식한다.' 처음으로 정신을 철학적 개념으로 파악하면서 헤겔은 이것을 동시에 야코비처럼 무엇보다 사랑 속에서 구현되는 합일의 인식 능력으로 본다. 이때 헤겔이 염두에 두고 있는 정신은 인간과 신의 동일한 본성을 의미한다. '인간과 신 사이에는, 정신과 정신 사이에는 객관성의 균열이 없으며', 보는

---

40  Georg Wilhelm Friedrich Hegel, *Hegels Theologische Jugendschriften*, p. 376.

41  Georg Wilhelm Friedrich Hegel, *Hegels Theologische Jugendschriften*, p. 392.

42  Georg Wilhelm Friedrich Hegel, *Hegels Theologische Jugendschriften*, p. 379.

43  Walter Jaeschke, *Die Religionsphilosophie Hegels*, p. 54.

'눈'(Auge)이 보이는 '산'(Berg)과 다르지 않듯이 인식하는 정신은 인식되는 정신과 상이하지 않다. 그러나 신의 정신은 직접적으로 볼 수 있는 것이 아니다. 그것은 오히려 유한한 세계 속에 비가시적인 것으로 은폐되어 있으며, 이 비가시적 정신을 볼 수 있는 것은 바로 신과 동일한 본성을 지닌 인간의 정신이다. '신적인 것이 현상하기 위해서는 비가시적인 정신이 가시적인 것과 합일되어 있어야 한다.'[44] 이를 통해 정신은 헤겔에게서 단지 인식 능력만이 아니라 오히려 인식과 삶을 포괄하는 존재론적인 원리로까지 고양되고 있다. 정신은 야코비에게서 "모든 사물의 참다운 형식이자 힘"이었던 것처럼(JLS1 191) 헤겔에게서도 자연 속에서는 비가시적 형태로, 인간 속에서는 인식 능력으로 존립하는 철학의 원리가 된다. 이로 인해 헤겔에게서도 인식이 외적 대상의 정신적 구조를 실재적으로 아는 과정으로 이해됨은 말할 것도 없다.

인간의 정신은 세계로부터 분리되어 있다. 인식이 합일이라면 합일은 분리를 전제한다. 그러나 분리된 것의 합일 가능성은 분리되기 이전의 합일 자체를 또한 전제하기도 한다. 나와 대상이 분리되기 이전에 정신적으로 서로 같지 않았다면 합일로서의 인식도 불가능할 것이다. 그렇다면 분리 이전의 합일 그 자체는 어떻게 알 수 있는가? 분리된 세계 속의 사랑의 합일 결과가 분리된 것과 혼합된 삶이라면, 분리되기 이전에 합일되어 있는 삶은 순수 삶일 것이다. 헤겔에 따르면, 이 '순수 삶은 존재이다.'[45] 그렇다면 존재 자체는 어떻게 알려지는가? 야코비는 이미 스피노자의 범신론적 공식으로서 "모든 현존재 속의 존재"를 언급한 바 있다(JLS1 39). 합일 자체 또는 순수 삶으로 이해될 수 있는 이 존재는, 야코비에 의하면 결코 논증적으로 파악될 수 없으며 살아 있는 자들의 '삶의 자기 경험'인 '사랑'[46]을 통해서만 온전히 정신적으로 인식될 수 있

---

44 Georg Wilhelm Friedrich Hegel, *Hegels Theologische Jugendschriften*, pp. 312~33.

45 Georg Wilhelm Friedrich Hegel, *Hegels Theologische Jugendschriften*, p. 303.

46 Walter Jaeschke, *Hegel Handbuch*, p. 88.

다. 왜냐하면 논증은 필연적으로 숙명론에 귀착하며, 논증에서 사용되는 보편 개념은 언제나 이미 개별 속에 구체적 형태로서만 있는 것이기 때문이다. 야코비에게 "참으로 현실적인 모든 사물은 개체들 내지 개별 사물이다." 이것들은 "그 자체 생동한 본질로서 인식과 활동의 원리들(principia perceptiva & activa)"이기도 하다(JH 85). 개체는 무엇보다 "하나의 본질 속의 분리 불가능한 것"(das Unzertrennliche in einem Wesen), 이 하나의 본질을 "현실적인 **전체**"로 만드는 것이다(JH 58). 따라서 야코비에게 개체는 분리되기 이전의 합일, 삶 또는 존재 자체가 유한한 형식으로 형태화된 것이라 할 수 있다. 존재는 유한하게 형태화된 개체의 감성적·이성적 직관을 통해 직접 인식된다. 그러나 이 인식의 실재적 상응은 결코 증명될 수 없기에 신의 계시로서 믿을 수밖에 없다. 헤겔은 「믿음과 존재」에서 야코비와 유사하게 말한다. 분리 이전의 '존재는 단지 믿어질 수만 있다.' 왜냐하면 존재는 인식을 위해 증명되어야 하는 것이 아니기 때문이다. 인식은 인식하기 위해 존재와의 관계를 필요로 하지만, 존재 편에서의 인식과의 필연적 관계는 증명될 수 없다. 인식을 위해 존재 자체, '합일 자체가 있다는 것은' '증명될 수 없으며' 단지 믿어질 수만 있는 것이다. 여기서 야코비의 영향을 확인하는 것은 어렵지 않다. 존재 자체는 분리 이전의 상태이든 개체의 형태로든 간에, 인식 이전에는 믿는 수밖에 없다. 그렇지만 헤겔에게 인식은 야코비와 달리 이 믿어지는 존재의 참 내용을 **아는** 과정이다.

　이제 야코비가 제시한 사랑, 삶, 정신, 믿음 등의 철학소(哲學素)들로부터 헤겔의 철학 체계까지 가는 길은 그리 멀지 않다. 물론, 이는 비판적 여과를 수반한다. 둘 사이의 가장 큰 차이점은 무엇보다 바로 **개념적** 인식 가능성에 있다. 사랑을 통한 삶의 합일의 비밀이 야코비적 인간에게는 이해 불가능한 것이었다면, 헤겔에게서는 이해될 수 있는 것으로 간주된다. 게다가 야코비의 정신으로서의 이성은 헤겔에게서 논증적·도구적 이성을 포함하는 것으로 설계된다. 이것은 사랑, 삶, 합일, 존재 자체가 우리에게는 이미 분리된 것으로서 있다는 통찰에서 비롯된 것이다.

온전한 하나의 전체라는 야코비의 개체조차 이미 세계와의 분리 속에 있다. 이 분리는 존재론적으로는 개체와 세계의 분리로서, 인식적으로는 주체와 객체의 분리로서, 논리적으로는 주어와 술어의 분리로서 나타난다. 자체가 이미 분리된 것인 개체가 이러한 인식 논리적 분리의 형식을 거치지 않고 무언가를 직접적으로 안다는 것은 불가능하다. 인식 이전의 존재 자체는 단지 믿어질 수만 있기에 이러한 믿음은 인식 체계로 구성되는 철학 영역에서 배제된다. 이 영역에서 종교철학적으로 논의될 수 있는 것은 믿어지는 것 자체가 아니라 단지 믿어지는 것에 대한 믿음 자체뿐이다. 그럼에도 헤겔에게서는 존재에 대한 인식이 가능하다. 이 인식은 바로 분리 속에서 합일하는 인식의 형식으로서 **있기** 때문이다. 헤겔은 모든 명제 속에 포함되는 계사 '이다'(ist)를 '주어와 술어의 합일로서' **'하나의 존재'**를 표현하는 것으로 이해한다. 야코비는 계사를 분리된 것을 결합하는 단순한 활동으로만 이해했다. 그리고 주객 분리 속에 이루어지는 인식을 이 계사의 무한한 반복으로만 파악했다. 이 계사로 인해 주체와 객체는 끊임없이 주어와 술어로 개념적으로 분리되어 전체로서의 개체의 생생한 인식이 불가능해진다는 것이다. 반면 헤겔에게서 계사는 단순한 개념적 연결 기능만 갖는 것이 아니라 바로 존재 **자체**가 그때마다 **하나의** 존재로서 드러나는 형식이 된다. 예를 들어 '이 장미는 빨갛다'라는 명제는 근본적으로 '존재 자체가 빨강을 지닌 이 장미라는 하나의 존재로서 있다'라는 것을 의미한다. 그리고 또한 '이 장미로서의 하나의 존재는 빨간 속성을 지닌 것으로 있다'라는 것이기도 하다. 따라서 모든 인식 형식은 존재 자체가 하나의 존재로 드러나고 파악되는 과정이 되며, 이렇게 파악되는 한 존재 각각의 전체 내용은 존재 자체를 구성하는 것이 된다. '분리된 것은 단지 하나의 존재 속에서만 자신의 합일을 발견한다.'[47] 이 인식적 발견은 범신론과는 달리, 과정적으로 존재 자체를 구성할 것이다. 물론, 완벽하게 구성된 존재 자체가 분리의 세계에

---

47 Georg Wilhelm Friedrich Hegel, *Hegels Theologische Jugendschriften*, p. 383.

서 궁극적으로 가능할지는 미리 알 수 없다. 그러나 인식의 각 단계에서 존재 자체는 이미 하나의 존재로 나타나고 알려지기에 신앙의 참된 장소는 바로 과정적으로 수행되는 이 인식 체계이어야 한다.

## 5. 화해의 첫걸음

야코비는 논증적 이성에 갇혀버린 폐쇄적인 인간의 인식을 불신했다. "인간의 모든 지는 단지 미완성(Stückwerk)일 뿐"이라는 통찰에서 그는 인간의 학문을 "무지의 학"(Wissenschaft des Nichtwissens)으로 규정한다. 인간의 학문은 오성적 분리 속에서만 아는 것이기에 알면서 모르는 것, 즉 "아는 무지"(ein wissendes Nichtwissen) 또는 '오성의 무지의 구성'[48]일 뿐이다. 이것을 넘어설 수 있는 것은 단지 정신으로서의 "이성과 함께 우리에게 주어지는 계시에 대한 신앙"뿐이다(JLS3 349). 인간은 앎 속에서 무지를 자각하면서 언제나 신앙을 통해 계시로 비약해야 한다. 이 비약을 통해 종교적 인간은 영원성의 형태를 직관하고 표현할 것이다. 그러나 예나 시기에 접어든 헤겔이 보기에 야코비의 이러한 신앙은 '비철학적 의식'의 주관적 신앙에 지나지 않는다. 물론, 야코비는 개념으로부터 독립된 유한한 현실 사물들로써 인간의 인식을 풍부하게 만들었지만, 이 유한성에 절대성을 부여함으로써 '절대적 경험론'에 기울고 말았다. 이에 따르면, 유한한 사물의 '실재성 일반은 이해할 수 없는 방식으로' 직접 사유에 도달하며, 이를 통해 영원성의 형태가 직관되고 표현된다. 그러나 이 영원성의 형태는 객관적 개념의 형식을 지니지 않는 한 그 자체가 '주관적인 어떤 것'일 뿐이다. 이것이 아무리 주객을 넘어 피안에 대한 신앙을 통해 성취된 것이라 해도 말이다. 오히려 그의 경험론은 유한한 사물 속에 직접 영원한 진리를 정립하기 때문에 '진리와 신앙이라는

---

48 Leo Strauss, *Das Erkenntnisproblem in der philosophischen Lehre Fr. H. Jacobis*, p. 258.

표현이 가장 통속적인 경험적 현실의 의미로 격하'될 위험이 있다. 게다가 '개념에 대한' 그의 '혐오'는 개념으로 이루어지는 '인륜성의 객관적 형식과 법칙' 등을 '경멸'할 위험마저 지닌다.[49] 『믿음과 앎』에서의 헤겔의 이러한 비판은 한마디로 경험 내용의 개념적 인식의 유의미성에 대한 것이라 할 수 있다.

그러나 헤겔의 명시적 비판에도 불구하고 그의 고유한 철학 체계 구상에 있어 야코비의 영향이 소홀히 다루어져서는 안 될 것이다. 이 시기부터는 더 이상 사랑과 삶이 철학적 원리로 고찰되지 않지만, 야코비의 신적 정신은 계속 헤겔 철학 속에 머물게 된다. 헤겔은 『믿음과 앎』이 발표되기 전부터 이미 야코비의 정신 개념을 자신 **고유의** 철학 개념으로 다듬는 데에 전념했다. 그는 우선 『피히테와 셸링 철학 체계의 차이』(1801)에서 반성으로부터 비롯되는 '모순' 자체를 '절대자의 현상'으로 파악하고[50] 1801/02년의 단편 「절대적 본질의 이념」에서는 '절대적 본질'을 인식에 대해 하나의 운동으로 전개하려는 구상을 한다. 이 운동은 절대적 본질이 '이념에 있어 자신의 형상을' 기획하고 자연에서 자신을 실현하며 '정신으로서' '자기 내 복귀하고 자기 자신을 인식하는' 과정이다.[51] 여기서 이미 이념, 자연, 정신이라는 헤겔의 성숙한 철학 체계의 골격이 세워지는 셈이다. 또 다른 중요한 단편인 「정신의 본질」은 자연을 바로 '정신의 타자 존재'로 이해하며, 자연의 본질적인 것을 자연과의 외적 연관 내 정신의 인식적 자기 관계를 통해 성취되는 것으로 파악한다. 자연은 정신에 의해 바로 '자신의 타자 존재 내에 있는 정신' 자체로서, '하나의 전체로서' 인식된다. 정신에 의해 이렇게 인식되는 자연은 '자신의 전적인 풍부함에 있어서의 삶'이다.[52] 물론, 헤겔의 이러한 철학적 체계 구상은 셸링의 영향을 받은 것이지만,[53] 여기서 모든 사물의 참

49 Georg Wilhelm Friedrich Hegel, *Jenaer kritische Schriften*, pp. 346~80.

50 Georg Wilhelm Friedrich Hegel, *Jenaer kritische Schriften*, p. 32.

51 Georg Wilhelm Friedrich Hegel, *Schriften und Entwürfe*, p. 262.

52 Georg Wilhelm Friedrich Hegel, *Schriften und Entwürfe*, pp. 372~73.

된 형식으로서의 야코비의 정신이 한편으로는 자연 내 타자 존재의 형식으로서, 다른 한편으로는 정신 자체의 자기 관계의 형식으로서 설정되고 있음이 간과되어서는 안 된다. 그리고 『정신현상학』에 이르면 정신의 이 두 형식을 포괄하는 이념으로서의 '절대자'가 바로 '정신' 자체로 규정된다.[54] 이제 남은 것은 자연과 자기 자신에 대한 정신의 인식 과정에 대한 서술이다. 이를 위해서는 우선 정신이 정신 자체로서 존립할 수 있는 정신적 존재자, 즉 인간에 있어서의 정신의 내적 능력들을 구분하고 그 상호 연관을 파악해야 할 것이다. 예나 시기에는 그 능력들이 주로 의식 이론을 통해 전개된다. 그러나 이 시기 말에 이르면 직관, 오성, 이성은 이미 상호 연관 속에서 전개되기에 이른다.[55] 이 정신 능력들의 상호 연관은 1817년 『철학백과 요강』에서 전형적으로 찾아볼 수 있다. 잘 알려진 논리적인 것의 세 형식의 분류에서 '추상적' 오성은 야코비가 도외시하려 한 인간이 지닌 논증적 이성에 해당하는 것으로 볼 수 있고, '사변적·긍정적' 이성은 야코비의 정신으로서의 이성에 상응하는 것으로 볼 수 있다. 헤겔은 이 양자 사이에 '변증적'·'부정적' 이성을 끼워 넣음으로써 오성적 추상에 의해 분리되고 고착된 규정성들이 지양되어 그 '대립 속의' '통일'로 고양될 수 있는 중간 단계를 설정한다.[56] 이로써 정신은 추상적·논증적 분석 단계에서부터 구체적·사변적 통일 단계에까지 변증법적으로 자기 지양하는 구조를 갖게 된다.

그러나 헤겔에 대한 야코비의 가장 중요한 영향은 무엇보다도 감성적 직관에 기반을 둔 실재론적 인식론이라 할 수 있다. 헤겔은 이러한 인식론적 입장을 떠난 적이 없다. 다만 헤겔에게서 새로운 것은 감성적이든

53  Friedrich Wilhelm Joseph von Schelling, *System des transzendentalen Idealismus*, pp. 329~52; Friedrich Wilhelm Joseph von Schelling, *Über den wahren Begriff der Naturphilosophie und die richtige Art, ihre Probleme aufzulösen*, pp. 637~59과 비교.

54  Georg Wilhelm Friedrich Hegel, *Phänomenologie des Geistes*, p. 22.

55  Georg Wilhelm Friedrich Hegel, *Jenaer Systementwürfe III*, pp. 185~201 참조.

56  Georg Wilhelm Friedrich Hegel, *Enzyklopädie* (1817), §13~16. 또한 1827년과 1830년 재판의 §79~82 참조.

이성적이든 직관을 통해 획득된 직접지가 이미 **매개**를 포함하고 있다는 점이다. 야코비는 온전한 하나의 전체로서의 개체가 직접 감성적 직관을 통해 수용되고 이성적 직관을 통해 파악되는 것으로 이해했다. 이때 오성 개념들은 이 통일적 인식에 방해가 되는 것으로만 간주된다. 인식되는 자연 대상의 규정성은 결코 개념으로서가 아니라 오히려 단지 '개별적 감각'으로만 있다. 헤겔은 야코비의 이러한 몰개념적 인식 이론을 이미 첫『예나 체계 기획들』(*Jenaer Systementwürfe*, 1803/04)에서 '우스꽝스러운' '실재론'으로 비판한 바 있다.[57] 물론, 직관은 야코비에서처럼 감성적으로 이루어질 수도 있고 이성적으로 수행될 수도 있다. 그러나 인식에 있어 무엇보다 중요한 것은 대상이 실제로 이 대상에 대해 인식적으로 파악된 개념의 본질로서 있는지, 아니면 '대상의 개념'이 '실제로 현존하는 바대로 있는 그 대상에 상응하는지' 하는 점이다.[58] 왜냐하면 지성적 존재자인 인간에게 순수한 감성적 직관이란 불가능하며, 직관을 통해 획득된 감성적 확실성은 그 자체가 이미 개념의 매개를 거친 것이기 때문이다. 감성적 직관을 통해 획득된 확실성이 이미 보편의 매개를 거친 개별 인식이라는 사실을 전형적으로 보여 주는 곳이 바로『정신현상학』의 감성적 확실성 부분이라 할 수 있다. 더 나아가 인간은 지성적 존재자인 만큼 또한 존재 자체를 직접 이성적으로 직관하고 순수하게 사유할 수도 있다. 그러나 순수하게 사유되는 존재의 '무규정성'마저 이 '무규정성'**이라는** '규정성'을 통해 이미 매개된 것이다. 주지하다시피 『논리의 학』(*Wissenschaft der Logik*, 1812/13)의 존재와 무의 변증법 부분은 이 점을 가장 잘 보여 준다.[59] 간단히 말해 보편은 개별 속에서 실현되며,

---

57 Georg Wilhelm Friedrich Hegel, *Jenaer Systementwürfe I*, p. 293.

58 Georg Wilhelm Friedrich Hegel, *Phänomenologie des Geistes*, p. 64.

59 이에 대해서는 Georg Wilhelm Friedrich Hegel, *Wissenschaft der Logik I*, pp. 43~57; Anton Friedrich Koch, "Unmittelbares Wissen und Logische Vermittlung", *Friedrich Heinrich Jacobi*, pp. 322~27 참조. 간과하지 말아야 할 것은 헤겔에게서는 단지 인식된 내용뿐만 아니라 인식되는 대상, 즉 개별자로 실존하는 존재자 또한 어떤 무엇으로 '규정된'(determinate) '이것'(this)으로서 이미 '자체 내에' '매개되어' 있다는 점

개별의 본질은 보편을 통해 구성된다. 아리스토텔레스적인 관계 내에 있는 이 양자의 매개와 지양 과정에서 개별적 삶을 내건 보편적 피안으로의 공중제비는 필요하지 않다. 감성적 직관이든 이성적 직관이든 간에, 순전한 형태의 직접지는 인간에게 불가능하며 오직 자기 지양적 매개 과정을 통해서만 인간은 절대적인 것을 개념 파악할 수 있기 때문이다.

어찌 보면 헤겔 앞에는 이미 그의 철학의 핵심 요소들이 모두 주어져 있었다고도 할 수 있을 것이다. 칸트 철학은 이미 주체로부터 '개념의 객관성과 무한성'을 가르쳤으며, 그럼에도 야코비 철학은 놓쳐서는 안 될, 개념에 포섭되지 않는 객체로부터의 경험의 '주관성'과 '유한성'을 부각했기 때문이다. 그러나 이 둘 모두에게 '참다운 절대자'는 '신앙 또는 감정 속의 절대적 피안'으로만 머무르며, '인식하는 이성에게는 무(無)'나 마찬가지로 있다. 이제 남은 것은 개념과 대상, 주체와 객체, 무한성과 유한성, 더 나아가 인식과 신앙을 통일하는 것뿐이다. 그리 간단치만은 않을 이 작업을 통해 '개념 및 법칙의 형식'도, 개성적인 개체의 '생동성'도 결여되지 않는 '인륜적 아름다움'이 성취될 것이다.[60]

이후에 헤겔은 야코비 철학에 대한 자신의 비판을 한번도 철회하지 않았다. 1807년 한 편지에서도 헤겔은 계속 '이성을 그 총체성에서가 아니라' '한갓된 오성 개념'으로 이해하고 있는 야코비의 '무지'의 철학을 힐난하고 있다.[61] 그러나 헤겔은 같은 해 봄부터 또한 니트함머의 중재를 통해 야코비와의 인격적 화해를 시도하고 있었다. 1807년은 헤겔이 처

---

이다. Kenneth R. Westphal, "Hegel's Attitude Toward Jacobi in the 'Third Attitude of Thought Toward Objectivity'", *The Southern Journal of Philosophy* Vol. 27, No. 1, p. 145.

60 Georg Wilhelm Friedrich Hegel, *Glauben und Wissen*, pp. 381, 383. '피히테 철학' 또한 '절대자'가 '인식함 속에 있는 것이 아니라 오직 믿음 속에 있다'라는 점에서 '야코비 철학과 철저히 일치한다.' p. 397.

61 Georg Wilhelm Friedrich Hegel, *Briefe von und an Hegel*, Bd. 1, p. 205, 1807년 12월 23일자 니트함머에게 보낸 편지.

음으로 절대자를 정신으로 전개한[62] 『정신현상학』이 출간된 해이기도
하다. 그러면서 그는 '아무리 세련된 어법이라 해도' 단순한 고해성사
(pater peccavi!)밖에 되지 않을 자신의 미안함을 토로하기도 한다.[63] 이러
한 미안함 때문인지 헤겔과 야코비 사이에 직접 오고간 편지는 없었던
것으로 추정된다. 그러나 결국 이 둘은 1812년과 1815년 뉘른베르크와
뮌헨을 오가면서 우정 어린 친분을 쌓는다.[64] 철학적으로는 여전히 비판
적인 입장임에도 이후의 야코비에 대한 헤겔의 어조는 부드러운 온기마
저 전해진다.[65] '절대적 실체로부터 절대적 정신으로의 이행'을 칭찬하
는[66] 1817년 야코비 논평에서도 그렇고, 특히 처음으로 완결된 철학 체
계 구조를 갖춘 1827년 『철학백과 요강』에서도 그렇다. 여기서 야코비
철학은 이전 형이상학과 근대 경험론 및 비판철학에 이어 '객관성에 대
한 사유의 세 번째 입장'으로 소개되고 있다.[67] 아마도 '메마른' 학문의

---

62 Georg Wilhelm Friedrich Hegel, *Phänomenologie des Geistes*, p. 22.

63 Georg Wilhelm Friedrich Hegel, *Briefe von und an Hegel*, Bd. 1, p. 166. 1807년 5월
30일자 니트함머에게 보낸 편지. 따라서 헤겔의 야코비 이해의 전환점은 1807년 밤
베르크 시기라 할 수 있다. Lu de Vos, "Hegel und Jacobi (ab 1807)", *Hegel und die
Geschichte der Philosophie*, pp. 220~29. 『믿음과 앎』의 헤겔이 『볼데마르』를 그 저술
가의 인격까지 싸잡아 혹평한 슐레겔의 비평 방식과 관점을 수용했다는 라우트의 설
명은 너무 지나친 측면이 있다. 이에 대해서는 토론이 추가되어 있는 Reinhard Lauth,
"Fichtes Verhältnis zu Jacobi unter besonderer Berüchsichtigung der Rolle Friedrich
Schlegels in dieser Sache", *Friedrich Heinrich Jacobi*, pp. 180, 194~97, 203~06 참조.

64 Walter Jaeschke, *Hegel Handbuch*, p. 33.

65 Michael Brüggen, "Jacobi, Schelling und Hegel", *Friedrich Heinrich Jacobi*, pp. 222~
23, 229~30 참조. 그러나 브뤼겐은 헤겔의 화해 시도의 동기로서 철학적 이유보다는
야코비가 뮌헨 학술원장을 맡게 되리라는 소식을 접했기 때문이라고 사적인 이유를
부각하고 있다. 또한 그는 헤겔의 비판적 관점 전체를 셸링의 동일성 원리로 환원해
이해한다.

66 Georg Wilhelm Friedrich Hegel, *Schriften und Entwürfe I (1817-1825)*, p. 11.

67 Georg Wilhelm Friedrich Hegel, *Enzyklopädie (1827)*, pp. 76~77. 같은 해 헤겔의 종
교철학 강의에서 야코비의 '신에 관한 직접지'는 '정신의 자기 증언'으로 해석되고 있
다. Lu de Vos, "Unmittelbares Wissen und begriffenes Selbstbewußtsein des Geistes.
Jacobi in Hegels Philosophie der Religion", *Friedrich Heinrich Jacobi*, pp. 337~55, 특

'나무'에 야코비적인 마음의 '고귀한 성품'이 없다면 결코 철학의 푸른 숲을 볼 수 없을 것이다.[68] 『믿음과 앎』에 따르면, 칸트와 야코비를 처음으로 통일하려 한 자는 바로 피히테이다. 그러나 피히테에게는 야코비적 '동경의 주관성 자체'가 칸트적 사유의 '무한자로 형성된' 채 '자아는 비아와 같아야 한다는' 당위적 요구만이 '체계의 정점'으로 남았다.[69] 이제부터 철학의 통일 과제는 그 시행착오와 함께 헤겔의 숙제가 된다.

---

히 pp. 337~41, 345~46, 351 참조.

Georg Wilhelm Friedrich Hegel, *Briefe von und an Hegel*, Bd. 1, p. 183, 1807년 8월 29일자 니트함머에게 보낸 편지.

Georg Wilhelm Friedrich Hegel, *Glauben und Wissen*, p. 387.

## 제8장

# 야코비의 헤겔 비판

## 1. 믿음과 앎

"30년 전부터" 나는 자유를 정직하게 거부하는 "스피노자 식 자연주의", 즉 솔직한 "숙명론"과는 평화를 유지하려 했지만 "필연성과 자유, 섭리와 운명을 하나로 뒤섞으면서도" 정직하게 자기 자신을 인식하지 못하는 "숙명론"과는 끊임없이 "전쟁을 벌여" 왔으며 "마지막 숨을 거둘 때까지" 그럴 것이다(JVE 429). 말년의 야코비(1743~1819)는 자신의 전집 제2권을 출판(1815)하면서 서론에 이 같은 자신의 입장을 피력한다.

야코비처럼 논쟁을 마다하지 않은 사람도 없을 것이다. 그의 논쟁사는 곧 그의 철학의 형성사라 할 수 있다. 야코비는 당대 주류 철학들과의 대결을 통해 성장했으며, 논쟁의 본성상 그 파급력 또한 대단했다. 자신이 스피노자주의자임을 고백한 레싱과 이 레싱을 다른 모습으로 변호하려던 멘델스존을 겨냥한 『스피노자의 가르침에 대하여』가 그러했고, 칸트 철학과의 대결을 펼친 『신앙에 대한 또는 관념론과 실재론에 대한 데이비드 흄. 한 편의 대화』 및 이와 연관된 일련의 저술이 그러했으며, 학문론자 피히테의 무신론적 측면을 폭로한 공개 편지인『야코비가 피히테에게』, 그리고 셸링 철학의 자연주의적 이신론 측면을 공격한『신적인 것들과 그 계시에 대하여』가 그러했다. 그러나 이 험난한 대결 속에서 야코비가 구제하려 했던 것은 한결같이 학문적 앎에로 환원될 수 없는 신에 대한 믿음과 인간의 자유, 그리고 독재적 이성에 휘둘리지 않는 감정의 계몽이라 할 수 있다. 이러한 논쟁적 영향사에 헤겔 또한 예외일 수는 없었을 것이다.

대학 시절부터 야코비를 즐겨 읽던 헤겔은 프랑크푸르트 시기 자신의 민족종교 구상에 철학적 합일의 원리로서 야코비의 삶과 사랑의 개념을 끌어들인 바 있다. 이어 예나 시기에 그는 야코비의 영향을 받은 정신 개념을 자신의 철학 원리로 설정하면서 체계 구상에 전념하게 된다.[1] 그리고 그 선행 작업으로 당대 주류 철학들의 비판적 결산을 시도한 것이『피히테와 셸링 철학 체계의 차이』와『믿음과 앎』, 그리고 회의주의 논문을 비롯한 몇몇 비평 저술이라는 것은 잘 알려진 사실이다.

이 장(章)에서는 야코비의 헤겔 비판을 집중적으로 살펴보고자 한다.『믿음과 앎』에서의 헤겔의 야코비 비판은 비교적 잘 알려져 있는 반면, 이에 대한 야코비의 응수는 여전히 미지의 영역으로 남아 있기 때문이다. 우선 염두에 두어야 할 점이 있다. 전자에 대한 고찰은 이미 앞 장에서 이루어진 상태이기에, 여기서는『믿음과 앎』에서 헤겔이 거론한 쟁점을 간략히 소개하는 정도에 머문다. 둘째로 무엇보다도 야코비의 헤겔 비판은 사실 야코비의 의도를 따른다면 정확한 표현이 아니라는 점이다.『믿음과 앎』이 실린『철학 비판 저널』은 주지하다시피 각 저술의 필자를 밝히지 않은 채 출판되었다. 그럼에도 야코비는 "그 나쁜 말솜씨 때문에" "저주받은 헤겔"이『믿음과 앎』의 저자일 것이라고 확신하고 있었다 (JaR10 314). 반면 그처럼 미숙했던 헤겔은 아직 잘 알려지지도 않은 상태였기에 동시대인들은 그 저널을 셸링의 주도 아래 헤겔이 보조 역할

---

1 물론, 플라톤과 횔덜린의 영향도 간과해서는 안 된다.

을 하는 정도의 것으로 간주했다.[2] 그래서 야코비는 비판의 중심 표적을 무명의 헤겔이 아니라 『믿음과 앎』 **자체에, 그리고** 이런 글을 싣는 편집자들, 즉 거시적으로는 헤겔이 아니라 **무엇보다** 셸링에게 두고자 한다. 야코비의 이 저술이 바로 『프리드리히 쾨펜에게 보낸 세 편지들』(1803)이다.

그래서 이 「세 편지들」은 『믿음과 앎』의 내용적 비판과 함께 셸링 철학 전체에 대한 공격을 준비한다. 이 저술은 한때 피히테와 라인홀트에 심취했으나 야코비의 피히테 무신론 비판 이후 야코비 철학의 대변자가 된 프리드리히 쾨펜[3]의 셸링 비판서인 『셸링의 이론 또는 절대적 무(無)의 철학의 전체』(1803)에 부록[4]으로 실린 것이다. 이런 사실 또한 야코비의 본래 의도를 잘 말해 준다. 난점은 이 때문에 「세 편지들」에서 야코비가 『믿음과 앎』의 논점에 답변하면서 주로 셸링 철학을 비판하려 한다는 사실에 있다. 따라서 여기서는 논점들에 답변하는 전자에 초점을 맞추면서 셸링 철학을 비판하는 후자에 대한 자세한 논의는 별도로 다룰 수밖에 없다.[5] 이 후자의 논점들은 1802년 출판된 「리히텐베르크의 한 예언

---

2 Walter Jaeschke, *Hegel Handbuch*, p. 129. 그러나 본문에서 밝히겠지만 야코비는 헤겔의 독창성을 간파한다. 반면 클라우스 뒤징(Klaus Düsing)은 1801~02년 셸링과 헤겔이 비록 동일하게 인식 가능한 '절대자의 형이상학'을 추구했지만, 셸링의 동일성 철학에 영향을 끼친 것은 오히려 헤겔의 「체계 단편」(1800)과 차이 논문이라고 본다. Klaus Düsing, "Die Entstehung des spekulativen Idealismus. Schellings und Hegels Wandlungen zwischen 1800 und 1801", *Philosophisch-literarische Streitsachen*, Bd. 2, pp. 144~63, 특히 pp. 145~50, 155~59, 161 참조.

3 Carl von Prantl, "Köppen, Friedrich", *Allgemeine Deutsche Biographie*, Bd. 16, pp. 698~99 참조. 쾨펜은 '야코비의 직계 제자'라 할 수 있다. Peter-Paul Schneider, *Die ,Denkbücher' Friedrich Heinrich Jacobis*, p. 259.

4 Walter Jaeschke, Irmgard-Maria Piske und Catia Goretzki, *Anhang* zu *Friedrich Heinrich Jacobi Werke*, Bd. 2. 2, p. 486 참조. 『믿음과 앎』은 정확히 1802년 7월에 출판되었으며, 「세 편지들」의 작성 날짜는 1802년 8월 10~16일, 21~28일, 9월 19일로 되어 있다. 이 글의 편지 형식은 출판을 위해 추후 변형된 것으로 보이며, 출판 시기는 1802/03년 전환기 또는 늦어도 1803년 5월 중으로 추정된다. pp. 489~92 참조.

5 이 책 제5장 참조.

에 대하여』와 함께 훗날『신적인 것들과 그 계시에 대하여』에 합쳐져 구체화된다. 그러나 여기서는 우선『믿음과 앎』에서 헤겔이 지적한 야코비 철학의 '절대적 유한성'의 측면과 '절대적 피안'에 자리 잡은 추상적 무한성의 측면[6]을 중심으로 이에 대한 야코비의 반박을 논의하도록 한다. 야코비는 먼저 무한성 측면에서의 비판을 반박하기에 앞서『철학 비판 저널』저자들의 태도를 문제 삼는다.


## 2. 무차별적 절대자

야코비가 보기에 셸링은 이미 "18년 전" 자신의『스피노자의 가르침에 대하여』를 통해 많은 영향을 받아왔다. 헤겔은 예외일 것이라고 생각했는데, 그가 작성했음에 틀림없는『믿음과 앎』의 피히테 비판 부분을 보니 그 또한 자신의 저술들인『야코비가 피히테에게』, 「리히텐베르크의 한 예언에 대하여」, 『이성을 오성으로 가져가려는, 그리고 철학 일반에 새로운 의도를 제공하려는 비판주의의 기도』(1802)의 틀로 이야기하고 있다. 그러던 자들이 "이제는 우리가 앞선다"라면서 새로운 학파를 형성하고 야코비 자신의 침묵과 학문적 "소멸"(pereat)을 "시대의 욕구"라고 주장한다. 여기까지는 야코비 자신도 진지하게 경청할 수 있다. 왜냐하면 그 자신도 앎 내지 학문에서 성립할 수 없는 자신의 철학의 "운명"을 잘 알기 때문이다. 그러나 이해할 수 없는 것은 그러한 주장을 위해 반복적으로 사용된 수많은 욕설과 비방이다. 야코비는「세 편지들」의 첫 쪽부터『믿음과 앎』에서 등장하는 그러한 표현을 적나라하게 열거한다.[7] 야코비의 내심은 이를 통해 이른바 "이성적이고 형평성 있는 자"의

---

6  Georg Wilhelm Friedrich Hegel, *Glauben und Wissen*, p. 346.

7  예를 들면 '수다떨기'(Galimathisiren), '쿵쾅거리고 두들기며 연방 싸움질' (Gepoltere, Gepoche und Gezänke), '버릇없이 비명을 지르는 자'(ein ungebärdiger Zetterschreyer), '악의적인 왜곡'(hämische Verdrehungen) 등을 들 수 있다. Georg

잘못된 태도를 있는 그대로 웃음거리로 만들려는 데 있다. "신앙의 힘들을 일깨우고 강화하고 보존하기 위한", 그리고 동시에 "유일하게 참되고 참된 것"의 탐구를 위한 수단이 욕설과 비방이 난무하는 그런 것들이냐는 것이다. 그러면서 야코비 자신은 이 학파가 그동안 자신에게 보여 준 "존경과 애착"의 증명을 "모욕"으로 되갚을 용기가 없다고 일침 아닌 일침을 가한다(JaK 335, 337-341).

이러한 훈계와 더불어 야코비는 주로 『믿음과 앎』을 논박하는 첫째 편지를 시작한다. 이어지는 둘째 편지는 셸링의 동일성 철학 비판에 대부분의 지면을 할애하고, 마지막 편지는 양자의 근본 오류를 지적하는 것으로 마무리짓는다. 그렇다고 둘째 편지에 『믿음과 앎』의 내용적 비판이 전혀 없는 것은 아니다. 우선 **무엇보다** 야코비의 심기를 불편하게 한 것은 그가 "혐오할 만한 종교"와 "도덕"을 설교하면서 "신"과 "인간성을 숭배하는 것을 가르치지 않고 단지 인간을 숭배하는 것만 가르친다"라는 헤겔의 비난이다. 이에 따르면, 이성이 신성(神性)의 사원을 세우는 것처럼 야코비는 "악마"에게도 "예배당"을 지어준다는 것이다(JaK 336). 헤겔의 이 비판은 원래 야코비가 「리히텐베르크의 한 예언에 대하여」에서 "시간적 본질"에 속하는 오성과 "시간 외적 본질"에 속하는 이성의 분리되지 **않은** 온전한 전체로서 인간을 이해해야만 진정한 신앙이 가능하다는 주장을(JDO 27) 겨냥한 것이다. 헤겔이 보기에 이러한 인간의 신앙은 '절대적 유한성의 참다운 절대자와의 연관' 자체라 할 수 있다. 이때 절대적 유한성 편에는 오성과 이성의 단일체로서의 인간과 그 대상 세계가 자리 잡게 된다. 참다운 절대자는 오성의 시간적 대상 인식의 와중에도 시간 외적 절대자를 **예감**하는 이성에 의해 포착된다. 바꾸어 말해 이성이 발동하기 위해서는 오성의 시간적 대상 세계가 그 자체로 긍정되어야 할 것이다. 바로 이러한 '절충주의' 특성 때문에 야코비의 신앙은 악마도 활보할 수 있는 시간적 현세를 감각적 확실성이 그 자체

---

Wilhelm Friedrich Hegel, *Glauben und Wissen*, pp. 364, 367, 369, 372, 377~78.

로 보장되는 계시로 간주하기까지 한다.[8] 말하자면 야코비의 인간은 개념적 오성과 비개념적 이성이 내적으로 상호 통합된 존재가 아니라 양자가 대립 속에서 각자의 역할을 유지하면서 단순 접합된 존재이다. 이 양자에 대해 '참다운 절대자'는 마찬가지로 '절대적 피안'으로만 머문다. 야코비에게 이성은 오성 인식 중에 바로 이 인식으로부터 도약해 초감성적인 어떤 것을 느끼고 믿는, 그러나 그것이 무엇인지 알 수 없는 그런 능력이기 때문이다. 후에 『신적인 것들과 그 계시에 대하여』에서 야코비는 이성을 유한한 인식만으로는 그 확실성의 출처가 온전히 설명될 수 없기에 그 인식의 "모든 제약된 것에 앞서 절대적인 것 또는 무제약적인 것을 전제"하는 능력으로 정의한다(JDO 105). 이렇게 느낌으로 전제되는 신은 모든 자연 인간의 신일 수 있을 것이다. 인간의 인간성에 비추어 이에 걸맞은 신이 어떠한 존재인가가 중요한 것이 아니라 어떠한 신이든 그를 믿는 자연적 인간이 중요해지는 셈이다.[9]

야코비는 헤겔의 이 비판이 "유한성과 무한성, 실재성과 관념성, 감성적인 것과 초감성적인 것의 절대적 대립의 정립 및 참으로 실재적이고 절대적인 것의 피안에 있음의 정립"에 대한 불만족에서 출발하고 있다는 것을 잘 안다. 정말이지 헤겔은 이를 "모든 비철학(非哲學)과 사이비 철학 일반의 근본 원리"로 여긴다(JaK 342).[10] 그렇게 '유한성에로만 침잠해 영원한 것의 직관과 인식에서 벗어난 이성'에게 남는 것은 '동경과 예감의 주관성'만으로 앎의 텅 빈 공간을 채우는 일뿐이다. 그렇다고 이 이성이 헤겔에 **따른다면** '절대자 내에서의 자신의 존재'를 보장받는 것도 아니다. 이성은 피안에 정립된 참된 절대자와 대립해 이에 대한 '무

---

8  Georg Wilhelm Friedrich Hegel, *Glauben und Wissen*, pp. 374~75. 자세한 논의는 이 책 제7장 제4절 참조.

9  이러한 측면에서 야코비는 자연 종교적 전통을 대변한다. 그러나 자연 자체가 직접 신을 지시하는 이신론적 경향과 달리 야코비에게서 자연은 '자기 내에 신적인 것을 포함하는' 인간의 활동을 거쳐 신을 지시할 수 있다. Carmen Götz, *Friedrich Heinrich Jacobi im Kontext der Aufklärung*, pp. 367~406, 특히 pp. 376~77, 404~05 참조.

10  Georg Wilhelm Friedrich Hegel, *Glauben und Wissen*, p. 321과 비교.

지의 감정'과 '예감'으로서만 작동하는 것이기 때문이다. 이는 한마디로 '철학의 죽음'에 해당된다.[11] 이제 야코비는 본격적으로 응수하기 시작한다. "철학의 죽음"에 해당하는 한 철학이 그 자신**에 의해**, 그것도 적시에 죽음에로 이끌려진다면 이는 "엄밀한 의미에서 철학적으로 정당하다." 신앙은 앎을 노리는 철학의 죽음에서 비로소 진정으로 가능해지기 때문이다. 신앙 대상이란 철학적 앎의 완결 이후에도 이 완결된 앎이 앎의 죽음에 지나지 않는 그런 대상이다. 이를 깨닫는 철학은 자신의 죽음을 스스로 죽을 것이다. 이야말로 "인간성의 구원자" 아니겠는가? 헤겔 자신도 "참된 철학"은 철학적 "도야 일반의 완전성"을 거쳐 그 도야의 "유한성들의 절대성을 **무화**"하는 "완료된 현상"으로서만 가능하다고 하지 않았는가? 야코비는 이와 관련된 한 각주에서 『정신현상학』을 예상케 하는『믿음과 앎』의 이 대목을 길게 인용한다. 아울러 마지막 부분의 저 유명한 "**사변적** 수난일"(den speculativen Charfreytag)의 문장을 덧붙인다(JaK 343-344). 여기서 사변적 수난일이란 사변철학적 앎 속에서 신은 죽음에로 이끌릴 수밖에 없다는 것을 의미한다. 사변철학의 '순수 개념'은 자신의 앎 속에서도 이 앎에 의해 '신 자신이 죽었다는 감정'의 '무한한 고통'을 있는 그대로 '최고 이념'의 '계기'로 받아들여야 한다. 이러한 자신의 '몰신성'(Gottlosigkeit)을 그 '전체 진리로' 복원한 후에야 사변철학적 수난 속에서 온전한 신앙의 신이 부활할 것이다.[12] 사변철학

---

11 Georg Wilhelm Friedrich Hegel, *Glauben und Wissen*, pp. 316, 322.

12 Georg Wilhelm Friedrich Hegel, *Glauben und Wissen*, pp. 413~14. 이 대목은 자신을 "논리적 열정주의"로 비난한 야코비에 대해 피히테가 역으로 야코비를 '삶(生)의 열정주의'라 응답한 내용과 깊은 연관이 있다. 피히테는 본래 철학일 수 없는 야코비의 삶의 관점에 맞서 삶을 인식하기 위해 '현실적 삶으로부터 벗어'날 수밖에 없는 것이 '사변'의 관점임을 강조한다. 야코비는 피히테의 이 사변적 관점의 무신론적 측면을 폭로하려 한다. 헤겔은 이 대목에서 야코비의 지적을 받아들이면서도 피히테의 사변적 관점이 절대자의 철학에 더 가까울 수 있다고 본다. JaF, pp. 196~97. Johann Gottlieb Fichte, "Fichte an Jacobi, 22. April 1799", *Philosophisch-literarische Streitsachen*, Bd. 2. 1, p. 57. 게르하르트 횐에 따르면, 야코비가 제기한 '삶의 비밀의 사변적 해결'이 바로『논리의 학』의 '존재 신학적' 사고이다. Gerhard Höhn, "Die

속에서 신은 죽는다. 사변철학의 이 죽음의 스스로 죽음 속에서 신은 부활한다. 자신 내의 신의 죽음의 이러한, 스스로 죽음이 사변철학적 앎의 완성이다. 바로 이러한 측면 때문에 야코비는 『철학 비판 저널』에 대한 동시대인들의 선입견과 달리, 헤겔을 "셸링의 제자"로 여길 수 없다고 본다(JaK 339).[13]

이어서 야코비는 차안과 대립해 피안에 있지 않는 절대자란, 또는 차안과 피안이 한몸으로 있는 절대자란 어떠한 존재일지 묻는다. 그러한 절대자를 추구하는 철학은 유일신처럼 "홀로" 비행하려는 "머리 둘 달린 독수리"(der alleinige Doppelaar)와 같을 것이다. 비유를 즐겨 사용함에도 **이상해** 보이는 야코비의 이 비유는 사실 『믿음과 앎』에서 헤겔이 칸트와 야코비, 피히테 철학을 통틀어 '박쥐와 같은' 철학이라 칭한 것을 비꼰 것이다. 헤겔은 칸트 철학을 앞서 말한 대립의 '객관적 측면'으로, 야코비 철학을 '주관적 측면'으로, 그리고 피히테 철학을 이 '양자의 종합'으로 정리한 바 있다.[14] 야코비에게는 이러한 특징짓기도 이해할 수 없는데(JaK 341), 헤겔이 이제는 이 세 철학을 같은 죄를 범한 것으로 폄하한다. 말하자면 이들은 '조류에도 동물류에도, 땅에도 하늘에도 속하지 않은'[15] 채 "절대적 대립의 말뚝에 꿰여" 어정쩡하게 방황하기만 한다는 것이다. 오늘날에는 포유류로 분류되지만, 헤겔은 이러한 박쥐의 비유를 통해 낮과 밤 사이에서 자유롭게 비행하지 못하는, 자유로운 듯한 비행 후에는 거꾸로 매달릴 수밖에 없는 철학을 묘사하고자 한다. 그렇다면 날카로운 발톱으로 박쥐를 낚아챌 수 있는 철학은 독수리와 같을 것이다. 이 독수리는 자기 안에서 "모든 유한성을 **먹어치우며**" 무한을

---

Geburt des Nihilismus und die Wiedergeburt des Logos – F. H. Jacobi und Hegel als Kritiker der Philosophie", *Friedrich Heinrich Jacobi*, p. 292.

13 반면 쾨펜은 『셸링의 이론 또는 절대적 무(無)의 철학의 전체』에서 헤겔을 셸링 체계에 속하는 추종자 정도로 간주했다. Hartmut Buchner und Otto Pöggeler, *Anhang* zu *Jenaer Kritische Schriften*, pp. 540~41 참조.

14 Georg Wilhelm Friedrich Hegel, *Glauben und Wissen*, pp. 321, 323~24.

15 Georg Wilhelm Friedrich Hegel, *Glauben und Wissen*, p. 324.

**향해** 비행해야 하기에, 다시 말해 "유한자와 무한자, 시간적인 것과 영원한 것, 존재와 비존재의 동일성"으로 한몸을 이루어야 하기에 머리가 둘 달릴 수밖에 없다. 한쪽 머리는 유한한 것들을 "먹어치우는" "주체"로서, 다른 쪽 머리는 "먹혀버리는", 좀 더 정확한 이해를 위해 표현을 고치면, 먹은 것을 무한하게 토해 내는 "객체"로서 말이다. 그래서 한쪽 머리는 땅을 향하고 동시에 다른 쪽 머리는 하늘을 향하면서 이 독수리는 그 사이의 "절대적 중심"에서 "영원히 자기 **앞쪽으로만**" 날아간다. 이런 독수리와 같을 헤겔이나 셸링의 철학도 결국 위 아래의 어느 쪽에도 속하지 못하는 박쥐와 동일한 운명을 맞이하는 셈이다. 게다가 이 독수리는 모든 유한자를 무차별적으로 소화해 "절대적으로 절대적인 것"(zum absolut Absoluten), 완전히 용해되어 버린 것(ab-solutum)으로 만든다(JaK 344-345). 이것을 신을 향한 고양이라 할 수는 없다. 사실, 이 독수리 자체가 무한과 유한의 무차별적 이중성이기에 자신을 위해 취할 것도 자신이 줄 것도 없다. 한쪽 부리가 먹은 것을, 다른 쪽 부리가 토해 내기 때문이다. 이것을 창조라 할 수는 없다.

출처가 불명확한 이 이상한 비유는 셸링과 헤겔이 구상한 절대자의 철학을, 그리고 이 철학이 서술하려는 절대자 자체를 **동시에** 겨냥하고 있다. 그러나 엄밀히 말해 야코비가 염두에 두고 있는 것은 셸링의 무차별적 동일성으로서의 절대자라 할 수 있다. 이에 대해 헤겔은 아직 공감 정도의 막연한 생각을 갖고 있었다. 왜냐하면 그는 『피히테와 셸링 철학 체계의 차이』에서야 처음으로 절대자 개념을 자신의 철학에 도입했으며,[16] 이를 1803년 단편 「정신의 본질」에서 비로소 체계 구성 원리로 시도하고 있기 때문이다.[17] 야코비는 『믿음과 앎』을 처음 접했기에 당연히 헤겔

---

16 Georg Wilhelm Friedrich Hegel, *Differenz des Fichte'schen und Schelling'schen System der Philosophie*, pp. 16~19 참조. 1801/02년의 단편 「절대적 본질의 이념」은 이와 연관이 깊다. Georg Wilhelm Friedrich Hegel, *Schriften und Entwürfe (1799-1808)*, pp. 262~65 참조.

17 Georg Wilhelm Friedrich Hegel, *Schriften und Entwürfe (1799-1808)*, pp. 370~73 참조.

의 절대자 개념을 모를 수밖에 없었던 반면,『선험적 관념론의 체계』와 『나의 철학 체계의 서술』에서 전개된 셸링의 절대자는 쾨펜에게 보낸 두 번째 편지에서 이미 자세히 다루고 있다.[18] 여기서 상론할 수는 없으나, 야코비에 따르면 셸링의 무차별적 절대자는 "창조자와 피조물"이 동등 해지기에 "생식 없는 영원한 자웅동체적 동침"에 지나지 않는다. 그렇다 고 이러한 동침에서 자연철학과 선험철학의 동일성이 궁극적으로 성취 될[19] 수도 없다. 왜냐하면 자립성에까지 고양된 자연은 그럼에도 "단지 생성함의 생성함"(ein Werden eines Werdens) 자체일 뿐이어서 진정한 의 미에서 "어떠한 생성함도 아니기"(kein Werden) 때문이다(JaK 357, 359- 360). 다시 말해 실재로는(realiter) 개별적인 자연 사물만 생성한다. 이러 한 자연 사물의 총체로서의 자연은 개별 사물의 생성함을 생성함 자체 로 표현한 것에 지나지 않으며, 실재로 어떤 개별 사물을 생성하거나 창 조한 것은 아니라는 것이다. 이 같이 활동성의 근원이 없는 자연철학이 활동적 주체로부터 출발하는 선험철학과 끝끝내 같아질 수는 없을 것이 다. 아무리 무차별적 절대자의 지평이라 해도 말이다. 물론, 야코비의 이 러한 비판은 헤겔의 생각을 비껴간 것으로 치부할 수 있다.[20] 그러나 아 직 자신의 철학 원리를 구상 중이던 헤겔에게 이는 매우 중요한 방향 지 침을 제공했다고 볼 수도 있다. 후에 회의론자인 고틀로프 에른스트 슐 체(Gottlob Ernst Schultze)의 비판을 받아들여 셸링의 절대자를 '모든 소 가 검게 보이는 밤'으로 배척하게 되는『정신현상학』[21]에 야코비도 분명

---

18 이 편지에서는 셸링의『자연철학 체계 기획 서론』(1799)도 언급하고 있으나, 야코비 는 이 시기에 처음 읽은 것이라 말한다. JaK, p. 357; JaR10, p. 314 참조.

19 Friedrich Wilhelm Joseph von Schelling, *System des transzendentalen Idealismus*, p. 352과 비교. 여기서 셸링은 절대자 철학 체계의 두 근본학들로서 '실재론에서 관념 론을 산출하는' 자연철학과 '관념론에서 실재론을 산출하는' 선험철학을 구상한다.

20 카를 호만은 주로 셸링의 주요 개념을 공격하는 이『세 편지들』에서 야코비가『믿 음과 앎』의 헤겔을 그 이상 이해하지 못한 것으로 본다. Karl Homann, *F. H. Jacobis Philosophie der Freiheit*, p. 33.

21 Georg Wilhelm Friedrich Hegel, *Phänomenologie des Geistes*, p. 17. Walter Jaeschke,

영향을 끼치고 있는 것이기에 그렇다. 이와 연관해 야코비는 여기서 누구의 제자가 아닌 "진짜 헤겔의" 전도유망함을 보여 주는 『믿음과 앎』의 핵심 부분을 정확히 인용하고 있다. 이 부분은 박쥐를 언급하고 있는 단락 전체이다. 즉 "동경과 애수"를 넘어서지 못하고 "인식 불가능한 신"에 머물고 마는 자신의 입장이 "근본 오류"라면, 이제 헤겔에게 중요한 것은 절대적 대립의 말뚝이 아니라 이 "말뚝을 먹어치우고 우리 눈앞에서 소화할 참된 조류(der wahre Vogel)"는 무엇일지 하는 것이다(JaK 346-348). 유한자가 수용되는 **개념 형식**을 단순히 무한자와 관계시킨다고 될 일이 아니다. 유한자 자체를 소화할 수 없는 무한자는 참된 것이 아니기 때문이다. 그러나 헤겔의 '이념에서는 유한자와 무한자가 하나이며, 그 때문에 유한성이 즉자대자적으로 진리와 실재성을 지녀야 하는 한, 그 자체로 소멸해 있다. 그러나 그 유한성에서 부정인 바의 것만 부정된 것이며, 그래서 참된 긍정이 정립되어 있는 것이다.'[22]

## 3. 유한한 이성

그렇다고 야코비가 자신의 인식 불가능한 신의 관점을 포기한 것은 아니다. 그의 신이 언제나 사변철학의 학문적 수난을 거친 다음에 자리 잡는 존재인 한 그렇다. 따라서 앞서의 참된 조류에 대한 언급은 야코비가 헤겔에게 던지는 헤겔 자신의 문제라 하겠다. 절대자의 사변철학적 앎의 가능성 말이다. 반면 야코비에게 (셸링 식으로) 주객의 "절대적 무차별의 절대적 중심"에 서는 것은 진정한 생성의 "결실도 희망도 없는 신들"

---

*Hegel Handbuch*, pp. 135~36 참조. 직접적인 영향 관계를 확인할 수는 없으나, 프리드리히 슐레겔 또한 셸링의 절대적 동일성 내에서 '모든 고양이가 잿빛이다', 그리고 장 파울(Jean Paul)도 '모든 차이가 검다'라고 말한 바 있다. Wolfgang Bonsiepen und Reinhard Heede, *Anhang* zu *Phänomenologie des Geistes*, p. 485.

22 Georg Wilhelm Friedrich Hegel, *Glauben und Wissen*, p. 324.

을 묘사하는 데 지나지 않는다. 이는 "자기 자신으로부터 산출된 순수한 포만감"만으로 만족하려는 학문적 "아는 체하기"(Vorwitz)일 뿐이다. 학문적 내용을 부풀린다고 신에 도달할 수는 없다. 야코비는 이를 이솝의 소처럼 커지려고 배를 부풀리다 터져버린 "개구리 우화"에 빗댄다(JaK 352). 그렇다면 어떻게 신을 만날 수 있는가?

야코비를 언짢게 만드는 헤겔의 비판은 최근의 '교양'(Cultur)이 고착해 놓은 '감성으로 촉발된 이성'의 관점에 관한 것이다. 이 이성은 신을 인식하는 능력이 아니라 인간을, 더구나 '이성의 극복 불가능한 유한성'을 지닌 인간을 인식하는 능력이다. 인간이 **지닌** 이성은 감성적으로 촉발되기에 근본적으로 유한하다. 그러나 이 이성을 촉발하는 '절대적 감성'은 또한 '자신에게 낯선 초감성적인 것'으로 자기 자신을 덧칠하는 '신앙의 능력'을 지니고 있기도 하다. 최근의 교양에 따르면, 감성으로 촉발된 이성은 감성의 내용을 온전히 담아내지 못하는 그 근본적 유한성 때문에 초감성적인 것을 느끼고 예감하는 절대적 감성의 신앙을 수반한다는 것이다.[23] 야코비는 헤겔의 이 언급을 단지 모순율(das Entweder, Oder)에 사로잡힌 "오성" 그 이상의 것일 수 없는 이성에 대한 지적으로, 따라서 궁극적으로 "무화"되어야 할 오성에 대한 지적으로 읽는다. "참된 철학"의 이성은 그러한 오성적 필연성에 얽매인 "논리학자"일 수 **없을** 것이다(JaK 345). 야코비가 세세히 따지고 있지는 않지만, 헤겔의 이 지적은 본래 이성의 사변적 이념을 통찰했음에도 그 학문성에는 이르지 못하는 야코비의 이성 개념을 겨냥한 것이다. 이와 관련해 헤겔이 거론하는 여러 저서 중에서 감성으로 촉발된 이성은 무엇보다 「리히텐베르크의 한 예언에 대하여」와 「비판주의의 기도에 대하여」에서 제시된 "감관"(Sinn) 능력에서 가장 잘 부각된다고 할 수 있다. 이에 따르면, 감관은 동시에 의미(Sinn)를 지닌 것이다. 감관은 객체와 주체의 두 개 끝의 "가운데 서 있음"(In-der-Mitte-Stehen)으로서 그 자체가 하나

---

23  Georg Wilhelm Friedrich Hegel, *Glauben und Wissen*, p. 323.

의 통일성이다(JDO 22-24; JUK 305 참조). 다시 말해 감관을 통해 인식할 때 그 한쪽에는 어떤 **개별** 대상의 감성적 다양성이 고스란히 수용되며, 다른 한쪽에서는 그 의미가 구성된다. 이때 의미는 두 가지 방식으로 구성될 수 있다. 먼저 감성에 대립된 오성은 주어진 다양을 분해하고 분류해 오성 **자신의** 분석적 통일성으로 환원하려는 폭력을 휘두른다. 이에 반해 이성은 저 감성적 다양의 통일성의 진정한 담지자란 바로 인식된 대상적 개체 **자체**라는 것을 통찰한다. 이때 이성은 자신의 의미를 이 개체 자체로 온전히 복원하기 위해 다양한 모습으로 생성·소멸하는 이 하나의 개체를 현실적으로 있게 해주는 초감성적 원인을 상정한다. 자연적인 감관 대상은 동시에 초자연적인 이성 의미로 이해된다. 헤겔은 야코비의 이 감관을 바로 '자연적인 것과 초자연적인 것의 동일성'으로서의 이성의 '사변적 이념'이라고 본다. 헤겔의 비판은 야코비가 이렇게 사변적 이념을 포착했음에도 오성의 분석적 통일이 또한 이성의 사변적 의미 종합의 한 과정**일 수** 있다는 점을 보지 못했다는 데에 있다. 이 때문에 야코비에게 인간의 주관적 이성은 오성 개념의 학문적 구성에 대립하면서 감성적 '주관성에 의해 촉발되어' 초감성적인 것을 느끼고 예감하는 형식적 능력으로 머무른다.[24]

헤겔이 언급한 감성으로 촉발된 이성은 사실 야코비의 독해대로 무화되어야 할 오성으로 읽을 수도, 헤겔의 지적대로 형식적 능력으로 머무는 이성으로 읽을 수도 있다. 야코비는 이 시기에 아직 자신의 인식 이론을 설명하기 위해 오성과 이성을 선명하게 구분하지 못하고 있었기 때문이다. 앞서 설명했듯이, 오성 인식 중에 무제약자를 전제하는 능력으로서의 이성은 후에 『신적인 것들과 그 계시에 대하여』와 「서문, 동시에 저자의 전체 철학적 저술들의 서론」[25]에서야 비로소 구체적으로 논의된

---

24 Georg Wilhelm Friedrich Hegel, *Glauben und Wissen*, pp. 361~62. 자세한 논의는 이 책 제7장 제2절 참조.

25 특히 전집 제2권의 이 글과 이 글에 이어지는 『신앙에 대한 또는 관념론과 실재론에 대한 데이비드 흄. 한 편의 대화』 재판(1815)의 한 각주에서 그는 지금까지 자신이 오

다. 그렇다고 야코비가 「세 편지들」에서 자신 고유의 이성 관점을 피력하지 않은 것도 아니다. 이를 위해 그는 **우선** 헤겔이 자신에게 지적한 잘못된 인용이 잘못된 것이 아님을 밝히면서[26] 지난 10여 년 동안 철저한 "칸트주의자"였기에 자기 나름의 "유일한 반(反)칸트주의자"일 수 있었던 자신의 면모를 부각한다. 이에 따르면, "셸링의 체계"는 칸트 체계의 "근본 오류"를 공유할 뿐만 아니라 이 근본 오류의 결과**이기도** 하다(JaK 350, 366). 칸트 체계의 근본 오류는 무엇보다 "사물들 자체"의 "전제 없이 그 체계 안으로 들어갈 수 없었고, 그러한 전제를 갖고 그 〔체계〕 속에 머물 수도 없는" 선험주의에 있다(JUK 271; JH 109). 야코비가 보기에 "참으로 객관적인 것"이라 할 이 사물들 자체는 칸트에게는 인간 인식의 대상이 아니면서 현상적 대상 인식의 조건으로 전제되어야 하기 때문이다. 즉 인식상의 무(無)가, 그래서 제한되지 않은 것이 제한된 인식 대상을 생겨나게 한다. 이러한 난점을 극복하고자 피히테는 객체 자체를 지양하고 "절대적으로 주관적인 것"에서 출발했다(JaK 362).[27] 그러나 칸트에게 통각의 선험적 주체 또한 오성의 생산적 구상력을 가능하게 하는 조건일 뿐, 그 자체가 감성적 질료를 통일하는 인식의 매듭은 아니다. 즉 인식상의 무능력이, 그래서 제한되지 않은 것이 제한하는 인식 주체를 가능하게 한다. 비판철학의 본래 목적은 이렇게 "제한되지 않은 것(das Unbegränzte)에서 시작해서" 이를 통해 주체와 객체 각각의 "경계"(Gränze)를 짓게 하려는 데에 있다(JUK 320).[28] 그리고 이 경계 짓기 이전

---

성과 이성을 분명하게 구별하지 못했음을 고백하고 있다. JVE, p. 377; JH, p. 64.

26 이 인용의 내용은 칸트에게서 이성 이념이 어떠한 실재성도 지니지 않는다는 것이다. JaK, p. 349.

27 『신앙에 대한 또는 관념론과 실재론에 대한 데이비드 흄. 한 편의 대화』에서 야코비는 칸트를 겨냥해 일관된 선험적 관념론자라면 선험적 대상이나 사물들 자체를 포기하고 "가장 강력한 관념론자"가 되어야 할 것이라고 말한다. JH, p. 112. 피히테는 자신의 『학문론의 둘째 서론』(1797)에서 이를 수용한 것으로 밝히고 있다. Johann Gottlieb Fichte, *Zweite Einleitung in die Wissenschaftslehre*, pp. 468~09 참조.

28 『순수이성비판』의 **서술**은 경험적 인식의 이 경계에 대한 설명부터 시작한다. 야코비

의 선험적 무제한자에 있어 주체와 객체는 칸트의 이성 이념들에서 나타나듯이 서로 구별되지 않고 동일한 것일 것이다. 셸링의 체계는 바로 여기에서, 다시 말해 피히테 식의 객체 지양만이 아니라 주체마저 지양된 "양자의 절대적 무차별과 동일성"에서, 바로 이런 의미의 무제약자에서 시작한다. 이러한 이유에서 야코비는 당시에 자신이 깨닫지는 못했지만 칸트의 근본 오류를 지적한 「비판주의의 기도에 대하여」에서 이미 셸링의 체계를 예견한 셈이라 말한다(JaK 362, 364).[29]

셸링의 체계가 가능하려면 무엇보다 오성이 파기되어야 할 것이다. 객체와 주체, 존재와 사유, 질료와 지성, 다양성과 동일성 등의 대립과 모순의 논리적 법칙에 얽매인 인식 능력이 오성이기 때문이다. 야코비가 보기에 헤겔은 "셸링의 오성 파기"가 칸트의 것보다 "완전한" 것으로 여기고 있다(JaK 345, 368). 이를 통해 대립 또는 모순된 것들의 동일성을, 다시 말해 사변적 이념을 인식하는 이성을 철학에 도입한 것으로 평가한다는 것이다. 야코비의 이러한 이해는 분명 논란의 여지가 있다.[30] 그

---

는 이 서술에 선행하는 **연구**의 순서 내지 숨은 의도를 지적하고 있다. 자세한 논의는 이 책 제2장 제4절 참조.

29 인간이 자신의 인식이나 존재를 오로지 자기 자신 내에서만 근거지으려 할 때, 신이나 사물 자체 등 자기 '외부의 지시체'(Außenreferenz)를 무화하게 되고, 결국 근원적인 '자기'(Selbst)마저 무화하게 된다. 바로 이 점에서 카르멘 괴츠는 야코비가 지적한 근대인의 '니힐리즘'과 계몽 이성의 독재적 파괴력을 본다. Carmen Götz, *Friedrich Heinrich Jacobi im Kontext der Aufklärung*, pp. 454~73, 특히 pp. 468~72 참조.

30 야코비는 분명 인간 인식의 유한성으로 인한 오성의 '추론적 사유의 불가결성'을 인정한다. 그러나 이 때문에 이성의 '직관적 인식'과 오성의 '추론적 인식 간의 **변증법**'을 구상했다는 귄터 바움의 평가는 너무 과도하다. Günther Baum, "Über das Verhältnis von Erkenntnisgewißheit und Anschauungsgewißheit in F. H. Jacobis Interpretation der Vernunft", *Friedrich Heinrich Jacobi*, pp. 7~33, 특히 pp. 14~20 참조. 함마허 또한 이성 내에서 오성을 무화하려는 셸링에 대한 야코비의 비판을 지적하면서 그의 철학에서 신이나 인간 타자 또는 자연을 의미할 수 있는 '그대'(Du)와 '나'(Ich) 사이의 대화적 변증법을 추적한다. Klaus Hammacher, "Jacobi und das Problem der Dialektik", *Friedrich Heinrich Jacobi*, pp. 119~63, 126, 137, 144, 152, 157. 또한 *Die Philosophie Friedrich Heinrich Jacobis*, pp. 42~44 참조. 이러한 의미에서 '상호 주관성 테마'를 '처음으로' 다룬 것은 피히테가 아니라 바로 야코비라 할 수 있다.

럼에도 야코비가 이를 통해 **정작** 비판하려는 것은 헤겔의 야코비 이성에 대한 오해이다. 헤겔은 야코비의 이성을 단지 '보편적으로 주관적'일 뿐인 것으로 이해하며, 이러한 주관성 때문에 이 이성에서는 참된 것의 인식이 아니라 단지 '예감'과 '무지'의 '감정'만 가능한 것으로 해석한다.[31] 이에 야코비는 본격적으로 응수한다. 자신은 어떠한 철학 저술에서도 "주관적 이성과 객관적 이성의 구별" 같은 것을 행한 적이 없다. "있지도 않은 것"을 말하는 셸링과 헤겔의 『철학 비판 저널』은 정직하지 못한 저작물이다. 자신은 오히려 "형용사적 이성과 명사적 이성"을, 다시 말해 "인간에 속하는 이성과 인간이 속하는 이성"을 구별했다는 것이다 (JaK 369-370). 이 같은 야코비의 반박은 사실 부분적으로만 참이다. 『신앙에 대한 또는 관념론과 실재론에 대한 데이비드 흄. 한 편의 대화』에서 그는 "변함없는 객관적 이성이 주관적 이성을" 강압적으로 궤도 이탈하지 않도록 한다고 말한 적이 있기 때문이다(JH 94). 또한 형용사적 이성과 명사적 이성이란 표현은, 여기 쾨펜에게 보낸 세 번째 편지에서야 처음으로 등장한다. 그러나 야코비는 『스피노자의 가르침에 대하여』 재판 (1789)에 덧붙인 일곱 번째 첨가글에서 "인간이 이성을 지니는가, 아니면 이성이 인간을 지니는가"라는 물음을 던진 바 있다. 이어서 그는 오성처럼 자연 사물을 탐구하는 이성을 인간이 지닌 이성 또는 "영혼"으로, 그리고 직접적으로 주어지는 "초자연적인 것"을 포착하고 가정하는 이성을 인간이 속하는 이성 또는 "정신"으로 구분한다. 전자의 이성은 모든 자연 사물을 자연적으로 제약되고 매개된 필연적 사슬 속에서 인식한다. 초자연적인 무제약자는 자연적으로 제약되거나 매개된 것이 아니기 때문에 이러한 이성을 통해 파악될 수는 없다. 자연의 현존 전체를 가능하게 하는 무제약자는 제약의 사슬 밖에서 "초자연적인 방식으로만"

---

Gerhard Höhn, *Die Geburt des Nihilismus und die Wiedergeburt des Logos – F. H. Jacobi und Hegel als Kritiker der Philosophie*, Friedrich Heinrich Jacobi, p. 290.

31 Georg Wilhelm Friedrich Hegel, *Glauben und Wissen*, p. 326.

그 현존 전체를 산출하는 것으로 이해되어야 한다. 더 나아가 이 무제약자는 그 현존 전체를 산출할 수도, 산출하지 않을 수도 있는 것이어야겠다. 필연성의 사슬을 벗어나 있기 때문이다. 야코비는 이를 바로 "신"의 **자유로운** 이성이라 부른다(JLS2 259-261).[32] 오성적 이성을 지닌 인간은 동시에 피조물로서 이러한 신적인 이성에도 속하고 있기에, 매개들의 무한한 사슬을 넘어 단적으로 주어지는 모든 현존의 근원을 예감할 수 있다. 그리고 바로 이 때문에 인간에게도 자유가 가능한 것이다.[33] 앞서 말한 오성 인식 중에 무제약자를 전제하는 능력은 이 후자의 이성을 가리킨다. 결국 형용사적 이성(adjektive Vernunft)은 항상 수식어로 쓰이면서 이성적 인간이 지닌 바로 그 인간의 이성을, 다시 말해 인간의 유한성 내에서 발휘되는 이성을 의미할 것이다. 이에 반해 명사적 이성(substantive

---

32 칸트, 피히테, 셸링 등에서 제약들로 매개된 필연적 **체계**와 결정론적으로 제약되지 않은 주체의 **자유** 사이의 딜레마를 지적한 것은 독일 고전철학에 끼친 야코비의 큰 공적 중 하나이다. Walter Jaeschke, *Die Klassische Deutsche Philosophie nach Kant*, pp. 30~37. 또한 Kenneth R. Westphal, "Hegel's Attitude Toward Jacobi in the 'Third Attitude of Thought Toward Objectivity'", *The Southern Journal of Philosophy* Vol. 27, No. 1, p. 139 참조. 헤겔에 따르면, '인간 정신이 직접적으로 신을 안다는 것'에 '인간 정신의 자유의 인정'이라는 야코비의 위대함이 놓여 있다. Georg Wilhelm Friedrich Hegel, *Vorlesungen über die Geschichte der Philosophie III*, p. 329.

33 따라서 야코비에게 인간의 자유는 매개들의 '판명한 인식'을 통해 입증될 수 없으며, 오직 모든 매개를 벗어날 수 있는 '순수한 자기 활동성의 현실'로서의 '행위'(Tat)를 통해서만 직접 주어질 수 있다. 이를테면 내가 어떤 자연 욕구에서 벗어나 특정 행위를 했다는 의식에서 나는 나의 자유를 확신한다. 물론, 이때의 자유의 본래적 근원은 신이라 할 수 있다. Jürgen Stolzenberg, "Was ist Freiheit?", *Friedrich Heinrich Jacobi*, pp. 24~25 참조. 이 때문에 비르기트 잔트카울렌은 야코비 유신론의 핵심을 비약이나 비철학(非哲學)이 아니라 '원인적 행위의 근본 경험'에 기초하는 '행위 형이상학'(Handlungsmetaphysik)에서 본다. Birgit Sandkaulen, *Grund und Ursache. Die Vernunftkritik Jacobis*, pp. 229~63, 특히 pp. 237, 242, 262 참조. 칸트에게는 현상계의 인과 연관에서 벗어난 자신을 '사물 자체'로 느끼는 도덕 주체의 측면을 강조하는 논의도 있다. 그러나 이 느낌의 근원, 즉 단적으로 타당한 도덕법칙에 대한 자발적 의지의 근원 문제는 여전히 남는다. Lachmann Julius, *F. H. Jacobi's Kantkritik*, pp. 27~30 참조.

Vernunft)은 항상 주체로 활동하면서 모든 유한자 너머에서 이 유한자의 현존을 가능케 하는 존재 및 인식의 원리로서의 이성을 뜻할 것이다. 이에 따른다면, 야코비의 이성이 절대자 내에서 자신의 존재를 보장받지 못한다는 앞서 언급한 헤겔의 비판 또한 허수아비 논쟁이 되는 셈이다. 야코비의 마지막 말은 이런 식으로 공격하는 자들에 대해 어떻게 스스로를 변호해야 할지 난감하다는 것뿐이다(JaK 370, 372 참조).

그러나 아직 야코비가 설명하지 않은 것이 있다. 주관적 이성과 객관적 이성의 구별이 자신의 구별과 갖는 차이점이 그것이다. 그의 구별을 적극적으로 받아들인다면, 주관적 이성은 이것이 개별적이든 보편적이든 인간이 지닌 형용사적 이성에 해당할 것이다. 이에 반해 객관적 이성은 좀 더 세분해 객관화하는(objektivierende) 이성과 객관화된(objektivierte) 이성으로 나눌 수 있다. 이때 전자는 야코비의 명사적 이성 또는 이 이성에 속하기에 자유로운 인간의 활동적 이성일 수 있다. 그리고 후자는 신 또는 인간에 의해 자연 사물 내에 유한한 형식으로 객관화된 이성, 따라서 형용사적 이성이 된다. 그렇다면 『신앙에 대한 또는 관념론과 실재론에 대한 데이비드 흄. 한 편의 대화』에서의 야코비의 앞의 언급은, 변함없이 객관화하는 명사적 이성이 주관적·형용사적 이성을 부득불 궤도 이탈하지 않도록 유지한다는 식으로 읽을 수 있다. 반면 야코비는 셸링과 헤겔이 언급한 주관적 이성과 객관적 이성을 모두 형용사적 의미의 이성으로 본다. 말하자면 인간 내지 자연 사물의 유한성에 갇혀 있는 이성이라는 것이다. 셸링은 객체에서도 주체에서도, 자연에서도 인간에서도 이러한 유한한 이성만 보기에 "절대적 필연성"의 사슬을 벗어날 수 없다. 자립화된 자연의 필연성에 대한 "이성의 절대적 복종"을 요구하는 그는 진정 자연 속에 있으면서도 자연 너머에 있는 "인간적 이성과 자유를, 그리고 초인간적인 또는 신적인 이성과 자유를" 통찰하지 못한다(JaK 365, 367).[34] 야코비의 이 비판 또한 헤겔 본래의 생각을 비

---

34 이에 대한 셸링 편에서의 답변이 『인간적 자유의 본질과 이와 연관된 대상들에 대한

껴간 것일 수 있다. 게다가 헤겔은 베른 시기에 이미 감성과 조화를 이룰 수 있는 '절대적' 이성을 막연하게나마 구상해 본 적도 있다. 감성이 이성에 낯선 혼합물로부터 순화된다면 '자기 자신 내에서 완성된' 절대적 이성이 가능하리라는 것이다.[35] 그러나 이러한 막연한 생각의 구체화에는 야코비가 강조한 존재 및 인식의 원리로서의 이성 또는 정신에 대한 이해가 큰 영향을 끼쳤다고 할 수 있다. 주지하다시피 이후에 확립된 헤겔의 정신 개념은 이성의 앞서 말한 모든 측면을 **아우른다**. 특히 '참된 것'은 '실체가 본질적으로 주체'로서 형성해 가는 '체계'라는 점이 통찰되었을 때 더욱 그렇다. 더구나 『정신현상학』에서 헤겔은 이제 야코비를 따라 '절대자를 정신으로' 이해한다.[36]

## 4. 매개의 지양과 아쉬운 만남

직접 언급한 증거는 없으나 헤겔은 야코비의 이 「세 편지들」을 읽었을 것으로 추정된다. 학창 시절부터 그는 야코비의 소설을 비롯해 주요 철학 저술을 거의 모두 섭렵하고 있었기 때문이다. 게다가 셸링은 이미 1803년 여름 헤겔에게 보낸 한 편지에서 주로 자신을 겨냥한 이 글을 혹평하고 있다.[37] 헤겔 또한 이 글을 함께 출판한 쾨펜의 스스로 사고할 줄

---

철학적 탐구들』(1809)이라 할 수 있다. 야코비는 이 저서를 「서문, 동시에 저자의 전체 철학적 저술들의 서론」에서야 처음으로 언급한다. JVE, pp. 414~15 참조.

35 Georg Wilhelm Friedrich Hegel, *Frühe Schriften*, p. 358.
36 Georg Wilhelm Friedrich Hegel, *Phänomenologie des Geistes*, p. 22. 다소 무리 있어 보이지만, 페터 용커스(Peter Jonkers)는 이미 『믿음과 앎』에서 야코비의 형용사적인 도구적 이성 비판과 절대자의 정신적 특징의 영향을 추적한다. Peter Jonkers, "F. H. Jacobi, ein „Galimathias" der spekulativen Vernunft?", *Einige Bemerkungen zu Hegels Jacobi-Deutung in seinen Jenaer Schriften*, *Hegel und die Geschichte der Philosophie*, pp. 213~16 참조.
37 Georg Wilhelm Friedrich Hegel, *Briefe von und an Hegel*, Bd. 1, pp. 70~71 참조. 1803년 7월 11일자 셸링에게 받은 편지.

몰라 의존적이기만 한 사람 됨됨이를 잘 알고 있었다.[38] 예나 시기의 헤겔이 쾨펜을 비롯해 아돌프 카를 아우구스트 폰 에셴마이어, 요한 야코프 바그너(Johann Jakob Wagner), 아달베르트 바르톨로메우스 카이슬러(Adalbert Bartholomäus Kayßler) 등의 철학 저술들에서 줄곧 발췌 메모를 해왔다는 카를 로젠크란츠(Karl Rosenkranz)의 보고도 있다.[39] 그러나 셸링과 헤겔은 모두 이 글에 대한 즉각적인 대응을 삼갔다. 또한 추후 대응의 양상도 사뭇 달랐다. 1807년 바이에른 학술원 회원이 된 셸링의 강연 「형상예술들의 자연과의 연관에 대하여」를 도발적인 내용으로 들은 야코비는 같은 학술원의 원장으로서 1811년 본격적인 셸링 비판서 『신적인 것들과 그 계시에 대하여』를 출간하며, 같은 해 가을에 이 둘 사이는 최종적인 파국으로 치닫게 된다. 이듬해 셸링은 반박 저서를 내놓는다.[40]

이에 반해 헤겔은 1807년 밤베르크 시기에 니트함머의 중재를 거쳐 개인적인 화해를 시도한다. 자신이 직접 세련된 말로 다가간다 해도 단순한 '고해성사'(pater peccavi) 그 이상의 의미를 전할 수는 없을 것이라고 생각했기 때문이다.[41] 쾨펜에게 보낸 첫 편지에서 야코비가 욕설과 비방이 난무하는 『믿음과 앎』을 힐난한 데 대한 헤겔의 짙은 미안함이 느껴지는 대목이다. 혹자는 헤겔의 이 화해 시도를 단지 학술원장을 맡게 된 야코비의 정치적 지위에 대한 일종의 타협 내지 휴전 조치로만 평

---

38 Georg Wilhelm Friedrich Hegel, *Briefe von und an Hegel*, Bd. 1, pp. 166, 218 참조. 1807년 5월 30일자, 그리고 1808년 2월 11일자 니트함머에게 보낸 편지.

39 Georg Wilhelm Friedrich Hegel, *Schriften und Entwürfe (1799-1808)*, pp. 485~86 참조.

40 이 글이 바로 『프리드리히 하인리히 야코비 씨의 신적인 것들 등의 저술에 대한, 그리고 이 저술에서 자신에게 행해진 의도적으로 속이며 거짓말하는 무신론이라는 고발에 대한 F. W. J. 셸링의 기록물』이다. Michael Brüggen, "Jacobi, Schelling und Hegel", *Friedrich Heinrich Jacobi*, pp. 209~21, 특히 pp. 213~14 참조. 호만은 셸링의 야코비 이해가 헤겔에 의존적이었던 것으로 평가한다. Karl Homann, *F. H. Jacobis Philosophie der Freiheit*, pp. 220~21.

41 Georg Wilhelm Friedrich Hegel, *Briefe von und an Hegel*, Bd. 1, p. 166.

가하기도 한다.[42] 그러나 중재 부탁 이후에도 헤겔은 여전히, 말하자면 평생 동안 야코비에 대한 자신의 비판적 기본 관점을 철회하지 않았다. 이미 1807년 8월에 시대 비판이 담긴 야코비의 학술원장 취임 연설을 요약된 신문 기사 형태로 읽은 헤겔은 이에 대한 우려를 토로한다.[43] 그러나 며칠 후 원문 전체를 구해 읽은 그는 야코비가 비록 학문적 인식에 부정적 생각을 가지고 있음에도 원장으로서 학문 발전에 대한 '고귀한 성품'을 피력했다고 찬사를 아끼지 않는다.[44] 1812년 드디어 처음으로 맺게 된 둘 사이의 친분은 평생 동안 이어지며, 야코비가 세상을 떠난 후에도 헤겔은 **학문적** 사유의 관심을 인정한 그를 그에게 많은 영향을 끼쳤던 하만보다 높게 평가했다.[45]

헤겔과 야코비의 가장 중요한 충돌 지점은 바로 이 사변적 학문의 역할에 관한 것이라 할 수 있다. 「세 편지들」에서 야코비는 늘 "자신의 피조물이 아니라 자신이 그 피조물"인 그런 "진리"를 추구해 왔노라고 말한다(JaK 351). 이 진리는 공개 편지인 『야코비가 피히테에게』에서 언급된 "참된 것 자체"(das Wahre selbst)에 해당한다고 할 수 있다. 여기서 야코비는 학문이 기껏해야 달성할 수 있는 참된 것의 **성질**로서의 "진리"(Wahr**heit**)를 "참된 것 자체"와 대비한다(JaF 208-209).[46] 이에 따르면, 유

---

42  Michael Brüggen, "Jacobi, Schelling und Hegel", *Friedrich Heinrich Jacobi*, p. 222.

43  Georg Wilhelm Friedrich Hegel, *Briefe von und an Hegel*, Bd. 1, p. 180. 1807년 8월 8일자 니트함머에게 보낸 편지.

44  Georg Wilhelm Friedrich Hegel, *Briefe von und an Hegel*, Bd. 1, p. 183. 1807년 8월 29일자 니트함머에게 보낸 편지.

45  Karl Homann, *F. H. Jacobis Philosophie der Freiheit*, pp. 225~26 참조. 호만에 따르면, 야코비의 취임 연설은 사회적·정치적 실천과 연계된 '통섭적 연구'의 중요성을 강조했다. pp. 125~33, 특히 p. 128. 야코비 자신도 후에 헤겔의 『정신현상학』과 『논리의 학』 제1권을 구해 읽었으나 주로 난삽한 문체상의 이유로 이해하지 못했다. Michael Brüggen, "Jacobi, Schelling und Hegel", *Friedrich Heinrich Jacobi*, pp. 222~24 참조. 야코비에게 끼친, 특히 종교, 언어, 이성, 자연 이해와 관련된 하만의 영향에 대해서는 Marco M. Olivetti, "Der Einfluß Hamanns auf die Religionsphilosophie Jacobis", *Friedrich Heinrich Jacobi. Philosoph und Literat der Goethezeit*, pp. 85~117 참조.

46  자세한 논의는 이 책 제3장 제3절 참조.

한한 피제약자들의 매개로 구성되는 학문은 결코 이 제약들 전체 너머의 참된 무제약자 자체에 도달할 수 없다. 그래서 절대자와 자유를 이야기하려면 학문적 발판에서 도약하는 "공중제비"(salto mortale)가 필요하다. 제약들의 필연적 연관으로 진행되는 모든 학문적 논증은 단지 "숙명론에 이를" 것이기 때문이다(JLS1 20, 123). 그러므로 학문은 자신의 이 숙명을 솔직히 인정하고 그 한계 내에 머물 줄 알아야 한다. 자유로운 신이 인식의 사슬 속에서 수난을 겪을 수밖에 없는 숙명 말이다. 그러나 야코비는 사변적 수난과 죽음 이후에도 도래할 신의 부활을 보지 못한다.

헤겔이 보기에 야코비는 '근원적 목적들의 능력'으로 설정된 '이성'을 여전히 '그 총체성'에서 파악하지 못한다. 학문적 오성과 **단절된** 이 이성은, 따라서 그 자체가 '한갓된 오성 개념'일 수밖에 없다. 앎의 지평 너머에서 '우쭐대는 〔그의〕 무지'의 철학 또한 마찬가지이다.[47] 그렇다면 문제는 진정한 자유가 전개되는 절대자의 학문은 어떻게 가능한가라는 것이겠다. 헤겔은 이를 자연철학과 정신철학의 비균제적인 체계로 구상한다. 그리고 이 체계 내에서 유한한 정신이 **스스로** 자기 지양하는 과정으로 무한자에 대한 학문적 구성을 모색한다. 왜냐하면 절대자 또한 정신이며, '참된 것'(das Wahre)은 오직 '전체'(das Ganze)로서만 존립할 수 있기 때문이다.[48] 야코비의 말대로 학문적 논증이 필연적으로 제약된 유한자의 지평에서만 가능한 것이라면 사변적 학문은 스스로 자기 지양하는, 그리고 바로 이를 통해 자신의 유한성을 넘어서는 유한자의 자유로운 정신으로 추진된다. 이렇게 유한한 차별성을 갖춘 정신으로서의 절대자에서 야코비가 헤겔에게 끼친 막대한 영향력을 보는 것은 이제 그리 어렵지 않다.[49] 여기서 짚고 넘어가야 할 점이 한 가지 있다. 흔히들 헤

---

47  Georg Wilhelm Friedrich Hegel, *Briefe von und an Hegel*, Bd. 1, p. 205. 1807년 12월 23일자 니트함머에게 보낸 편지.

48  Georg Wilhelm Friedrich Hegel, *Phänomenologie des Geistes*, p. 19.

49  Wilhelm Metz, "Die Objektivität des Wissens", *Friedrich Heinrich Jacobi*, pp. 17~18 참조. 절대자의 현실화를 서술하는 헤겔의 '사변적 체계'는 그 절대자의 '개념

겔의 변증법을 『정신현상학』의 감성적 확실성 장(章)이나 양심 장(章)을 예로 들면서 야코비가 주장한 존재와 인식의 직접성에 내재한 매개성을 간파한 것으로 해석하고 한다.[50] 어느 정도 맞는 말이다. 그러나 이는 존재와 인식이 유한자의 지평에 있는 한, 매개는 불가피하다는 것으로 해석될 필요가 있다. 신이 있다면 그저 직접 있을 것이지, 자신의 **존재를 위해** 자기 아닌 유한한 매개 사슬을 필요로 하지는 않을 것이기 때문이다. 또는 헤겔 식으로 표현해 유한자들의 그 유한성이 지양된 전체로서 신은 자기 자신과 매개되어 있다고 할 수도 있겠다. 그럼에도 그는 궁극적으로 매개된 **직접성으로 있어야** 할 것이다. 그리고 이를 위해서는 세계 존재의 '매개 자체 내에서 〔이〕 매개가 지양'되어야 한다. 아울러 유한한 매개들의 지양으로 구성되는 사변적 학문 전체도 결국에는 지양되어야 한다. '매개 없는 직접지'도 거짓이지만, '매개 속에서 이 매개 자체를 지양하지 않는' 절대자의 사유도 거짓이다. 바로 이러한 측면에서 헤겔은 후에 자신의 『철학백과 요강』(1827) 앞부분에서 야코비 철학을 이전 형이상학과 근대 경험론 및 칸트의 비판철학을 능가하는 것으로 평가한다. 이른바 매개된 직접성의 변증법이라 할 만하다.[51]

『볼데마르』의 한 작중인물은 이렇게 말한다. "나는 실행과 진리 속에

---

형식일 뿐만 아니라 삶의 형식이기도' 하다. Volker Rühle, "Jacobi und Hegel. Zum Darstellungs-und Mitteilungsproblem einer Philosophie des Absoluten", *Hegel Studien*, Bd. 24, p. 181. 그 밖의 야코비의 영향에 대해서는 Karl Homann, *F. H. Jacobis Philosophie der Freiheit*, pp. 223~42; Lu de Vos, "Hegel und Jacobi (ab 1807)", *Hegel und die Geschichte der Philosophie*, pp. 220~29 참조. 무엇보다도 Georg Wilhelm Friedrich Hegel, *Friedrich Heinrich Jacobi's Werke*, pp. 7~29, 특히 pp. 9~11, 20~24 참조.

50 예를 들어 Gustav Falke, "Hegel und Jacobi. Ein methodisches Beispiel zur Interpretation der Phänomenologie des Geistes", *Hegel Studien*, Bd. 22, pp. 138~39 참조.

51 Georg Wilhelm Friedrich Hegel, *Enzyklopädie (1827)*, §§19~78, 특히 §§ 50, 75 참조. 자세한 논의는 남기호, 「매개된 직접성의 변증법: 헤겔의 『철학백과 요강』(1827) 예비개념을 중심으로」, 『시대와 철학』 제27권 제3호, 9~43쪽 참조. Stefan Schick, *Vermittelte Unmittelbarkeit*, pp. 27~33, 301~02 참조.

서 신적인 본질을 느꼈다"(JW 143). 이러한 느낌은 경험과 진리의 인식 이전에는 동경의 형식으로 다가온다. 그래서 야코비에게 "모든 철학함은" "참된 것의 인식"에 대한 "**동경**"에서 시작된다(JLS3 422). 이러한 동경은 신적 합일의 순수한 예감이라 할 수 있을 것이다. 여기에는 분리와 대립, 갈등이 끼어들 여지가 없다. 합일의 이상은 여전히 현실의 가장 현실적인 이데아로서 존속하기 때문이다. 그러나 이러한 이데아는 현실 속에서 현실에 발을 떼고 도약해야 도달할 수 있다.

헤겔에게서 철학함은 **산산이 찢긴** 자신의 '**비인륜성**'(Unsittlichkeit)의 '시대'로부터 시작된다.[52] 모든 대립이 생동한 관계 속에 있지 않고 자립화되어 서로를 무화할 때, 이 죽음의 분열을 견딜 수 없는 '철학의 욕구'가 생긴다.[53] 물론, 철학의 욕구는 대립의 관계 맺음과 매개 속에 성취되는 합일일 것이다. 그러나 현실은 이미 분리와 분열이다. 이것을 냉정히 직시할 수 있어야만 올바른 형식의 화해가 가능하다. 존재적으로 분리된 것은 인식적으로 분리된 형식을 통해서만 온전히 파악될 수 있다. 그러나 분리된 존재나 개념은 이미 관계 속에 있다. 이 관계가 이성적으로 포착되지 않고 도외시될 때 생동한 합일은 불가능해지며 절대적 분리, 즉 죽음만이 도래한다. 또한 개념의 형식 없는 이성의 인식은 인륜성의 객관적 법칙을 무화할 수 있다. 행위에 있어서는 언제나 '이성과 감성 간의 균열'이 발생하기 때문이다. 분리된 세계 속에서 감성은 그다지 이상적 합일의 순수성을 보장하지 않기에 말이다. 야코비 또한 말년에는 '감성에 대한 실천이성의 지배'를 시인한 것처럼 보인다.[54]

그러나 분리와 분열의 극복이라는 시대적 과제를 통해 야코비와 헤겔

---

52 Georg Wilhelm Friedrich Hegel, *Jenaer kritische Schriften*, pp. 80~81.

53 Georg Wilhelm Friedrich Hegel, *Jenaer kritische Schriften*, p. 14.

54 Walter Jaeschke, "Eine Vernunft, welche nicht die Vernunft ist", *Friedrich Heinrich Jacobi*, p. 213. '야코비는 칸트가 이성 신앙을 이성의 **진정한** 실천적 **사용**을 통해 정당화하려는 **사실**(daß)에 관심이 있었다.' Axel Hutter, "Vernunftglaube", *Friedrich Heinrich Jacobi*, pp. 241~56, 특히 pp. 253~54.

은 다시 만난다. 앞서 말했듯이, 헤겔은 예나 시기 야코비에게 행한 자신의 비판을 이후에도 철회하지 않았다. 그러나 밤베르크 체류 시기부터 헤겔은 '니트함머의 중재를 통해' 야코비와의 화해를 모색한다. 이 화해의 시도는 무엇보다 당시 프로테스탄트에게 주어졌던 정치적 개혁 과제의 공감에서 비롯된 것이었다. 물론, 여기에는 철학적 논적마저 자신을 사랑하게 만드는 야코비의 감화력 있는 인격도 한몫했다. 뉘른베르크 교장 시절, 헤겔은 뮌헨의 야코비와 서로 오가면서 친교를 쌓았다.[55] 그리고 이 친교는 1817년 출판된 야코비 전집에 대한 헤겔의 소개글에서 철학적으로는 여전히 비판적이지만 칭찬을 아끼지 않는 온화한 어조로 나타난다. 여기서 헤겔은 야코비를 '인식 방식에 있어' '이전 형이상학을 종결하고' '논리적인 것'(das Logische)의 새로운 관점을 도입한 것으로 높이 평가한다. 왜냐하면 그는 비록 매개를 제거하는 형태이기는 했지만 '절대적 실체로부터 절대적 정신으로의 이행'을 수행했기 때문이다. 그러고는 사족처럼 '대립자들의 동시 발생 원리'(principium coincidentiae oppositorum)를 '정신의 최고 생동성'으로 파악하면서도 완전히 이해하지 못하고 있는 야코비의 고백을 덧붙이고 있다.[56] 이 고백은 야코비가 헤겔과 함께 작업하고 싶어 하던 것이다. 같은 해 야코비는 한 지인에게 보낸 편지에서 이렇게 말한다.

> 헤겔, "그는 모든 일관된 철학함이 이르러야 하는 …… 스피노자주의를 넘어 …… 사고의 보다 높은 …… 길 위에서 자유의 체계에까지 나아갔다네. 비약(Sprung)도 없이 말이지, 그러나 나는 단지 비약을 수단으로 해서만 (그렇게 했지), …… 그가 아마 옳았을 것일세. 나도 기꺼이 그와 함께 다시 한번 사유의 힘만이 할 수 있는 모든 것을 두루 시도

---

55 1812년 야코비가 먼저 헤겔을 방문했고, 1815년 헤겔의 답례 방문이 이어졌다. Walter Jaeschke, *Hegel Handbuch*, pp. 32~34.

56 Georg Wilhelm Friedrich Hegel, *Schriften und Entwürfe I(1817-1825)*, pp. 11~29.

해 보고 싶다네. 〔이〕 노인네의 머리가 …… 너무 유약하지 않다면 말일세"[57] (JBr2 467-468).

그러나 헤겔의 뉘른베르크 시절 이후에 둘은 더 이상 만나지 못했다.

57 1817년 5월 30일자 요한 네프에게 보낸 편지. Anton Friedrich Koch, "Unmittelbares Wissen und logische Vermittlung. Hegels Wissenschaft der Logik", *Friedrich Heinrich Jacobi*, p. 332.

# 헤겔 철학 체계

1793~96: 민족종교(Volksreligion) 구상
1797~99: 실정성(Positivität) 비판
1800~02: 삶(Leben)—사랑(Liebe) 합일철학 구상
1803~31: 정신(Geist)의 철학 체계 구상 및 전개

『정신현상학』 — 『논리의 학』 — 『철학백과 요강』 1817/27/30
1807

『논리의 학』
존재론 ] 객관논리학
본질론 ] 1812/13
개념론 – 주관논리학 1816

『철학백과 요강』 1817/27/30

| 자연철학 | — | 주관정신 | 정신철학 | 절대정신 |
|---|---|---|---|---|
| 역학 | | 인간학 | 객관정신 | 예술 |
| 물리학 | | 정신현상학 | 『법철학 개요』(1820) | 종교 |
| 유기학 | | 정신학 | 주관법 | 철학 |
| | | | 도덕성 | |
| | | | 인륜성 | |

# 야코비의 생애와 저술들[1]

1743. 1. 25   독일 뒤셀도르프 펨펠포르트(Pempelfort)의 상인인 아버지 요한 콘
라트 야코비(Johann Konrad Jacobi, 1715~1788)와 상인 집안 출신
인 어머니 마리 팔머(Marie Fahlmer 1713~46)의 둘째 아들로 출생.
훗날 시인이자 언론인으로 활동하는 형 요한 게오르크 야코비
(Johann Georg Jacobi, 1740~1814)는 매우 활달한 성격이었던 반면,
아버지의 뇌전증이 유전되어 주기적으로 두통을 앓던 야코비는
매우 내성적이고 우울한, 그러나 종교적으로는 매우 열정적인 성
격으로 성장했으며 종교단체 '순수인(純粹人)들'(Die Feinen)에 가
입하기도 함.

어머니가 세상을 떠난 이후, 1748년 아버지는 마리아 카타리나

---

1  현재 야코비 전집의 편집 작업을 진행 중인 연구자들의 입장과 내용상 상당히 유사한
독일 위키피디아의 자료를 기초로 그 밖의 다음 문헌 자료들을 참조해 작성했다. 그러
나 연대기가 늘 그렇듯 간혹 참조자료들 간에도 사건과 연도 표기에 오차가 있으며 여
기에서도 오차 가능성을 완전히 배제할 수 없다. Wikipedia, *Friedrich Heinrich Jacobi*,
Carl v. Prantl: "Jacobi, Friedrich Heinrich Ritter von", *Allgemeine Deutsche Biographie*,
Bd. 13, pp. 577~84. Klaus Hammacher, "Jacobi, Friedrich Heinrich", *Neue Deutsche
Biographie*, Bd. 10, pp. 222~24. *Friedrich Heinrich Jacobi(1743-1819) Düsseldorf als
Zentrum vom Wirtschaftsreform, Literatur und Philosophie im 18 Jahrhundert*, pp. 13~
114.

(Maria Catharina, 1728~63)와 재혼했는데, 둘 사이에 두 이복 여동생 샤를로테(Charlotte, 1752~1832)와 헬레네(Helene, 1753~1838) 출생.

**1759~61** 아버지는 일찍이 형보다 자질이 부족한 것으로 판단해 야코비를 상인 가업 후계자로 결정했기에, 1759년 도제 수업을 받기 위해 프랑크푸르트로 보내졌으나 소극적인 천성 탓에 동료들과 어울리지 못하고 극심한 우울증에 빠짐. 아버지의 결정으로 같은 해 역시 도제 수업을 받기 위해 스위스 제네바로 보내짐. 이곳에서 보낸 3년은 야코비의 성격을 명민하고 다감한 교제 능력을 갖추도록 크게 변화시킴. 아버지의 친구이자 멘토였던 수학자이자 물리학자인 조르주 루이 르 사주(Georges Louis Le Sage)의 지도로 심리학적 감각주의와 계시신앙적 초자연주의를 결합한 샤를 보네(Charles Bonnet)를 알게 됨. 볼테르와도 친분을 맺었으나 막『에밀』(*Émile*)을 출판한 장-자크 루소는 만나지는 못하고 루소 지인과만 친분을 맺음.

**1762** 제네바에서 귀환 후 베를린 학술원 현상 논문 등을 접하며 칸트와 스피노자 연구. 당대 저명한 지식인들과 밀도 높은 편지 왕래를 시작함. 편지 상대자로는 마티아스 클라우디우스, 칸트, 피히테, 아말리아 폰 갈리친 군주 부인, 프리드리히 고틀리프 클롭슈토크(Friedrich Gottlieb Klopstock), 장 파울, 프리드리히 실러(Friedrich Schiller), 프리드리히 슐레겔, 프리드리히 다니엘 에른스트 슐라이어마허, 요한 알베르트 힌리히 라이마루스(Johann Albert Hinrich Reimarus), 엘리제 라이마루스 등이 있었음.

**1764** 스코틀랜드 글래스고에서 의학을 공부하려던 꿈이 좌절되고 스물두 살에 아버지의 가업을 물려받아 1772년까지 운영함.

**1764. 7. 26** 직물 상인 집안 출신의 헬레네 엘리자베트 (베티) 폰 클레르몬트(Helene Elisabeth (Betty) von Clermont, 1743~1784)와 결혼. 이후 슬하에 여덟 자녀를 둠. 결혼 후 두 달 뒤에 하녀로 있던 안나 카타리나 뮐러(Anna Katharina Müller)가 암스테르담에서 야코비의 사생아를 낳음. 염문설이 있던 가정 여교사(女敎師)도 다른 곳으로 보내짐.

**1765** 뒤셀도르프 프리메이슨 지부 '완전한 우정'(La Parfaite Amitié)에 최초 개신교도로 가입하여 회계 담당.

**1772** 윌리히 베르크(Jülich und Berg) 공작령의 궁정 회계 고문관으로 초빙되어 관세제도와 상업제도 개혁 과제를 맡음. 라인 지역 관세제

도 개혁에 공헌함.

**1773**  1771년 형의 소개를 통해 알게 된 시인 크리스토프 마르틴 빌란트와 함께 프랑스 문학지 『메르쿼르 드 프랑스』(*Mercure de France*)를 범례로 한 『토이체 메르쿠어』(*Der Teutsche Merkur*)를 창간하고 이후 몇몇 논문을 발표함.

**1774. 7. 21**  요한 카스파 라바터, 요한 베른하르트 바세도프(Johann Bernhard Basedow)와 함께 여행 중이던 괴테가 방문하여 친밀한 우정을 쌓음.[2] 괴테의 권유로 독일 최초의 철학적 소설 두 편을 여러 해에 걸쳐 집필함. 그중 하나는 1775년 형이 출판하던 문학지 『이리스』(*Iris*)와 1776년 『토이체 메르쿠어』에 부분 게재된 후 1781년 완성된 『에두아르트 알빌의 문서들』이며, 다른 하나는 1777년 『토이체 메르쿠어』에 처음 실린 「우정과 사랑. 어떤 실화(Freundschaft und Liebe. Eine wahre Geschichte)」, 그리고 1779년 『독일 박물지』(*Deutsches Museum*)에 실린 「삶과 인간성에 관한 한 토막의 철학. 볼데마르 2권으로부터」(Ein Stück Philosophie des Lebens und der Menschheit. Aus dem zweiten Band von Woldemar)가 합쳐져 1779년 출판된 『볼데마르. 자연사의 희귀성』(*Woldemar. Eine Seltenheit aus der Naturgeschichte*)임. 『볼데마르』 2권은 이후 1781년 『예술 정원. 한 편의 철학적 대화』(*Der Kunstgarten. ein philosophisches Gespräch*)로 개정되며, 1794년과 1796년 전체 내용이 개정된 『볼데마르』로 최종 출판됨.

**1779**  팔츠 바이에른(Pfalz Bayern) 지역 전체의 조세제도와 상업제도 개혁을 위해 내각 고문 및 추밀원으로 임명되어 뮌헨으로 이주했으나, 중농주의 관점에서 애덤 스미스의 자유주의를 수용한[3] 그의 출판물들과 자유주의적 개혁안이 저항에 부딪혀 좌절되자 6월 고향으로 돌아옴. 그럼에도 바이에른 지역 농노제 철폐에 결정적 역할을 한 것으로 평가됨.

귀향 후 괴테, 헤르더, 빌헬름 훔볼트, 알렉산더 훔볼트, 요한 게오

---

2  이 만남은 괴테의 『시와 진실』 열네 번째 책에도 생생하게 묘사되어 있다. 요한 볼프강 괴테, 『시와 진실』, 653~55쪽.

3  그러나 야코비의 경제 이론은 다른 한편으로 노동자층의 구매력 향상과 재생산 척도로서의 '소비' 능력의 증진을 강조한다는 점에서 제한적 자유주의로 평가될 수 있다. Karl Homann, *F. H. Jacobis Philosophie der Freiheit*, pp. 194~204 참조.

르크 하만, 라바터, 드니 디드로(Denis Diderot), 프랑스 헴스테르호이스 등의 방문으로 활발한 사상적 교류를 펼침.

1780. 7. 5  반츠베크(Wandsbeck)의 마티아스 클라우디우스에게서 교육받고 있는 두 아들을 집으로 데려오려는 여행 중에 며칠 동안 브라운슈바이크의 볼펜뷔텔에 머물고 있는 레싱 방문. 이로부터 스피노자 논쟁 또는 범신론 논쟁이 시작됨. 여러 도시를 거쳐 지인들을 만나고 귀향 중에 잠시 레싱을 한번 더 만남.

1781  빌란트의「당국의 신적인 법에 대하여」(Über das göttliche Recht der Obrigkeit)와「강자의 법에 대하여」(Über das Recht des Stärkere)를 반박하는 논문「법과 지배력에 대하여」(Über Recht und Gewalt) 발표.

1782  요하네스 뮐러(Johannes Müller)의 전제적 교황제도 찬양을 비판하는「레싱이 말한 어떤 것: 교황들의 여행에 대한 한 논평」(Etwas, das Lessing gesagt hat; ein Commentar zu den Reisen der Päpste) 발표.

1783  오노레 미라보 백작의 저술을 바탕으로 종교에 기초한 입법을 반박하는「최근 출판된 작품 봉인장(封印狀)과 국사범 감옥에 대하여」 발표.
3월 엘리제 라이마루스로부터 멘델스존이 레싱의 기념 저서를 준비 중이라는 소식을 접하고 볼펜뷔텔에서의 레싱과의 대화 내용을 전해 줌. 스피노자 논쟁의 두 번째 국면 시작.

1784  아내와 여섯째 아들이 세상을 떠남. 이후 두 이복 여동생이 가사를 담당함.

1785. 9. 30  1783년부터 시작된 멘델스존과의 편지 교환 이후『모제스 멘델스존에게 보내는 편지들로 된 스피노자의 가르침에 대하여』출간. 이후 내용이 추가된 둘째 판(1789)과 셋째 판(1819) 출간.

1786  런던의 외교관으로 있던 친구 프리드리히 카를 폰 레벤틀로프(Friedrich Karl von Reventlow) 방문.
『스피노자의 가르침에 대한 편지와 관련된 멘델스존의 고발에 반하여』출간.

1787  가톨릭 개종으로 소원해졌던 갈리친 군주 부인과 함께 뮐하임에서 친구이자 사상적 추종자였던 토마스 비첸만의 임종을 지킴.
『신앙에 대한 또는 관념론과 실재론에 대한 데이비드 흄. 한 편의 대화』출간.

1788  도를 넘어 예수회 염탐과 색출을 일삼던 베를린 계몽을 비판하기 위해『프리드리히 니콜라이에게 보내는 편지』(Schreiben an Friedrich

*Nicolai*)와 「경건한 기만과 이성 아닌 이성에 대한 몇 가지 고찰들」 발표.

1791 『칸트 철학에 대한 편지』 발표.

1792 11월 괴테 두 번째 방문. 이미 머물고 있던 하만, 헤르더, 프리드 리히 레오폴트 슈톨베르크-슈톨베르크(Friedrich Leopold Stolberg-Stolberg) 백작 등과 평화로운 시간을 보냄.

초판을 개정 및 증보한 『에두아르트 알빌의 편지 모음』 출판. 서문 (Vorrede)에서 자신의 두 소설의 목적이 "설명 가능하든 불가능하 든 간에 인간성을 있는 그대로의 모습으로 가장 양심적으로 시야 에 드러내는 것"[4]이라 밝힘.

1793 루이 16세의 처형 소식을 듣고 『신뢰하는 벗들에게 보낸 편지에서 의 고독한 사유자의 우연한 토로(吐露)들』 발표.

1794 프랑스혁명군의 침공으로 고향을 떠나 뮌스터, 함부르크, 홀슈타 인 등지를 떠도는 고된 피신 생활 끝에 1798년 홀슈타인 북부 해 안가 도시 오이틴에 안정된 거주지를 마련함.

1796 1794년 이미 새로운 내용이 부분적으로 추가되어 출판되었던 『볼 데마르』 최종판 출간.

1799 피히테의 무신론 논쟁 여파로 공개 편지 『야코비가 피히테에게』 출간. 「자유와 섭리 개념의 이성 개념과의 분리 불가능성에 대하 여」(Über die Unzertrennlichkeit des Begriffes der Freiheit und Vorsehung vom Begriffe der Vernunft) 발표.

1800 최근 철학에 대한 불편한 심기를 밝힌 「1800년의 과잉된 문고. 서 문」 발표.

1801 여름부터 고향 펨펠포르트, 아헨, 파리 등을 여행하고 이듬해 연초 에 귀환 중 하노버에서 발열을 수반하는 눈병을 처음 앓음. 이 질 병은 이후 주기적으로 지속됨.

1802 『이성을 오성으로 가져가려는, 그리고 철학 일반에 새로운 의도를 제공하려는 비판주의의 기도』 및 「리히텐베르크의 한 예언에 대하

---

4 1779년 출판된 소설 『볼데마르』의 부제(*Eine Seltenheit aus der Naturgeschichte*) 또 한 '인간 **본성**의 이야기로부터 골라낸 희귀 인물' 정도로 그 뜻을 새길 수 있을 것이 다. 왜냐하면 야코비는 후에 한 편지에서 있는 그대로 보아야 하는 "인간의 본성사 (Naturgeschichte des Menschen)에 기여"하고자 이 소설을 썼다고 밝히고 있기 때문이 다. JW1, p. 364. 1783년 6월 16일자 하만에게 보내는 편지.

여」 발표.

1803    당시 익명으로 출판된 헤겔의 『믿음과 앎』(1802)을 반박하는 『프리드리히 쾨펜에게 보낸 세 편지들』 발표.

1804    아헨 공장을 운영하던 처남의 죽음으로 여기에 투자한 야코비 자신의 자산의 3분의 2가 손실되었다는 소식을 접함.

1805    긴축 생계를 유지하던 중 바이에른 학술원의 초빙으로 8월 11일 뮌헨으로 이주. 이주 여행 중 고틀로프 에른스트 슐체(Gottlob Ernst Schultze)와 마지막으로 괴테를 방문함. 학술원이 자발적인 학자 모임에서 국가 중심 기구로 전환된 후 초대 원장직(1807~12)을 맡음.

1807. 7. 27    학술원 원장 취임 강연 「학회와 그 정신과 목적에 대하여」(Über gelehrte Gesellschaften, ihren Geist und Zweck) 발표.

1807. 10. 12    1806년 뮌헨으로 이주해 예술원 원장으로 있던 셸링의 기념 강연 「형상예술들의 자연과의 연관에 대하여」 참석. 유신론 논쟁이라 불리기도 하는 무신론 논쟁 시작.

1811    셸링 비판서 『신적인 것들과 그 계시에 대하여』 출간.

1812    뉘른베르크의 김나지움 교장으로 있는 헤겔을 방문.
        셸링의 반박서 『프리드리히 하인리히 야코비 씨의 신적인 것들 등의 저술에 대한, 그리고 이 저술에서 자신에게 행해진 의도적으로 속이며 거짓말하는 무신론이라는 고발에 대한 F. W. J. 셸링의 기록물』 발표 이후 9월에 바이에른 학술원장직을 사임하고 자신의 저술들 전집 편찬에 전념함. 이 야코비 전집은 1812년부터 1825년까지 총 6권으로 라이프치히에서 출간됨. 이후 1869년까지 편지집 및 유고집 총 4권이 더 발간됨.

1815    헤겔이 답례로 뮌헨으로 찾아와서 방문함.
        괴팅겐 학술원 원외 위원으로 임명됨.

1819. 3. 10    뮌헨에서 안면단독증(顔面丹毒症)으로 세상을 떠남.

# 참고문헌

김수배, 「모세스 멘델스존과 균형의 계몽주의」, 『철학』 제58집, 한국철학회 1999, 151~75쪽.

김승욱, 「J. G. 피히테에 있어서 신과 계시 문제」, 『누리와 말씀』 제19호, 인천가톨릭대학교 출판부 2006, 157~76쪽.

_____, 「'학문론의 원리에 따른 종교론'과 '초월적 사유의 아포리아': 피히테의 초기 종교철학에 대한 이해의 시도」, 『헤겔연구』 제47호, 한국헤겔학회 2020, 183~215쪽.

김용대, 「계몽이란 무엇인가?: 멘델스존과 칸트의 계몽 개념」, 『독일어문학』 제37집, 한국독일어문학회 2007, 21~42쪽.

김윤상, 「독일 관념론의 중력장 내에서 헤겔과 셸링의 눈에 비친 라인홀트와 야코비」, 『헤겔연구』 제13호, 한국헤겔학회, 철학과현실사 2003, 173~200쪽.

김은주, 「옮긴이의 주석」, 『지성교정론』, 도서출판 길 2020, 117~66쪽.

김희근, 「레싱과 멘델스존의 유대인 문제해결 모색: 『유대인들』과 『예루살렘』을 중심으로」, 『괴테연구』 제15호, 한국괴테학회 2003, 175~94쪽.

_____, 「하인리히 하이네의 전통 개념: 하이네의 모세스 멘델스존 수용을 중심으로」, 『독일문학』 제85집, 한국독어독문학회 2003, 49~68쪽.

권기환, 「피히테에 있어서 도덕 감정과 양심」, 『칸트연구』 제26집, 한국칸트학회 2010, 145~80쪽.

_____, 「피히테에 있어서 관념론과 실재론의 논쟁」, 『헤겔연구』 제36호, 한국헤겔학회 2014, 183~214쪽.

남기호, 「헤겔의 인식론: 헤겔은 과연 관념론자인가」, 『헤겔연구』 제24호, 한국헤겔학회 2008, 9~45쪽.

_____, 「헤겔의 '사랑' 개념과 그 철학적 위상 변화」, 『시대와 철학』 제20권 제4호, 한국철학사상연구회 2008, 81~129쪽.

_____, 「칸트의 자연법 이론과 국가 기초의 문제」, 『가톨릭철학』 제14호, 한국가톨릭철학회 2010, 161~98쪽.

_____, 「프리드리히 하인리히 야코비의 이성 비판과 헤겔 철학에 대한 영향」, 『헤겔연구』 제28호, 한국헤겔학회 2010, 351~84쪽.

_____, 「우주론적 신 현존 증명의 사변적 의미: 헤겔의 1829년 강의 원고를 중심으로」, 『가톨릭철학』 제19호, 한국가톨릭철학회 2012, 61~101쪽.

_____, 「헤겔 『논리의 학』에서의 개념의 개념」, 『헤겔연구』 제31호, 한국헤겔학회 2012, 125~ 51쪽.

_____, 「프로이센 왕정복고와 헤겔의 정치 신학적 입장: 슈바르트와의 논쟁 및 슈탈의 비판을 중심으로」, 『헤겔연구』 제34호, 한국헤겔학회 2013, 35~94쪽.

_____, 「야코비의 칸트 비판과 인간의 자유」, 『시대와 철학』 제26권 제1호, 한국철학사상연구회 2015, 107~61쪽.

_____, 「경건한 기만과 건강한 비학문(非學問): 야코비의 「신적인 것들과 그 계시에 관하여」」, 『철학연구』 제111집, 철학연구회 2015, 55~92쪽.

_____, 「매개된 직접성의 변증법: 헤겔의 『철학백과 요강』(1827) 예비개념을 중심으로」, 『시대와 철학』 제27권 제3호, 한국철학사상연구회 2016, 125~66쪽.

_____, 「야코비의 피히테 무신론 비판: 그 배경과 논점들」, 『헤겔연구』 제39호, 한국헤겔학회 2016, 175~214쪽.

_____, 「헤겔의 야코비 비판: 『믿음과 앎』(1802)을 중심으로」, 『시대와 철학』 제27권 제1호, 한국철학사상연구회 2016, 39~73쪽.

_____, 「야코비의 헤겔 비판: 「프리드리히 쾨펜에게 보낸 세 편지들」(1803)을 중심으로」, 『가톨릭철학』, 한국가톨릭철학회 2016, 81~111쪽.

_____, 「칸트의 사물 자체(Ding an sich) 개념과 실체 및 선험적 대상」, 『가톨릭철학』 제28호, 한국가톨릭철학회 2107, 71~96쪽.

_____, 「야코비의 셸링 비판과 철학적 유신론의 가능성」, 『시대와 철학』 제29권 제1호, 한국철학사상연구회 2018, 35~78쪽.

_____, 「셸링의 야코비 비판과 학문적 유신론의 가능성」, 『가톨릭철학』 제31호, 한국가톨릭철학회 2018, 59~97쪽.

_____, 『독일 고전철학의 자연법』, 도서출판 길 2020.

_____, 「야코비의 멘델스존 비판과 인격신의 문제: 스피노자 논쟁의 두 번째 국면을 중심으로」, 『가톨릭철학』 제38호, 한국가톨릭철학회 2022, 81~132쪽.

_____, 「의식 이론의 관점에 본 『볼데마르』―헤겔의 『정신현상학』을 기초로」, 『가톨릭철학』 제39호, 한국가톨릭철학회 2022, 67~108쪽.

박승찬, 「인격 개념의 근원과 발전에 대한 탐구: 토마스 아퀴나스의 텍스트를 중심으로」, 『중세철학』 제13호, 한국중세철학회 2007, 227~74쪽.

박영선, 「셸링과 조형미술」, 『철학탐구』 제42호, 중앙대학교 철학연구소 2016, 37~67쪽.

박은경, 「프로메테우스 신화의 시적 변용: 괴테, 하이네, 카프카, 트라이헬의 경우」, 『독일어문학』 제47집, 한국독일어문학회 2010, 269~92쪽.

백훈승, 『피히테의 자아론: 피히테 철학 입문』, 신아출판사 2004.

심철민,「옮긴이 주」, 셸링,『조형미술과 자연의 관계』, 책세상 2015, 94~124쪽.

안윤기,「18세기 범신론 논쟁: 야코비의 스피노자의 가르침에 관한 편지들(1785)」,『칸트연구』제30집, 한국칸트학회 2012, 17~58쪽.

_____,「초월철학과 무신론 문제: 피히테와 포르베르크의 1798년도 논문 연구」,『신학논단』제96집, 연세대학교 연합신학대학원 2019, 163~96쪽.

이광모,『기로에 선 이성. 셸링 철학』, 용의숲 2016.

이규영,「독일문학에 나타난 〈프로메테우스〉: 헤르더, 괴테, 카프카, 바이쓰를 중심으로」,『독일어문학』제11집, 한국독일어문학회 2000, 97~120쪽.

이근세,「야코비의 사유구조와 스피노자의 영향」,『철학연구』제127집, 대한철학회 2013, 109~34쪽.

이영희,「계몽의 세기와 괴테의『프로메테우스』신화 수용」,『헤세연구』제12집, 한국헤세학회 2004, 151~73쪽.

임미원,「〈인격성〉의 개념사적 고찰」,『법철학연구』제8권 제2호, 한국법철학회 2005, 171~92쪽.

임성훈,「모세스 멘델스존의 미학」,『미학』제18권 제3호, 한국미학회 2015, 199~222쪽.

임승필,「「사유의 오리엔테이션이란 무엇을 뜻하는가」에 나타난 범신론 논쟁에 대한 칸트의 태도」,『철학연구』제100집, 철학연구회 2013, 79~101쪽.

임우영,「괴테의 초기 시에 나타난 신화적 인물 연구: 프로메테우스와 가니메드를 중심으로」,『독일문학』제80집, 한국독어독문학회 2001, 5~28쪽.

최소인,「칸트와 크루지우스」,『칸트연구』제5권, 한국칸트학회 1999, 41~84쪽.

최신한,「헤겔, 야코비, 양심의 변증법」,『헤겔연구』제23호, 한국헤겔학회 2008, 35~58쪽.

_____,「믿음과 확실성: 야코비와 분석철학의 대화」,『철학』제104집, 한국철학회 2010, 125~49쪽.

_____,「해설」, 야코비,『스피노자 학설』, 지식을만드는지식 2014, 7~13쪽.

_____,「야코비와 스피노자 논쟁」,『철학연구』제129집, 대한철학회 2014, 315~39쪽.

홍우람,「멘델스존의 유대 계몽주의: 계몽주의와 유대주의의 관계를 중심으로」,『철학탐구』제55집, 중앙철학연구소 2019, 69~102쪽.

괴테, 요한 볼프강 폰, 윤용호 옮김,『시와 진실』, 종문화사 2006.

레너드, 미리엄, 이정아 옮김,『소크라테스와 유대인』, 생각과사람들 2014.

메링, 프란츠, 윤도중 옮김,『레싱 전설』, 한길사 2005.

벌린, 이사야, 이종흡·강성호 옮김,『비코와 헤르더』, 민음사 1997.

슈투케, 호르스트, 남기호 옮김,『계몽』, 푸른역사 2014.

아자르, 폴, 이용철 옮김,『18세기 유럽의 사상』, 에피스테메 2017.

야코비, 최신한 옮김,『스피노자 학설』, 지식을만드는지식 2014.

엘라이, 로타, 백훈승 옮김,『피히테, 셸링, 헤겔』, 인간사랑 2008.

Anonym, "Schreiben eines Vaters an seinen studierenden Sohn über den Fichteschen und Forbergischen Atheismus", *Appellation an das Publikum. Dokumente zum Atheismusstreit um Fichte, Forberg, Niethammer. Jena 1798/99*, Verlag Philipp Reclam jun., Leipzig 1987, pp. 42~63.

Bal, Karol, "Aufklärung und Religion bei Mendelssohn, Kant und dem jungen Hegel", *Deutsche Zeitschrift für Philosophie* 27/10, Akademie Verlag, Berlin 1979, pp. 1248~57.

Bartuschat, Wolfgang, "Über Spinozismus und menschliche Freiheit beim frühen Schelling", *Die praktische Philosophie Schellings und die gegenwärtige Rechtsphilosophie*, Fromman-Holzboog, Stuttgart-Bad Cannstatt 1989, pp. 153~75.

Baum, Günther, *Vernunft und Erkenntnis*, Bouvier Verlag, Bonn 1968.

_____, "Über das Verhältnis von Erkenntnisgewißheit und Anschauungsgewißheit in F. H. Jacobis Interpretation der Vernunft", *Friedrich Heinrich Jacobi. Philosoph und Literat der Goethezeit*, Vittorio Klostermann, Frankfurt am Main 1971, pp. 7~26.

Baumgartner, H. Michael, "Der spekulative Ansatz in Schellings System der transzendentalen Idealismus", *Philosophisch-literarische Streitsachen*, Bd. 2, Felix Meiner Verlag, Hamburg 1993, pp. 127~43.

Becker, Hans J., "Fichte und das Judentum-das Judentum und Fichte", *Fichte Studien*, Bd. 22, Rodopi B. V., Amsterdam/New York 2003, pp. 19~37.

Beiser, Frederick C., *The Fate of Reason*, Harvard University Press, Cambridge/Massachusetts 1987.

_____, "The Limits of Enlightenment", *A New History of German Literature,* Belknap Press of Harvard University Press, Cambridge 2004, pp. 418~23.

Bianco, Bruno, "»Ein Votum für Jacobi gegen Schelling«. Fries' Teilnahme am Streit um göttlichen Dinge", *Philosophisch-literarische Streitsachen*, Bd. 3, Felix Meiner Verlag, Hamburg 1994, pp. 155~73.

Bienenstock, Myriam, "Zu Hegels erstem Begriff des Geistes (1803/04): Herdersche Einflüsse oder aristotelische Erbe?", *Hegel Studien*, Bd. 24, Bouvier Verlag, Bonn 1989, pp. 27~54.

Bollnow, Otto Friedrich, *Die Lebensphilosophie F. H. Jacobis*, W. Kohlhammer Verlag, Stuttgart 1933.

Bonsiepen, Wolfgang, *Der Begriff der Negativität in den Jenaer Schriften Hegels. Hegel Studien Beiheft*, Bd. 16, Bouvier Verlag, Bonn 1977.

_____, "Philosophie, Nichtphilosophie und Unphilosophie", *Friedrich Heinrich Jacobi*, Felix Meiner Verlag, Hamburg 2004, pp. 257~77.

Bonsiepen, Wolfgang und Reinhard Heede, *Anhang* zu *Phänomenologie des Geistes*, *Gesammelte Werke,* Bd. 9, Felix Meiner Verlag, Hamburg 1980, pp. 451~526.

Brüggen, Michael, "Jacobi, Schelling und Hegel", *Friedrich Heinrich Jacobi. Philosoph und Literat der Goethezeit*, Vittorio Klostermann, Frankfurt am Main 1971, pp. 209~36.

Buchner, Hartmut und Otto Pöggeler, *Anhang* zu *Jenaer Kritische Schriften, Gesammelte Werke*, Bd. 4, Felix Meiner Verlag, Hamburg 1968, pp. 521~622.

Busche, Hubertus, "Das Leben der Lebendigen", *Hegel Studien Beiheft*, Bd. 31, Bouvier Verlag, Bonn 1987.

Christ, Kurt, *Jacobi und Mendelssohn. Eine Analyse des Spinozastreits*, Königshausen & Neumann, Würzburg 1988.

_____, "'Der Kopf von Goethe, der Leib von Spinoza und die Füße von Lavater'. Goethes Gedichte 'Das Göttliche' und 'Prometheus' im Kontext ihrer Erstveröffentlichung durch Jacobi", *Goethe Jahrbuch*, Bd. 109, Wallstein Verlag, Weimar/Böhlau 1992, pp. 11~21.

Crawford, Alexander W., *The Philosophy of F. H. Jacobi*, The Macmillan Company, London 1905.

Dierksmeier, Claus, "Kant-Forberg-Fichte", *Fichtes Entlassung, Kritisches Jahrbuch der Philosophie* Bd. 4, Verlag Königshausen & Neumann, Würzburg 1999, pp. 81~100.

Dieter, Henrich, *Between Kant and Hegel: Lectures on German Idealism*, Harvard University Press, Cambridge/Massachusetts: Harvard University Press 2003.

D'Hondt, Jacques, *Hegel in seiner Zeit*, Akademie-Verlag, Berlin 1973.

Düsing, Klaus, "Die Entstehung des spekulativen Idealismus. Schellings und Hegels Wandlungen zwischen 1800 und 1801", *Philosophisch-literarische Streitsachen*, Bd. 2, Felix Meiner Verlag, Hamburg 1993, pp. 144~64.

Eisler, Rudolf, *Kant Lexikon*, Georg Olms Verlag, Hildesheim/New York 1977.

Falke, Gustav, "Hegel und Jacobi. Ein methodisches Beispiel zur Interpretation der Phänomenologie des Geistes", *Hegel Studien*, Bd. 22, Bouvier Verlag, Bonn 1987, pp. 129~42.

Fetzer, Dirk, *Jacobis Philosophie des Unbedingten*, Ferdinand Schöningh, Paderborn 2007.

Fichte, Johann Gottlieb, *Johann Gottlieb Fichtes Leben und literarischer Briefwechsel*, Bd. 2, F. A. Brockhaus, Leipzig 1862.

_____, *Ueber den Begriff der Wissenschaftslehre oder der sogenannten Philosophie*, *Fichtes Werke*, Bd. 1, Walter de Gruyter, Berlin 1971.

_____, *Erste Einleitung in die Wissenschaftslehre* (1797), *Fichtes Werke*, Bd. 1, Walter de Gruyter, Berlin 1971.

_____, *Zweite Einleitung in die Wissenschaftslehre* (1797), *Fichtes Werke*, Bd. 1, Walter de Gruyter, Berlin 1971.

_____, *Die Bestimmung des Menschen*, *Fichtes Werke*, Bd. 2, Walter de Gruyter, Berlin 1971.

_____, *Versuch einer Kritik aller Offenbarung*, *Fichtes Werke*, Bd. 5, Walter de Gruyter, Berlin 1971.

_____, *Ueber den Grund unseres Glaubens an eine göttliche Weltregierung*, *Fichtes Werke*, Bd. 5, Walter de Gruyter, Berlin 1971.

_____, *Appellation an das Publicum über die durch ein Churf. Sächs. Confiscationsrescript ihm beigemessenen atheistischen Aeusserungen*, *Fichtes Werke*, Bd. 5, Walter de Gruyter, Berlin 1971.

_____, *Gerichtliche Verantwortung gegen die Anklage des Atheismus*, *Fichtes Werke*, Bd. 5, Walter de Gruyter, Berlin 1971.

_____, *Briefe 1796-1799, Gesammtausgabe der Bayerischen Akademie der Wissenschaftslehre*, Reihe III, Bd. 3, Frommann Holzboog, Stuttgart-Bad Cannstatt 1972.

_____, "Fichte an Jacobi, 18 Januar 1799", *Appellation an das Publikum. Dokumente zum*

*Atheismusstreit um Fichte, Forberg, Niethammer. Jena 1798/99*, Verlag Philipp Reclam jun., Leipzig 1987, p. 83.

_____, "Fichte an Jacobi, 22. April 1799", *Philosophisch-literarische Streitsachen*, Bd. 2. 1, Felix Meiner Verlag, Hamburg 1993, pp. 57~61.

_____, "Fichte an Reinhold, 8. Januar 1800", *Philosophisch-literarische Streitsachen*, Bd. 2. 1, Felix Meiner Verlag, Hamburg 1993, pp. 64~67.

_____, "Zu »Jacobi an Fichte« (1805-1806)", *Philosophisch-literarische Streitsachen*, Bd. 2. 1, Felix Meiner Verlag, Hamburg 1993, pp. 44~46.

Florschütz, Gottlieb, "Mystik und Aufklärung-Kant, Swedenborg und Fichte", *Fichte Studien*, Bd. 21, Rodopi B. V., Amsterdam/New York 2003, pp. 89~107.

Folkers, Horst, "Spinozarezeption bei Jacobi und ihre Nachfolge beim frühen Schelling und beim Jenenser Hegel", *Philosophisches Jahrbuch* 105. Jhrg, Verlag Karl Alber, München 1998, pp. 381~421.

Forberg, Friedrich Karl, "Entwickelung des Begriffs der Religion", *Appellation an das Publikum. Dokumente zum Atheismusstreit um Fichte, Forberg, Niethammer. Jena 1798/99*, Verlag Philipp Reclam jun., Leipzig 1987, pp. 23~38.

Franck, Jakob, "Lichtenberger, Johannes", *Allgemeine Deutsche Biographie*, Bd. 18, Verlag von Duncker & Humblot, Leipzig 1883, pp. 538~42.

Frank, Manfred, "Selbstgefühl. Vorstufen einer präreflexivistischen Auffassung von Selbstbewusstsein im 18. Jahrhundert", *Internationales Jahrbuch des Deutschen Idealismus* Bd. 11, Walter de Gruyter, Berlin/Boston 2016, pp. 197~220.

Fries, J. Friedrich, *Sämtliche Schriften*, Bd. 28, Scientia Verlag, Aalen 2000.

Fuhrmann, Horst, "Grußwort zum Jubiläum Friedrich Heinrich Jacobis", *Friedrich Heinrich Jacobi Präsident der Akademie, Philosoph, Theoretiker der Sprache*, Verlag der bayerischen Akademie der Wissenschaften, München 1993, pp. 9~12.

Fulda, H-F., *Georg Wilhelm Friedrich Hegel*, C. H. Beck, München 2003.

Gockel, Heinz, ""...ein weiteres Ergründen der Spracherfindung"", *Friedrich Heinrich Jacobi Präsident der Akademie, Philosoph, Theoretiker der Sprache*, Verlag der bayerischen Akademie der Wissenschaften, München 1993, pp. 29~40.

Goethe, Johann Wolfgang von, *Dichtung und Wahrheit. Illustrierte und kommentierte Ausgabe*, Hermann Seemann Nachfolger, Leipzig 1903.

_____, "Tag-und Jahres-Hefte als Ergänzung meiner sonstigen Bekenntnisse. 1811. Auszug", *Philosophisch-literarische Streitsachen*, Bd. 3. 1, Felix Meiner Verlag, Hamburg 1994, p. 317.

_____, "Goethe an Jacobi, 10. Mai 1812", *Philosophisch-literarische Streitsachen*, Bd. 3. 1, Felix Meiner Verlag, Hamburg 1994, pp. 320~21.

_____, "Goethe an Jacobi, 6. Januar 1813 Auszug", *Philosophisch-literarische Streitsachen*, Bd. 3. 1, Felix Meiner Verlag, Hamburg 1994, p. 325.

_____, "Goethe an Sulpiz Boisserée, 2. März 1828. Auszug", *Philosophisch-literarische Streitsachen*, Bd. 3. 1, Felix Meiner Verlag, Hamburg 1994, p. 327.

Götz, Carmen, *Friedrich Heinrich Jacobi im Kontext der Aufklärung*, Felix Meiner Verlag, Hamburg 2008.

Hamann, Johann Georg, *Johann Georg Hamann's Schriften und Briefe in vier Theilen*, dritter/ vierter Theil, Carl Meyer, Hannover 1873/1874.

Hammacher, Klaus, *Die Philosophie Friedrich Heinrich Jacobis*, Wilhelm Fink Verlag, München 1969.

_____, "Jacobi und das Problem der Dialektik", *Friedrich Heinrich Jacobi. Philosoph und Literat der Goethezeit*, Vittorio Klostermann, Frankfurt am Main 1971, pp. 119~63.

_____, "Jacobi, Friedrich Heinrich", *Neue Deutsche Biographie*, Bd. 10, Duncker & Humblot, Berlin 1974, pp. 222~24.

_____, "Jacobis Romantheorie", *Philosophisch-literarische Streitsachen*, Bd. 1, Felix Meiner Verlag, Hamburg 1990, pp. 174~89.

_____, "Jacobis Brief 'An Fichte' (1799)", *Philosophisch-literarische Streitsachen*, Bd. 2, Felix Meiner Verlag, Hamburg 1993, pp. 72~84.

_____, "Jacobis Schrift von den Göttlichen Dingen", *Philosophisch-literarische Streitsachen*, Bd. 3, Felix Meiner Verlag, Hamburg 1994, pp. 129~41.

_____, "Jacobi und das Judentum", *Fichte Studien*, Bd. 21, Rodopi B. V., Amsterdam/New York 2003, pp. 195~207.

Hammacher, Klaus und Kurt Christ, *Friedrich Heinrich Jacobi (1743-1819): Düsseldorf als Zentrum vom Wirtschaftsreform, Literatur und Philosophie im 18 Jahrhundert*, Droste Verlag, Düsseldorf 1985.

Hammacher, Klaus und Irmgard-Maria Piske, *Anhang* zu *Schriften zum Spinozastreit*, *Friedrich Heinrich Jacobi Werke*, Bd. 1. 2, Felix Meiner Verlag, Hamburg 1998.

Hegel, Georg Wilhelm Freidrich, *Briefe von und an Hegel*, Bd. 1, Felix Meiner Verlag, Hamburg 1961.

_____, *Briefe von und an Hegel*, Bd. 2, Akademie-Verlag, Berlin 1970.

_____, *Hegels Theologische Jugendschriften*, Minerva, Tübingen 1907.

_____, *Frühe Schriften*, *Gesammelte Werke*, Bd. 1, Felix Meiner Verlag, Hamburg 1989.

_____, *Differenz des Fichte'schen und Schelling'schen System der Philosophie*, *Jenaer Kritische Schriften*, *Gesammelte Werke*, Bd. 4, Felix Meiner Verlag, Hamburg 1968.

_____, *Glauben und Wissen*, *Jenaer Kritische Schriften*, *Gesammelte Werke*, Bd. 4, Felix Meiner Verlag, Hamburg 1968.

_____, *Über die wissenschaftlichen Behandlungsarten des Naturrechts, seine Stelle in der praktischen Philosophie, und sein Verhältniß zu den positiven Rechtswissenschaften*, *Gesammelte Werke*, Bd. 4, Felix Meiner Verlag, Hamburg 1968.

_____, *Schriften und Entwürfe (1799-1808)*, *Gesammelte Werke*, Bd. 5, Felix Meiner Verlag, Hamburg 1998.

_____, *Jenaer Systementwürfe I*, *Gesammelte Werke*, Bd. 6, Felix Meiner Verlag, Hamburg 1975.

_____, *Jenaer Systementwürfe II, Gesammelte Werke*, Bd. 7, Felix Meiner Verlag, Hamburg 1971.

_____, *Jenaer Systementwürfe III, Gesammelte Werke*, Bd. 8, Felix Meiner Verlag, Hamburg 1976.

_____, *Phänomenologie des Geistes, Gesammelte Werke*, Bd. 9, Felix Meiner Verlag, Hamburg 1980.

_____, *Wissenschaft der Logik I, Gesammelte Werke*, Bd. 11, Felix Meiner Verlag, Hamburg 1978.

_____, *Enzyklopädie der philosophischen Wissenschaften im Grundrisse 1817, Gesammelte Werke*, Bd. 13, Felix Meiner Verlag, Hamburg 2000.

_____, *Grundlinien der Philosophie des Rechts, Gesammelte Werke*, Bd. 14. 1, Felix Meiner Verlag, Hamburg 2009.

_____, *Friedrich Heinrich Jacobi's Werke, Schriften und EntwürfeI (1817-1825), Gesammelte Werke*, Bd. 15, Felix Meiner Verlag, Hamburg 1990.

_____, *Vorwort zu H. F. W. Hinrichs: Die Religion, Schriften und EntwürfeI (1817-1825), Gesammelte Werke*, Bd. 15, Felix Meiner Verlag, Hamburg 1990.

_____, *Vorlesungsmanuskripte I (1816-1831), Gesammelte Werke*, Bd. 17, Felix Meiner Verlag, Hamburg 1987.

_____, *Enzyklopädie der philosophischen Wissenschaften im Grundrisse (1827), Gesammelte Werke*, Bd. 19, Felix Meiner Verlag, Hamburg 1989.

_____, *Enzyklopädie der philosophischen Wissenschaften im Grundrisse (1830), Gesammelte Werke,* Bd. 20, Felix Meiner Verlag, Hamburg 1992.

_____, *Vorlesungen über die Geschichte der Philosophie Einleitung Orientalische Philosophie*, Felix Meiner Verlag, Hamburg 1993.

_____, *Vorlesungen über die Geschichte der Philosophie* Teil 4, *Vorlesungen. Ausgewählte Nachschriften und Manuskripte*, Bd. 9, Felix Meiner Verlag, Hamburg 1986.

_____, *Vorlesungen über die Geschichte der Philosophie III, Werke in zwanzig Bänden*, Bd. 20, Suhrkamp, Frankfurt am Main 1986.

Henke, Ernst L. Th., *Jakob Friedrich Fries. Aus seinem handschriftlichen Nachlaß dargestellt*. F. A. Brockhaus, Leipzig 1867.

Henrich, Dieter, "Der Ursprung der Doppelphilosophie, Friedrich Heinrich Jacobis Bedeutung für das nachkantische Denken", *Friedrich Heinrich Jacobi Präsident der Akademie, Philosoph, Theoretiker der Sprache*, Verlag der bayerischen Akademie der Wissenschaften, München 1993, pp. 13~27.

Heß, Wilhelm, "Lichtenberg, Georg Christoph", *Allgemeine Deutsche Biographie*, Bd. 18, Verlag von Duncker & Humblot, Leipzig 1883, pp. 537~38.

Hinrichs, Gunnar, "Nihilismus", *Jacobi und Kant*, Felix Meiner Verlag, Hamburg 2021, pp. 141~56.

Höhn, Gerhard, "Die Geburt des Nihilismus und die Wiedergeburt des Logos-F. H. Jacobi und Hegel als Kritiker der Philosophie", *Friedrich Heinrich Jacobi. Philosoph und Literat der Goethezeit*, Vittorio Klostermann, Frankfurt am Main 1971, pp. 281~300.

Hofmann, Markus, *Über den Staat hinaus. Eine historisch-systematische Untersuchung zu F. W. J. Schellings Rechts-und Staatsphilosophie*, Schulthess, Zürich 1999.

Homann, Karl, *F. H. Jacobis Philosophie der Freiheit*, Verlag Karl Alber, Freiburg/München 1973.

Hume, David, *A Treatise of Human Nature*, Oxford University Press, London 1965.

_____, *An Enquiry concerning Human Understanding*, The Open Court Publishing, Chicago 1921.

Hutter, Axel, "Vernunftglaube", *Friedrich Heinrich Jacobi*, Felix Meiner Verlag, Hamburg 2004, pp. 241~56.

Ivaldo, Marco, "Wissen und Leben. Vergewisserungen Fichtes im Anschluß an Jacobi", *Friedrich Heinrich Jacobi*, Felix Meiner Verlag, Hamburg 2004, pp. 53~71.

Jacobi, Friedrich Heinrich, *Friedrich Heinrich Jacobi's Werke*, Bd. 1, Gerhard Fleischer, Leipzig 1812.

_____, *Friedrich Heinrich Jacobi's Werke*, Bd. 4, Abt. 3, *J. G. Hamann's Briefwechsel mit F. H. Jacobi*, Gerhard Fleischer, Leipzig 1819.

_____, *Friedrich Heinrich Jacobi's auserlesener Briefwechsel*, Bd. 1/Bd. 2, Gerhard Fleischer, Leipzig 1825/1827.

_____, *F. H. Jacobi's Nachlaß. Ungedruckte Briefe von und an Jacobi und Andere*, Bd. 2, Verlag von Wilhelm Engelmann, Leipzig 1869.

_____, *Woldemar*, J. B. Metzlerische Verlagsbuchhandlung, Stuttgart 1969.

_____, *Briefwechsel-Nachlaß-Dokumente*, Bd. 5, Stuttgart-Bad Cannstatt 2005.

_____, "Jacobi an Reinhold, 28. Januar 1800", *Philosophisch-literarische Streitsachen*, Bd. 2. 1, Felix Meiner Verlag, Hamburg 1993, pp. 71~73.

_____, "Jacobi an Reinhold, 10. August 1802", *Philosophisch-literarische Streitsachen*, Bd. 2. 1, Felix Meiner Verlag, Hamburg 1993, p. 314.

_____, "Jacobi an Reinhold, 8. Oktober 1817", *Philosophisch-literarische Streitsachen*, Bd. 3. 1, Felix Meiner Verlag, Hamburg 1994, pp. 391~94.

_____, *Über die Lehre des Spinoza in Briefen an den Herrn Moses Mendelssohn*, *Friedrich Heinrich Jacobi Werke*, Bd. 1. 1, Felix Meiner Verlag, Hamburg 1998.

_____, "Abschrift eines Briefes an den Herrn Hemsterhuis im Haag", *Über die Lehre des Spinoza in Briefen an den Herrn Moses Mendelssohn, Friedrich Heinrich Jacobi Werke*, Bd. 1. 1, Felix Meiner Verlag, Hamburg 1998, pp. 53~91.

_____, "An Herrn Moses Mendelssohn, über deßelben mir zugeschickte Erinnerungen", *Über die Lehre des Spinoza in Briefen an den Herrn Moses Mendelssohn, Friedrich Heinrich Jacobi Werke*, Bd. 1. 1, Felix Meiner Verlag, Hamburg 1998, pp. 92~118.

_____, *Über die Lehre des Spinoza, Erweiterungen der zweiten Auflage, Friedrich Heinrich Jacobi Werke*, Bd. 1. 1, Felix Meiner Verlag, Hamburg 1998.

_____, *Wider Mendelssohns Beschuldigungen betreffend die Briefe über die Lehre des Spinoza*, Friedrich Heinrich Jacobi Werke, Bd. 1. 1, Felix Meiner Verlag, Hamburg 1998.

_____, *Über die Lehre des Spinoza. Erweiterung der dritten Auflage*, Friedrich Heinrich Jacobi Werke, Bd. 1. 1, Felix Meiner Verlag, Hamburg 1998.

_____, *David Hume über den Glauben oder Idealismus und Realismus. Ein Gespräch (1787)*, Friedrich Heinrich Jacobi Werke, Bd. 2. 1, Felix Meiner Verlag, Hamburg 2004.

_____, *Epistel über die Kantische Philosophie (1791)*, Friedrich Heinrich Jacobi Werke, Bd. 2. 1, Felix Meiner Verlag, Hamburg 2004.

_____, *Berichtigung einer Rezension*, Friedrich Heinrich Jacobi Werke, Bd. 2. 1, Felix Meiner Verlag, Hamburg 2004.

_____, *Überflüssiges Taschenbuch für das Jahr* 1800. Vorrede, Friedrich Heinrich Jacobi Werke, Bd. 2. 1, Felix Meiner Verlag, Hamburg 2004.

_____, *Über das Unternehmen des Kriticismus, die Vernunft zu Verstande bringen, und der Philosophie überhaupt eine neue Absicht zu geben (1802)*, Friedrich Heinrich Jacobi Werke, Bd. 2. 1, Felix Meiner Verlag, Hamburg 2004.

_____, *Jacobi an Fichte (1799)*, Friedrich Heinrich Jacobi Werke, Bd. 2. 1, Felix Meiner Verlag, Hamburg 2004.

_____, *Drei Briefe an Friedrich Köppen*, Friedrich Heinrich Jacobi Werke, Bd. 2. 1, Felix Meiner Verlag, Hamburg 2004.

_____, "Vorrede, zugleich Einleitung in des Verfassers sämtliche philosophische Schriften" (1815), Friedrich Heinrich Jacobi Werke, Bd. 2. 1, Felix Meiner Verlag, Hamburg 2004.

_____, *Von den göttlichen Dingen und ihrer Offenbarung*, Friedrich Heinrich Jacobi Werke, Bd. 3, Felix Meiner Verlag, Hamburg 2000.

_____, *Vorrede zu Band III der Werke*, Friedrich Heinrich Jacobi Werke, Bd. 3, Felix Meiner Verlag, Hamburg 2000.

_____, "Vorbericht zur zweiten Ausgabe", *Friedrich Heinrich Jacobi Werke*, Bd. 3, Felix Meiner Verlag, Hamburg 2000.

_____, "Entwurf zum Vorbericht zu der gegenwärtigen neuen Ausgabe", *Friedrich Heinrich Jacobi Werke*, Bd. 3, Felix Meiner Verlag, Hamburg 2000.

_____, "Ueber und bei Gelegenheit des kürzlich erschienenen Werkes, Des lettres de cachet et des prisons d'état", *Friedrich Heinrich Jacobi Werke*, Bd. 4. 1, Felix Meiner Verlag, Hamburg 2006.

_____, *Einige Betrachtungen über den frommen Betrug und über eine Vernunft, welche nicht die Vernunft ist*, Friedrich Heinrich Jacobi Werke, Bd. 5. 1, Felix Meiner Verlag, Hamburg 2007.

_____, *Bruchstück eines Briefes an Johann Franz Laharpe Mitglied der französischen Akademie*, Friedrich Heinrich Jacobi Werke, Bd. 5. 1, Felix Meiner Verlag, Hamburg 2007.

_____, *Zufällige Ergiessungen eines einsamen Denkers in Briefen an vertrauten Freunde*, Friedrich Heinrich Jacobi Werke, Bd. 5. 1, Felix Meiner Verlag, Hamburg 2007.

_____, *Friedrich Heinrich Jacobi, über drei von ihm bei Gelegenheit des Stolbergischen Übertritts zur Römisch-Katholischen Kirche geschriebenen Briefe, und die unverantwortlichen Gemeinmachung derselben in den neuen theologischen Annalen, Friedrich Heinrich Jacobi Werke*, Bd. 5. 1, Felix Meiner Verlag, Hamburg 2007.

_____, *Eduard Allwills Briefsammlung, Friedrich Heinrich Jacobi Werke*, Bd. 6. 1, Felix Meiner Verlag, Hamburg 2006.

_____, *Der Kunstgarten. Ein philosophisches Gespräch, Friedrich Heinrich Jacobi Werke*, Bd. 7. 1, Felix Meiner Verlag, Hamburg 2007.

_____, *Die Denkbücher Friedrich Heinrich Jacobis. Nachlass*, Bd. 1. 1/1. 2, Frommann-Holzboog, Stuttgart-Bad Cannstatt 2020.

Jacobi, Max(Hg.), *Briefwechsel zwischen Goethe und F. H. Jacobi*, Weidmann'sche Buchhandlung, Leipzig 1846.

Jacobs, Wilhelm G., "Geschichte und Kunst in Schellings »System des transscendentalen Idealismus«", *Philosophisch-literarische Streitsachen*, Bd. 1, Felix Meiner Verlag, Hamburg 1990, pp. 201~13.

_____, "Von der Offenbarung göttlicher Dinge oder von dem Interesse der Vernunft an der Faktizität", *Philosophisch-literarische Streitsachen*, Bd. 3, Felix Meiner Verlag, Hamburg 1994, pp. 142~54.

_____, "Schelling im Deutschen Idealismus. Interaktionen und Kontroversen", *F. W. J. Schelling*, J. B. Metzler, Stuttgart/Weimar 1998.

Jaeschke, Walter, *Die Religionsphilosophie Hegels*, Wissenschaftliche Buchgesellschaft, Darmstadt 1983.

_____, "Der Messias der spekulativen Vernunft", *Fichtes Entlassung, Kritisches Jahrbuch der Philosophie*, Bd. 4, Verlag Königshausen & Neumann, Würzburg 1999, pp. 143~57.

_____, *Anhang* zu *Friedrich Heinrich Jacobi Werke*, Bd. 3, Felix Meiner Verlag, Hamburg 2000.

_____, *Hegel Handbuch*, J. B. Metzler, Stuttgart/Weimar 2003.

_____, "Eine Vernunft, welche nicht die Vernunft ist", *Friedrich Heinrich Jacobi*, Felix Meiner Verlag, Hamburg 2004, pp. 199~216.

_____, *Die Klassische Deutsche Philosophie nach Kant*, C. H. Beck, München 2012.

_____, "Kant in Jacobis Kladde", *Jacobi und Kant*, Felix Meiner Verlag, Hamburg 2021, pp. 175~90.

Jaeschke, Walter, Irmgard-Maria Piske und Catia Goretzki, *Anhang* zu *Friedrich Heinrich Jacobi Werke*, Bd. 2. 2, Felix Meiner Verlag, Hamburg 2004.

Jahn, Bruno, "Forberg Friedrich Karl", *Biographische Enzyklopädie deutschsprachiger Philosophen*, Wissenschaftliche Buchgesellschaft, München 2001, p. 119.

_____, "Kraus, Christian Jakob", *Biographische Enzyklopädie deutschsprachiger Philosophen*, Wissenschaftliche Buchgesellschaft, München 2001, p. 228.

_____, "Reimarus, Hermann Samuel", *Biographische Enzyklopädie deutschsprachiger*

*Philosophen*, Wissenschaftliche Buchgesellschaft, München 2001, p. 339.

Jakobs, Brian, "Self-incurrence, Incapacity, and Guilt: Kant and Hamann on Enlightenment Guardianship", *Lessing Yearbook* XXVIII, Wayne State University Press, Detroit 1997, pp. 147~62.

Jantzen, Jörg, "Eschenmayer und Schelling. Die Philosophie in ihrem Übergang zur Nichtphilosophie", *Philosophisch-literarische Streitsachen*, Bd. 3, Felix Meiner Verlag, Hamburg 1994, pp. 74~97.

Jonkers, Peter, "F. H. Jacobi, ein „Galimathias" der spekulativen Vernunft?", *Einige Bemerkungen zu Hegels Jacobi-Deutung in seinen Jenaer Schriften, Hegel und die Geschichte der Philosophie*, Wissenschaftliche Buchgesellschaft, Darmstadt 2007, pp. 203~17.

Kahlefeld, Susanna, "Standpunkt des Lebens und Standpunkt der Philosophie. Jacobis Brief an Fichte aus dem Jahr 1799", *Fichte Studien*, Bd. 21, Rodopi B. V., Amsterdam/New York 2003, pp. 117~30.

Kant, Immanuel, *Kant's Briefwechsel*, Bd. 1/Bd. 2, *Kant's gesammelte Schriften*, Bd. 10/11, Walter de Gruyter, Berlin/Leipzig 1922.

_____, *Kritik der reinen Vernunft*, Felix Meiner Verlag, Hamburg 1971.

_____, *Prolegomena zu einer jeden künftigen Metaphysik, Kant's gesammelte Schriften*, Bd. 4, Walter de Gruyter, Berlin/Leipzig 1911.

_____, *Was heißt: sich im Denken orientieren?, Kant Werke*, Bd. 3, Wissenschaftliche Buchgesellschaft, Darmstadt 1998.

_____, *Grundlegung zur Metaphysik der Sitten, Kant Werke*, Bd. 4, Wissenschaftliche Buchgesellschaft, Darmstadt 1998.

_____, *Kritik der praktischen Vernunft, Kant Werke*, Bd. 4, Wissenschaftliche Buchgesellschaft, Darmstadt 1998.

_____, *Beantwortung der Frage: Was ist Aufklärung?, Kant Werke*, Bd. 6, Wissenschaftliche Buchgesellschaft, Darmstadt 1998.

_____, *Von einem neuerdings erhobenen vornehmen Ton in der Philosophie, Kant's gesammelte Schriften*, Bd. 8, Walter de Gruyter, Berlin/Leipzig 1923.

Kaufmann, Matthias, "Autonomie und das Faktum der Vernunft", *Kant in der Gegenwart*, Walter de Gruyter, Berlin/New York 2007, pp. 227~45.

Kauttlis, Ingo, "Von »Antinomien der Überzeugung« und Aporien des modernen Theismus", *Philosophisch-literarische Streitsachen*, Bd. 3, Felix Meiner Verlag, Hamburg 1994, pp. 1~34.

Koch, Anton Friedrich, "Unmittelbares Wissen und logische Vermittlung. Hegels Wissenschaft der Logik", *Friedrich Heinrich Jacobi*, Felix Meiner Verlag, Hamburg 2004, pp. 337~55.

Kriegel, Peter, "Eine Schwester tritt aus dem Schatten. Überlegungen zu einer neuen Studie über Christiane Hegel", *Hegel Studien*, Bd. 45, Felix Meiner Verlag, Hamburg 2011. pp. 19~34.

Lachmann, Julius, *F. H. Jacobi's Kantkritik*, Inaugural-Dissertation an der Friedrichs-

Universität, Halle 1881.

Landau, Peter, "Der rechtsgeschichtliche Kontext des Atheismusstreits", *Fichtes Entlassung, Kritisches Jahrbuch der Philosophie*, Bd. 4, Verlag Königshausen & Neumann, Würzburg 1999, pp. 15~30.

Lauth, Reinhard, "Fichtes Verhältnis zu Jacobi unter besonderer Berüchsichtigung der Rolle Friedrich Schlegels in dieser Sache", *Friedrich Heinrich Jacobi. Philosoph und Literat der Goethezeit*, Vittorio Klostermann, Frankfurt am Main 1971, pp. 165~208.

Librett, Jeffrey S., "Humanist Antiformalism as a Theopolitics of Race: F. H. Jacobi on Friend and Enemy", *Eighteenth-Century Studies* Vol. 32, No. 2, The Johns Hopkins University Press 1998/1999, pp. 233~45.

Luginbühl-Weber, Gisela, "Charles Bonnet", *Historisches Lexikon der Schweiz* http://www. hls-dhs-dss.ch/textes/d/D15877.php.

Maier, Heinrich, *Anmerkungen zu Kant's gesammelte Schriften*, Bd. 8, Walter de Gruyter, Berlin/Leipzig 1923, pp. 463~531.

Mendelssohn, Moses, *Philosophische Gespräche, Ausgewählte Werke*, Bd. I, Wissenschaftliche Buchgesellschaft, Darmstadt 2009.

_____, *Jerusalem oder religiöse Macht und Judentum, Ausgewählte Werke*, Bd. II, Wissenschaftliche Buchgesellschaft, Darmstadt 2009.

_____, "Erinnerungen an Herrn Jacobi", *Über die Lehre des Spinoza in Briefen an den Herrn Moses Mendelssohn, Friedrich Heinrich Jacobi Werke*, Bd. 1. 1, Felix Meiner Verlag, Hamburg 1998. pp. 171~82.

_____, *Morgenstunden oder Vorlesungen über das Daseyn Gottes, Ausgewählte Werke*, Bd. II, Wissenschaftliche Buchgesellschaft, Darmstadt 2009.

_____, *An die Freunde Lessings, Ausgewählte Werke*, Bd. II, Wissenschaftliche Buchgesellschaft, Darmstadt 2009.

_____, *Moses Mendelssohn's gesammelte Schriften*, Bd. 5, F. A. Brockhaus, Leipzig 1844.

_____, *Briefwechsel* III, *Gesammelte Schriften Jubiläumsausgabe*, Friedrich Frommann Verlag, Stuttgart-Bad Cannstatt 1977.

Metz, Wilhelm, "Die Objektivität des Wissens. Jacobis Kritik an Kants theoretischer Philosophie", *Friedrich Heinrich Jacobi*, Felix Meiner Verlag, Hamburg 2004, pp. 3~18.

Nicolai, Heinz, *Nachwort zu Woldemar*, J. B. Metzlerische Buchhandlung, Stuttgart 1969, pp. 3~19.

Ohst, Martin, "Vorspann: Fichtes Entlassung", *Fichtes Entlassung, Kritisches Jahrbuch der Philosophie*, Bd. 4, Verlag Königshausen & Neumann, Würzburg 1999, pp. 9~14.

Olivetti, Marco M., "Der Einfluß Hamanns auf die Religionsphilosophie Jacobis", *Friedrich Heinrich Jacobi. Philosoph und Literat der Goethezeit*, Vittorio Klostermann, Frankfurt am Main 1971, pp. 85~112.

Otto, Stephan, "Spinoza ante Spinozam? Jacobis Lektüre des Giordano Bruno im Kontext einer Begründung von Metaphysik", *Friedrich Heinrich Jacobi*, Felix Meiner Verlag,

Hamburg 2004. pp. 107~25.

Paul, Jean, "Jean Paul an Jacobi, 21./23. Februar/3./6. März 1800", *Philosophisch-literarische Streitsachen*, Bd. 2. 1, Felix Meiner Verlag, Hamburg 1993, pp. 75~78.

Pettoello, Renato, "Die Dialektik der menschlichen Freiheit als Emanzipation und als Abfall von Gott", *Die praktische Philosophie Schellings und die gegenwärtige Rechtsphilosophie*, Fromman-Holzboog, Stuttgart-Bad Cannstatt 1989, pp. 255~71.

Pluder, Valentin, *Die Vermittlung von Idealismus und Realismus in der Klassischen Deutschen Philosophie*, Frommann Holzboog, Stuttgart-Bad Cannstatt 2013.

Prantl, Carl v., "Friedrich Heinrich Ritter von", *Allgemeine Deutsche Biographie*, Bd. 13, Verlag von Duncker & Humblot, Leipzig 1881, pp. 577~84.

_____, "Köppen, Friedrich", *Allgemeine Deutsche Biographie*, Bd. 16, Verlag von Duncker & Humblot, Leipzig 1882, pp. 698~99.

Prauss, Gerold, *Kant und das Problem der Dinge an sich*, Bouvier Verlag, Bonn 1974.

Redlich, Carl Christian, "Claudius, Matthias", *Allgemeine Deutsche Biographie*, Bd. 4, Verlag von Duncker & Humblot, Leipzig 1876, pp. 279~81.

Reinhold, Karl Leonhard, *Karl Leonhard Reinhold's Leben und litterarisches Wirken nebst einer Auswahl von Briefen Kant's, Fichte's, Jacobi's und andrer philosophirender Zeitgenossen an ihn*. Friedrich Frommann, Jena 1825.

_____, "Reinhold an Fichte, 27. März/6. April 1799 (Sendschreiben)", *Philosophisch-literarische Streitsachen*, Bd. 2. 1, Felix Meiner Verlag, Hamburg 1993, pp. 47~56.

Röhr, Werner(Hg.), *Appellation an das Publikum. Dokumente zum Atheismusstreit um Fichte, Forberg, Niethammer. Jena 1798/99*, Verlag Philipp Reclam jun., Leipzig 1987.

Rose, Ulrich, *Friedrich Heinrich Jacobi*, J. B. Metzler, Stuttgart 1993.

Rosenkranz, Karl, *Georg Wilhelm Friedrich Hegels Leben*, Wissenschaftliche Buchgesellschaft, Darmstadt, 1998.

Rühle, Volker, "Jacobi und Hegel. Zum Darstellungs-und Mitteilungsproblem einer Philosophie des Absoluten", *Hegel Studien*, Bd. 24, Bouvier Verlag, Bonn 1989, pp. 159~82.

Sandkaulen, Birgit, *Grund und Ursache. Die Vernunftkritik Jacobis*, Wilhelm Fink Verlag, München 2000.

_____, "Daß, was oder wer? Jacobi im Diskurs über Personen", *Friedrich Heinrich Jacobi*, Felix Meiner Verlag, Hamburg 2004. pp. 217~37.

_____, "Das »leidige Ding an sich«. Kant – Jacobi – Fichte", *System der Freiheit. Kant und der Frühidealismus*, Felix Meiner Verlag, Hamburg 2007, pp. 175~201.

_____, ",Ich bin und es sind Dinge außer mir". Jacobis Realismus und die Überwindung des Bewusstseinsparadigmas", *Internationales Jahrbuch des Deutschen Idealismus*, Bd. 11, Walter de Gruyter, Berlin/Boston 2016, pp. 169~96.

_____, *Jacobis Philosophie. Über den Widerspruch zwischen System und Freiheit*, Felix Meiner Verlag, Hamburg 2019.

_____, "Philosophie und Common Sense: Eine Frage der Freiheit", *Jacobi und Kant*, Felix

Meiner Verlag, Hamburg 2021, pp. 193~210.

Sandkühler, Hans-Jörg, "Dialektik der Natur – Natur der Dialektik", *Hegel Studien Beiheft*, Bd. 17, Bouvier Verlag, Bonn 1977, pp. 141~58.

Schelling, Friedrich Wilhelm Joseph von, *Aus Schellings Leben*, Bd. 2, Verlag von Hirzel, Leipzig 1870.

_____, *Vom Ich als Princip der Philosophie oder über das Unbedingte im menschlichen Wissen*, *Ausgewählte Werke*, Bd. I, Wissenschaftliche Buchgesellschaft, Darmstadt 1980.

_____, *Philosophische Briefe über Dogmatismus und Kriticismus*, *Schelling Werke*, Bd. 3, Frommann-Holzboog, Stuttgart 1982.

_____, *Erster Entwurf eines Systems der Naturphilosophie*, *Ausgewählte Werke*, Bd. II, Wissenschaftliche Buchgesellschaft, Darmstadt 1982.

_____, *Einleitung zu dem Entwurf eines Systems der Naturphilosophie*, *Ausgewählte Werke*, Bd. II, Wissenschaftliche Buchgesellschaft, Darmstadt 1982.

_____, *System des transzendentalen Idealismus*, *Ausgewählte Werke*, Bd. II, Wissenschaftliche Buchgesellschaft, Darmstadt 1982.

_____, *Ueber den wahren Begriff der Naturphilosophie und die richtige Art, ihre Probleme aufzulösen*, *Ausgewählte Werke*, Bd. II, Wissenschaftliche Buchgesellschaft, Darmstadt 1982.

_____, *Darstellung meines Systems der Philosophie*, *Ausgewählte Werke*, Bd. III, Wissenschaftliche Buchgesellschaft, Darmstadt 1988.

_____, *Bruno oder über das göttliche und natürliche Princip der Dinge*, *Ausgewählte Werke*, Bd. III, Wissenschaftliche Buchgesellschaft, Darmstadt 1988.

_____, *Ueber das Verhältnis der Naturphilosophie zur Philosophie überhaupt*, *Ausgewählte Werke*, Bd. III, Wissenschaftliche Buchgesellschaft, Darmstadt 1988.

_____, *Vorlesungen über die Methode des akademischen Studiums*, *Ausgewählte Werke*, Bd. III, Wissenschaftliche Buchgesellschaft, Darmstadt 1988.

_____, *Philosophie und Religion*, *Ausgewählte Werke*, Bd. III, Wissenschaftliche Buchgesellschaft, Darmstadt 1988.

_____, *Darlegung des wahren Verhältnisses der Naturphilosophie zu der verbesserten Fichteschen Lehre*, *Ausgewählte Werke*, Bd. IV, Wissenschaftliche Buchgesellschaft, Darmstadt 1983.

_____, *Ueber das Verhältniß der bildenden Künste zu der Natur*, *Ausgewählte Werke*, Bd. IV, Wissenschaftliche Buchgesellschaft, Darmstadt 1983.

_____, *Philosophische Untersuchungen über das Wesen der menschlichen Freiheit und die damit zusammenhängenden Gegenstände*, *Ausgewählte Werke*, Bd. IV, Wissenschaftliche Buchgesellschaft, Darmstadt 1983.

_____, *F. W. J. Schellings Denkmal der Schrift von den göttlichen Dingen etc. des Herrn Friedrich Heinrich Jacobi und der ihm in derselben gemachten Beschuldigung eines absichtlich täuschenden, Lüge redenden Atheismus*, *Ausgewählte Werke*, Bd. IV, Wissenschaftliche Buchgesellschaft, Darmstadt 1983.

_____, *Zur Geschichte der neueren Philosophie, Ausgewählte Werke*, Bd. V, Wissenschaftliche Buchgesellschaft, Darmstadt 1989.

Schick, Stefan, *Vermittelte Unmittelbarkeit*, Verlag Königshausen & Neumann, Würzburg 2006.

_____, *Die Legitimität der Aufklärung. Selbstbestimmung der Vernunft bei Immanuel Kant und Friedrich Heinrich Jacobi*, Vittorio Klostermann, Frankfurt am Main 2019.

Schlegel, Friedrich von, "Fichte-Rezension (1808)", *Philosophisch-literarische Streitsachen*, Bd. 3. 1, Felix Meiner Verlag, Hamburg 1994, pp. 136~53.

_____, "Jacobi-Rezension (1812)", *Philosophisch-literarische Streitsachen*, Bd. 3. 1, Felix Meiner Verlag, Hamburg 1994, pp. 328~39.

Schneider, Peter-Paul, *Die ‚Denkbücher' Friedrich Heinrich Jacobis*, Frommann-Holzboog, Stuttgart-Bad Cannstatt 1986.

Scholz, Heinrich, *Einleitung zu Die Hauptschriften zum Pantheismusstreit zwischen Jacobi und Mendelssohn*, Verlag von Reuther & Reichard, Berlin 1916, pp. IX~CXXIX.

Schwartz, Hans, *Friedrich Heinrich Jacobis „Allwill"*, Verlag von Max Niemeyer, Halle 1911.

Sommer, Konstanz, *Zwischen Metaphysik und Metaphysikkritik. Heidegger, Schelling und Jacobi*, Felix Meiner Verlag, Hamburg 2015.

Spinoza, Benedictus de, *De Intellectus Emendatione Tractatus, Opera Quotquot Reperta Sunt*, Bd. I, Martin Nijhoff, Den Haag 1914.

_____, *Ethica, Opera Quotquot Reperta Sunt*, Bd. I, Martin Nijhoff, Den Haag 1914.

_____, *Tractatus Theologico-Politicus*, H. Künrath, Hamburg 1670.

_____, *Epistolae, Baruch de Spinoza Opera*, Bd. 4, Carl Winter Verlag, Heidelberg 1925.

_____, *Abhandlung über die Verbesserung des Verstandes*, *Sämtliche Werke*, Bd. 5, Felix Meiner Verlag, Hamburg 1977.

Stolzenberg, Jürgen, "Religionsphilosophie im Kontext der Sittenlehre", *Fichtes Entlassung, Kritisches Jahrbuch der Philosophie*, Bd. 4, Verlag Königshausen & Neumann, Würzburg 1999, pp. 49~59.

_____, "Was ist Freiheit? Jacobis Kritik der Moralphilosophie Kants", *Friedrich Heinrich Jacobi*, Felix Meiner Verlag, Hamburg 2004, pp. 19~36.

Strauss, Leo, *Das Erkenntnisproblem in der philosophischen Lehre Fr. H. Jacobis, Gesammelte Schriften*, Bd. 2, J. B. Metzler, Stuttgart/Weimar 1997.

Theunissen, Michael, "Die Idealismuskritik in Schellings Theorie der negativen Philosophie", *Hegel Studien Beiheft*, Bd. 17, Bouvier Verlag, Bonn 1977, pp. 173~91.

Timm, Hermann, "Die Bedeutung der Spinozabriefe Jacobis für die Entwicklung der idealistischen Religionsphilosophie", *Friedrich Heinrich Jacobi. Philosoph und Literat der Goethezeit*, Vittorio Klostermann, Frankfurt am Main 1971, pp. 35~84.

Traub, Hartmut, "J. G. Fichte, der König der Juden spekulativer Vernunft-Überlegungen zum spekulativen Anti-Judaismus", *Fichte Studien*, Bd. 21, Rodopi B. V., Amsterdam/New York 2003, pp. 131~50.

Verra, Valerio, "Jacobis Kritik am deutschen Idealismus", *Hegel Studien*, Bd. 5, Bouvier

Verlag, Bonn 1969, pp. 201~23.

_____, "Lebensgefühl, Naturbegriff und Naturauslegung bei F. H. Jacobi", *Friedrich Heinrich Jacobi. Philosoph und Literat der Goethezeit*, Vittorio Klostermann, Frankfurt am Main 1971, pp. 259~80.

Vieweg, Klaus, "Glauben und Wissen. Zu Hegels indirekter Reaktion auf den Atheismusstreit", *Fichtes Entlassung, Kritisches Jahrbuch der Philosophie*, Bd. 4, Verlag Königshausen & Neumann, Würzburg 1999, pp. 191~203.

_____, "»Wir bringen unser Jena nach dem Vaterland«. Fichte und das >freie Helvetien<. Ein Brief von Johann Gottlieb Fichte an Philipp Albert Stapfer vom 6. April 1799", *Fichte Studien*, Bd. 22, Rodopi B. V., Amsterdam/New York 2003, pp. 295~301.

Vos, Lu de, "Unmittelbares Wissen und begriffenes Selbstbewußtsein des Geistes. Jacobi in Hegels Philosophie der Religion", *Friedrich Heinrich Jacobi*, Felix Meiner Verlag, Hamburg 2004, pp. 337~55.

_____, "Hegel und Jacobi (ab 1807)", *Hegel und die Geschichte der Philosophie*, Wissenschaftliche Buchgesellschaft, Darmstadt 2007, pp. 218~37.

Weischedel, Wilhelm, *Jacobi und Schelling*, Wissenschaftliche Buchgesellschaft, Darmstadt 1969.

Westphal, Kenneth R., "Hegel's Attitude Toward Jacobi in the 'Third Attitude of Thought Toward Objectivity'", *The Southern Journal of Philosophy* Vol. 27, No. 1, University of Memphis Press 1989.

Wikipedia, "Advocatus Diaboli". https://de.wikipedia.org/wiki/Advocatus_Diaboli.

_____, "Albertiner". https://de.wikipedia.org/wiki/Albertiner.

_____, "Ernestinische Herzogtümer". https://de.wikipedia.org/wiki/Ernestinische_Herzogtümer.

_____, "Friedrich Heinrich Jacobi". https://de.wikipedia.org/wiki/Friedrich_Heinrich_Jacobi.

Wittekind, Folkart, "Die „Retorsion des Atheismus". Der Atheismusstreit im Kontext von Fichtes früher Religionstheorie", *Fichtes Entlassung, Kritisches Jahrbuch der Philosophie*, Bd. 4, Verlag Königshausen & Neumann, Würzburg 1999, pp. 61~79.

Wolfinger, Franz, *Denken und Transzendenz – zum Problem ihrer Vermittlung. Der unterschiedliche Weg der Philosophien F. H. Jacobis und F. W. J. Schellings und ihrer Konfrontation im Streit um die Göttlichen Dinge (1811/1812)*, Verlag Peter D. Lang, Frankfurt am Main/Bern 1981.

Zirngiebl, Eberhard, *Der Jacobi-Mendelssohn'sche Streit über Lessing's Spinozismus*, Druck von F. Stahl, München 1861.

Zöller, Günter, *Fichte's Transcendental Philosophy*, Cambridge University Press, Cambridge 1998.

_____, "Fichte als Spinoza, Spinoza als Fichte", *Friedrich Heinrich Jacobi*, Felix Meiner Verlag, Hamburg 2004, pp. 37~52.

# 찾아보기